Jahrbuch für Liturgik und Hymnologie

39. Band

2000

V&R

Jahrbuch für Liturgik und Hymnologie

39. Band – 2000

Herausgegeben von

Karl-Heinrich Bieritz
Ada Kadelbach
Andreas Marti
Wolfgang Ratzmann
Alexander Völker

in Verbindung mit

der Internationalen Arbeitsgemeinschaft für Hymnologie,
dem Interdisziplinären Arbeitskreis Gesangbuchforschung Mainz,
dem Liturgiewissenschaftlichen Institut Leipzig,
der Lutherischen Liturgischen Konferenz Deutschlands

Vandenhoeck & Ruprecht
in Göttingen

Begründet 1955 von Konrad Ameln, Christhard Mahrenholz
und Karl Ferdinand Müller

Schriftleiter:

Superintendent i. R. Alexander Völker, Wilhelmstraße 6, D-32427 Minden
(Liturgik)
Dr. theol. Jörg Neijenhuis, Löhrstraße 17, D-04105 Leipzig
(Liturgik; ab Bd. 40/2001)
Prof. Dr. theol. Andreas Marti, Könizstraße 252, CH-3097 Liebefeld
(Hymnologie)

**Manuskripte und Rezensionsexemplare
bitte nur an die Schriftleiter schicken.**

Die Deutsche Bibliothek – CIP-Einheitsaufnahme

Jahrbuch für Liturgik und Hymnologie: /
hrsg. in Verbindung mit der Internationalen
Arbeitsgemeinschaft für Hymnologie ... Begr. von Konrad Ameln ... –
Göttingen : Vandenhoeck und Ruprecht
Erscheint jährl. – Früher im Stauda-Verl., Kassel,
danach in der Ed. Stauda. Luth. Verl.-Haus, Hannover. –
Aufnahme nach Bd. 35. 1994/95 (1996)
ISSN 0075-2681
NE: Ameln, Konrad [Begr.]

Bd. 39. 2000
Verl.-Wechsel-Anzeige

ISBN 3-525-57206-9

Gesamtherstellung: Hubert & Co., Göttingen

Inhalt

Literaturbericht zur Hymnologie

Register

Geleitwort

In der Liturgik eröffnet ein Beitrag von Friedrich Lurz „Durch die Kraft des Heiligen Geistes“ den diesjährigen Band; er widmet sich den Abendmahlsliturgien des 16. Jahrhunderts. „Aufbruch zu neuen Ritualen“ betitelt eine junge Schweizer Pfarrerin ihren Bericht über eine Kasualpraxis neuer Art in nachchristlicher Gesellschaft. Jan Hermelink geht am Beispiel der weltlichen Bestattung den Fragen nach Chancen und Grenzen des Dienstes von Kirche in Ostdeutschland nach. Joachim Conrad zeigt Bucers Einfluss auf eine regionale Konfirmationsordnung des Reformationsjahrhunderts auf. Der Literaturbericht berücksichtigt fortlaufend, jedoch ungegliedert Publikationen in Auswahl, umfassender jedoch für den Bereich „Alter Orient/ Altes Testament“ durch Hermann Michael Niemann.

In der Gesangbucharbeit bedeutet die Jahrtausendwende einen Epochenabschnitt. Mit dem Erscheinen der beiden deutschschweizerischen Gesangbücher haben nun alle evangelischen Landeskirchen und römisch-katholischen Diözesen im deutschen Sprachgebiet ihr neues Gesangbuch. Aus erster Hand berichtet Heinrich Riehm, langjähriger evangelischer Vorsitzender der „Arbeitsgemeinschaft für ökumenisches Liedgut“, über die Grundlinien, den Fortgang und die Ergebnisse dieser etwa dreißigjährigen ökumenischen Liedarbeit. Im liturgisch-hymnologischen Grenzbereich skizziert der Beitrag des Schriftleiters für Hymnologie eine mögliche Verschiebung im Grundverständnis des Gottesdienstes durch den Wechsel von der Weg- zur Raummetapher. Eher selten sind die buchgeschichtlichen Beiträge in der Hymnologie. Eine lokalgeschichtliche Ausstellung im schweizerischen Kanton Aargau gab den Anlass für eine Darstellung der buchgestalterischen Entwicklung beim Gesangbuch im 19. und 20. Jahrhundert, verfasst vom Veranstalter dieser Ausstellung, Roland Bialek. Der Quellenforschung dient die Untersuchung von Friedhelm Zwickler über Melodien im Brüdergesangbuch von 1566, welche bei Zahn nicht verzeichnet sind. Wie gewohnt werden hymnologische Publikationen im Literaturbericht verzeichnet und teilweise kurz kommentiert. Außer dem deutschsprachigen Raum ist diesmal nur der französischsprachige berücksichtigt.

Trotz nachhaltig angespannter Finanzlage haben die Gliedkirchen der Evangelischen Kirche in Deutschland auch diesmal mit einem Zuschuss das Weitererscheinen des Jahrbuchs gesichert. Ihnen sagen wir unseren besonderen Dank! Dem Verlag gebührt Dank für die bewährte hilfreiche Begleitung und Herstellung dieses Bandes. Vom 40. Band an wird Dr. Jörg Neijenhuis, Leipzig, die Redaktion der Abteilung Liturgiewissenschaft/ Liturgik übernehmen; wir begrüßen ihn im großen Kreis der Mitarbeiterinnen und Mitarbeiter des Jahrbuchs und wünschen ihm einen guten Start in der Schriftleitung.

Bern, Leipzig, Lübeck, Minden und Rostock
im Juli 2000

Die Herausgeber

„Durch die Kraft des Heiligen Geistes“

Die Wiederentdeckung der eucharistischen Geist-Epiklese im 16. Jahrhundert[1]

Friedrich Lurz

Aufgrund der gemeinsamen theologischen Tradition der katholischen und lutherischen Kirche, die Einsetzungsworte als das konstitutive und wirkmächtige Element der Messe bzw. der Abendmahlsfeier anzusehen, bedeutet es eine beachtliche liturgietheologische Wende, dass in diesem Jahrhundert evangelische Kirchen im deutschen Sprachraum Eucharistiegebete eingeführt haben und die katholische Kirche nach dem 2. Vatikanum durch die Einführung neuer Eucharistischer Hochgebete diesen einen bislang ungewohnt hohen Stellenwert zugemessen hat. Jedoch ist bis heute in der theologischen Interpretation die Spannung zu spüren zwischen der dogmatischen Festlegung, dass die Einsetzungsworte das entscheidende Sakramentswort bilden, und dem anamnetisch-epikletischen Vollzug, den das Eucharistische Hochgebet darstellt. Gerade über die Epiklese wird in ihrem Verhältnis zu den Einsetzungsworten häufiger reflektiert.[2]

Im Kontext der sich damit ergebenden Fragen lohnt es sich, einen Blick in die Liturgiegeschichte zu werfen, allerdings nicht – wie sonst üblich – in die Zeit der alten Kirche, sondern in das 16. Jahrhundert. Nun steht das Jahrhun-

---

1 Wesentlich erweiterter und mit Anm. versehener Vortrag bei der Promotionsfeier der Kath.-Theol. Fakultät der Rheinischen Friedrich-Wilhelms-Universität Bonn am 27.7.1998. Bewusst ist die konfessionelle Grenzen überschreitende und doch konfessionell verankerte Perspektive beibehalten worden.

2 Vgl. z. B. Albert Gerhards: Entstehung und Entwicklung des Eucharistischen Hochgebets im Spiegel der neueren Forschung. Der Beitrag der Liturgiewissenschaft zur liturgischen Erneuerung. In: Andreas Heinz/ Heinrich Rennings (Hg.): Gratias agamus. Studien zum eucharistischen Hochgebet. FS Balthasar Fischer, Freiburg u. a. 1992, S. 75–96, hier S. 84; ders.: Art. Epiklese. In: LThK 3, ^{3}1995, S. 715 f.; ders.: Art. Eucharistisches Hochgebet. In: LThK 3, ^{3}1995, S. 972–975; Hans Bernhard Meyer: Eucharistie. Geschichte, Theologie, Pastoral, GdK 4, Regensburg 1989, S. 344–353, bes. S. 351; Reinhard Meßner: Einige Probleme des Eucharistischen Hochgebets. In: Ders./ Eduard Nagel/ Rudolf Pacik (Hg.): Bewahren und Erneuern. Studien zur Meßliturgie. FS Hans Bernhard Meyer, IThS 42, Innsbruck 1995, S. 174–201; Robert F. Taft: From logos to spirit. On the early history of epiclesis. In: Andreas Heinz/ Heinrich Rennings (Hg.): Gratias Agamus, a.a.O., S. 489–502; ders.: Ecumenical Scholarship and the Catholic-Orthodox Epiclesis Dispute. In: OS 45/1996, S. 201–226.

dert der Reformation bislang nicht im Ruf, im Bezug auf die Epiklese Besonderes hervorgebracht zu haben. Im Mittelpunkt der Abendmahlsstreitigkeiten steht der Einsetzungsbericht und die dogmatische Interpretation der Sätze „Das ist mein Leib" und „Das ist mein Blut". Es geht um die Frage, ob sich aufgrund der Einsetzungsworte etwas Substantielles an Brot und Wein ändert und wie diese Änderung dann theologisch-philosophisch zu fassen ist. Gestützt wird diese Fixierung auf die Einsetzungsworte dadurch, daß der Canon Romanus als Konglomerat von Einzelgebeten verstanden wird, die um die Einsetzungsworte herum gruppiert sind; eine innere Einheit des Eucharistiegebets können katholische wie evangelische Theologen im 16. Jahrhundert nicht erkennen.[3]

Der Versuch, den Canon Romanus von der für evangelisches Verständnis unerträglichen Opferterminologie zu reinigen, führt zu seiner radikalen Eliminierung. Nur wenige (z.T. katholisierende) Ordnungen behalten Elemente des Eucharistiegebets bei. Die Mehrheit gerade der lutherischen Ordnungen konzentriert sich auf die Einsetzungsworte als Konsekrationsworte; ggf. bleiben noch Präfation und Sanctus erhalten, die das Spätmittelalter aber nicht zum Canon zählt. Mit dem Eucharistiegebet fällt zugleich die Epiklese fort. Theologisch begründet ist dies darin, dass die Einsetzungsworte nach lutherischem wie katholischem Denken nicht fehl gehen können.[4] Weil Christus selbst spricht „Das ist mein Leib"/„Das ist mein Blut", steht die Konsekration außer Zweifel und jedes epikletische Beten würde die Aussage Christi relativieren.[5] Die katholische Seite kann dieser Änderung im Tridentinum nur die päpstliche

---

3 Vgl. Hans Bernhard Meyer: Luther und die Messe. Eine liturgiewissenschaftliche Untersuchung über das Verhältnis Luthers zum Meßwesen des späten Mittelalters, KKTS 11, Paderborn 1965, S. 204–261.

4 Auch auf evangelischer Seite sind diese liturgischen Veränderungen als folgerichtiger Endpunkt der spätmittelalterlichen theologischen Auffassungen angesehen worden (vgl. z.B. Hans-Christoph Schmidt-Lauber: Die Eucharistie als Entfaltung der verba testamenti. Eine formgeschichtlich-systematische Einführung in die Probleme des lutherischen Gottesdienstes und seiner Liturgie, Kassel 1957, S. 146.). Jüngst hat Dorothea Wendebourg diesen Standpunkt vehement in Zweifel gezogen (vgl. dies.: Den falschen Weg Roms zu Ende gegangen? Zur gegenwärtigen Diskussion über Martin Luthers Gottesdienstreform und ihr Verhältnis zu den Traditionen der Alten Kirche. In: ZThK 94/1997, S. 437–467.). Für sie ist besonders Luthers ‚Deutsche Messe', die die Einsetzungsworte radikal isoliert und als getrennte Spendeformeln benutzt, nicht der Schlußpunkt einer Fehlentwicklung, sondern stellt die eigentliche liturgietheologische Leistung des Reformationsjahrhunderts dar (vgl. ebd., S. 457–467).
Aus gutem Grund haben sich bisher nur evangelische Kollegen zu dieser These geäußert (vgl. Hans-Christoph Schmidt-Lauber/Frieder Schulz: Kerygmatisches oder Eucharistisches Abendmahlsverständnis? Antwort auf eine kritische Herausforderung der gegenwärtigen Liturgiewissenschaft. In: LJ 49/1999, S. 93–114; vgl. auch Hans-Christian Seraphim: Meßopfer und Eucharistie. Weg und Irrweg der Überlieferung. In: KuD 44/1998, S. 238–274; Reinhard Slenczka: Herrenwort oder Gemeindegebet? Eine zur Klärung von dringenden Fragen notwendige Kontroverse. Ebd., S. 275–289, bes. S. 280 f.; Hans-Christian Seraphim: Antwort auf die Dogmatische Stellungnahme von Herrn Professor Dr. Reinhard Slenczka: „Herrenwort oder Gemeindegebet?" Ebd., S. 285–289). In einigen Beiträgen wird deutlich, wie eng die Frage nach dem Eucharistiegebet noch immer mit der Frage des ‚Meßopfers' verbunden ist.

5 Zum Umgang mit den Herrenworten im breiten Spektrum der Reformationsordnungen vgl.

und apostolische Autorität als Argument für die Beibehaltung des Hochgebets (in Form des Canon Romanus) gegenüberstellen,[6] nicht aber einen eigentlich liturgietheologischen Grund, der von der Funktion des Hochgebets in der Feier ausgehen würde.

I. Der Übergang von Motiven der eucharistischen Epiklese in die neue Gattung der Abendmahlsvermahnung

Die inhaltlichen Motive des Eucharistiegebets und damit auch der Epiklese gehen in den reformatorischen Ordnungen aber nicht einfach verloren, sondern finden ihren Platz häufig in der neuen Gattung der Abendmahlsvermahnung.[7] Diese Schöpfung evangelischer Theologen wird nun zum entscheidenden Instrument, die veränderte Abendmahlstheologie liturgisch zu vermitteln. Gerade stark anamnetisch geprägte Abendmahlsvermahnungen schlagen wie ein ostkirchliches Eucharistiegebet den heilsgeschichtlichen Bogen von der Schöpfung über die Inkarnation bis zum Kreuzestod Christi und betten das Abendmahlsgeschehen in diese heilsgeschichtliche Sicht ein.[8]

Die motivische Parallele zum Hochgebet wird bei der Nürnberger Vermahnung dadurch besonders deutlich, dass in den anamnetischen Teil nochmals die Einsetzungsworte integriert sind.[9] Sie werden aber nicht einfach nur zitiert, sondern so erweitert, dass letztlich Christus selbst den Gläubigen erläutert, dass sie wirklich seinen Leib und sein Blut empfangen und welche Bedeutung der Empfang der Abendmahlsgaben hat. So heißt es nach dem Brotwort: „Das ist: Das ich mensch byn worden und alles, das ich thu und leyde, ist alles euer aygen, für euch und euch zu gut geschehen; deß zu einem gewisen anzaygen und zeügknuß gib ich euch mein leyb zur speyß."[10] Nach dem Kelchwort wird

---

Friedrich Lurz: Die Feier des Abendmahls nach der Kurpfälzischen Kirchenordnung von 1563. Ein Beitrag zu einer ökumenischen Liturgiewissenschaft, PTHe 38, Stuttgart 1998, S. 144–167.

6 Vgl. Heinrich Denzinger/ Peter Hünermann (Hg.): Kompendium der Glaubensbekenntnisse und kirchlichen Lehrentscheidungen, Freiburg u. a. ^{37}1991, Nr. 1745.

7 Zur Genese und Funktion der Abendmahlsvermahnung vgl. Frieder Schulz: Eucharistiegebet und Abendmahlsvermahnung. Eine Relecture reformatorischer Abendmahlsordnungen im ökumenischen Zeitalter. In: Erich Renhart/ Andreas Schnider (Hg.): Sursum Corda. Variationen zu einem liturgischen Motiv. FS Philipp Harnoncourt, Graz 1991, S. 147–158; Lurz, Feier, a.a.O., S. 168–254. Vgl. auch Helmut Schwier: Lehren, Zurüsten und Gedenken. Bugenhagens Abendmahlsvermahnung in ihren theologischen und liturgischen Dimensionen. In: JLH 36/1996/97, S. 11–50.

8 Zu den in den Abendmahlsvermahnungen verarbeiteten Motiven des Eucharistiegebets vgl. Lurz, Feier, a.a.O., S. 209–254.

9 Vgl. Brandenburg-Nürnberg 1533 (Andreas Osiander d. Ä., Gesamtausgabe. Hg. von Gerhard Müller/ Gottfried Seebaß. 10 Bde., Gütersloh 1975–1997, nachfolgend mit „OGA" abgekürzt, hier Bd. 5, S. 157 f.); zum Phänomen vgl. Lurz, Feier, a.a.O., S. 224–238.

10 Brandenburg-Nürnberg 1533 (OGA 5, S. 157). Aus drucktechn. Gründen sind in Zit. aus Texten des 16. Jh. bei Buchstabenkombinationen leichte Anpassungen an heutige Schreibweisen vorgenommen worden.

ergänzt: „Das ist: Dieweyl ich mich euer angenummen und euer sünde auff mich geladen hab, will ich mich selbs für die sünde in todt opfern, mein blut vergiessen, gnad und vergebung der sünde erwerben und also ein neu testament auffrichten, darinnen die sünde vergeben und ewig nicht mer soll gedacht werden; deß zu einem gewisen anzaygen und zeügnuß gib ich euch mein blut zu trincken.“[11] Die Überzeugung, dass Christus selbst in den Einsetzungsworten Garant der Konsekration ist, erlangt hier liturgischen Ausdruck, so dass sich eine Wandlungsepiklese erübrigt. Aber selbst die Motive der Kommunionepiklese können in der Vermahnung ausgedrückt werden: „Wer nun also von disem brot isset und von disem kelch trincket, auch disen worten, die er von Christo höret, und disen zaychen, die er von Christo empfahet, festigklich glaubt, der bleybt in dem herrn Christo und Christus in ime, und wirdt ewigklich leben.“[12] Deutlicher kann man seiner Überzeugung nicht Ausdruck geben, dass auch die Wirkung der eucharistischen Speise schon durch die Stiftung Christi gewährleistet ist. Eine Bitte um die Wirksamkeit dieser Speise würde die Einsetzung Christi selbst relativieren.

Dennoch sind auch im 16. Jh. gegenläufige Entwicklungen zu verzeichnen, wofür drei Beispiele benannt werden sollen, die von Frieder Schulz als Ausformungen eines reformatorischen ‚Eucharistiegebets‘[13] bezeichnet werden. Allerdings bewegen sie sich auf sehr unterschiedlichen Ebenen, so dass jeweils der liturgische, historische und dogmatische Kontext berücksichtigt werden muß.

II. Das an Christus gerichtete Abendmahlsgebet der Kirchenordnung Pfalz-Neuburg 1543

Obwohl das Abendmahlformular für das kleine Territorium Pfalz-Neuburg von 1543 keine große Breitenwirkung erfahren hat und selbst im eigenen Territorium nur kurz in Geltung war,[14] findet es liturgiewissenschaftlich häufiger Beachtung,[15] enthält es doch ein Abendmahlsgebet, dem die Nähe zur Traditi-

---

11 Ebd., S. 157 f.

12 Ebd., S. 158.

13 Vgl. Schulz, Abendmahlsvermahnung, a.a.O., S. 150.

14 Als kaiserliche Truppen 1546 das Land besetzen, werden alle kirchlichen Änderungen rückgängig gemacht. 1547 wird in der Kurpfalz eine Kirchenordnung erlassen, die als Pfalz-Neuburger deklariert wird (vgl. EKO 14, S. 20), aber für die Kurpfalz gedacht ist und sich weitestgehend als Nachdruck darstellt. Dort fehlt allerdings das hier interessierende Abendmahlsgebet (vgl. ebd., S. 21; zum Teilabdruck dieses Formulars vgl. ebd., S. 109–111).

15 Schulz, Abendmahlsvermahnung, a.a.O., S. 150 f.; Schmidt-Lauber, a.a.O., S. 163–165. Zu diesem Text vgl. auch Peter Brunner: Zur Lehre vom Gottesdienst der im Namen Jesu versammelten Gemeinde. In: Leit. Bd. 1, Kassel 1954, S. 81–361, hier S. 351 f.; Paul Graff: Die Epiklese in reformatorischen Ordnungen. In: MGKK 45/1940, S. 133–138, hier S. 134; Georg Rietschel/ Paul Graff: Lehrbuch der Liturgik. 2 Bde., Göttingen 1951, S. 373.
Zur Rezeption dieses Textes vgl. Schmidt-Lauber, a.a.O., S. 166, Anm. 235; Detlef Lehmann: Eine Gabenepiklese in einer lutherischen Agende des 19. Jahrhunderts. In: JLH 29/1985, S. 109–111; Schulz, Abendmahlsvermahnung, a.a.O., S. 151, Anm. 59.

on des Canon Romanus anzumerken ist und das (für das 16. Jahrhundert äußerst ungewöhnlich) eine kombinierte Wandlungs- und Kommunionepiklese[16] enthält:

Herr Jesu Christe/du eyniger warer Son des lebendigen Gottis/der du dein leib für vns alle in den bittern tod hast dargeben/vnd dein blut zu vergebung vnserer sünde vergossen/Darzu/den selben dein leib/vnd dasselbig dein blut/allen deinen Jungern zu essen vnd trincken/vnd deines tods darbey zu gedencken hast befohlen. Wir bringen für deine Götliche Maiestat/dise deine gaben/Brot vnd Wein/vnd bitten/du wöllest die selben/durch dein Götliche gnad/güte/vnnd krafft/heiligen/segnen/vnd schaffen/das dises Brot/dein leib/vnd diser Wein/dein blut sey/vnd allen denen/die daruon essen vnd trincken/zum ewigen leben lassen gedeihen/der du mit Gott dem vatter in einigkeit des heiligen geysts/lebst vnd regirest ymmer vnd ewigklich/Amen.[17]

Es handelt sich um ein abgeschlossenes, an Christus gerichtetes Gebet, das zwischen vorhergehender Vermahnung und nachfolgenden Einsetzungsworten und Sanctus steht; während des Sanctus spricht der Vorsteher die ersten drei Fürbittgebete der Kurbrandenburger Ordnung.[18] Der Text dürfte – wie die ganze Kirchenordnung – von Andreas Osiander erstellt worden sein.[19] Frieder Schulz, der die bislang überzeugendste Analyse vorgelegt hat, sieht in dem Gebet eine Kompilation von Textstücken des Canon Romanus, anderer Gebetstexte der lateinischen Messe und der Abendmahlsvermahnungen der Kirchenordnung Schwäbisch-Hall von 1543.[20] Wegen der Anlehnung an den Canon

---

Klaus spricht von einem von Osiander geschaffenen ‚Offertoriumsgebet' (vgl. Bernhard Klaus: Reformatorische Kirchenordnungen aus Altbayern. In: JLH 11/1966, S. 125–128, hier S. 126; dagegen Schulz: Abendmahlsvermahnung, a.a.O., S. 151, Anm. 59). Drömann benennt es als „epikleseartiges Gebet" (Hans-Christian Drömann: Das Abendmahl nach den Nürnberger Ordnungen. In: Irmgard Pahl (Hg.): Coena Domini 1. Die Abendmahlsliturgie der Reformationskirchen im 16./17. Jahrhundert, SpicFri 29, Fribourg 1983, nachfolgend mit „CD 1" abgekürzt, S. 67–95, hier S. 72), wohl weil keine Anrufung des Geistes geschieht. Seebaß bezeichnet es als „von Osiander geschaffenes, vorreformatorische Formulierungen aufgreifendes epikletisches Konsekrationsgebet, das an das ‚Quam oblationem' der Messe erinnert" (Seebaß, OGA 7, S. 693, Anm. 748). Damit ist richtig die dominante epikletische Dimension herausgearbeitet, eine konsekratorische Funktion wird man dem Gebet bei genauerer Betrachtung aber nicht zuweisen können.

16 Zur eucharistischen Epiklese in den Reformationsordnungen des 16. Jahrhunderts vgl. Lurz, Feier, a. a. O., S. 277–290.

17 Pfalz-Neuburg 1543 (CD 1, S. 89 f.); vgl. auch OGA 7, S. 692 f. Der Entwurf der Kirchenordnung verzeichnet den gleichen Text nur in einer anderen Schreibweise; als einziges findet sich dort statt „gedeihen" das Wort „erspriessen" (Entwurf Pfalz-Neuburg 1542, OGA 10, S. 971).

18 Vgl. Pfalz-Neuburg 1543 (OGA 7, S. 695–697). Im Entwurf sind noch alle vier Gebete vorgesehen (vgl. Entwurf Pfalz-Neuburg 1542, OGA 10, S. 971).

19 Zum Entstehungsprozeß vgl. OGA 7, S. 569–573. Osiander orientiert sich auf Wunsch des Fürsten an der Kurbrandenburgischen Ordnung von 1540, die so wenig wie möglich am katholischen Ritus zu ändern versucht (vgl. ebd. S. 493. 502. 571). Er sieht aber die Gefahr, dadurch Veränderungen ohne entscheidende theologische Verbesserungen herbeizuführen (vgl. Entwurf Pfalz-Neuburg 1542, OGA 10, S. 964 f).

20 Vgl. Schulz, Abendmahlsvermahnung, a.a.O., S. 150 f. Schmidt-Lauber sieht sogar Parallelen zu alexandrinischen Formularen, die über gallikanische Sakramentare gewirkt hätten (vgl. Schmidt-Lauber, a.a.O., S. 164), ohne dass es hierfür Anhaltspunkte gibt.

Romanus wird das Gebet nicht selten als Rückschritt in der reformatorischen Entwicklung angesehen. So fühlt sich der Bearbeiter der jüngsten Edition gedrängt festzustellen: „Die Pfalz-Neuburger Kirchenordnung ist nur bedingt als Ausdruck der Theologie Osianders zu verstehen, schon gar nicht als eine angebliche konservative Rückentwicklung des Nürnberger Reformators anzusehen".[21] Dem entspricht, dass Osiander bei der Erstellung der gesamten Kirchenordnung der Kurbrandenburger mit Vorbehalt begegnet und der Nürnberger Tradition den Vorrang gibt.[22]

Betrachten wir kurz den hier interessierenden epikletischen Abschnitt und die damit verbundene Darbringungsaussage. Die Darbringungsformel „Wir bringen für deine Götliche Maiestat/dise deine gaben/Brot vnd Wein"[23] lehnt sich an die Phrase „offerimus praeclarae maiestati tuae de tuis donis ac datis ... panem sanctum vitae aeternae et calicem salutis perpetuae" (‚Unde et memores')[24] an, stellt jedoch die Gaben mit den Termini ‚Brot' und ‚Wein' deutlich als noch nicht konsekrierte heraus. Die Bitte „vnd bitten/du wöllest die selben/durch dein Götliche gnad/güte/vnnd krafft" steht in Verbindung zum Abschnitt ‚Quam oblationem',[25] die Dreierreihe ‚Gnade', ‚Güte' und ‚Kraft' findet sich dort aber nicht, wenn solche Reihen auch geradezu typisch für den Canon Romanus sind. Die Formulierung „heiligen/segnen/vnd schaffen/das dises Brot/dein leib/vnd diser Wein/dein blut sey" entspricht in etwa „benedictam ... facere digneris: ut nobis corpus, et sanguis fiat dilectissimi Filii tui" (‚Quam oblationem').[26] Auch hier wird mit den Verben wieder eine Dreierreihe gebildet. Für den Abschnitt „vnd allen denen/die daruon essen vnd trin-

21 Gunter Zimmermann, in: OGA 7, S. 570, Anm. 13.

22 Vgl. Entwurf Pfalz-Neuburg 1542 (OGA 10, S. 951 f). Von einer Orientierung an der katholischen Tradition spricht er an keiner Stelle. Selbst die Abendmahlsfeier der Kurbrandenburger Ordnung steht für ihn viel zu sehr in der Gefahr, daß die Vorsteher während des Sanctus statt der vorgesehenen vier Fürbittgebete den Canon Romanus beten (vgl. ebd. S. 967).

23 Es ist zu beachten, dass der vollständige Text des Gebets eine komplexere Aussage enthält, die in der Abfolge ‚Darbringung Christi am Kreuz', ‚Gedächtnis des Todes Christi' und ‚Darbringung der Gaben durch die Gemeinde' gestaltet ist. Die Kirchenordnung macht zuvor deutlich, dass gegen eine – von falscher Opferterminologie befreite – spezielle Anamnese nichts einzuwenden sei: „Wenn sie die wort, darmit sie gestracks opfern ... ‚wir opfern deiner herrlichen majestat' herausthun und setzen darfur: Wir gedencken des opfers deines eynigen Sons etc., so wöllen wirs glauben, das ihnen ernst sei, und sie seinds auch schuldig zu thun und können on ergernus wol ausrichten" (Pfalz-Neuburg 1543, OGA 7, S. 676). Im Abendmahlsgebet wird diese Formulierung aber nicht verwendet, wahrscheinlich weil die Darbringungsaussage nun vor den Einsetzungsworten steht: Es handelt sich jetzt um ein Bringen vor Christus, damit dieser die Wandlung der Gaben vollziehe.

24 Vgl. Schulz, Abendmahlsvermahnung, a.a.O., S. 150, Anm. 57.

25 Vgl. ebd.

26 Vgl. ebd. Senn hingegen sieht als Vorlage für diese Epiklese das Offertorialgebet ‚Veni sanctificator' der mittelalterlichen Messe, weil in den schwedischen Missalien dort ebenfalls die Doppelformulierung ‚benedic et sanctifica' vorkommt (vgl. Frank C. Senn: Liturgia Svecanae Ecclesiae. An Attempt at Eucharistic Restoration during the Swedish Reformation. In: StLi 14/1980/81, S. 20–36, hier S. 27). Dies bleibt aber hypothetisch, da der Text dieses Gebetes in Europa keineswegs einheitlich ist und gerade das Nebeneinander beider Verben nicht die Regel darstellt (vgl. Josef Andreas Jungmann: Missarum Sollemnia. Eine genetische Erklärung der römischen Messe. 2 Bde., Freiburg [5]1962, hier Bd. 2, S. 82–88).

cken" gibt Schulz keinen Beleg an; zu denken ist aber an die Formel „ut quotquot ex hac altaris participatione sacrosanctum Filii tui corpus et sanguinum sumpserimus" (‚Supplices'), nur dass hier deutlicher das Essen und Trinken als Weise des Empfangens herausgestellt wird. Die Formel „zum ewigen leben lassen gedeihen" sieht Schulz in Parallele zu „fiat accepientibus nobis in vitam aeternam" des Gebets ‚Haec commixtio'.[27] Damit sind die Wirkungen aber ähnlich abstrakt formuliert wie im Canon Romanus: „omni benedictione caelesti et gratia repleamur" (‚Supplices').

Bei aller sprachlicher Ähnlichkeit zitiert Osiander den Canon Romanus nicht wirklich, vielmehr gestaltet er das Gebet in dessen Stil. Dass Osiander den Canon Romanus überhaupt nicht als wörtliche Vorlage verwenden kann, wird sechs Jahre später deutlich: Er kann zunächst nicht gegen die Verwendung des Canon Romanus im Interim argumentieren, da ihm kein Meßbuch vorliegt, er ihn aber auch nicht mehr auswendig zu zitieren vermag![28]

Ungewöhnlich am Pfalz-Neuburger Abendmahlsgebet ist vor allen Dingen, dass die Gedankenführung der klassischen Abfolge „spezielle Anamnese, Darbringungsaussage, Wandlungs- und Kommunionepiklese" folgt, wie sie in den ostkirchlichen Anaphoren nach den Einsetzungsworten zu finden ist. Obwohl der Canon Romanus die sprachlich-stilistische Vorlage zu bilden scheint, werden die Stücke in einer Weise angeordnet, die dieser nicht kennt![29] Was bewegt Osiander dazu, ein solches Gebet zu konstruieren? Die Kurbrandenburgische Ordnung kann jedenfalls nicht den Anstoß geben,[30] denn dort kommt kein Epiklesegebet vor.[31] Und nur in den frühesten Ordnungen der Reformation finden sich ansonsten in Deutschland solche epikletischen Elemente.[32] Ob schließlich doch eine ostkirchliche Anaphora als strukturelle Vorgabe gewirkt hat, kann nicht eindeutig entschieden werden. Z. B. läßt die Formulierung ‚heiligen/segnen/vnd schaffen' an die Phrase καὶ εὐλογῆσαι αὐτὰ καὶ ἁγιάσαι καὶ ἀναδεῖχαι der Basilius-Anaphora denken.[33] Dann hätte sich Osiander zwar

27 Vgl. Schulz, Abendmahlsvermahnung, a.a.O., S. 150, Anm. 57. In seinem Gutachten zum Meßkanon 1549 kritisiert Osiander diese Stelle scharf, legt allerdings einen erweiterten Text des Canons zugrunde (vgl. OGA 10, S. 171. 186. 196).

28 „Ich kann aber, wie gemeldt, dieweil ich kain meßpuch alhie zu bekommen ways, nicht alles nach notdurfft erzelen. Wan es aber vonnoten sein wirt, will ich vom canon allein ein sondre schrifft stellen, wan ich nun, ob God wil, bald ein mespuch bekumme." (Gutachten zum Interim 1549, OGA 9, S. 158).

29 Vgl. auch Schmidt-Lauber, a.a.O., S. 163–165.

30 Vgl. Kurbrandenburg 1540 (CD 1, S. 87–90).

31 Obwohl Osiander im Entwurf der Kirchenordnung jeweils nachweist, woher die verwendeten Teile stammen, zitiert er das Gebet ohne Herkunftsangabe (Entwurf Pfalz-Neuburg 1542, OGA 10, S. 970 f.).

32 Vgl. Kantz 1522 (CD 1, S. 14); Worms 1524 (CD 1, S. 18); Straßburg/Ordenung 1524 (CD 1, S. 313, Anm. 46).

33 Anton Hänggi/Irmgard Pahl (Hg.): Prex eucharistica. Textus e variis liturgiis antiquioribus selecti. Hg. v. Albert Gerhards und Heinzgerd Brakmann, SpicFri 12, Fribourg [3]1998, nachfolgend mit „PE" abgekürzt, S. 236, Z. 110 f. So formuliert auch der griechische Text in der Ausgabe von Ducas von 1526 (vgl. Charles Anthony Swainson: The Greek Liturgies. Hg. v. Carl Bezold, London 1884 = Hildesheim 1971, S. 161). Zu diesem Bezug vgl. auch Schmidt-Lauber, a.a.O.,

sprachlich an den Canon Romanus, in der Struktur aber an ostkirchliche Hochgebete angelehnt.

Für diese These spricht, dass die griechischen Hochgebete für Osiander – neben der Unterstützung im Zweifel an der Apostolizität und Unveränderbarkeit des Canon Romanus[34] – für einen Argumentationsgang von besonderer Bedeutung sind: Gegen die spätmittelalterliche Interpretation des Canon Romanus, dass der Priester in der Messe den Leib und das Blut Christi darbringe, wendet Osiander zum einen an mehreren Stellen mit Berufung auf Irenäus[35] ein, dass der Priester nur Naturalgaben der Gemeinde darbringe, aber nicht den Leib und das Blut Christi. Zum anderen werde dieser Sachverhalt auch daran deutlich, dass im Osten der Priester erst nach der Darbringungsaussage (gemeint ist wohl die ‚spezielle Anamnese') um die Wandlung der Gaben bittet: „Da haben denn die priester solche gaben des volcks, die gleich nicht auff den altar kommen, mit den gedancken zum wein und brod gefast und dieselbigen in des volcks namen Gott geopfert und denn weiter gebeten, der herr Christus wolle schaffen, das das brod sein leib und der wein sein blut werde."[36]

Zugleich wird an diesem Zitat deutlich, warum in der Epiklese des Pfalz-Neuburger Abendmahlsgebets nicht der Geist auf die Gaben und die Gläubigen herabgerufen wird, sondern Christi ‚göttliche Gnade, Güte und Kraft' (vom Heiligen Geist ist wie im Canon Romanus erst in der Doxologie die Rede): Nach Osianders Verständnis wird auch in der Epiklese des Ostens nicht der Geist, sondern Christus selbst angerufen! Nur so ist für ihn der Kausalzusammenhang von Darbringung und Epiklese gewahrt, wie er in Abgrenzung zur katholischen Auffassung aufzeigt: „Und hats der babst dahin gebracht, das er und seine pfaffen nicht mehr Christo wein und brod in der meinung opfern, das er sol schaffen, das es sein leib und blut werde, sonder rühmen sich, sie machens selbst mit ihrem munde"[37]. Die Darbringung der Gaben ist somit nichts anderes als die Voraussetzung für ihre Konsekration. Deshalb ist auch

S. 164. 1530 hat Osiander die Chrysostomus- und die Basilius-Liturgie in Abschriften von Melanchthon erhalten (vgl. OGA 6, S. 191, Anm. 18; 6, S. 191; 9, S. 156), 1549 beruft er sich ausdrücklich auf die Ausgabe des Ducas von 1526 (vgl. OGA 9, S. 191 f.), die ihm vorzuliegen scheint. Osiander bemüht sich 1536 sogar um eine Übersetzung des russischen Ritus, um weitere Argumentationshilfen gegen die katholische Opferlehre zu erhalten, es ist aber unklar, ob er eine solche Übersetzung je bekommen hat (vgl. OGA 6, S. 189–194).

34 Aus den verschiedenen Fassungen eines Hochgebets schließt er, „das vor zeiten ein yeder bischoff nach seiner aigenen andacht und verstand oder unverstan darvon und darzu hat gethon seins gefallens." (Gutachten zum Interim 1549, OGA 9, S. 157).

35 Vgl. Irenaeus, Adversus haereses 4, 17f (PG 7.1, S. 1019–1029). Zur Verwendung als Argument vgl. OGA 7, S. 295; 8, S. 92. 604; 9, S. 157. 167. 192.

36 Schon 1540 beim Wormser Religionsgespräch führt Osiander die Basiliusliturgie an: „Praeterea neque in Basilio neque in aliis legi, post consecrationem aliquid oblatum in missa, sed ante consecrationem mentio ablationis fit, ..." (OGA 7, S. 295).

37 Erst nachdem er den Text des Canon Romanus vorliegen hat, findet sich bei ihm eine andere Auffassung: „... und dornach die priester brot und wein Gott auch furgetragen und in gebeten haben, das er schaffe, das es seins sohns leib und blut werde..." (Gutachten zum Meßkanon 1549, OGA 9, S. 192; vgl. auch ebd., S. 167).

das Abendmahlsgebet an Christus gerichtet – ein für das 16. Jahrhundert einzigartiges Phänomen.[38] Die Anrederichtung steht in Kongruenz zur liturgietheologischen Funktion des Gebets, die sich in der Stellung innerhalb der Feier spiegelt: Das Gebet bittet um Heiligung der dargebrachten Gaben, die danach beim Sprechen der Einsetzungsworte geschieht. Die Epiklese steht somit nicht in Konkurrenz zu den Herrenworten, sondern bittet um ihre Wirksamkeit – nicht zuletzt, um so einer Überbewertung priesterlicher Vollmacht entgegenzutreten.[39]

Letztlich ist aber die Anrede Christi in der theologischen Dominanz der Einsetzungsworte begründet: Weil für Osiander die Worte Christi allein konsekratorische Macht besitzen,[40] muss die Epiklese als Gebet, das um die Konsekration bittet, auch ausdrücklich an Christus gerichtet sein.[41] Deshalb darf auch nicht von einem Wirken des Heiligen Geistes die Rede sein, selbst wenn wir heute unter ‚göttlicher Gnade, Güte und Kraft' letztlich nichts anderes verstehen können.

Das Gebet bildet somit die Brücke zwischen der vorausgehenden ‚Nürnberger' Vermahnung, in der – wie oben beschrieben – Christus selbst die Wirksamkeit seines Leibes und Blutes für die Kommunizierenden im Anschluß an die eingeschobenen Einsetzungsworte garantiert, und den konsekratorisch verstandenen Herrenworten.[42] Sprachlich am Canon Romanus, strukturell aber an den byzantinischen Anaphoren orientiert, macht es deutlich, dass

---

38 Zwar ist diese Gebetsrichtung für antike Eucharistiegebete ohne weiteres belegt (vgl. Albert Gerhards: Die griechische Gregoriosanaphora. Ein Beitrag zur Geschichte des Eucharistischen Hochgebets, LQF 65, Münster 1984), aber solche Gebete kann Osiander nicht kennen, da sie im Westen im 16. Jh. nicht ediert sind. Zum grundsätzlichen Problem der Gebetsanrede an Christus vgl. Josef Andreas Jungmann: Die Stellung Christi im liturgischen Gebet, LQF 19–20, Münster ²1962; Albert Gerhards: Zu wem beten? Die These Josef Andreas Jungmanns († 1975) über den Adressaten des Eucharistischen Hochgebets im Licht der neueren Forschung. In: LJ 32/1982, S. 219–230; ders.: Zur Frage der Gebetsanrede im Zeitalter jüdisch-christlichen Dialogs. In: TThZ 102/1993, S. 245–257; Balthasar Fischer: Vom Beten zu Christus. In: Josef G. Plöger (Hg.): Gott feiern. FS Theodor Schnitzler, Freiburg 1980, S. 94–99.

39 Für Osiander ist die Wandlungsbitte im Abschnitt ‚Quam oblationem' ein Argument gegen die Vorstellung, der Priester könne Leib und Blut Christi aus eigener Vollmacht konsekrieren (vgl. Gutachten zum Meßopfer 1549, OGA 10, S. 174; vgl. auch das Gutachten zum Interim 1548, OGA 8, S. 605).

40 Dies wird im Lehrteil der Kirchenordnung mehrfach herausgestellt (vgl. Pfalz-Neuburg 1543, OGA 7, S. 672. 674 f. 728). Deutlich wird dies auch am Zusatz zu einem Zitat des Irenaeus: „... und spricht darauff: ‚Das brot, so aus der erden ist, so es empfahet die ruffung Gottes [verstehe: wenn Christus spricht: ‚Das ist mein leib'], so ist es nicht mehr ein gemein brot, sondern die εὐχαριστία ..." (Gutachten zum Interim 1548, OGA 5, S. 595). Wo Irenaeus von ἔκκλησιν τοῦ Θεοῦ (Adversus haereses 4,18,5; PG 7.1, S. 1029) spricht, bezieht Osiander dies auf die Einsetzungsworte statt auf die Epiklese.

41 Die leise zu vollziehenden Fürbittgebete während des Sanctus hingegen sind an den Vater gerichtet.

42 Die Struktur der Feier darf jedoch nicht überbewertet werden, denn Osiander ist sich im Entwurf der Ordnung noch nicht sicher, ob die Vermahnung vor das Gebet oder, wie in Kurbrandenburg 1540, direkt vor die Kommunion gestellt werden soll (vgl. Entwurf Pfalz-Neuburg 1542, OGA 10, S. 970, Anm. c; 972 f).

nicht Leib und Blut Christi geopfert, sondern die Gaben erst mit den Herrenworten konsekriert werden – und zwar durch das aktuelle Handeln Christi und nicht des Vorstehers. Deshalb muss das Gebet auch an Christus gerichtet sein.

So sehr das Gebet damit die Isolierung der Einsetzungsworte relativiert, so sehr unterstützt es deren sakramententheologische Absolutsetzung. Eine wirkliche Notwendigkeit der Epiklese ist nicht zu erkennen. Welche Prägekraft dieses theologische Paradigma hat, zeigt sich daran, dass auch bei den seltenen späteren Versuchen epikletischer Abendmahlsgebete diese häufig an Christus gerichtet sind.[43]

III. Die Diskussion um die Epiklese zwischen Martin Bucer und Johannes Gropper

Nur ein einziges Mal ist es im 16. Jahrhundert ansatzweise zu einer Diskussion um die Notwendigkeit des Eucharistischen Hochgebets und besonders der Epiklese gekommen. Martin Bucer hat 1543 für den Reformationsversuch des Kölner Bischofs liturgische Formulare entworfen, in denen der Canon Romanus durch eine lange Präfation mit Sanctus und Einsetzungsworten ersetzt wird.[44] Inhaltlich geht die Präfation die Heilsökonomie entlang,[45] wie dies auch oftmals die Abendmahlsvermahnungen tun. Mit ihren – im Vergleich zu einer klassischen Präfation – zahlreichen anamnetischen, ansonsten aber auch mit der Epiklese[46] verbundenen Motiven übernimmt die Präfation entscheidende Funktionen des bisherigen Canon Romanus.[47] Zu einer epikletischen Sprachform gelangt die Ordnung aber nicht, da für Bucer alle Wirksamkeit und alles Handeln in den Einsetzungsworten enthalten ist.[48]

---

43 Zu Beispielen vgl. Schulz, Abendmahlsvermahnung, a. a. O., S. 151, Anm. 59. 157 f.; Lehmann, a.a.O.

44 Vgl. hierzu Friedrich Lurz: Initiation im Einfältigen Bedenken: Die Formulare der Taufe, der Firmung und der Abendmahlsfeier in der Kölner Reformationsdenkschrift von 1543. In: Albert Gerhards/ Andreas Odenthal (Hg.), Kölnische Liturgie und ihre Geschichte, LQF 87, Münster 2000, S. 291–307; Frieder Schulz sieht Motive „der ostkirchlichen Eucharistia aufgenommen“ (Ostkirchliches Erbe im evangelischen Gottesdienst. In: US 47/1992, S. 167–176, hier S. 171). Nachweislich kennt Bucer die Chrysostomus- und die Basilius-Anaphora; er hat sich ausgiebig mit ihnen beschäftigt und sie mit Randbemerkungen versehen (vgl. Martin Buceri opera latina 3. FlorPatr, SMRT 41, Leiden 1988, S. 197–208).

45 Vgl. Köln 1543 (CD 1, S. 336 f.).

46 „Vns auch sein leib vnd blut zu speiß/vnd stercke des seligen/neuwen/vnd ewigen lebens/ mit getheilet/vff das wir im glauben vnd vertrauwen deiner gnaden vnd liebe/gesterket/Auch in deiner kindschafft vnd neuwen geburt/zu allen deinen gefallen jmer wachsen vnd zunemen.“ (Köln 1543, CD 1, S. 337).

47 Vgl. Irmgard Pahl: Die Feier des Abendmahls in den Kirchen der Reformation. In: Hans Bernhard Meyer, Eucharistie, a.a.O., S. 393–440, hier S. 410. Neben den in den Vermahnungen anzutreffenden Inhalten sind die Beteiligung Christi an der Schöpfung und die pneumatologische Dimension als motivische Besonderheiten zu hervorzuheben.

48 So heißt es zu den Einsetzungsworten: „... dan in diesen worten/die substants dieses heiligen/Sacraments gentzlich begriffen ist/vnd ligt alle heilsame handlung/vnd entfahung dieses heili-

Der Kölner Domkapitular Johannes Gropper kritisiert dies neben vielen anderen Punkten in einer Gegenschrift.[49] Nach seiner Meinung findet mit einer bloßen Rezitation der Einsetzungsworte keine Konsekration statt, da der Canon Romanus als Gebet fehlt und der göttliche Name nicht über den Gaben im Gebet angerufen worden ist: „Wir mussen hie noch weiter das notwendiglich anzeygen/das es je ein vnsinnig ding sein muß/dz nu etliche vermeinen das Sacrament des fleisch vnn bluts Christi zu consecrieren/on dz algemeine gebet/so wir Canonem nennen/vnn on anrufung des götligen namens /*preter inuocationem diuini/nominis super dona proposita*/sond[ern] nur allein durch die blosse recitation vnn verlesung d[er] worter Pauli. j. Cor.xj. ... So doch inn solichen worten der H. Paulus allein historischer weiß erzelt vnn begreifft die geschicht wie es Christus gehalten/aber nit *formam consecrationis* das ist die wesentliche worter dadurch d[er] priester als der gemeiner diener den Götligen namen/über die vorgestelte gaben anrüfft/die segnet/vnn heyligt/zwar nit durch seine/sonder durch die almechtige wort seins Herren Christi."[50] Er verweist auf die Wandlungsepiklese des Canon Romanus und der griechischen Liturgie: „Die heilige vätter der Orientalischer vnd Occidentalischen kirchen/ja die Apostolen selb haben je anders gethan/Dan sie haben als diener/den namen Gottes über die hosti angeruffen /vnd die *solenni prece* consecriert/... Vnn also ist es bißher in algemeyner Catholischer kirchen gehalten/Jn welcher der priester spricht/Wyr bitten dich o Got/das du dise opferhande allenthalben benedyet/Angeschriben/ Vest/Vernüfftig vnn Angenehem machen wöllest/Das die selbe vns werde d[er] Leib vnn dz blut deyns allerliebsten suns vnsers Herren Jesu christi/Der am nächsten tag vor seymm leyden/dz brot nam in seyn heilige hend/vnn mit vffgehebten augen etc.[51] Vnn continuiert vnn

---

gen Sacraments/gentzlichen am waren verstande/vnd glauben dieser worten" (Köln 1543, a.a.O., CX^v). Bucer notiert auch in seiner Ausgabe der Chrysostomus- und der Basilius-Liturgie neben die Einsetzungsworte „Consecratio" (Bucer, Opera latina, a.a.O., S. 201. 204). Die Einsetzungsworte sollen vom Priester gesungen und und gut verständlich vorgetragen werden, damit die Gemeinde diese mit dem Amen bestätigen kann. Dieses ‚Amen' wird ausdrücklich mit dem Verweis auf die griechische Tradition begründet (vgl. Köln 1543, a.a.O., CX^v). Zu denken ist an die Chrysostomus-Liturgie, die in der Übertragung des Toscan jeweils das Amen von ‚Clerus et Populus' sprechen läßt (vgl. André Jacob: La traduction de la Liturgie de saint Jean Chrysostome par Léon Toscan. Édition critique. In: OPC 32/1966, S. 111–162, hier S. 154), was Bucer in seinen Randbemerkungen nochmals hervorhebt (vgl. Bucer, Opera latina, a.a.O., S. 201).

49 Johannes Gropper: Christliche vnd Catholische gegenberichtung eyns Erwirdigen Dhomcapitels zu Cöllen/wider das Buch der Reformation ..., Köln: Jaspar Gennep 1544, CIIII^r–CVII^r [„Obe on das Canonisch gebet d[er] Catholischer kirchen die consecration geschehe"].

50 Vgl. ebd., CIIII^r–CIIII^v.

51 Für den hier zit. Abschnitt ‚Quam oblationem' (vgl. PE, a.a.O., S. 433, Z. 110–115) bietet Gropper in seiner Übersetzung des gesamten Canon Romanus (vgl. Gegenberichtung, a.a.O., CVII^v–CX^r; Angelus A. Häußling: Das Missale Deutsch. Materialien zur Rezeptionsgeschichte der lateinischen Meßliturgie im deutschen Sprachgebiet bis zum Zweiten Vatikanischen Konzil. 1. Bibliographie der Übersetzungen in Handschriften und Drucken, LQF 66, Münster 1984, S. 22 f.) eine andere Fassung: „Wölche opfferhand bitten wir/das du o Gott gäntzlich vnn zumal Gesegnet/Angeschreiben/ Vest/Herlich/vnn Angenehem machen wöllest/das die selb vns werde d[er] leib vnd das blut deyns allerliebsten Suns vnsers Herrenn Jhesu Christi." (Gegenberichtung, a.a.O., CIX^r).

verfolgt die worter also vort in seyner person/als des dieners. ... Wie offtmals thut der H. Chrysostomus meldung von dem langen vnn ernsten gebet der consecration der Eucharisty: *De Sacerdotio lib. 3* sagt er also/Siehe es stehet der Bischoff am altar/der geust vß das lange gebet/damit die gnad in dz opffer fliesse etc. Die Grekische Meß zeigt an wie der Bischoff sich vffrichte/zeichne die opfferhande (on zweiffel mit dem zeichen des creutz) vnn spreche/Mach o Herr/diß brot dz theure Leib deyns Christi. Amen. Vnn das so in disem kilch ist/dz theure blut deyns Christi/vnn verwandle die durch deynen heiligen Geist."[52] Aus der ‚griechischen Messe' wird hier der erste Teil der Epiklese der Chrysostomus-Liturgie zitiert,[53] ohne dass genau gesagt werden kann, welche der Editionen des 16. Jh. benutzt wird. Gropper zitiert mit seinen beiden Beispielen allerdings einmal eine Epiklese vor und einmal eine nach den Einsetzungsworten, ohne daß er darin ein Problem zu sehen scheint.

Bucer antwortet auf diesen Vorwurf ausführlich in seiner Schrift ‚Bestendige Verantwortung'.[54] Er resümierte die erhobene Klage und stellte dabei sofort den Widerspruch heraus, in den sich Gropper mit seiner Auffassung zur damaligen katholischen Lehrmeinung setzte: „HJe bringen die Gegengelehrten ein neuwe Klag vnnd Lehr ein/wider jre eigne Schullehrer/klagen das Buch der Reformation stele die Consecration/das ist/die heiligung der Heiligen Sacramenten allein in die erzelung der wort des HERREN/Nemet esset, das ist mein Leib/etc. Nemet drincket/das ist mein blut/vnd nicht auch oder mehr in das Canonisch Gebett aber zu der Consecration der Sacramenten/wie sie fürgeben/von nöten sein solle."[55] Bucer argumentiert dagegen, dass die Gemeinden von Anfang an den Herrenworten konsekratorische Wirkung zugewiesen hätten und Paulus in 1 Kor 11 ansonsten auch zusätzlichen Gebetstext habe überliefern müssen, wenn dieser zur Konsekration notwendig sei, da es dort um die Versündigung am Leib Christi gehe.[56] Entscheidendes theologisches Argument ist aber, dass Christus der eigentliche Mahlherr ist und dies in Christi eigenen Worten Ausdruck finde: „Damit sie glaubten/das der HERR selb vnder jnen were/vnd wie in seinem ersten Nachtmal/das er mit den Apos-

---

52 Ebd., CV^r. In der Erläuterung zum Abschnitt ‚Quam oblationem' wiederholt Gropper nur seine Auffassung (vgl. ebd., XC^v). In einer zweiten Schrift Groppers zu diesem Agendenentwurf faßt er seinen Vorwurf kurz zusammen: „Richtet eyn new form oder weiß an/wie das Abendtmal zu halten sey/Durch welche der heiliger Canon der Meß verworffen wirdt. Darinn auch die Consecration des heiligen Sacraments/(on welche der leib vnd das blut Christi nit zu gericht werden kan) außgelassen wirdt." (Johannes Gropper: WArhafftige Antwort vnn gegenberichtunng ..., Köln: Gennep 1545, XXIX^r).

53 Vgl. PE, a.a.O., S. 226, Z. 51–55.

54 Vgl. Martin Bucer: Bestendige Verantwortung/auß der Heiligen Schrift, vnd war Catholischer Lehre/vnd haltung der Allgemeinen Christlichen Kirchen/des Bedenckens vonn Christlicher Reformation..., Bonn: Laurentius von der Mühlen 1545, CXCIII^r–CXCVIII^r [„Wa durch die Consecration/das ist/heiligung der Sacramenten im Heiligen Abendtmal geschehe"].

55 Ebd., CXCIII^v. Allerdings übergeht Bucer dabei, dass Gropper weiterhin den Herrenworten die eigentliche konsekratorische Wirkung zuspricht (vgl. Gegenberichtung, a. a. O., XC^v).

56 Vgl. Bucer, Bestendige Verantwortung, a. a.O., CXCIIII^r.

tolen gehalten/also auch in dem/das er bey jnen hielte/jnen selb das brot vnd den kelch zu Sacramenten vnd waren vbergebzeichen seines Leibs vnd Bluts heiligte/vnd jnen selb damit seinen waren Leib vnd wares Blut vbergebe/Wiewol das dancksagen vnd betten/alweg auch bey dem Heiligen Nachtmal sein solle/noch so steht die heiligung der Sacramenten in der erzeleten worten Christi."[57]

Danach kommt Bucer direkt auf das Vorbild der Epiklese nach den Einsetzungsworten in der byzantinischen Liturgie zu sprechen – wohl weil diese am deutlichsten seine Konzeption in Frage stellt: „Die Gegengelehrten führen auch ein den brauch der Griechen/welche/nach den sie die wort des Herren gesprochen/erst betten zum Vatter/Mach diß brot den kostbaren leyb Christi/ Jtem/Mach das in diesem Kelch ist/das kostbarlich Blut Christi/vnnd wöllen auß dem schliessen/die Griechen benedeyen vnd Consecrieren das Brot vnn den Kelch des HERREN nit mit den worten des HERREN/sonder durch jr Creutz machen/vnd jetz erzelte Gebett/darumb das der Diakon vor diesem Gebett zum Priester sagt/Herr benedeie das H. Brot/Jtem Herr benedeie den H. Kelch/Vnd das in jren formularen geschrieben stehe/das der Priester darauff benedeie vnd bezeychne die H. gaben.[58] Hierauff ist das die antwort/ Warumb haben die Gegengelehrten nit das auch in der Griechen formular gemerckt/das inn dem selbigen auch zu vor stehet/So der Priester die wort des HERREN/Nemmet/esset/das ist mein Leyb etc. Vnnd/Nemet/ trincket/das ist mein Blut/etc. lauth außspricht/vnd damit das Brot vnd den Kelch benedeie/Jtem/das der Prister bey den Griechen/auch nach jetz vermeltem Gebett bittet/das der HERR wölle durch sein gewaltig handt/jnen/den Dienern vnd durch sie allem Volck/seinen H. Leyb vnd Blut geben[59]/Ja der Priester bittet bey den Griechen auch nach dem er das Sacrament entfangen/er wöll jn theilhafftig machen seins Leibs vnd Bluts."[60] Indem also ähnliche Gebetsvollzüge

57 Vgl. ebd. Gegen das Argument, es finde eine reine Rezitation der Einsetzungsworte statt, stellt Bucer den Verkündigungscharakter heraus, indem eine Konsekration nur dann vonstatten gehe, wenn die Worte Christi auch einen Adressaten in Form von Gläubigen und Kommunikanten hätten: „Wa nun jemand diese wort allein Historischer weiß erzelen wolte/vnd da nit auch leuth haben/zu denen er diese wort mit ausspendung der H. Sacamenten sagte/…/ wie dann die Gegengelehrten thun/warlich der würde die Sacramenten nicht zu richten/dan er dem befelch Christi nit gnug thette/Der HERR hat je geheissen das thun/das er gethan hat." (Ebd., CXCVIII^{r}).

58 Die diakonalen Einschübe sind in PE nicht abgedruckt. Sie finden sich schon in der Ausgabe des Demetrios Ducas von 1526 (vgl. Swainson, a.a.O., S. 130 f.), während sie in der Übertragung des Leo Toscan bis auf das ‚Amen' fehlen (vgl. Jacob, a.a.O., S. 155). Dass Bucer den Heiligen Geist bei der Epiklese nicht nennt, kann an der Edition liegen; in der Ausgabe von Ducas fehlt die Phrase μεταβαλὼν τῷ Πνεύματί σου τῷ ἁγίῳ (PE, a.a.O., S. 226, Z. 52 f.) bei der Wandlungsbitte über das Brot, bei der über den Wein wird die Formel durch zwei diakonale Einschübe abgetrennt (vgl. Swainson, a.a.O., S. 130 f.).

59 Gemeint ist hiermit die Phrase καὶ καταξίωσον τῇ κραταιᾷ σου χειρί, μεταδοῦναι ἡμῖν τοῦ ἀχράντου σώματός σου καὶ τιμίου ἅματος, καὶ δι᾽ ἡμῶν παντὶ τῷ λαῷ (Swainson, a.a.O., S. 136) im Gebet zur Beugung der Häupter. Zur lateinischen Version des Pelargus („dignare potenti manu tuae dare nobis im[maculatum corpus]") notiert Bucer: „Iter[um] orat Ch[ristum] ut de[t] corpu[s] sua ma[nu]." (Bucer, Opera latina, a.a.O., S. 202), worin sich die gleiche Auffassung spiegelt.

60 Vgl. Bucer: Bestendige Verantwortung, a.a.O., CXCVII^{r}–CXCVII^{v}. Es handelt sich sehr

an Stellen nach der angeblich konsekratorischen Epiklese nachgewiesen werden können, ist für Bucer der behauptete konsekratorische Charakter der Epiklese relativiert.

Die Absicht und Verordnung Christi stehe letztlich über jeder liturgischen Gestaltung: „In dem allen hat man zu lernen/das die Alten erkennet haben/das Christus sein leib vnn blut/nit in brot vnn wein zu behalten sonder seinen Jüngeren verordnet hat zu niessen zur speyß des ewigen lebens/darin steht der recht brauch des H. Sacraments/Vnd darumb/ob wol das vbergeben des Leybs vnd Bluts gentzlich auff den worten Christi bestehet/noch soll ja dz gleubige hertz daraumb bitten für vnn für/nit allein nach dem diese wort der heyligung gesprochen seindt/sonder auch nach dem die Sacrament leiblich genossen seindt.“[61] Alles Gebet geschehe beim Abendmahl allein um des Menschen, d.h. um eines würdigen Empfangs willen, nicht aber aus einer tieferen liturgietheologischen Notwendigkeit heraus: „Darumb was von dem Brot vnd Kelch gebetten würt/das geschicht vnsert halben/das wir nemlich durch diese Sacrament Christum zu vnserem heil entpfahen vnd niessen. Auß dem allen hat ein jeder wol zu erkennen/was die alten Vätter von der Consecration gehalten haben/nemlich aller ding in die wort Christi/vnn in kein gebet/das der priester da thun soll.“[62]

Resümierend stellt Bucer nochmals fest, die Konsekration könne nicht an das Gebet gebunden sein, da sie sonst vom Menschen abhängig wäre: „Dan diese speiß, die gab des HERREN ist/vnnd hanget nit an vnserem Gebett.“[63] Die positive Funktion des Gebets bestehe allein in der Bitte um würdigen Empfang: „Diese heiligung wurdt vns dan erst recht mit getheilet/vnd von vns entfangen/wan wir die Sacrament der massen/wie jetz gesagt/annemen vnd niessen/Darumb sollen wir billich betten/Doch so stehet vnd hanget diese gnad vnd gutthat gentzlich am wort des HERREN/vnd einwürckung seines H. Geists/vnd nit an vnserem Gebett.“[64] Im letzten Satz wird zudem deutlich, dass Bucer das aktuelle Handeln Christi als pneumatisches Geschehen ansieht, also schon eine Öffnung der christologischen Engführung versucht; eine epikletische Sprachform resultiert daraus aber nicht.

Einige Jahre später taucht für Bucer die Fragestellung bei der Beurteilung des ersten Book of Common Prayer von 1549 erneut auf.[65] Seine Argumentation

---

wahrscheinlich um die Phrase ἀλλ᾽ ὡς ἀγαθὸς καὶ φιλάνθρωπος, ἀξίωσόν με κοινωνὸν γενέσθαι τοῦ παναγίου σώματος καὶ αἵματός, σου (Swainson, a.a.O., S. 140) aus den Gebeten nach der Kommunion in der Ausgabe des Ducas von 1526, die sich so nicht in allen Versionen findet.

61 Bucer: Bestendige Verantwortung, a.a.O., CXCVII^{v}.

62 Ebd.

63 Ebd., CXCVIII^{v}.

64 Ebd., CXCVIII^{r}.

65 Er fasst seine Auffassung 1551 in der ‚Censura‘ zusammen (vgl. Martin Bucer: Censura 1551. In: E.C. Whitaker: Martin Bucer and The Book of Common Prayer, ACC 55, Great Wakering 1974, S. 11–173).

gegen die Wandlungsepiklese des dort abgedruckten Eucharistiegebets[66] ist ähnlich. Hier wird zudem deutlich, dass für ihn eine Wandlungsepiklese viel zu sehr in der Gefahr steht, die Vorstellung der Transsubstantiation zu stützen.[67] Wieder lässt er das Beispiel aus der Chrysostomus-Liturgie nicht gelten.[68] In der Konsequenz plädiert er aber nicht mehr für eine Abschaffung der Epiklese,[69] sondern für eine Modifikation, die letztlich einer Kommunionepiklese nahe kommt: „In altera, quae hanc proxime sequitur, precatione, incipiente, Gott (!) heavenly Father, optarim verba illa, Heare us, O mercifull Father, usque ad illa, Who in the same nighte, his mutari verbis, aut similibus: *Audi nos, O misericors pater, atque benedic nobis, et sanctifica nos, verbo, et spiritu sancto tuo, ut corpus, & sanguinem filii tui, his mysteriis vera fide percipiamus, in cibum, potumque vitae aeternae. Qui filius tuus, in ea nocte, qua tradebatur* etc.“[70]. Hervorzuheben ist auch die veränderte Reihenfolge von ‚Wort“und ‚Heiligem Geist‘; wieder wird deutlich, dass für Bucer die Rede vom Heiligen Geist beim Abendmahl keine ursächliche ist. Das BCP 1552 folgt schließlich weitgehend diesem Vorschlag Bucers.[71]

Zwei Dinge sind an dieser Diskussion auffällig: Aufgrund der Fragestellung wird allein der Abschnitt der Epiklese zitiert und als Argument verwendet, den

---

66 Sie lautet: „Heare us (o merciful father) we besech thee; and with thy holy spirite and worde, vouchsafe to blesse and sanctifie these thy gyftes, and creatures of bread and wyne, that they maie be unto us the bodye and bloude of thy moste derely beloued sonne Jesus Christe.“ (BCP 1549, CD 1, S. 400).
Zu den Spekulationen um die Herkunft der Formel ‚thy holy spirite and worde‘ vgl. Bryan D. Spinks: ‚And with thy Holy Spirite and Worde‘. Further Thoughts on the Source of Cranmer's Petition for Sanctification in the 1549 Communion Service. In: Margot Johnson (Hg.): Thomas Cranmer. Essays in Commemoration of the 500th Anniversary of His Birth, Durham 1990, S. 94–102.

67 Vgl. Bucer: Censura 1551 (Whitaker, a.a.O., S. 55).

68 „Novi item apud Graecos, sed recentiores, Diaconum solere, oblato pane Coenae Dominicae, dicere sacerdoti Coenam administranti: Benedic panem istum: & tum sacerdotem precari, Fac hunc panem preciosum corpus filii tui. Idemque fieri de Calice. Et tum subjici: Mutans Spiritu tuo Sancto.“ (Bucer: Censura 1551, Whitaker, a.a.O., S. 54). Whitaker übersetzt: „I know also that among the Greeks, but in relatively recent times, the custom is for the deacon when the bread has been offered at the Lord‘s Supper to say to the priest who presides over the supper: ‚Bless this bread‘, and the priest then prays: ‚Make this bread the precious body of thy Son‘: and likewise with the chalice. And then he adds: ‚Changing them by thy Holy Spirit‘.“ (Whitaker, a.a.O., S. 55). Die Rede von einem ‚Zusatz‘, in dem die Wandlung durch den Heiligen Geist artikuliert wird, ist wieder nur durch die Trennung der Satzglieder durch diakonale Einschübe verständlich.

69 Gegen ein konsekratorisches Verständnis der Epiklese fügt Bucer noch an, daß ‚Segnen‘ in den biblischen Einsetzungsberichten mit ‚Danksagen‘ identisch sei, die Danksagung aber nun primär in der ‚Präfation‘ zu finden sei (vgl. Bucer: Censura 1551, Whitaker, a.a.O., S. 55. 57).

70 Bucer: Censura 1551 (Whitaker, a.a.O., S. 53. 55). Whitaker übersetzt: „In the other prayer, which follows immediately after this and begins ‚God, heavenly Father‘, I should prefer that the words ‚hear us O merciful Father‘ to ‚who in the same night‘ should be replaced by the following passage, or something like it: ‚Hear us O merciful Father, bless us and sanctify us by thy Word and Holy Spirit, that with true faith we may receive in these mysteries the body and blood of thy Son to be the food and drink of eternal life. For thy Son in the same night that he was betrayed etc.‘“ (Whitaker, a.a.O., S. 52. 54).

71 Vgl. BCP 1552 (CD 1, S. 407).

wir heute als Wandlungsepiklese bezeichnen. Der allein interessierende Aspekt ist die Wandlung der Gaben, nicht der Gemeinde.[72] Damit bleiben beide Positionen ganz in der eucharistietheologischen Engführung des Spätmittelalters stecken. Erst in der ‚Censura' scheint sich bei Bucer ein Positionswechsel zu vollziehen, schlägt er nun als Epiklese eine Kommunionepiklese vor. Allerdings geschieht auch dies wieder in Abwehr eines als falsch erachteten Verständnisses der Konsekration der Gaben, nicht aus einem veränderten Verständnis der eucharistischen Epiklese. Außerdem wird die pneumatische Dimension nie herausgestellt, sondern es wird allein christologisch argumentiert. Zwar bleibt der Heilige Geist bei den Zitaten aus der Chrysostomus-Liturgie nicht unerwähnt, aber dies hat weder für Gropper noch für Bucer eucharistietheologische Konsequenzen. Selbst als Bucer in seinen Epiklese-Vorschlag für das ‚Book of Common Prayer' den Heiligen Geist integriert, wird dieser dem wirkmächtigen Wort nachgestellt.

Weil die Dominanz der Worte Christi für keine Seite in Zweifel steht, bleibt Groppers Plädoyer für das Eucharistiegebet wirkungslos. Gropper hätte erst dann einen wesentlich neuen Aspekt einbringen können, wenn er die Wandlungs- und Kommunionepiklese als sachliche Einheit und die Kommunion als Ziel der Epiklese und des ganzen Eucharistiegebets hätte herausstellen können. Einerseits fehlt ihm dafür das (liturgie-)theologische Instrumentarium, andererseits hätte er sich damit in Widerspruch zur damaligen katholischen Auffassung begeben.

IV. Die ‚Wiederentdeckung' der Geist-Epiklese im Abendmahlsgebet der Kurpfälzer Kirchenordnung von 1563

Wendet man sich nun nicht nur den liturgischen Elementen zu, die als Überreste des Eucharistischen Hochgebets verstanden werden können, sondern allen Gebetselementen im Kontext des Abendmahls und nimmt dabei auch die nichtlutherischen Ordnungen ernst, so zeigt sich ein noch modifizierteres Bild. Vor allem am Übergang vom Wortgottesdienst zur eigentlichen Abendmahlsfeier finden sich früh Gebetselemente, die zum Ausgangspunkt dieser Entwicklung werden.[73] Es handelt sich dabei entweder um auf das Abendmahl bezogene Bitten des Allgemeinen Gebets (so in Straßburger Formularen) oder um Gebete, die den Charakter eines Vorbereitungsgebets vor dem Abendmahl haben (so in Calvins Abendmahlsordnungen). Sie werden im Laufe des 16. Jahrhunderts ausgebaut und in die Abendmahlsfeier verlagert. Ohne ein altkirchliches Vorbild bildet sich damit ein neues epikletisches Element aus.

In dem Maße, in dem die hinter diesen Ordnungen stehende Theologie cal-

72 Bei Bucer wird dies auch daran deutlich, dass er in seinen Drucken griechischer Liturgien durch Randbemerkungen und Unterstreichungen allein auf die Dimension der Wandlung der Gaben eingeht (vgl. Bucer, Opera latina, a.a.O., S. 201. 205).

73 Zu Einzelheiten der Entwicklung vgl. Lurz, Feier, a.a.O., S. 281–289.

vinistisch geprägt ist und somit die Auffassung einer somatischen Realpräsenz abgelehnt wird, zielt diese Epiklese nicht mehr auf die Gaben, sondern auf die Feiernden selbst. Sie zielt aber nicht auf die Wirkung der Kommunion, sondern auf die Disposition der Kommunikanten, d.h. sie bittet um die Würdigkeit und den Glauben, die eine wirkliche Christusbegegnung überhaupt erst möglich machen. Immer aber geht es in dieser Bitte um die Schaffung der Voraussetzung für die Kommunion.[74] Sie steht in einer gewissen Kongruenz zu dem Abschnitt der Epiklese des Eucharistischen Hochgebets, den wir heute Wandlungsepiklese nennen, weshalb auch an diesem Begriff festgehalten werden soll, so sehr die Differenz der dogmatischen Vorstellungen klar ist: Die Wandlung besteht nämlich nun nicht mehr in einer der Gaben, sondern der Menschen, damit diese bei der Kommunion wirklich den Leib und das Blut Christi empfangen können.[75] Besonders in den calvinistischen Ordnungen wird diese Bitte um den Glauben zu einer Bitte um die Gewährung der Christusbegegnung selbst. Der Glaube ist hier konstitutive Bedingung der Christus-Begegnung. Aber auch die Inhalte der Kommunionepiklese klassischer Eucharistiegebete können in solchen Abendmahlsgebeten Ausdruck finden, wobei gegenüber dem Canon Romanus eine größere Prägnanz zu vermerken ist. Allerdings findet sich noch keine wirkliche Geistepiklese. Zu ihr gelangt man erst nach einer längeren theologischen Reflexion über das Wirken des Geistes in der Abendmahlsfeier.

Ihre klarste Gestalt erhält die wiedergewonnene Epiklese m.E. im Abendmahlsgebet der Kurpfälzer Ordnung von 1563.[76] Die Kurpfalz ist das erste reformierte Territorium in Deutschland, und ihre Abendmahlsordnung ist bis in unser Jahrhundert in den deutschen reformierten Gemeinden weitertradiert worden. Die theologische Grundlage bildet der Heidelberger Katechismus (= HK) des gleichen Jahres, der zwar nicht als Bekenntnisschrift konzipiert ist, aber bald diesen Charakter erhält.[77] Das Abendmahlsgebet der Kurpfälzer Ordnung wird nur aufgrund der Christologie und des Sakramentsverständnisses des HK verständlich. Ausgangspunkt ist die Auffassung, dass Christus zu Rechten des Vaters sitzt und deshalb seit der Himmelfahrt nicht mehr leiblich auf der Erde präsent sein kann, auch nicht in den Abendmahlsgaben.[78] Eine

---

74 Vgl. hierzu ebd., S. 282f.

75 Die Beibehaltung der Terminologie scheint mir deshalb gerechtfertigt, weil wie bei altkirchlichen Eucharistiegebeten die ‚Wandlung' der Gaben nicht das Ziel der Epiklese und der Feier darstellt, sondern Zwischenschritt auf die Kommunion hin ist.

76 Zu dieser Abendmahlsordnung vgl. Frieder Schulz: Das Abendmahl nach der kurpfälzischen Ordnung. In: CD 1, S. 495–523; Lurz, Feier, a.a.O. Zum Stand der Forschung vgl. ebd., S. 48–52.

77 Zum HK als theologischer Grundlage der Abendmahlsordnung vgl. ebd., S. 69–75 und die Einzelbelege bei den jeweiligen Abschnitten; vgl. auch Schulz, Ordnung, a.a.O., S. 496–502.

78 So heißt es in Frage 49 des HK: „Frag. Was nützet uns die himmelfahrt Christi? Antwort. Erstlich, daß er im himmel für dem angesicht seines vaters unser fürsprecher ist, zum andern, daß wir unser fleisch im himmel zu einem sichern pfand haben, daß er als das haupt uns, seine glieder,

somatische Realpäsenz ist für calvinistische Theologie im Gegensatz zu katholischer und lutherischer Theologie undenkbar. Dennoch geht die Kurpfälzer Ordnung von einer wirklichen Christusbegegnung beim Abendmahl aus, die ausdrücklich im Empfang von Leib und Blut Christi besteht.[79] Wie können nun diese beiden gegensätzlichen Vorstellungen zusammengeführt werden?

In der Vermahnung vor dem Abendmahlsgebet finden sich wieder als Worte Christi formulierte Erläuterungen zu den Einsetzungsworten.[80] Anders als in der Nürnberger Vorlage werden aber der Empfang von Fleisch und Blut Christi und der Empfang der Gaben als analoges Vergewisserungsgeschehen dargestellt: So gewiss den Kommunikanten das Brot gebrochen und der Wein ausgeteilt wird, so gewiss empfangen sie den Leib und das Blut Christi. In der Formel ‚so gewiss … so gewiss' drückt der HK den Charakter der Sakramente als Versiegelung des Evangeliums aus.[81] Die Sakramente erhalten ihre Wirksamkeit, weil sie „sichtbare, heilige warzeichen und sigill [sind], von Gott darzu eingesetzt, daß er uns durch den brauch derselben die verheissung des evangelions desto besser zu verstehen gebe und versigele, nemlich daß er uns von wegen des einigen opfers Christi, am creutz volbracht, vergebung der sünden und ewiges leben auß gnaden schencke"[82]. Unter einem Sakrament versteht diese Theologie nicht eine bloße Zeichenhaftigkeit, sondern sie verbindet mit diesem Zeichen auch eine Wirksamkeit. Allerdings ist diese Wirksamkeit keine dem Sakrament aufgrund einer Wesensverwandlung des Zeichens genuine, sondern vielmehr eine vermittelte, nämlich die des einen Kreuzestodes Jesu Christi.[83]

Wirksam sind die Sakramente aufgrund der Initiative des Heiligen Geistes, denn er versiegelt den Gläubigen den Kreuzestod Christi in den Sakramenten. Der Heilige Geist kann die ihm zugewiesene Funktion übernehmen, weil für den HK in ihm die einzige Verbindung zwischen dem erhöhten Herrn und seiner Gemeinde besteht, „der zugleich in Christo und in uns wohnet"[84]. Der Heilige Geist ist somit die Kraft, die die Distanz zwischen Christus und den Menschen überwindet. Der Ausdruck ‚durch die Wirkung des Heiligen Geistes', der in der Kurpfälzer Liturgie an mehreren Stellen auftaucht, wird 1562 von Erastus zum abendmahlstheologischen Paradigma erhoben und gibt im HK grundsätzlich die Wirksamkeit Gottes in der Welt wieder.[85] Folge-

---

auch zu sich werde hinaufnemen, zum dritten, daß er uns seinen geist zum gegenpfand herabsendet, durch welches kraft wir suchen, was droben ist, da Christus ist, sitzend zu der rechten Gottes, und nicht, das auf erden ist." (Kurpfalz 1563, EKO 14, S. 352). Zum Ganzen vgl. Lurz, Feier, a.a.O., S. 232–235.

79 Vgl. die Formulierung des Abendmahlsgebets: „auf daß unsere mühselige und zerschlagene hertzen mit seinem waren leibe und blut, ja mit im, waren Gott und menschen, dem einigen himmelbrod, durch die kraft des heiligen geistes gespeiset und erquicket werden" (s. u.).

80 Kurpfalz 1563 (CD 1, S. 515 f). Vgl. hierzu Lurz, Feier, a.a.O., S. 235–238.

81 Vgl. Frage 75 des HK, Kurpfalz 1563 (EKO 14, S. 357).

82 Frage 66 des HK, Kurpfalz 1563, (ebd., S. 355).

83 Vgl. Lurz, Feier, a.a.O., S. 241–243.

84 Frage 76 des HK, Kurpfalz 1563 (EKO 14, S. 357).

85 Vgl. Frage 35.65.73.74.79 und 2. Abschnitt der Kurzen Summa des HK, Kurpfalz 1563 (EKO 14, S. 350. 355–379); Thomas Erastus: Gründtlicher Bericht, wie die Wort Christi, Das ist

richtig stellt bereits die Kurpfälzer Abendmahlsvermahnung die Vereinigung mit Christus und untereinander als alleiniges Werk des Heiligen Geistes heraus.[86]

Allerdings ist damit die Ausgangsfrage noch nicht beantwortet. Zwar ist klar die vom Heiligen Geist gewährleistete Simultaneität des Empfangs der Abendmahlsgaben und des Leibs und Bluts Christi herausgestellt und auch die vom Geist bewirkte Frucht der Kommunion, die in der Vereinigung mit Christus und den Brüdern und Schwestern besteht. Warum aber die Kommunikanten wirklich Leib und Blut Christi empfangen, obwohl Christus nicht vom Himmel herabsteigen kann, ist damit noch nicht beantwortet. Genau hier ist der liturgietheologische Ort des Abendmahlsgebets, denn ihm kommt die Aufgabe zu, die wirkliche, aktuelle und sakramentale Zueignung des Kreuzestodes Christi und seiner Wirkungen, die zuvor in der Vermahnung verdeutlicht worden sind, für die Kommunion zu erbitten:

Laßt uns beten. Barmhertziger Gott und vater, wir bitten dich, daß du in diesem abendmal, in welchem wir begehen die herrliche gedechtnuß deß bittern todts deines lieben sohns Jesu Christi, durch deinen heiligen geist in unsern hertzen wöllest wircken, daß wir uns mit warem vertrauen deinem son Jesu Christo je lenger je mehr ergeben, auf daß unsere mühselige und zerschlagene hertzen mit seinem waren leibe und blut, ja mit im, waren Gott und menschen, dem einigen himmelbrod, durch die kraft des heiligen geistes gespeiset und erquicket werden, auf daß wir nicht mehr in unsern sünden, sonder er in uns und wir in im leben und warhaftig des neuen und ewigen testaments und bunds der gnaden also theilhaftig seyen, daß wir nit zweifeln, daß du ewiglich unser gnediger vater sein wöllest, uns unser sünden nimmermehr zurechnen und uns in allem an leib und seel versorgen, wie deine liebe kinder und erben. Verleihe uns auch deine gnad, daß wir getröst unser creutz auf uns nemen, uns selbst verleugnen, unsern heiland bekennen und in aller trübsal mit aufgerichtem haupt unsers herrn Jesu Christi auß dem himel erwarten, da er unsere sterbliche leichnam seinem verklärten herrlichen leib gleichförmig machen und uns zu ihm nemen wirdt in ewigkeyt, Amen.[87]

Das völlig epikletisch formulierte Gebet besteht aus zwei Bittsätzen. Zunächst findet sich die Bitte um die Gewährung des wahrhaften Empfangs von Leib und Blut Christi bzw. um die Schaffung der Voraussetzung dafür, die in die eben skizzierte Entwicklungslinie der ‚Wandlungsepiklese' eingeordnet werden kann. Als zweites steht die Bitte um die Vereinigung mit Christus und die daraus resultierende kommunitäre Wirkung. Danach wird die lebenspraktische Wirkung für die eschatologische Existenz des Christen thematisiert. Diese Tei-

mein Leib etc., zu verstehen seien, ... darauß ain ieder leicht lernen mag, wessen er sich in diesem zanck verhalten solle ..., Heidelberg: Ludwig Lück 1562, S. 10. 48–50. 59f. Vgl. Lurz, Feier, a.a.O., S. 244 f.

86 Vgl. Kurpfalz 1563 (CD 1, S. 516 f); Lurz, Feier, a.a.O., S. 245–253.

87 Kurpfalz 1563 (CD 1, S. 518 f.).

le stehen in Kongruenz zur Kommunionepiklese. Beide Bittelemente folgen direkt aufeinander und sind eng miteinander verknüpft.

1. Die ‚Wandlungsepiklese'

Das erhoffte Wirken des Geistes wird in der ersten Bitte in einer Polarität zweier Bewegungen dargestellt, wobei die erste Bewegung in Art einer Darbringungsaussage formuliert wird: „...daß wir uns mit warem vertrauen deinem son Jesu Christo je lenger je mehr ergeben ...". Dieser Gedanke des sich Christus Ergebens stammt aus der Straßburger Tradition, wird aber hier in spezifischer Weise verwandt.[88] Weil Christus nicht auf die Erde kommen kann, müssen die Herzen der Gläubigen in den Himmel zu Christus hin erhoben werden. In der Feier folgt auf das Abendmahlsgebet eine Paraphrase des Sursum Corda, in der die Gemeinde ausdrücklich zu diesem Erheben aufgefordert wird.[89] Entscheidend ist, daß die Gläubigen dieses Erheben nicht aus eigener Kraft vollbringen, sondern nur aufgrund eines vorgängigen Wirkens des Heiligen Geistes, um das eben hier gebeten wird. Wenn dabei die Ordnung mit räumlichen Kategorien arbeitet, ist sie sich dennoch bewußt, dass dieses Verhältnis von Erde und Himmel nicht i. S. einer naiven Räumlichkeit verstanden werden darf.

Der Geist ermöglicht dieses Erheben durch die Schenkung des ‚waren Glaubens' - hier mit dem Terminus ‚wahres Vertrauen' ausgedrückt.[90] Indem der Heilige Geist den Glauben bewirkt, stellt er die innere Disposition her, den Leib und das Blut Christi überhaupt empfangen zu können, die mit dem Erheben vollendet ist. Der Terminus ‚je länger ... je mehr', der im HK immer die Unvollkommenheit christlicher Existenz kennzeichnet,[91] beugt zugleich einer Verabsolutierung des Glaubensbegriffs vor und steht gegen die Vorstellung einer Sündenfreiheit als Teilnahmedisposition zum Abendmahl. Somit ist die

88 Vgl. Schulz, Ordnung, a.a.O., S. 501, Anm. 46; Lurz, Feier, a.a.O., S. 296–299.

89 Vgl. ebd., S. 332–346.

90 Zum Glaubensbegriff der Ordnung vgl. ebd. S. 211–219. 297.

91 Vgl. die Fragen 70.81.89.115 des HK, Kurpfalz 1563, EKO 14, S. 356. 358. 360. 365). An der letzten Stelle, der Frage 115 des HK, warum man denn die 10 Gebote verkündigen soll, obwohl sie niemand halten kann, kommt die Formulierung sogar zweimal vor: „Frag. Warum lest uns denn Gott also scharf die zehen gebot predigen, weil sie in diesem leben niemand halten kan? Antwort. Erstlich, auf daß wir unser gantzes leben lang unser sündliche art je lenger je mehr erkennen und soviel desto begieriger vergebung der sünden und gerechtigkeyt in Christo suchen, darnach, daß wir one underlaß uns befleissen und Gott bitten umb die gnade des heiligen geists, daß wir je lenger je mehr zu dem ebenbild Gottes erneuert werden, biß wir das ziel der volkommenheyt nach diesem leben erreichen." (Kurpfalz 1563, EKO 14, S. 365). Sowohl Sündenerkenntnis und Sündenvergebung wie Erneuerung zum Ebenbild Gottes stellen einen lebenslangen Prozess dar. Deshalb steht dieser Text ebenso unter dem Abschnitt ‚Dankbarkeit' wie die Frage 89, die als einen Teil des bußfertigen Lebens herausstellt, „die sünde ... je lenger je mehr [zu] hassen und [zu] fliehen" (Kurpfalz 1563, EKO 14, S. 360). Diese negative Seite bleibt bis zur Vollendung christlicher Existenz erhalten, ihr kommt aber ein immer geringeres Gewicht zu.

für die Kurpfälzer Ordnung konstitutive Dialektik von Glauben und Sakrament aufgerissen: Glaube und Erlösung bilden einen kontinuierlichen Prozess und bedürfen der ständigen Stärkung. Ist nun der Glaube unumgängliche Voraussetzung für einen wirksamen Abendmahlsempfang, so ist, weil Glaube immer schon gnadenhaft und dennoch unvollkommen ist, das Wirken des Geistes in besonderer Weise notwendig, um die Kommunikanten für den Abendmahlsempfang zu disponieren.

Die zweite Folge des Wirkens des Heiligen Geistes, die Kommunion als wahrhafte Christusbegegnung, ist wiederum eine ohne jegliches Zutun der Gemeinde: „... auf daß unsere mühselige und zerschlagene hertzen mit seinem waren leibe und blut, ja mit im, waren Gott und menschen, dem einigen himmelbrod, durch die kraft des heiligen geistes gespeiset und erquicket werden ...“[92]. Stellt das zuvor geforderte und durch die Wirkung des Heiligen Geistes ermöglichte Erheben die Bewegung der Gemeinde zu Christus dar, so geht es nun um eine Bewegung Christi hin zur Gemeinde. Diese Gegenbewegung erfolgt in der geistlichen Nährung mit dem Leib und Blut Christi. ‚Speisen‘ und ‚Erquicken‘ werden als passiver Vorgang dargestellt,[93] der vom Heiligen Geist bewirkt wird.

Erst hier wird der direkte Bezug des Kreuzesgeschehens zum aktuellen Abendmahlsgeschehen hergestellt, so daß die Wirkungen des Kreuzestodes Christi zu Wirkungen der personalen Christusbegegnung in der Kommunion werden. Diese personale Dimension wird durch die Appositionen „ja mit im, waren Gott und menschen, dem einigen himmelbrod“[94] nochmals hervorgehoben. Zugleich setzt man sich durch die ausdrückliche Betonung, daß auch die menschliche Natur Christi empfangen werde, von jeder rein geistigen Deutung der Christusbegegnung beim Abendmahl ab, ohne von der Präsenz im Himmel abrücken zu müssen.

Die Formulierungen grenzen sich von katholischen und lutherischen ab, die von einer somatischen Realpräsenz ausgehen und deshalb das Essen und Trinken von Brot und Wein und den Empfang von Leib und Blut Christi direkt ineins setzen. Das vorliegende Abendmahlsgebet erwähnt Brot und Wein überhaupt nicht! Die in der Abendmahlsvermahnung ausgedrückte Parallelität von leiblicher und seelischer Nährung wird hier nicht aufgenommen, sondern der Akzent wird ganz auf die entscheidende seelische Nährung gelegt. Zugleich wird wie bei der Bewegung des Ergebens noch einmal ausdrücklich gesagt, dass diese Speisung „durch die kraft des heiligen geistes“ geschehen soll. Die

---

92 Vgl. hierzu Lurz, Feier, a.a.O., S. 299–301.

93 So heißt es: „hungerigs und zerschlagens hertz und matte seele“ (2. Frage des Vorbereitungsgottesdienstes, Kurpfalz 1563, EKO 14, S. 382), „euer hungerige und dürstige seelen“ (Zusatz zu den Einsetzungsworten der Abendmahlsvermahnung, Kurpfalz 1563, EKO 14, S. 385), „an unsern seelen“ (Sursum corda, Kurpfalz 1563, EKO 14, S. 386), „meine seel“ (Frage 75 des HK, Kurpfalz 1563, EKO 14, S. 357). Objekt des Empfangs ist die sich ihrer Sündhaftigkeit und Verlorenheit bewusste und damit zugleich gläubige christliche Existenz.

94 Vgl. hierzu die ausführliche Diskussion der Notwendigkeit der zwei Naturen Christi für das Erlösungswerk in den Fragen 15–18 und 47–48 des HK, Kurpfalz 1563 (EKO 14, S. 345 f. 352).

Besonderheit besteht also im Bewusstsein, dass die Wirksamkeit des Geistes für beide Vorgänge zu erbitten und nicht i.S. eines Automatismus verfügbar ist. Indem als Objekt der Speisung „unsere mühselige und zerschlagene hertzen" genannt werden, wird die irdische Existenz und ihre Erlösungsbedürftigkeit betont. Hier geschieht letztlich der entscheidende Rückbezug auf den anamnetischen Teil der voraufgegangenen Abendmahlsvermahnung, in dem die Etappen der Heilsgeschichte immer auf die Erlösungsbedürftigkeit des Menschen bezogen werden.

2. *Die ‚Kommunionepiklese'*

Dass die soteriologische Dimension von entscheidender Bedeutung ist, wird an den nun artikulierten Wirkungen der Speisung deutlich.[95] Bei den Wirkungen, die im an die Wandlungsepiklese angefügten Teilsatz beschrieben werden, steht der Existenzwechsel durch die Erlösung im Vordergrund. Der Existenzwechsel wird durch eine Polarität der Lebensweisen dargestellt, wobei das Leben in Sünde („… auf daß wir nicht mehr in unsern sünden [leben]…") dem Leben in Christus gegenübergestellt wird. Die gegenseitige Durchdringung wird durch die Formel „er in uns und wir in im" betont, die besonders auf johanneischer Theologie gründet (z.B. Joh 6,56; 15,4) und schon in der Nürnberger Vermahnung vorkommt.[96] Folge dieser Verbindung ist das Leben im Neuen Bund („… warhaftig des neuen und ewigen testaments und bunds der gnaden also theilhaftig seyen …"), wobei der Charakter als Gnadenbund bedeutet, Gott als gnädigen Vater zu haben („… daß du ewiglich unser gnediger vater sein wöllest …"), von der Sünde befreit zu sein („… uns unser sünden nimmermehr zurechnen …")[97] und als Kinder Gottes zu leben („… uns in allem an leib und seel versorgen, wie deine liebe kinder und erben …"),[98] und sich auf den ganzen Menschen mit ‚leib und seel' auswirkt. Von daher ist die Wirkung der Kommunion eine Aktualisierung des vollzogenen Existenzwechsels in der Taufe und der Hineinnahme in den Leib Christi.[99] Die Formulie-

95 Vgl. hierzu Lurz, Feier, a.a.O., S.302–306.

96 Vgl. Brandenburg-Nürnberg 1533 (OGA 5, S.158).

97 Dieses Motiv findet sich ebenfalls an anderen Stellen der Kirchenordnung: „daß unserer sünde in ewigkeyt nit mehr gedacht" und „daß derselben umb des blutvergiessens Christi willen für Gott nimmermehr solle gedacht werden" (Taufvermahnung, Kurpfalz 1563, EKO 14, S.339); „das er uns auch alle unsere sünden vergibt, als hetten wir nie kein gethon noch gehabt" (2. Abschnitt der Kurzen Summa des HK, Kurpfalz 1563, EKO 14, S.378); „daß ein jeder für sich selbst vergebung seiner sünden habe so gewiß, als wann er nie keine sünd begangen noch gehabt hette" (2. Frage des Vorbereitungsgottesdienstes Kurpfalz 1563, EKO 14, S.382).

98 Der Ausdruck ‚Erben' ist auf den für den Bund verwendeten Ausdruck ‚Testament' zu beziehen und zeigt die Integration in diesen Bund an. Als Objekt des ‚Erbens' stellt die Frage 59 des HK das ewige Leben heraus: „Daß ich in Christo gerecht und ein erb des ewigen lebens bin" (Kurpfalz 1563, EKO 14, S.354).

99 Existenzwechsel und Angefochtenheit sieht der HK als Einheit: „Frag. Warumb wirst du ein christ genent? Antwort. Daß ich durch den glauben ein glied Christi und also seiner salbung theil-

rung „daß wir nicht mehr in unsern sünden [leben]", macht aber die weiterhin bestehende Bedrohung christlicher Existenz durch die Sünde deutlich.

Im nun neu einsetzenden Bittsatz („Verleihe uns auch deine gnad ...") stehen die Auswirkungen auf die zukünftige Lebensführung im Mittelpunkt, in der sich die Wirksamkeit der Erlösung zeigt. Die Wirkungen werden in einer Reihung von vier Nebensätzen ausgedrückt, die eine logische Abfolge darstellen. Die Trias von Selbstverleugnung, Kreuzesnachfolge und Erwartung der Wiederkunft Christi macht deutlich, dass christliche Existenz keineswegs den Himmel auf Erden bedeutet.[100] Diese Lebensführung kann nur aus dem Zustand des Getröstet-Seins heraus geschehen, den die Abendmahlsfeier letztlich bewirken soll. Nur aus dem Trost heraus ist erst die gewünschte Haltung („mit aufgerichtem haupt") in einem Leben möglich, das vom Abendmahlsgebet als auch weiterhin „in aller trübsal"[101] verlaufend beschrieben wird. Von daher ist die Wende im Leben vollzogen, ohne dass deshalb schon der ‚Himmel auf Erden' erreicht wäre. Erst wenn der Mensch mit Christus in seiner verklärten Leiblichkeit gleichförmig und in seine himmlische Existenz aufgenommen wird, gelangt menschliche Existenz an ihr Ziel.[102] Das Abendmahlsgebet artikuliert also nicht nur die Wirksamkeit der Feier, sondern zugleich auch deren Grenze. Begründet ist diese Grenze im sakramentalen Charakter der Feier. Insgesamt weist also dieses Abendmahlsgebet gerade in der Kommunionepiklese ein Breite der Motive auf, die zwar für uns heute, nicht aber für das 16. Jahrhundert selbstverständlich ist.

V. Resümee

Es wäre fatal, nun in einem Resümee nicht den historischen Kontext der Texte zu beachten und mit heutigen liturgiewissenschaftlichen Kriterien an die liturgischen Versuche des 16. Jahrhunderts heranzugehen oder sogar von ihnen die Lösung unserer heutigen Probleme zu erwarten. Dennoch können die aufgezeigten Beispiele für eine heutige Diskussion in einigen Punkten durch die

---

haftig bin, auf daß auch ich seinen namen bekenne, mich ihm zu einem lebendigen danckopfer darstelle und mit freiem gewissen in diesem leben wider die sünde und teufel streite und hernach in ewigkeyt mit im uber alle creaturen hersche." (Frage 32 des HK, Kurpfalz 1563, EKO 14, S. 349).

100 Zum Verständnis der Kreuzesnachfolge als christlicher Existenzform vgl. Lurz, Feier, a.a.O., S. 304 f.

101 Eine ähnliche Terminologie wird im HK verwendet, um die Wiederkunft Christi im Verhältnis zur irdischen Existenz zu beschreiben: „Was tröstet dich die widerkunft Christi, zu richten die lebendigen und die todten? Antwort. Daß ich in allem trübsal und verfolgung mit aufgerichtem haupt eben des richters, ..., auß dem himmel gewertig bin" (Frage 52 des HK, Kurpfalz 1563, EKO 14, S. 352; vgl. auch Schulz, Ordnung, a.a.O., S. 500, Anm. 34). Die irdische Existenz bleibt auch als christliche Existenz ein ‚Jammertal' (vgl. Frage 26 des HK und 2. Frage des Vorbereitungsgottesdienstes, Kurpfalz 1563, EKO 14, S. 348. 382). Im Taufgebet heißt es ganz kraß: „...dises leben, das doch nichts anderst ist denn ein tod..." (Kurpfalz 1563, EKO 14, S. 340).

102 Vgl. Frage 57 des HK, Kurpfalz 1563 (EKO 14, S. 354).

Relativierung einseitiger Einschätzungen und durch sich ergebende Fragen und Impulse für eine heutige Liturgiewissenschaft fruchtbar gemacht werden.

Zunächst dürfte deutlich geworden sein, dass das Reformationsjahrhundert nicht nur durch die Zerstörung des Eucharistischen Hochgebets gekennzeichnet ist und die Isolierung der Einsetzungsworte nicht den Endpunkt seiner liturgischen Entwicklung darstellt. Es ist im Gegenteil eine Wiederentdeckung von Motiven und Kategorien eucharistischen Betens zu verzeichnen. Diese geschieht allerdings in liturgischen Gattungen, denen bislang gerade von katholischer Seite wenig Beachtung geschenkt wird: der Abendmahlsvermahnung und dem Abendmahlsgebet. Schon hier wird deutlich, dass katholische Liturgiewissenschaft einen fatalen Fehler begehen würde, wenn sie nur die Liturgien erforschen und ernstnehmen würde, die ein Eucharistisches Hochgebet aufweisen.[103] Die Ordnungen der Reformationszeit zeigen ein viel differenzierteres Bild als bislang angenommen, wenn sie in ihrer zeitspezifischen Eigenheit wahr- und ernstgenommen werden. Von daher darf nicht aus heutiger Sicht die Erwartung eines Eucharistischen Hochgebets in das 16. Jahrhundert zurückprojiziert werden, in dem diese Gattung auf keiner Seite der Diskussion eine Rolle spielt. Eine Ignorierung reformatorischer Liturgien aber, wie sie Baumstarks „Vergleichende Liturgiewissenschaft“ forderte, ist heute im Rahmen einer ökumenisch orientierten Liturgiewissenschaft nicht mehr haltbar.[104]

So sehr man von liturgiewissenschaftlicher Seite den epikletischen Ansätzen im Abendmahlsgebet von Pfalz-Neuburg und in der Diskussion der Kölner Reformation positiv begegnen wird, da sich beide - direkt oder indirekt - auf ostkirchliche Anaphoren beziehen, so wird an beiden Beispielen deutlich, dass eine Instrumentalisierung von liturgischen Formen und Gattungen für dogmatische Auseinandersetzungen nur begrenzt möglich ist und überzeugen kann, wenn der theologische Eigenwert liturgischen Betens und Handelns gegenüber der Dogmatik nicht beachtet wird. In beiden Fällen dient das Vorbild der Epiklese der byzantinischen Liturgie zwar als Argument, es wird aber nur der jeweils für die Diskussion im Westen brauchbare Aspekt herausgegriffen und umgesetzt. Weil in beiden Fällen die wesentliche pneumatologische Dimension und die Einheit von Wandlungs- und Kommunionepiklese nicht erkannt wird (nicht nur auf evangelischer Seite, sondern auch von Gropper), finden beide Ansätze nicht zu einer Form, die die Absolutsetzung und Isolierung der Einsetzungsworte relativiert (in Pfalz-Neuburg werden diese sogar noch dadurch bestärkt, dass die Epiklese an Christus gerichtet ist). Deshalb gelingt es nicht, den Gebetsvollzug gegenüber der Zitation der Herrenworte wirklich aufzuwerten.

Anders ist die Situation beim Abendmahlsgebet der Kurpfälzer Ordnung, die überhaupt nicht versucht und beansprucht, an altkirchliche Vorbilder anzuknüpfen. Bezogen auf die Geist-Epiklese muss bewusst von einer ‚Wieder-

103 Zum Konzept einer ökumenischen Liturgiewissenschaft vgl. Lurz, Für eine ökumenische Liturgiewissenschaft. In: TThZ 108/1999, S. 273–290; ders., Feier, a.a.O., S. 17–47.

104 Vgl. ebd., S. 24–27 und die dort angegebene Literatur.

entdeckung' gesprochen werden, ist doch die Parallele zur altkirchlichen (und auch heutigen) Vorstellung einer eucharistischen Epiklese offensichtlich. Die zugleich festzustellende dogmatische Differenz darf dabei keineswegs überspielt werden, da sie einen deutlichen Bruch mit der Tradition darstellt. Man könnte deshalb einwenden, daß die hier beschriebene ,Wiederentdeckung' doch letztlich nichts anderes sei, als die Lösung der Probleme, die man sich mit der Ablehnung einer somatischen Realpräsenz eingehandelt habe. Ein solcher Einwand würde aber die Eigendynamik liturgischen Betens nicht ernst nehmen und das Verhältnis von lex credendi und lex orandi einzig von der Seite der Dogmatik her bestimmen. Die dargestellte Form der Epiklese entsteht im 16. Jahrhundert in einem jahrzehntelangen Prozess der wechselseitigen Beeinflussung von neuer liturgischer Praxis und dogmatischen Überlegungen, und nicht ohne Grund findet sich erst am Ende der Entwicklung eine explizite Geistepiklese. Mir scheint, dass wir momentan noch kein adäquates Instrumentarium für die Beurteilung eines solchen Phänomens wie die Geistepiklese der Kurpfälzer Abendmahlsordnung besitzen, in der durch die dezidierte Abkehr von einem Aspekt der Tradition ein anderer wiedergewonnen wird. Deshalb zeigt sich an diesem Beispiel für die heutige Theologie die Notwendigkeit, den Wert liturgischer Entwicklungen in Form von Anknüpfung an eine und Bruch mit einer Tradition neu zu überdenken; zudem gilt es, Weisen theologisch verantworteter gegenseitiger Beeinflussung von gebetetem und reflektiertem Glauben aufzuzeigen.[105]

Der Theologie, die sich in der Geist-Epiklese des Kurpfälzer Gebets ausdrückt, geht es letztlich um die Korrektur einer als problematisch erkannten Entwicklung. Im 16. Jahrhundert bildet die Epiklese die Reaktion auf die Gefahr, die von den damaligen Menschen erfahrene Differenz von Gott und Welt nicht ernstzunehmen, sondern durch eine radikal dinglich-materielle Vorstellung der Realpräsenz aufzuheben. Zwar ist für die Kurpfälzer Theologie die Differenz in der Person Jesu Christi überwunden, seine Vergegenwärtigung, um die es im Abendmahl geht, muss aber einen explizit sakramentalen Charakter behalten. Deshalb wird die pneumatologische Komponente korrigierend eingebracht. Auch für die heutige Liturgiewissenschaft ergibt sich daraus die Aufgabe, diese weiterhin bestehende Gefahr einer christologischen Engführung der Liturgie zu erkennen und ihr entgegenzusteuern.

Schließlich folgt aus dem Dargestellten die Aufgabe, das Verhältnis von Anamnese und Epiklese neu zu überdenken und theologisch zu fassen. Die in der Theologie oft vertretene Trivialisierung, als beziehe sich die Anamnese immer auf Vergangenes und die Epiklese auf Zukünftiges, erweist sich aufgrund der Beispiele des 16. Jahrhunderts als ungenau, denn Vergangenes wie Zukünftiges können in beiden Gebetsformen ausgedrückt werden. Es muss vielmehr danach gefragt werden, aus welchen theologischen Gründen z.B. bestimmte Inhalte epikletisch ausgedrückt werden sollen. Mit dem 16. Jahrhun-

---

105 Zu einem Modell einer verantwortbaren gegenseitigen Beeinflussung vgl. ebd., S. 41–46.

dert könnte man als Spezifikum der Epiklese herausstellen, dass die betende Kirche die Aktualisierung des verheißenen Heils nicht aus sich selbst und auch nicht nur aufgrund der einmaligen Verheißung Christi bewirken kann, sondern auf das aktuelle Handeln Gottes „in der Kraft des Heiligen Geistes“ angewiesen ist. Die Epiklese hat also letztlich die Aufgabe, die Kirche selbst an ihre Dienstfunktion zu erinnern und Gott als den zu bekennen, der allein unser Heil bewirkt.

Aufbruch zu neuen Ritualen

Eine Annäherung an die Praxis freiberuflicher Ritualbegleiter und Ritualbegleiterinnen

Marianne Kramer Abebe

I. Einleitung

Unter dem Titel „Raus aus der Kirche, rein ins Ritual" veröffentlichte die SonntagsZeitung[1] im Mai 1996 einen Artikel über freiberufliche Ritualbegleiter und Ritualbegleiterinnen,[2] die Menschen in einschneidenden Lebensabschnitten ihre Begleitung durch individuell gestaltete Rituale anbieten. Dieses für die Schweiz relativ neue Angebot habe ich 1998 im Rahmen einer Akzessarbeit[3] untersucht. Ausschlaggebend für mein Interesse war zunächst vor allem die auffallende Nähe zur kirchlichen Kasualpraxis. Hier bieten Experten und Expertinnen für Rituale in bestimmten, grenzüberschreitenden Lebenssituationen Dienstleistungen an, die bis anhin relativ unbestritten in den Bereich kirchlicher Tätigkeit gehörten.

Dabei stellt sich eine ganz grundsätzliche Frage. Können Rituale überhaupt neu geschaffen werden? Oder: wieviel Geschichte braucht ein Ritual? Der Ritualbegriff trägt eine gewisse Ambivalenz in sich, die besonders bei der Schöpfung neuer Rituale zum Ausdruck kommt. Neue Rituale entstehen in einer Spannung zwischen Innovation und Tradition, zwischen Offenheit und Struktur, zwischen Freiheit und Verbindlichkeit. Nach herkömmlichen Vorstellungen zeichnet sich ein Ritual durch relativ klar vorgegebene Strukturen aus, welche einen Rahmen für eine Art symbolische Kommunikation schaffen, diese aber auch in gewisser Weise festlegen. Seit Generationen überlieferte Rituale sind von der Liturgie, dem inhaltlichen Rahmen und den einzelnen Elementen her meist stark strukturiert. Damit bieten sie uns den Schutz und die Verbindlichkeit einer Tradition, nach der wir uns gerade in Zeiten der Unsicherheit,

1 SonntagsZeitung vom 26. 5. 1996, Zürich, S. 113.

2 Ich nenne sie in der Folge mit dem Sammelbegriff „Ritualbegleiter", obwohl dies nicht immer ihrer eigenen Bezeichnung entspricht: Es gibt Ritual-Beraterinnen, Ritualberater, Ritualleiterinnen, Trauer-Rednerinnen, freiberufliche Seelsorger und Seelsorgerinnen, Musik-Ritual-Leiter und -Leiterinnen, Begleiter und Begleiterinnen.

3 Begleitet durch Prof. Dr. Christoph Morgenthaler, eingereicht im Frühling 1998 an der ev.-theol. Fakultät der Universität Bern, hier in stark gekürzter Form vorliegend.

bei schwierigen Lebensübergängen, sehnen mögen. Gleichzeitig können sie uns aber in starre, oft auch sinnentleerte Formen zwingen und dabei unsere Erfahrungen mit Worten und Bildern deuten, die unserer Wirklichkeit vielleicht nicht im geringsten entsprechen. Ist es möglich, diesem Dilemma durch Neugestaltung von ganz auf die individuelle Situation zugeschnittenen Ritualen zu entgehen, so wie das laut SonntagsZeitung die Ritualbegleiter und Ritualbegleiterinnen versuchen? Dies scheint auf den ersten Blick kein einfaches Unterfangen zu sein, steht doch das Ritual, zumindest nach alltäglichem Sprachgebrauch, gerade für Tradition, für die Wiederholung des Überlieferten und für die Rückbindung an unsere Wurzeln und unsere Geschichte. Was geschieht nun, wenn der innovative Anteil die verbindlichen Teile eines Rituals überlagert? Möglicherweise geht dabei ein wichtiger Aspekt des Rituals verloren. So meint z. B. Bieritz,[4] dass ein Ritual „soziokulturell abgestützt" sein müsse, weil es ohne überindividuellen Bezug die von ihm erwartete Leistung nicht erbringen könne. Die heilsame Kraft der neuen Rituale würde dann eher in ihrem großen kreativen Potential liegen als in ihrem rituellen Charakter. Vielleicht aber lebt das Ritual gerade von der Spannung zwischen Althergebrachtem und dessen ständiger Modifikation. Rituale könnte man so als etwas Organisches verstehen: Sie entwickeln sich und reifen mit der Zeit, oder aber sie werden schwach und verlieren ihre Kraft.

Im Horizont der religionssoziologischen Gegenwartsanalysen, der für meine Untersuchung wichtig ist, bilden die Ritualbegleiter und Ritualbegleiterinnen zunächst eine Art neue religiöse Bewegung im Zusammenhang mit dem zunehmenden Bedeutungsverlust der Kirchen. Unter Bewegung verstehe ich nicht eine geschlossene Gruppe, sondern ich gebrauche den Begriff im Sinn einer allgemeinen Aufbruchstimmung. Das Angebot der Ritualbegleiter und -begleiterinnen richtet sich ja doch vorallem an Menschen, die den Bezug zur Kirche verloren haben, ohne dass sie Anschluss an eine feste Gruppe, welche ihrerseits eigene Rituale bereitstellt, gefunden haben. Vor diesem Hintergrund versuche ich das Bedürfnis nach neuen Ritualen und die Arbeit der Begleiter und Begleiterinnen zu verstehen: Gesellschaftliche Veränderungen und Defizite in der kirchlichen Kasualpraxis führen dazu, dass viele Menschen keinen Zugang zu kirchlich organisierten Übergangsritualen mehr finden, jedoch nicht auf eine rituelle Gestaltung der Lebensübergänge verzichten wollen.

Mit dieser ersten Horizontbestimmung eröffnet sich natürlich ein weites thematisches Feld. Nicht nur Ritualbegleiter und -begleiterinnen sind auf der Suche nach einer neuen Ritualpraxis. Eine längere Tradition in diesem Bereich besteht zum Beispiel in der Frauenkirche,[5] einzelne Interessengruppen arbeiten an spezifischen neuen Ritualen in der Kirche.[6] Von grosser Bedeutung sind die Arbeiten des griechischen Psychologen Jorgos

4 Karl-Heinrich Bieritz: Gegengifte. Kirchliche Kasualpraxis in der Risikogesellschaft, in: Zeichen setzen. Beiträge zu Gottesdienst und Predigt, Stuttgart/Berlin/Köln 1995, S. 204.

5 Vgl. z. B. Rosemary Radford-Ruther: Unsere Wunden heilen, unsere Befreiung feiern. Rituale in der Frauenkirche, Stuttgart 1988.

6 Z. B. Scheidungs- und Trennungsrituale, s. Mieke Korenhof: Gehen. Scheidungs- und Tren-

Canacakis,[7] welcher vorallem bezogen auf die Trauerarbeit einen neuen Zugang zu Ritualen erschlossen hat. Prägend für die Schaffung von neuen Ritualen sind auch die sogenannten Ritualgruppen, meist nur aus Frauen bestehend, die sich entlang des Jahreskreises zur Feier der einzelnen Jahreszeiten treffen. Dabei gibt es viele Überschneidungen und gegenseitige Befruchtungen. So sind etwa die Leiterinnen von Jahreszeitritualen oft auch noch in andern Bereichen an der Gestaltung von Ritualen beteiligt. Ich beschränke meine Untersuchung auf eine Analyse der Ritualpraxis, wie sie von professionellen[8] Ritualbegleitern und Ritualbegleiterinnen anlässlich biographischer Lebensübergänge einzelner Menschen angeboten wird. Diese Einschränkung nehme ich vor im Blick auf die augenfällige Nähe dieses Tätigkeitsbereichs zur kirchlichen Kasualpraxis . Nicht näher eingehen konnte ich im Rahmen dieser Studie auf die vielfältigen inhaltlichen Aspekte des Themenkomplexes vor allem aus dem Bereich „New Age" und Esoterik. Die theologischen Aspekte der Ritualpraxis und die vielen Zeitdiagnosen der Kirche berücksichtige ich nur am Rande, da ich das Angebot der Ritualbegleiter und -begleiterinnen nicht in erster Linie aus einer innerkirchlichen, sondern vielmehr aus einer religionswissenschaftlichen Perspektive betrachten wollte.

Es geht mir in der hier stark gekürzt vorliegenden Abhandlung darum, darzustellen und zu untersuchen, was das Spezifische an der Tätigkeit der Ritualbegleiter und Ritualbegleiterinnen ist und wie sich dies auf ihre Arbeit und auf die von ihnen mitgestalteten Rituale auswirkt. Die Besonderheit liegt meines Erachtens darin, dass die Begleiter und Begleiterinnen durch ihre freiberufliche Tätigkeit die Gestaltung der Übergangsrituale aus dem Kontext der Institutionen herauslösen, an den diese bisher unabdingbar gebunden zu sein schienen. Dadurch schaffen sie viel Freiraum und innovatives Potential. Verlassen sie dabei zugleich auch den verbindlichen Rahmen der Tradition, oder gehen sie einfach anders damit um? Wie weit und unter welchen Bedingungen können Rituale überhaupt verändert und neu gestaltet werden?

Die Nachfrage nach besonders gestalteten symbolischen Handlungen ist an den beiden Stationen Hochzeit und Tod am größten; Ritualbegleiterinnen und -begleiter beraten und begleiten aber in vielen weiteren einschneidenden Lebenssituationen: Schwangerschaft, Geburt, Taufe, Schuleintritt, Erwachsenwerden, Menarche, Beziehungsfeiern, Krisen im Lebenslauf, Krankheit, Behinderung, Eheprobleme, Trennung, Scheidung, Abschiede, Wohnungseinweihungen, Geburtstage, Wechseljahre, Menopause, Stationen im Berufsleben, Jubiläen, Pensionierungen, Eintritt ins Altersheim und Erinnerungsfeiern werden nach individuellen Bedürfnissen gestaltet.
Eine im Rahmen der Untersuchung beschriebene konkrete Hochzeitszeremonie unterscheidet sich nur wenig von einer konventionellen kirchlichen Trauung und ist erstaun-

---

nungsliturgien, Düsseldorf 1996. Zu Trauerritualen für Eltern, die ein Kind verloren haben, siehe z. B. die Akzessarbeit von Ursula Wyss: Ein Atemzug, ein Augenspiel. Eingereicht bei der ev.theol. Fakultät Bern (1996).

7 Jorgos Canacakis: Ich sehe deine Tränen. Trauern, klagen, leben können, Stuttgart 1987.

8 Damit schließe ich Rituale aus, die im engeren Familien- oder Freundeskreis selbst geschaffen werden und auch Rituale, die innerhalb fester religiöser Gruppierungen neu entstehen. Professionell bezieht sich hier vor allem auf den Anspruch der Ritualbegleiter und -begleiterinnen, Experten im Bereich der Rituale zu sein, und auf die damit verbundene Honorarforderung.

lich unspektakulär. Auffallend sind einzig die Örtlichkeiten, an denen die Feier durchgeführt wird, und das große Gewicht der gemeinsamen Vorbereitung, bei welcher traditionelle Elemente mit eigenen Bedeutungen versehen und neu komponiert werden. Unmittelbar nach der Ziviltrauung findet eine symbolisch gestaltete Feier an einem für das betreffende Paar bedeutungsvollen Ort statt. Der Ort wird zur zentralen Metapher der gemeinsamen Beziehung. Die Feier beginnt mit der Ansprache der Ritualbegleiterin, welche alle Beteiligten durch verschiedene Symbolhandlungen mit Feuer, Brot und Blumenknollen in die neue Situation geleitet. Das Paar gibt sich das Ja-Wort und tauscht die Ringe aus. Viele aus Trauungsliturgien vertraute Elemente tauchen in abgewandelter Form wieder auf, obwohl ein explizit christlicher Hintergrund fehlt und auf Wunsch der Braut kein Bezug zu Gott hergestellt werden darf: Fürbitten werden als Wünsche formuliert, um den Segen wird gebeten, ohne dass sein Ursprung erklärt wird.

II. Das Ritual

Grundlegend für diese Fragestellung ist eine Klärung des Ritualbegriffs. Ich beschränke mich in dieser gekürzten Version ganz knapp auf die Wiedergabe der für meine Untersuchung wichtigsten Ergebnisse.

Ein Überblick über die verschiedenen sozialwissenschaftlichen Zugänge zum Ritual zeigt eine forschungsgeschichtliche Entwicklung. Bis in die sechziger Jahre dieses Jahrhunderts überwiegen in Religionswissenschaft, Anthropologie, Psychologie und Soziologie Begriffsbestimmungen, die die stabilisierenden Funktion des Rituals betonen. Das Ritual fungiert als Informationsträger für Tradition und sichert gesellschaftliche und individuelle Identität. Neuere Ansätze aus Religionssoziologie und Anthropologie, welche sich mit der Religion und ihren Ausdrucksformen in einer sich wandelnden Gesellschaft befassen, überwinden den rein stabilisierenden, funktionalen Aspekt. Turner beispielsweise betrachtet das Ritual als kulturellen Prozess, in dem Bedeutungen nicht nur bewahrt und weitergeben werden, sondern auch eine Transformation erleben können: „ … es reicht nicht aus, lediglich die symbolischen Moleküle des Rituals als Informationsträger zu betrachten. Sie sind dies, und sie sind viel mehr, und mit diesem ‚mehr' bewegen wir uns in das Feld der sozialen Dynamik, in dem das Ritual sowohl die traditionellen Formen der Kultur bewahrt als auch gelegentlich in Zeiten grosser Krisen zu einem Instrument wird, neuen Normen und Werten eine dauerhafte starke symbolische Form zu geben und alte vom ideologischen Mast äusserst wichtiger Symbole einzuholen."[9] Hier entwickelt sich ein Ritualverständnis. das eine neue Zuordnung von Stabilität und Wandel, von Tradition und Innovation erlaubt.

Parallel dazu verändert sich in modernen Gesellschaften auch der soziale Kontext des Rituals. Während in den klassischen Bestimmungen des Ritualbegriffs das Ritual in ei-

9 Victor W. Turner: Ritual as communication and potency (1975), in: C. Hill: Symbols and society, Southern Anthropological Society Proceedings 9, S. 80, zit. nach Evan Imber-Black u. a. (Hg.): Rituals in families and family therapy, 1993, S. 32.

nem institutionalisierten Rahmen stattfindet, zeichnet sich in der Gegenwart zunehmend eine Verlagerung vom kollektiven, gesamtgesellschaftlichen hin zu einem individuellen Kontext ab. Diese Entwicklung entspricht Beobachtungen der neueren Religionssoziologie. In modernen Gesellschaften verlagert sich die Religion aus der Institution Kirche heraus und nimmt neue Sozialformen an. Einen wesentlichen Beitrag hat hier Luckmann[10] geleistet. Entsprechend der von ihm beschriebenen Wandlung des Religionsverständnisses wandelt sich m. E. in der Gegenwart auch Funktion und Bedeutung des Rituals. Auch hier scheint eine Verschiebung von gesamtgesellschaftlichen hin zu individuellen, psychologischen oder therapeutischen Anliegen stattzufinden. So erstaunt es nicht, dass sich die neuen Rituale besser aus psychologischer und psychotherapeutischer Perspektive verstehen lassen. Von hier kamen in jüngster Zeit die stärksten, auch wissenschaftlich bearbeiteten Impulse zur Wiederentdeckung des Rituals.
Besondere Bedeutung erhält die Arbeit mit Ritualen in der systemischen Familientherapie, vorallem unter dem Einfluss der Mailänder Schule.[11] Diese Perspektive ist für die Arbeit der Ritualbegleiter und -begleiterinnen besonders aufschlussreich, vermutlich weil auch hier an der Neugestaltung von Ritualen ausserhalb des traditionell vorgegebenen Rahmens gearbeitet wird und weil die Betonung des therapeutischen Aspekts der Verlagerung des Rituals in den privat-individuellen Bereich entspricht.

In der therapeutischen Arbeit mit Ritualen wird darauf geachtet, dass Rituale viel Freiraum für die eigenen Erfahrungen der Beteiligten lassen. Ein Ritual muss daneben auch geschlossene, strukturierte Anteile aufweisen, die emotionale Sicherheit bieten, kulturelle Bedeutungen weitergeben oder weiterentwickeln und der ganzen Handlung eine Gestalt geben. Bei traditionellen Ritualen ist dieser Schutz oft schon durch die Heiligkeit des Ritualraums gegeben - die Räume der Kirche oder gesellschaftlich definierte Zeiten, Feiertage. In therapeutischen (und auch in andern neu geschaffenen) Ritualen muss auf diesen Schutz besonders geachtet werden. Es ist deshalb wichtig, dass die Rituale in irgendeiner Form am kulturellen und familiären Erbe der Beteiligten anknüpfen. Denn gerade in therapeutischen Ritualen ist der „ ... historische Widerhall, der die Menschen mit der Vergangenheit verbindet und die Zukunft festigt ... nicht vorhanden. Bei der Konstruktion von Ritualen muss man besonders darauf achten, Mittel und Wege zu finden, Familien mit der Kraft von Symbolen in Verbindung zu bringen, deren Bedeutung über ihren unmittelbaren Kreis hinausreicht ... „[12] Die systemische Therapeutin Janine Roberts betont dabei die transformative Kraft des Rituals, gerade auch im Hinblick auf Traditionen: „Rituale stellen einen 'Erwartungsrahmen‘ zur Verfügung, in dem durch den Gebrauch von Wiederholung, Vertrautheit und der Umwandlung des schon Bekannten neue Verhaltensweisen, Handlungen und Bedeutungen entstehen können."[13] Es geht also nicht um die Neukreation maßgeschneiderter Rituale, sondern um eine Art von recycling abgetragener und unpassend

10 Thomas Luckmann: Die unsichtbare Religion, Frankfurt/Main 1969.

11 Z. B. Mara Selvini Palazzoli,Luigi Boscolo u. a. (Hg.): Family rituals. A powerfull tool in family therapy. In: Family process 16/1977, S. 445–454.

12 Janine Roberts in: Evan Imber-Black, a. a. O. (Anm. 9), S. 47 f.

13 Ebd., S. 28.

gewordener „ritueller Kleider". In der psychotherapeutischen Praxis lässt sich beobachten, dass für ein Ritual, auch wenn es aus seinem angestammten institutionellen Kontext gelöst wird, dennoch eine tragfähige überindividuelle Verbindlichkeit wichtig ist.

Ein überindividueller Horizont ist für das Ritual von großer Bedeutung, er stellt einzelne, individuelle Ereignisse in einen größeren, meist religiösen Zusammenhang. Meines Erachtens spielt sich die Praxis der Übergangsrituale ganz klar im Bereich der Religion ab; ich stütze mich dabei aber auf einen relativ weiten Religionsbegriff, der dem Kontext der modernen Gesellschaft Rechnung tragen kann.[14] Das Ritual erhebt den Anspruch, individuelle Lebensgeschichte in einen Bezug zum Transzendenten zu stellen, eine Verbindung mit dem „Heiligen" zu schaffen. Genau dieser Bezug zum Transzendenten macht Veränderungen von Ritualen schwierig. Ich verweise auf Luckmann, der davon ausgeht, dass Menschen sich im Ritual an das „Außeralltägliche" richten und von dort auch eine Antwort erwarten. Diese Antworten werden von Spezialisten vermittelt, die über ein Sonderwissen verfügen: „Wer immer Sonderwissen über das außeralltägliche Andere dazu verwenden kann, solche ‚Antworten' zu vermitteln, der hat außergewöhnliche Möglichkeiten, das Alltagshandeln seiner Mitmenschen zu steuern."[15]

Ergebnisse: Rituale im Lebenszyklus sind interaktive, symbolische[16] Handlungen, die es Einzelnen oder Gruppen ermöglichen, einschneidende Veränderungen in ihrer Biographie zu markieren und zu bewältigen. Sie stellen die ganz persönlichen Erfahrungen der Einzelnen in einen öffentlichen Zusammenhang, indem sie Verbindungen zu einer größeren Gemeinschaft, in deren Tradition die Beteiligten stehen, und zum „Außeralltäglichen", „Heiligen" herstellen. Sie bestehen in ihrer Struktur und ihrer Symbolik aus offenen und geschlossenen Teilen. Geschlossene Teile bieten Schutz und Rückbindung, of-

---

14 Die Definition muss dabei weit genug sein, um verschiedenste Formen von Religion zu umfassen, aber auch präzise genug, um Religion von anderen, von der Funktion her verwandten Handlungsformen abzugrenzen. Eine von Roland Campiche formulierte Definition scheint mir hier einen gangbaren Weg darzustellen, auch wenn sie vielleicht etwas zu aussschließlich funktional ausgerichtet ist: „Tout ensemble de croyance et de pratiques, plus ou moins organisé, relatif à une réalité supraempirique transcendante, qui remplit dans une société donnée, une ou plusieurs des fonctions suivantes: intégration, identification, explication de l'experience collective, réponse au caractère structurellement incertain de la vie individuelle et sociale." Roland J. Campiche , in: ders./ Alfred Dubach: Croire en Suisse, Lausanne 1992, S. 35; franz.-sprach. Version von: Alfred Dubach, Roland Campiche (Hg.): Jede(r) ein Sonderfall? Religion in der Schweiz:. Ergebnisse einer Repräsentativbefragung, Zürich/Basel 1993.

15 Thomas Luckmann: Ritual als Bewältigung lebensweltlicher Grenzen, in: Schweiz. Zeitschrift für Soziologie 11/1985, S. 550.

16 Der Begriff „Symbol" wird ganz unterschiedlich verwendet. Ich verstehe ihn hier im Sinne seines etymologischen Ursprungs: Das „Symbol" wird abgeleitet aus dem griech. συμβάλλειν: zusammenwerfen, zusammenfügen, und wird auf ein antikes griech. Abschiedsritual zurückgeführt. Beim Abschied wurde von den Gastfreunden eine Tonscherbe zerbrochen. Traf man sich wieder, diente die zusammengefügte Tonscherbe als Beweis der früheren Beziehung. Das Symbol weist auf etwas hin, repräsentiert etwas, das uns nicht unmittelbar zugänglich ist. Vgl. Konrat Ziegler (Hg.): Der Kleine Pauly. Lexikon der Antike. Bd. V, 1979, S. 443.

fene Teile ermöglichen das Einfließen eigener Erfahrung. Damit werden Sinn und Bedeutung, die eine Gruppe – eine Familie, eine religiöse Gemeinschaft, eine Kultur – bestimmten Ereignissen verleiht, bewahrt, weitergegeben und aber auch transformiert.

Daraus ergeben sich für meine Untersuchung zwei Thesen:

1. Rituale tragen die Ambivalenz von Überliefertem und Neuem, von Tradition und Innovation, von Verbindlichkeit und Freiheit, von Bestätigung und Verwandlung in sich. Sie brauchen beide Aspekte, auch wenn zwischen ihnen immer wieder ein Widerspruch, eine schier unüberwindbare Spannung zu sein scheint.
Im Hinblick auf die Ritualbegleiter und Ritualbegleiterinnen wirft diese These die Frage auf, wie sich deren große inhaltliche und strukturelle Freiheit auf den Anteil an Verbindlichem eines Rituals auswirkt.
2. Übergangsrituale beziehen sich immer auf einen weiteren Horizont: Im Ritual werden ganz individuelle Lebenssituationen mit Bedeutungen versehen, die sich auf größere, vielleicht transzendente Zusammenhänge beziehen. Rituale sind also auch Systeme von Bedeutungen und Bedeutungsgebungsprozessen[17] *und „kommunikative Kontrolle des Außeralltäglichen"*[18] *und müssen daher irgendwie legitimiert werden.*

Die Ritualbegleiter und -begleiterinnen können sich dabei nicht mehr auf die Autorität einer Institution berufen. Ich werde in meiner Arbeit zu untersuchen haben, inwieweit sie sich einen neuen Bezugspunkt schaffen, an dem sie sich orientieren können.

III. Der sozialgeschichtliche Hintergrund des Bedürfnisses nach neuen Ritualen

In der Schweiz des ausgehenden 20. Jahrhunderts stehen den reformierten Kirchenmitgliedern an den Wendepunkten des Lebens hauptsächlich die Kasualien der christlichen Kirche als offizielle Übergangsrituale zur Verfügung. Es handelt sich dabei um sogenannte Amts- oder Segenshandlungen zu Beginn des Lebens (Kindertaufe, Einsegnung), zum Erwachsenwerden (Konfirmation), beim Eingehen einer festen Beziehung (Hochzeit) und schliesslich anlässlich des Todes (Abdankung).[19] Die Kirche hat bislang eine Monopolstellung

---

17 Vgl. Victor W. Turner: The Ritual Process (1969, dt.: Ritual. Struktur und Antistruktur, Frankfurt/M./New York, 1986).

18 Luckmann, Rirual, a. a. O. (Anm. 15), S. 536.

19 Im röm.-kath. Kontext – diese Handlungen werden hier alle mit Ausnahme der Abdankung als Sakramente bezeichnet, die den Gläubigen durch die Kirche gespendet werden – ist das Spektrum etwas größer. Hier gibt es zusätzliche kirchliche Handlungen bei Krankheit (Krankensalbung), in Krisensituationen (Bussakrament) und, zusammengefasst unter dem Begriff Sakramentalien bei weiteren besonderen Lebenslagen. Ich beschränke mich im folgenden Abschn. auf den Kontext der ref. Kirchen der Schweiz. Sicher gäbe es in diesem Zusammenhang einige bemerkens-

in diesem Bereich inne, daher ist Kritik an der herkömmlichen Ritualpraxis meist auch Kritik an der Institution Kirche. Diese Kritik setzt an drei zentralen Punkten an:

- Ein wichtiger Kritikpunkt betrifft die – in der reformierten Kirche unter anderem durch protestantische „Abstinenz" – verarmten Ausdrucksformen kirchlichen Handelns. In der „entzauberten Welt" (Max Weber) des Protestantismus werden elementare, körperliche Erfahrungen und Gestaltungsmöglichkeiten ausgeblendet. Betont intellektuelles Handeln verdrängt sinnliche, leibhaftige Dimensionen religiöser Ausdrucksformen und erschwert für viele Menschen das Erfahren von Spiritualität im christlichen Gottesdienst. Dies ist auch einer der Ansatzpunkte feministischer Kritik,[20] und wir werden sehen, dass die Ritualbegleiter und -begleiterinnen hier ganz andere Akzente setzen. Diese kritische Perspektive bezieht sich allerdings nicht spezifisch auf die Kasualpraxis, sondern auf die Qualität kirchlicher Ausdrucksformen im Allgemeinen.
- Ein weiterer Kritikpunkt ist mehr inhaltlicher Natur: Ein großer Teil der Zeitgenossen und -genossinnen hat keine Beziehung mehr zur christlichen Botschaft und/oder zu den damit verbundenen kirchlichen Organisationsformen. Dies belegen die Studien zu Religion und volkskirchlichem Teilnahmeverhalten,[21] die große Anzahl besorgter Zeitdiagnosen der Kirchen[22] und der bloße Augenschein in einem normalen Sonntagsgottesdienst. Laut einer Repräsentativbefragung zur Religion in der Schweiz geben über 90% der Befragten an, Mitglieder der römisch-katholischen oder der evangelischen Kirche zu sein.[23] Dubach teilt diese nach ihrer Kirchenmitgliedschaftsmotivation in vier Typen auf: Anhänger (19% der Kirchenmitglieder), Anhänger/Kunden (23%), Kunden (33%) und rein nominelle Mitglieder mit kaum erkennbarer Kirchenbindung (24%). „Den zahlenmässig größten Typ bilden mit rund einem Drittel jene Kirchenmitglieder, die vorrangig wegen persönlicher Vorteile der Kirche angehören. Mehr als alle andern sind sie der Auffassung, auch ohne Kirche an Gott glauben zu können und als Mitglied nicht an den Veranstaltungen der Kirche teilnehmen zu müssen. Kirchliche Wert- und Lebensvorstellungen finden weder Zustimmung noch Ablehnung."[24] Es ist anzunehmen, dass teilweise in diesem Bevölkerungssegment, mehrheitlich aber unter den rein nominellen Mitgliedern oder bei den Nichtkirchenmit-

---

werte konfessionelle Unterschiede, die eine eigene Unters. wert wären. Aber die Grundstrukturen, die ich in der Folge beschreiben werde, sind wohl überkonfessionell gültig, zumal sich in der rel. Landschaft der Gegenwart die konfessionellen Unterschiede zunehmend verwischen. Vgl. Roland Campiche, Claude Bovay, in: Dubach/Campiche, a. a. O., S. 257: „Unter welchem Gesichtspunkt auch immer – ob soziokulturell oder eigentlich religiös – betrachtet, die Identifikation mit der einen oder der anderen christlichen Konfession erzeugt nur selten unterschiedliche Einstellungen oder Verhaltensweisen."

20 Ein diesbezüglich neues Konzept innerhalb des christl.-jüd. Kontextes entwickelt beispielsweise Rosemary Radford Ruether (1986).

21 Für die Schweiz: Dubach/Campiche 1993 (vgl. Anm. 14) .Für Deutschland die EKD-Umfragen: vgl. Johannes Hanselmann/Helmut Hild/Eduard Lohse (Hg.): Was wird aus der Kirche? Ergebnisse der zweiten EKD-Umfrage über Kirchenmitgliedschaft, Gütersloh 1984, bzw. Studien- und Planungsgruppe der EKD (Hg.): Fremde Heimat Kirche. Dritte EKD-Umfrage über Kirchenmitgliedschaft, Hannover 1993.

22 Um nur ein Beispiel zu nennen: Medard Kehl: Wohin geht die Kirche? Freiburg/Br. 1996.

23 Vgl. Dubach/Campiche.

24 Dubach, a. a. O., S. 162.

gliedern, das Bedürfnis nach neuen Ritualen außerhalb der Institution Kirche entsteht. Dennoch betrifft auch diese Kritik die kirchlich organisierte Religiosität als Ganze und nicht die Kasualpraxis im Besonderen. Im Gegenteil zeigt sich, dass gerade hier die Bindungsfähigkeit der Kirchen um einiges größer ist als im „religiösen Alltag“[25] und dass gerade anlässlich der Kasualien sich für viele neue Zugänge zu christlichen Inhalten erschliessen lassen. Denn das Gros der Kirchenmitglieder, von Dubach eher despektierlich als Kunden charakterisiert, fühlt sich laut anderen Beobachtungen Kirche und Christentum immer noch verbunden durch die „Bejahung einer kulturellen und geistigen Heimat, die Verwurzelung in Familientraditionen“.[26]

- Ohne den anderen Kritikpunkten ihre Bedeutung und Berechtigung abzusprechen, bin ich der Ansicht, dass es ganz spezifisch auf die Kasualpraxis bezogene Gründe gibt, aus denen Menschen nach neuen Formen ritueller Lebensübergänge außerhalb des bisherigen Rahmens suchen. Einen gewichtigen Grund sehe ich in der riesigen Diskrepanz, die zwischen der Lebenswelt der Gegenwart und den Kasualien, insbesondere ihrer biographischen Stationen, gewachsen ist. Diese Stationen – Taufe, Konfirmation, Hochzeit und Bestattung – orientieren sich an Lebensentwürfen und Familienformen, die vielfach nicht mehr mit der lebensweltlichen Realität in Einklang gebracht werden können und schließen so viele Möglichkeiten der Lebensgestaltung aus. Darauf würde ich nun noch gern etwas detaillierter eingehen.

Die Kasualien, wie sie heute praktiziert werden, wurden den Kirchen nicht einfach in die Wiege gelegt, sondern sie sind durch unterschiedliche religionsgeschichtliche Einflüsse gewachsen und im Laufe der Zeit vielfältigsten sozialgeschichtlichen und theologischen Veränderungsprozessen ausgesetzt gewesen.

Die längste kirchliche Tradition weisen die Taufhandlungen und die Beerdigungsriten auf, die von Anfang an im Rahmen der christlichen Kirche durchgeführt wurden. Die Beerdigungsriten wurden sehr rasch aus der jüdischen Tradition und aus der jeweiligen Umwelt des Imperium Romanum übernommen und christlich modifiziert.[27] Die Taufe ist, neben dem Abendmahl, die einzige im Neuen Testament begründete Symbolhandlung. Sie setzte bis in die Spätantike hinein den Glauben des Täuflings voraus, war also grundsätzlich eine Erwachsenentaufe. Die Kindertaufe etablierte sich erst im frühen Mittelalter und wurde, im Blick auf die Erbsünde, kurz nach der Geburt vollzogen. Die Hochzeit fand seit der Spätantike zwar vermehrt im kirchlichem Rahmen statt, doch war die Ehe bis ins Spätmittelalter hinein nicht eigentlich an die Kirche gebunden, sondern diese übernahm eine Art Überwachungsfunktion

25 Ebd., S. 338: demnach nehmen 27,6% der Befragten nur an familiären Anlässen wie Taufen, Hochzeiten, Beerdigungen an Gottesdiensten teil. Im Vergleich dazu nehmen 13,4% wöchentlich, 6,7% alle vierzehn Tage, 4,9% nur an Feiertagen und 9,8% gar nie an Gottesdiensten teil. Bei rund der Hälfte der Kirchenmitglieder sind Taufe, Trauung und Beerdigung wesentlicher Faktor ihrer Mitgliedschaftsmotivation, ebenso viele bleiben Kirchenmitglieder, „ weil man nie sagen kann, ob man die Kirche nicht einmal nötig haben wird.“ S. 149.

26 Studien- und Planungsgruppe der EKD, a. a. O., S. 18.

27 Herman A. J. Wegman: Riten en mythen (dt.: Liturgie in der Geschichte des Christentums, Regensburg 1994), S. 60 f.

im Interesse der Gegenseitigkeit des Eheversprechens.[28] Die Firmung (und damit auch ihre jüngere protestantische Schwester, die Konfirmation) hat ihre Wurzeln im Frühmittelalter. Sie entwickelte sich aus den Widersprüchen der sich durchsetzenden Kindertaufe und gilt als Versiegelung der Taufe.[29] All diese Handlungen waren stets auch durchlässig für bereits bestehende, vorchristliche Traditionen und Bräuche,[30] für sozialgeschichtliche Veränderungen und für theologische Deutungsprozesse.

Ihre eigentliche Blütezeit erlebten die Kasualien, so wie wir sie heute kennen, aber erst im kirchlichen Leben des protestantischen Bürgertums,[31] verbunden mit einem ganz bestimmten Idealbild von Familie. Historisch steht dies in einem engen Zusammenhang mit dem Prozess der Industrialisierung und der damit verbundenen Entstehung der Kleinfamilie. Das stellt Stoodt fest, der auch die Durchsetzung der Ortskirchgemeinde als „einzig denkbare Organisationsform kirchlicher Arbeit" auf diesen Zusammenhang zurückführt: „Indem nun die Ortskirchengemeinden auch in den Großstädten mit Hilfe der Kasualien flächendeckend für jeden Fall eines als besonders ambivalent und damit problematisch erlebten Statusübergangs in dieser sich erst entwickelnden Kleinfamilie seelsorgerliche Begleitung und rituelle Hilfe anbot, leistete sie einen gesellschaftlich notwendigen und nützlichen Beitrag zur Entstehung der Industriegesellschaft und zugleich zur innerfamiliären wie individuellen Verarbeitung dieses Prozesses."[32]

Die Kasualien, so wie wir sie heute kennen, sind also ganz wesentlich von dieser Entwicklung geprägt worden, und sie haben, zunehmend zu privaten Familienfeiern gewandelt, auch ihrerseits wieder an diesem Prozess mitgewirkt. An ihren Stationen manifestiert sich ein „bürgerliches Familienmodell",[33] dessen Mittelpunkt sozusagen die kirchliche Trauung bildete, die

---

28 Ebd., S. 164 und S. 239 f.

29 Ebd., S. 226 ff.

30 Vgl. Walter Hartinger: Religion und Brauch, Darmstadt 1992, S. 130–189.

31 Wolfgang Steck: Art. Kasualien, TRE 17/1988, S. 678.

32 Hans-Christoph Stoodt: Formen kirchlicher Arbeit an der Schwelle von der Industrie- zur Risikogesellschaft, in: PTh 80/1991, S. 121. Stoodt zeigt, dass die Entstehung der Ortskirchengemeinde und die zunehmende Bedeutung der sog. Kasualhandlungen in einem engen Zusammenhang stehen mit der Industrialisierung und der damit verbundenen neuen Lebensform der Kleinfamilie. Er zeigt am Beispiel der Stadt Frankfurt, die um 1890 noch über keine territoriale Gemeinden verfügt, wie innerhalb weniger Jahre ein flächendeckendes Ortskirchensystem entstand, das den veränderten Verhältnissen gerecht werden konnte. Durch die zunehmende Industrialisierung erlebte die Stadt ein enormes Bevölkerungswachstum, welches die Kirche mit ganz neuen Problemen konfrontierte. Bauern und Handwerker strömten in die Stadt, wurden zu freien Lohnarbeitern, allmählich zerfiel die Mehrgenerationen-Großfamilie zugunsten der emotional und materiell wenig abgesicherten Kleinfamilie. Eine zentrale Aufgabe der neuen Ortskirchengemeinden bestand aus der seelsorgerlichen Begleitung der vielen neuen Kirchenmitglieder, deren Kontakt zur Kirche sich wesentlich auf die Teilnahme an Taufe, Konfirmation, Trauung und Beerdigung konzentrierte.

33 Kurt Lüscher u. a. (Hg.): Haushalte und Familien. Die Vielfalt der Lebensformen. Eidg. Volkszählung 1990, Bern 1996, S. 16: Dieses Modell ist charakterisiert durch folgende Vorgaben:

„das bürgerliche Lebensideal des Protestantismus, das im Familienleben gipfelt, zu festlichem Ausdruck bringt.“[34]

Dies ist heute zunehmend problematisch geworden. Seit den sechziger Jahren zeichnen sich weitreichende gesamtgesellschaftliche Veränderungen ab, die auch die Familie als Lebensform erfassen und durchdringen. Die klassischen industriegesellschaftlichen Lebensformen, allen voran die Kleinfamilie, stehen heute in einem Auflösungsprozess. Dabei wächst eine Vielfalt anderer familiärer Lebensformen heran, die sozial akzeptiert und somit „normal“ sind. Das Leben in der Kern- und Kleinfamilie wird vermehrt zu einer unter mehreren Lebensphasen. Dabei sind sowohl verschiedene Formen nichtehelicher Lebensgemeinschaften, der Verzicht auf Ehe und Familiengründung oder das Leben in verschiedenen, zeitlich aufeinanderfolgenden „Sukzessiv-Familien“ zu möglichen Perspektiven geworden.[35]
Es gibt eine Vielfalt von Beschreibungen und Deutungsvorschlägen für den gesellschaftlichen Rahmen dieses Umbruchs, der mit den Stichworten „Enttraditionalisierung“, „Individualisierung“ und „Pluralisierung“[36] charakterisiert werden kann. Ich orientiere mich dabei vor allem an der Arbeit des Soziologen Ulrich Beck, [37] der den gesellschaftlichen Umbruch am Ende dieses Jahrhunderts mit dem Konzept der „reflexiven Modernisierung“ beschreibt. Er zeigt auf, dass sich die Strukturen der Industriegesellschaft auflösen und eine ganz neue gesellschaftliche Gestalt, die „Risikogesellschaft“, entsteht. In der hochdifferenzierten Gesellschaft der Gegenwart verlieren die überlieferten Bindungen an Klasse, Schicht, Familie oder Geschlecht ihre Bedeutung, so dass das Individuum allein die Verantwortung für sein Schicksal, im besonderen für sein Schicksal auf dem Arbeitsmarkt, übernimmt. Der oder die Einzelne kann sich kaum mehr von gesellschaftlichen Normen und Traditionen leiten lassen, sondern muss auf eigene Faust versuchen, sein/ihr Leben zu gestalten. „Das Individuum der Moderne ist auf vielen Ebenen mit der Aufforderung konfrontiert: Du darfst und du kannst, ja du sollst und du musst ein eigenes Leben führen, jenseits der alten Bindungen von Familie und Sippe, Religion, Herkunft und Stand; und du sollst dies gleichzeitig tun diesseits der neuen Vorgaben und Regeln, die Staat, Arbeitsmarkt, Bürokratie entwerfen.“[38] Ich kann an dieser Stelle nicht näher auf diese viel weitergreifende Analyse eingehen, sondern will vielmehr an einzelnen konkreten Punkten aufzeigen, welche Auswirkungen der dadurch in Gang gesetzte Wandel von Familien- und Lebensformen auf die Praxis ritueller Handlungen an Lebensübergängen haben kann.usw.

Meine These dabei ist, dass sich die kirchliche Ritualpraxis immer noch mehrheitlich an einer ganz bestimmten geschichtlichen Form von Familie orientiert

---

Einheit von Ehe, Elternschaft und Haushalt; klare, hierarchische Rollenteilung von Mann und Frau.

34 Julius Smend: Der evangelische Gottesdienst, Göttingen 1904, zit. nach Wolfgang Steck: Art. Kasualien: TRE 17/1988, S. 676.

35 Vgl. Lüscher, a. a. O., S. 340.

36 Diese Begriffe umschreiben die Auflösung einer einheitlichen sozialen Lebenswelt, in der eine weitgehend verbindliche Form der Lebensführung herrscht, geregelt durch gesellsch. und rel. Vorgaben.

37 Ulrich Beck: Risikogesellschaft. Auf dem Weg in eine andere Moderne, Frankfurt/M. 1986.

38 Ulrich Beck, in: ders./Wilhelm Vossenkuhl/Ulf-Erdmann Ziegler (Hg.): Eigenes Leben. Ausflüge in die unbekannte Gesellschaft, in der wir leben, München 1995, S. 75.

und dabei übersieht, wo die Menschen mit ihren spezifischen neuen Problemen des ausgehenden 20. Jahrhunderts sind. Dies kann am deutlichsten am Wandel der weiblichen Biographie illustriert werden, ist doch das veränderte Selbstverständnis der Frauen ein wesentlicher, wenn nicht entscheidender Faktor dieses Umbruchs von Familien- und Lebensformen. Dieser Aspekt gesellschaftlicher Veränderung scheint mir besonders wichtig, da die herkömmlichen Übergangsrituale als Familienfeiern ganz stark mit der Problematik weiblicher Existenz verbunden sind. Wie sich dieser gesellschaftliche Wandel in den Lebensentwürfen von Frauen niederschlägt, möchte ich im folgenden kurz zusammenfassen.[39]

In der vorindustriellen Zeit bis ca. 1800 wurde das Leben der Einzelnen vor allem bestimmt durch die jeweilige gesellschaftliche Schicht, den Stand, in die eine Frau oder ein Mann hineingeboren wurde. Die Lebensmöglichkeiten waren in erster Linie abhängig von der gesellschaftlichen Stellung, und erst in zweiter Linie Folge von geschlechtsspezifischen Rollenzuweisungen. Die Familie, das sogenannte „Große Haus", bildete die soziale und ökonomische Einheit, innerhalb derer sich das praktische Leben abspielte. Sie umfasste neben der eigentlichen Kernfamilie auch alle unter dem gleichen Dach wohnenden Verwandten, Knechte und Mägde und diente in erster Linie der materiellen Existenzsicherung. Gemeinsam wurde gearbeitet, sei es in der Landwirtschaft, in Handwerksbetrieben oder in der Heimarbeit. In dieser Großgruppe wurde auch gefeiert oder getrauert - Taufen, Hochzeiten und Todesfälle betrafen das „Große Haus" als ganzes und waren nicht auf die Kernfamilie beschränkt.
Im 19. Jahrhundert, mit zunehmender Industrialisierung und der damit verbundenen Verlagerung der Erwerbsarbeit aus dem häuslichen Bereich heraus, rückten die vielen verschiedenen Lebensbereiche, die im „Großen Haus" zusammengefasst wurden, auseinander. Die Familie entwickelte sich immer mehr zum privaten Raum, stark abgegrenzt vom ökonomischen Bereich und auf die eigentliche Kernfamilie reduziert. „Mit dieser Trennung ging eine entsprechende Einschränkung der Frau auf eine immer engere gesellschaftliche und ökonomische Rolle einher, verbunden mit der Tendenz, ihr eine autonome psychische Individualität abzusprechen. Das heißt: eigenständige weibliche Lebensziele, die keinen Bezug zur Familie hatten, durfte es nicht geben."[40] Die Lebensperspektive von Frauen wurde reduziert auf ihre Rolle als „zukünftige, gegenwärtige und ehemalige Mutter und Hausfrau".[41] Diese Entwicklung fällt, wie wir gesehen haben, zusammen mit der Blütezeit der Kasualien, welche gerade diese idealisierte Form des Familienlebens überhöhen und theologisch bestätigen.
An diesem Höhepunkt des bürgerlichen Familienideals zeichnet sich aber auch schon sein Untergang ab. Am deutlichsten wird dies an der starken emotionalen Betonung, ja Überlastung von Ehe und Familie. Ehen werden immer weniger aus ökonomischen Gründen, sondern aus freier Wahl und aus Liebe geschlossen und scheinen deshalb auch weniger beständig zu sein. „Die Menschen heiraten um der Liebe willen und lassen sich um der Liebe willen scheiden. Die Partnerschaft wird austauschbar praktiziert,

39 Hauptsächlich nach Heidi Witzig, in: Elisabeth Joris/Heidi Witzig, (Hg): Frauengeschichte(n). Dokumente aus zwei Jahrhunderten zur Situation der Frauen in der Schweiz, Zürich 1986, S. 43-90.

40 Ebd., S. 31.

41 Ebd., S. 32.

nicht um die Last der Liebe endlich abzustreifen, sondern weil das Gesetz der erfüllten Liebe dies verlangt."[42] Mit diesem Zitat Becks nehme ich etwas vorweg, das sich erst in der zweiten Hälfte dieses Jahrhunderts allmählich abzuzeichnen beginnt: Die Möglichkeit, aus rein emotionalen Kriterien eine Ehe aufzulösen, steht faktisch in einem direkten Zusammenhang mit der Zunahme der außerhäuslichen Lohnarbeit der Frauen und ihrer damit verbundenen ökonomischen Unabhängigkeit. Seit Beginn dieses Jahrhunderts beginnen Frauen vermehrt in die Berufswelt einzudringen, so dass ihnen im Laufe der Zeit, dank guter Ausbildungen und günstiger gesellschaftlicher Rahmenbedingungen, eine selbständige Existenz möglich wird. Damit wird Familie auch für Frauen nicht zur zwingenden, sondern zu einer frei wählbaren Lebensform. Frauen erobern sich ein eigenes Leben. Dies hat ganz entscheidenden Einfluss auf das Verständnis von Familie, Geschlechterrollen und Partnerschaft. Ich fasse hier einen komplexen, langsamen, oft schmerzhaften und immer noch nicht ausgestandenen Prozess mit wenigen kurzen Sätzen zusammen. Es geht mir hier vor allem darum, zu zeigen, dass die „Familie", auf die sich die Kasualien beziehen, nicht einfach eine abstrakte, gottgewollte, ideale Grösse sein kann. Vielmehr ist sie eine geschichtliche und soziale Grösse. Sie ist lebendig und sucht stets nach Formen, in denen, den jeweiligen Umständen entsprechend, soziale Beziehungen zwischen Eltern und Kindern gestaltet werden können.

Am Ende dieses Jahrhunderts präsentiert sich eine Vielfalt von Lebensmöglichkeiten und damit verbundenen vielfältigen neuen Schwierigkeiten. Lebensentwürfe orientieren sich nicht mehr nur am „Idealfall" Familie, Familienentwürfe nicht mehr am Modellfall der stabilen Kleinfamilie: Es gibt Singles, sekundäre Singles, Alleinerziehende, Konkubinatspaare mit oder ohne Kinder, Wohngemeinschaften, sogenannte „Patchwork"-Familien mit Kindern aus verschiedenen Partnerschaften, gleichgeschlechtliche Partnerschaften. „Ehe wird zur Leerformel, die die Partner, die sich in ihr zusammenschliessen, selbständig füllen müssen. Was Ehe, Liebe, Partnerschaft heisst, wird zur Entscheidungssache, muss angesichts der Belagerung durch Alternativen immer wieder bekräftigt und erneuert werden."[43] Dieser tiefgreifende Wandel von Lebensentwürfen und Formen des Zusammenlebens ist bisher aber beinahe spurlos an der kirchlichen Kasualpraxis vorübergegangen. Die Kirchen laufen Gefahr, „zu Konservatoren einer sozialen Wirklichkeit [zu werden], die es immer weniger gibt".[44] Gerade hier aber, in diesem „ganz normalen Chaos der Liebe",[45] das die Menschen zwar aus den Zwängen enger Normen befreit, sie aber mit der unüberschaubaren, oftmals widersprüchlichen neuen Freiheit auch überfordern kann, wird eine Begleitung durch rituelle Lebensübergänge enorm wichtig. Und diese würde wohl kaum hauptsächlich an den herkömmlichen Stationen von Geburt, Erwachsenwerden, Hochzeit und Tod in Anspruch genommen, sondern vielmehr an vielfältigen, neu zu definierenden Brüchen, Wendepunkten und Übergängen des Lebenslaufes. Einen guten Einblick in die

---

42 Ulrich Beck/Elisabeth Gernsheim-Beck: Das ganz normale Chaos der Liebe, Frankfurt/M. 1990, S. 20.

43 Beck, a.a.O. (Anm. 38), S. 72.

44 Beck, Risikogesellschaft, a. a. 0., S. 158.

45 Vgl. Anm. 42.

Vielfalt der Bedürfnisse nach neuen Übergangsritualen gibt das Angebot der Ritualbegleiter und Ritualbegleiterinnen. Neben den herkömmlichen Lebensübergängen wie Geburt, Erwachsenwerden, Hochzeit und Tod, welche deutlich auch für neue Lebensformen geöffnet sind,[46] finden sich auch Rituale, die es ermöglichen, ganz neue Lebensentwürfe und Rollen zu thematisieren. Trennung oder Scheidung sind ebenso ein Ritualthema wie die Suche nach Visionen in einer Krise im Lebenslauf, vielleicht verursacht durch Arbeitslosigkeit oder soziale Ausgrenzung. Damit wird deutlich, dass die Arbeit der Ritualbegleitung stark auf die beschriebenen Veränderungen der Lebenswelt bezogen ist. Das Bedürfnis nach neuen Ritualen, so scheint es mir, ist primär ein Bedürfnis nach Ritualthemen und -formen, die den Erfahrungen von Menschen in der teilweise unübersichtlich gewordenen Lebens- und Beziehungswelt des ausgehenden zwanzigsten Jahrhunderts entsprechen – ein Bedürfnis, das scheinbar in der offiziellen kirchlichen Praxis bisher nur wenig Resonanz findet. Ich will diese offensichtliche Schwierigkeit der Institution Kirche, unbefangen auf die Lebenswirklichkeit der Gegenwart zuzugehen, noch etwas genauer betrachten. Hier sind nun einige theologische Überlegungen angebracht.

Aus theologischer Perspektive stellt sich vor allem die Frage, inwiefern menschliche Bedürfnisse ausschlaggebend für kirchliches Handeln sein können. Aus sozialwissenschaftlicher Sicht ist diese Frage viel einfacher zu beantworten, vor allem wenn von einem funktionalen Ritualverständnis ausgegangen wird. Menschen brauchen in gewissen Grenzsituationen Rituale, die ihnen ermöglichen, ihr Leben und Zusammenleben als sinnvoll und bedeutend zu erfahren. Dies ist, je nach Perspektive ein religiöses, soziales, psychologisches Bedürfnis. Während die Sozialwissenschaften die Bedeutung des Rituals längst erkannt haben, ist der Begriff theologisch immer noch umstritten. Die Positionen sind stark polarisiert, menschliche Bedürfnisse stehen gegen Gottes Wahrheit, die Dienstleistungskirche gegen die Beteiligungskirche. In allem spiegelt sich auch das Verhältnis der jeweiligen Theologie zu den Wissenschaften und der Welt der Erfahrungen wieder. In der Tradition protestantischer Theologie stehen die menschlichen Bedürfnisse in einem gewissen Widerspruch zur Unverfügbarkeit Gottes. Im Blick auf die Kasualien entsteht folgende Kontroverse: Was für die einen eine schwierige gesellschaftliche Verpflichtung, bestenfalls noch eine Gelegenheit zur Mission[47] ist, ist für andere ein wertvoller Anlass, Menschen hilfreich zu begegnen.[48] Josuttis fasst diesen Konflikt, bezogen auf die Beerdigungspraxis, so zusammen: „Das theologische Grundproblem der Beerdigungspraxis ist die Konkurrenz zwischen Ritual und Kerygma. Das

---

46 So gibt es z. B. neben traditionellen Hochzeitsfeiern auch Beziehungsfeiern für gleichgeschlechtliche Paare oder für Konkubinatspaare.

47 Rudolf Bohren: Unsere Kasualpraxis – eine missionarische Gelegenheit? München (1960) ^{4}1968.

48 Vgl. Theophil Müller: Konfirmation – Hochzeit – Taufe – Bestattung. Sinn und Aufgabe der Kasualgottesdienste, Stuttgart/Berlin/Köln/Mainz 1988.

Ritual tröstet und beruhigt als solches, durch den Vollzug; das Kerygma tröstet mit dem Hinweis auf den Gott Jesu, dessen Heilsverheissung einen exklusiven Anspruch erhebt."[49]

Die unterschiedlichen Positionen müssen zunächst aus ihrem geschichtlichen Zusammenhang heraus verstanden werden. Eine kritische Haltung gegenüber den religiösen Bedürfnissen nehmen in unserem Jahrhundert vor allem die Vertreter der dialektischen Theologie ein. Ihre Position ist geprägt durch die Erfahrung der Pervertierung alles Religiösen im Dritten Reich. So kritisiert etwa Bonhoeffer eine Haltung, die „Religion allein vom Menschen und seinen Bedürfnissen her und nicht von Gott und seinem Anspruch her"[50] sieht. Diese aus der Sicht des Dritten Reiches berechtigte Religionskritik war bis in die späten sechziger Jahre prägend für die Schwierigkeiten im Umgang mit menschlichen Bedürfnissen. Noch 1960 redet Bohren[51] von einer „Baalisierung" der Kasualrede in der Dienstleistungskirche, wenn es darum geht, die Kasualien von den menschlichen Bedürfnissen her zu interpretieren. Erst in den späten sechziger Jahren wurde die Religion als anthropologische Kategorie wiederentdeckt und aufgewertet. Dies geschah etwa gleichzeitig mit einer Öffnung der praktischen Theologie gegenüber den Sozialwissenschaften. Wichtig waren hier unter anderen zwei Aufsätze Neidharts,[52] in denen er auf die grosse Bedeutung der menschlichen Bedürfnisse für die Kasualien hinwies und sich dafür auch nichttheologischer Deutungskategorien bediente.[53] Prägend für die praktische Theologie war auch die Arbeit Jetters,[54] in der er sich dem Gottesdienst mit den anthropologischen Begriffen „Symbol" und „Ritual" nähert und dabei feststellt, dass die Kommunikation des Evangeliums nicht nur in der reinen Verkündigung des Wortes geschieht, sondern durchaus auch im rituellen Handeln. Die menschlichen Bedürfnisse nach religiösem, rituellem Handeln wurden also wieder salon- und theologiefähig. Ende der achtziger Jahre schreibt Otto: „ ... jede abwertende Rede (über das Ritual und seine Funktion. Anm. MK) erweist sich angesichts der Realität nicht nur als ahnungslos, sondern sie ist ein Stück Menschenverachtung." [55]

Ich selbst gehe davon aus, dass in der Wahrnehmung elementarer menschlicher

---

49 Vgl. Manfred Josuttis: Praxis des Evangeliums zwischen Religion und Politik. Grundprobleme der praktischen Theologie, München (1974) ²1980, S. 196; er vertritt dabei einen klass. und etwas veralteten sozialwiss. Ritualbegriff, der die stabilisierende, kanalisierende Funktion im Vordergrund hat.

50 Eberhard Bethge (hg.): Dietrich Bonhoeffer. Gesammelte Schriften, Bd IV, Auslegungen - Predigten. 1931–1944, München (1954) 31975, S. 142 f.

51 Bohren, a.a.O., S. 17–21.

52 Walter Neidhart: Die Rolle des Pfarrers beim Begräbnis. In: Wort und Gemeinde. Probleme und Aufgaben der Prakt. Theologie, Zürich 1968, S. 226–235; ders : Die Bedeutung der nichttheologischen Faktoren. Thesen zu den Kasualien, in: Hessisches Pfarrblatt 1/1971, S. 4–7 (zit. nach Ferdinand Ahuis: Der Kasualgottesdienst zwischen Übergangsritus und Amtshandlung, Stuttgart 1985, S. 70 bzw. 188).

53 Vgl. Neidhart, Die Bedeutung, a. a. O. Er erstellt einen Bedürfniskatalog, geordnet nach anthropolog., verhaltenspsychol., gruppenpsycholog., tiefenpsycholog. und soziolog. Kriterien.

54 Werner Jetter: Symbol und Ritual. Anthropologische Elemente im Gottesdienst, Göttingen 1978.

55 Gert Otto : Grundlegung der Praktischen Theologie, München 1986, S. 239; zit. nach Hans-Günter Heimbrock: Gottesdienst. Spielraum des Lebens. Sozial- und kulturwissenschaftliche Analysen zum Ritual in praktisch-theologischem Interesse, Kampen/Weinheim 1993, S. 40.

Bedürfnisse eine zentrale seelsorgerliche Aufgabe liegt, welche gerade die Kirche etwas angeht. In ihrer Botschaft berichtet sie von der Zuwendung Gottes zu den Menschen, dort, wo sie gerade stehen, und der befreienden Kraft dieser Begegnung. Eben diese Begegnung kann die Kirche[56] Menschen an Lebensübergängen erfahrbar machen. Ich orientiere mich dabei an der Theologie der Kasualien von Müller.[57] Er versteht Theologie primär als „Ermöglichungshilfe zum ‚Bestehen' des Menschenlebens"[58] und stellt die Bedürfnisse der Menschen in Beziehung zu Jesus von Nazareth. Jesus sieht er als den Menschen, „... der die Wirklichkeit der Menschen durchsichtig gemacht und neu geprägt hat"[59] und ihnen dadurch Vertrauen und Befreiung ermöglicht. Die Wahrnehmung menschlicher Bedürfnisse darf nicht als eine bedürfnisorientierte Dienstleistung abgewertet werden, sondern bedeutet vielmehr, dass wir „ ... ernstnehmen, dass Menschen nach etwas ‚aus sind', das ihnen ermöglicht, ihr Leben zu verstehen und es befriedigend, wenn möglich glücklich zu leben."[60] Das bedeutet, dass sich die Kasualpraxis auf die ganz konkrete Realität heutiger Menschen und Familien beziehen muss. Dabei muss sie den Schwierigkeiten Rechnung tragen, in die wir durch die Freiheit und den Zwang, unser eigenes Leben zu gestalten, geraten sind. Hier noch einmal Beck: „Das eigene Leben ist – allein seinem Begriffe folgend – der Versuch, die Versuchung, in sich selbst Grund, Kraft, Ziel der Selbst- und Weltgestaltung zu finden. Dieser Versuch ist, von seinem Ende her gesehen, vom Scheitern bedroht. Dies gibt dem eigenen Leben seine Konturen: seine Flüchtigkeit, seinen Lebenshunger, seine Ironie und Leichtigkeit."[61] Die Kirche, die Bewahrerin des Evangeliums, hat in diesem Zusammenhang eine ganz besondere Chance und Verpflichtung. Die gesellschaftlichen Strukturen und die damit verbundene individuelle Realität brauchen nicht einfach unhinterfragt dargestellt zu werden, sondern sollen auch kritisch, aus der Perspektive des Evangeliums, wahrgenommen werden. „Die Kasualgottesdienste müssten demnach so gestaltet sein, dass ein Lebensereignis oder das Leben eines Menschen als ganzes wirklich in das Licht der Sache Jesu, des Evangeliums gerät. ... Darum kann der Dienst, der hier von der Kirche durch die Beauftragten geleistet wird, auch nicht darin bestehen, alles, was ist, gut und richtig zu nennen, sondern darin, den Menschen sinnvollere, bessere Lebensmöglichkeiten zu zeigen und zu eröffnen, also auch ‚konstruktiv zu kritisieren'."[62] Bieritz, der sich mit der Kasualpraxis in der

56 Ich sehe dabei die Kirche nicht als eine geschlossene Beteiligungskirche, sondern eher als eine Bewegung, in der befreites und verantwortungsvolles Leben im Sinne des Evangeliums möglich ist. In diesem Zusammenhang meint dies jedoch faktisch die jeweilige Pfarrerin, welche bei einer Segenshandlung die Kirche und ihre Tradition vertritt.

57 Theophil Müller: Konfirmation-Hochzeit-Taufe-Bestattung. Sinn und Aufgabe der Kasualgottesdienste, Stuttgart/Berlin /Köln / Mainz 1988.

58 Ebd., S. 18.

59 Ebd., S. 32.

60 Ebd., S. 47 f.

61 Beck, a. a. O. (Anm. 38), S. 173.

62 Müller, a. a. O., S. 61 f.

„Risikogesellschaft" auseinandergesetzt hat, formuliert ganz ähnlich zwei Aufgaben für das praktisch-theologische Handeln: „Es muss zum einen ein Gespür für biographische Situationen entwickeln, das den tatsächlichen Lebens-Erfahrungen und Lebens-Nöten nicht hinterherhinkt, sondern sie auf den kritischen Punkt bringt; und es muss zum anderen die biblisch überlieferte Symbolwelt so vergegenwärtigen, dass sich darin alternative, wenn es sein muss gegenkulturelle Lebensmöglichkeiten für den einzelnen eröffnen."[63]

IV. Die Ritualbegleiterinnen und Ritualbegleiter

Bisher habe ich mich ganz grundsätzlich mit Fragen, welche durch die Neugestaltung von Ritualen aufgeworfen werden, auseinandergesetzt. Ich entwickelte einen Ritualbegriff, der klar macht, dass Rituale nicht starr an überlieferte Formen und Inhalte gebunden sind, sondern gerade durch Anpassung an die jeweilige äussere Situation kraftvoll und lebendig und dadurch für die Beteiligten auch sinnvoll bleiben. Ich habe aufgezeigt, wie weit die konventionellen Ritualangebote und die Lebenswelt der Gegenwart auseinanderklaffen und damit für eine innovative Ritualpraxis plädiert. In diesem Sinn verstehe ich die Arbeit der Ritualbegleiterinnen, und ich werde mich jetzt konkret und praktisch ihnen zuwenden.

Grundlage meiner Analyse ist ein Gespräch, das ich mit einer ausgewählten Ritualbegleiterin in Form eines narrativen Interviews[64] geführt und anhand einer Methode qualitativer Sozialforschung[65] ausgewertet habe. Die in der sogenannten Einzelfallstudie erarbeiteten Leitthemen stütze ich mit einer anschliessenden Fragebogenerhebung etwas breiter ab. Die Fragebogenerhebung ermöglicht zudem eine Art Illustration des Angebots. Ich habe innerhalb ca. eines halben Jahres im Raum der deutschsprachigen Schweiz vierundzwanzig Personen eruiert, die in irgendeiner Form mit Ritualen zu Lebensübergängen arbeiten. Zum Teil entnahm ich die Adressen der Adressenliste einer Art Interessegruppe von „im rituellen Bereich Tätigen",[66] zum Teil wurde ich durch Artikel oder Inserate in der Tagespresse oder durch private Kanäle auf die Leute aufmerksam. Sicher habe ich längst nicht alle erfasst, vorallem Leute, die in einem relativ geschlossenen Kreis aktiv sind, werden meiner Spürnase entgangen sein. Da ich aber mein Interesse besonders auf diejenigen Angebote richte, die nicht direkt mit einem bestimmten Insiderkreis verknüpft sind, bin ich auch primär an Leuten interessiert, die öffent-

63 Bieritz, Zeichen setzen, S. 216.

64 Der Begriff geht auf Schütze zurück: Fritz Schütze: Die Technik des narrativen Interviews in Interaktionsfeldstudien, dargestellt an einem Projekt zur Erforschung von kommunalen Machtstrukturen, Ms der Univers. Bielefeld, Fakultät für Soziologie.

65 Vgl. Peter M. Wiedemann: Erzählte Wirklichkeit. Zur Theorie und Auswertung narrativer Interviews, Weinheim und München 1977.

66 Dieser Kontakt entstand aufgrund der Initiative einer Ritualbegleiterin, die alljährliche Treffen organisiert, um den gegenseitigen Austausch anzuregen. Im Winter 1997/98, nach dem zweiten Treffen (und nach meiner Fragebogenerhebung), entstand daraus das „Netzwerk Rituale", als „Ansprechstelle für Menschen, die rituelle Verbindlichkeiten auf ihrem Lebensweg integrieren und neue Formen für Lebensübergänge suchen und ausprobieren möchten."

lich auftreten und daher auch eruierbar sind. Ich erhebe mit meiner Darstellung keinen Anspruch auf Vollständigkeit, vielmehr will ich einen Eindruck vermitteln, eine Auswahl von Möglichkeiten wiedergeben. Das aus den vierzehn beantworteten Fragebögen[67] und den beigelegten Begleitunterlagen gewonnene Material ist sehr reichhaltig und ermöglicht mir daher, die Ergebnisse der Gesprächsanalyse, die stark geprägt sind von der Persönlichkeit und Biographie meiner Interviewpartnerin , etwas breiter abzustützen.

Die Tätigkeit der Ritualbegleiter und -begleiterinnen ist erst im Begriff, sich zu entwickeln und ist damit starken Veränderungen ausgesetzt. Meine Beobachtungen beziehen sich zunächst auf den Zeitpunkt der Erhebung, sie sind Momentaufnahmen in einem Entwicklungsprozess, wobei gewisse charakteristische Grundtendenzen wohl konstant bleiben werden.[68] Zuerst einige allgemeine Beobachtungen: Es gibt in der deutschsprachigen Schweiz bereits einige Ritualbegleiter und -begleiterinnen, die Menschen bei der rituellen Gestaltung von Lebensübergängen beraten und begleiten. Sie arbeiten freiberuflich und wollen vorallem Menschen ansprechen, die nach neuen Ritualformen ausserhalb des konfessionellen, kirchlichen und institutionellen Rahmens suchen. Allerdings handelt es sich rein zahlenmässig um ein verschwindend kleines Phänomen – etwas, das nicht der recht grossen Resonanz in den Massenmedien entspricht. Keine einzige der befragten RitualbegleiterInnen kann von dieser Tätigkeit leben, alle sind auf weitere Einnahmequellen angewiesen.[69] Viele sind zudem noch nicht lange in diesem Bereich tätig und haben bisher nicht sehr viele Übergangsrituale mitgestaltet. Ein Drittel der Befragten hat beruflich einen theologischen, ein Drittel einen sozialen oder therapeutischen Hintergrund, ein Fünftel sind Frauen aus künstlerischen Berufen. Die verschiedenen Ritualbegleiterinnen arbeiten grösstenteils unabhängig voneinander, allerdings bestehen einige lose Verbindungen. Auf Initiative einer Ritualberaterin haben (im Zeitraum meiner Untersuchung) zwei informelle Treffen zwecks Gedankenaustausch stattgefunden, an dem auch einige der von mir Befragten teilgenommen haben. Ausserdem haben eine Theologin und ein Theologe zusammen einen Verband freischaffender Theologen und Theologinnen ins Leben gerufen.[70] Weiter besteht ein Ausbildungsangebot für Ritualleiterinnen, an dem auch zwei der Befragten beteiligt sind.

Die fünfzehn[71] Ritualbegleiter und begleiterinnen, deren Angaben ich untersucht habe, lassen sich aufgrund ihrer Schwerpunkte grob in zwei Gruppen einteilen. Die einen, in der Folge als Gruppe A bezeichnet, bieten ihre Beratung und Begleitung hauptsächlich für Rituale bei individuellen Lebensübergängen an. Ihre Arbeit kann als konkrete Antwort auf das wachsende Bedürfnis vieler Menschen nach Ritualen ausserhalb kirchlicher Institutionen verstanden werden. Diese Gruppe besteht aus acht Personen, Theologen und Theologinnen (drei protestantischer, zwei römisch-katholischer Herkunft), und Nichttheologen wie Nichttheologinnen (mit christlich geprägter Herkunft: zwei

---

67 Das ergibt eine respektable Rücklaufquote von 58,3%.

68 Zu diesen charakteristischen Zügen gehört wohl gerade auch ein prozesshaftes, stets in Bewegung bleibendes Element, das sich allen Definitionen und Fixierungen zu entziehen bemüht ist.

69 Einige haben mir ihre Tarife bekannt gegeben, ein Theologe verlangt z. B. für eine Trauerfeier inklusive Vorgespräch zwischen Fr. 400.- und Fr. 600.-, eine Erwachsenenbildnerin verrechnet für ein einfaches Ritual mit Vorgespräch Fr. 380.- (1997).

70 Der Zweck dieses Berufsverbandes ist die „Ermöglichung und Förderung von würdigen, individuell gestalteten Feiern bei Lebensabschnitten wie Geburt, Hochzeit und Tod im Sinne einer seelsorgerlichen Begleitung." Vgl. Statuten, Art. 2.

71 Ich rechne hier die Ritualbegleiterin, mit der ich ohne vorgängigen Fragebogen ein narratives Interview geführt habe, dazu.

Religionslehrerinnen, ein Kirchgemeinderat); zur Hälfte aus Frauen, zur Hälfte aus Männern. Aufgrund der Nachfrage konzentriert sich ihre Arbeit faktisch auf die beiden Stationen Hochzeit und Tod, doch ist bei einzelnen die Angebotspalette viel weiter gefasst (Geburt, Taufe; Erwachsenwerden - Schuleintritt, Jugendprobleme, Menarche-; Hochzeitsrituale für gleichgeschlechtliche und Konkubinatspaare, Beziehungsfeiern; Krisen im Lebenslauf -Krankheit, Behinderung, Eheprobleme, Arbeitslosigkeit, soziale Ausgrenzung, Armut, psychische Probleme, Konflikte; Trennung, Scheidung, Abschiede; Wohnungseinweihungen; Geburtstage; Stationen im Berufsleben; Jubiläen; Pensionierung, Eintritt ins Altersheim; Erinnerungsfeiern).
Die restlichen sieben Ritualbegleiterinnen, alles Frauen, ordne ich der Gruppe B zu. Ihr Zugang zu den Ritualen im Lebenszyklus ist ein ganz anderer als derjenige der ersten beiden Gruppen. Ihre Ritualarbeit konzentriert sich im wesentlichen auf Gruppenrituale im Bereich weiblicher Spiritualität. Sie gestalten Jahreszeitenrituale, Frauenrituale, Musikrituale, rituelle Kreistänze. Sie arbeiten oft in einem eher verbindlichen Rahmen und mit einem klar definierten Deutungshorizont, in dem das Ritual als Ausdrucksform eine zentrale Stellung einnimmt. Sie sind dadurch in gewisser Weise Expertinnen für rituelle Handlungen und gestalten gelegentlich, auf spezielle Anfrage hin, auch Rituale zu bestimmten Lebensübergängen. (Schwangerschaft, Geburt; Erwachsenwerden; Hochzeiten; Geburtstage; Visionssuche, Seelische Nöte; Wechseljahre, Menopause; Rituale bei Krankheit, Abschied, Tod). Frauen dieser Gruppe bieten auch eine Ausbildung zur Ritualleiterin an.[72] Es fällt auf, dass die Ritualbegleiterinnen der Gruppe B sehr viel länger in diesem Bereich tätig sind als die der anderen Gruppe (durchschnittlich 10 Jahre, gegenüber 2.5 Jahren in der Gruppe A).
Die zwei Kategorien sind in sich natürlich sehr heterogen und lassen sich nicht nur auf diese Hauptstränge reduzieren. Dennoch gibt es einige herausragende Gemeinsamkeiten innerhalb der einzelnen Kategorien, die ich anhand der Leitfragen meiner Untersuchung erarbeitet habe. Ich gebe in dieser gekürzten Fassung nur die wichtigsten Ergebnisse der Untersuchung wieder.

1. Innovation (Was bringen sie Neues, d. h. was ist der innovative Anteil ihrer Arbeit?): Die Ritualbegleiter und -begleiterinnen arbeiten stark an der Symbolsprache der Rituale, dies in zwei Ausprägungen: Einerseits geschieht dies durch die Gestaltung und inhaltliche Füllung des Rituals vom je eigenen Leben der Beteiligten her. Andererseits wird durch die Komposition von Elementen unterschiedlichster historischer und kultureller Herkunft eine neue Sprache geschaffen. Die beiden Aspekte sind sicher bei beiden Gruppen auszumachen, auffällig ist jedoch ihre unterschiedlich starke Gewichtung. Bei der Gruppe A ist das zentrale neue Element die starke Orientierung an den Beteiligten des Rituals: Die Erfahrungen der Beteiligten werden in eine symbolische Sprache übersetzt. Bei der Gruppe B hingegen werden aus einem breiten religiösen Fundus Traditionen wiederaufgenommen und mit diesen die eigenen Erfahrungen, Bedürfnisse und Anschauungen ausgedrückt. Hier ist die Übersetzungstätigkeit

72 Diese Ausbildung ist berufsbegleitend, dauert drei Jahre und soll „Frauen befähigen, an ihrem Arbeitsort, in Kursen, an öffentlichen Orten in rituellen Zusammenhängen zu denken und Rituale zu gestalten." (Prospekt).

eine ganz andere: Die Symbolsprachen der entsprechenden Traditionen werden in die Erfahrungswelt der Beteiligten übersetzt.[73]

2. Tradition, Anknüpfung (Woran knüpfen sie an, wie wichtig bleiben Aspekte der Tradition?): Alle befragten Ritualbegleiter und -begleiterinnen achten darauf, dass die Beteiligten im Ritual an vertrauten Vorstellungswelten anknüpfen können, so dass gewisse Rückbindungen entstehen können. Bei der Gruppe A ist dies dadurch gewährleistet, dass die Beteiligten selbst starken Einfluss auf die Gestaltung des Rituals nehmen. Dabei können sie ihr persönliches rituelles Erbe in ein neu kreiertes Ritual einbringen. Das können Elemente aus ihrem familiären, konfessionellen, religiösen oder kulturellen Kontext sein. Es stellt sich heraus, dass die Ritualform sich hier häufig an konventionelle Formen anlehnt, dabei aber eine andere inhaltliche Prägung erhält. Bei der Gruppe B, die sich aus ganz unterschiedlichem Traditionsgut nährt und gleichzeitig nicht primär von den Bedürfnissen der Beteiligten ausgeht, ist die verbindende Konstante die Natur. Sie ist quasi der kleinste (oder der grösste) gemeinsame Nenner, an dem alle anknüpfen können.[74]

3. Ritualverständnis, religiöser Bezug (Mit welchem Ritualverständnis wird gearbeitet, wird ein religiöser Bezug geschaffen?) : Bei der Gruppe A – bei denjenigen Ritualbegleitern also, welche ihre Tätigkeit primär auf die Übergangsrituale des Lebenszyklus fokussieren und ihre Arbeit stark nach den Bedürfnisse der Einzelnen ausrichten – ist tendenziell ein funktionaler Ritualbegriff vorherrschend, und der religiöse Bezug des Rituals nimmt nur schwache Konturen an. (Interessant ist, dass die Exponenten dieser Gruppen ursprünglich alle einem christlich geprägten Milieu entstammen.) Bei der Gruppe B – bei denjenigen Ritualbegleiterinnen, die, ausgehend von einer breiter ausgerichteten Ritualarbeit, gelegentlich auch Übergänge im Leben Einzelner gestalten – ist eine überwiegend substantielle Ritualdefinition festzustellen, mit dementsprechend ausgeprägt religiösem Gehalt.

4. Bezugspunkt: (Wenn sie sich, als freiberufliche und unabhängige Ritual-

73 Dies entspräche etwa der Arbeitsweise von Pfarrer und Pfarrerinnen: Das Evangelium wird in die Alltagserfahrung moderner Menschen zurückübersetzt. Die Vertreterinnen der Gruppe B bleiben damit innerhalb des klass. Rollenbildes (Zeremonienmeisterin, Priesterin). Sie verfügen über eine, durch eine bestimmte Tradition vorgegebene Symbolsprache, die für die Alltagserfahrungen der Beteiligten zugänglich gemacht wird. Die Rolle der Ritualbegleiter der Gruppen A hingegen muss neu definiert werden.

74 Grundlage ist hier vermutlich die spirituell-feministische Bewegung, die sich ein nicht-patriarchales Weltbild erschaffen hat. Die „Grosse Göttin" als Ursprung allen Seins hat auch den männlichen Gott geboren. Beide Gottheiten gehören der Welt an: der Schöpfung ist keine absolut transzendente Grösse gegenübergestellt, so dass die Spaltung zwischen einem ausserweltlichen Gott und der innerweltlichen Wirklichkeit aufgehoben wird. Göttin und Welt, Natur und Geist, Materie und Energie bilden eine Einheit. Damit verändert sich das Verhältnis zu Natur ganz wesentlich. Ein wichtiges Ziel der spirituell-feministischen Bewegung ist, in Ritualen den Einklang mit der Natur herzustellen. Vgl. Christa Mulack: Art. Ritual/Magie, in: Elisabeth Gössmann (Hg.): Wörterbuch der Feministischen Theologie, Gütersloh 1991, S. 351–354.

begleiter, nicht auf offizielle, institutionalisierte Traditionen berufen, was wird dann zum Referenzpunkt ihrer Arbeit, was ersetzt die Autorität einer Institution? Womit werden die vermittelten Inhalte, insbesondere die religiösen, legitimiert?) Ausnahmslos alle Ritualbegleiter und begleiterinnen, bei allen Unterschiedlichkeiten, berufen sich in ihrer Arbeit hauptsächlich auf ihre eigene Erfahrung und Biographie. Hier liegt die grosse Gemeinsamkeit. Zwar gibt es auch andere Referenzpunkte - geistige Lehrer und Lehrerinnen, altes „Wissen", christliche Prägungen, therapeutische Ansätze etc. - doch werden diese stets am eigenen Leben gefiltert, gemessen und in „Erfahrung gebracht". Dies verleiht dem Ritual eine ganz spezielle Prägung. Das Ritual löst sich aus überindividuellen Bezügen und wird zu einer Gelegenheit der Selbstreflexion an einem Wendepunkt des Lebens. Dabei konzentrieren sich auch die religiösen Inhalte, er-fahren am jeweils eigenen Leben, auf den Bereich der persönlichen Erfahrung.

V. Kommentar zu den Forschungsergebnissen

Die Arbeit der Ritualbegleiter und -begleiterinnen spiegelt einen ganz konkreten Emanzipationsprozess von konventionell kirchlich bestimmten Formen der Religiosität hin zu einer selbstbestimmten religiösen Praxis wider.[75] Die Rituale, besonders diejenigen, die sich auf die eigene Lebensgeschichte beziehen, werden neu eingefordert und zu einem zentralen Aspekt religiöser Neuorientierung gemacht. Dieser Prozess nimmt ganz unterschiedliche Formen an.

Etwa die Hälfte der fünfzehn befragten Ritualbegleiter wenden sich, zugunsten von Traditionen anderer kultureller oder historischer Herkunft, klar von traditionell christlicher Religiosität ab, stellen aber dabei die herkömmliche Struktur eines Rituals nicht grundsätzlich in Frage. Ihre Rolle bleibt stark innerhalb traditioneller Rollenbilder. Die Ritualbegleiterin stellt den symbolischen und spirituellen Rahmen zur Verfügung, in dem die jeweils eigene Lebensgeschichte thematisiert wird. Die Ritualbegleiterin ist die Expertin, die über besonderes Wissen und besonderen Erfahrungsreichtum verfügt und durch das Ritual hindurch führt.[76]

Die andere Hälfte der Ritualbegleiterinnen zeichnet sich aus durch eine grundsätzlich veränderte Ritualpraxis. Christliches Traditionsgut wird nicht grundsätzlich abgelehnt, sondern neu formuliert, aber, dies scheint mir die radikalste Neuerung zu sein, das Ritual orientiert sich von Form und Inhalt her ganz zentral an den konkreten Erfahrungen der Beteiligten. Die Ritualbegleiterin ist hier nicht mehr in erster Linie eine Expertin mit Sonderwissen, die durch das geheimnisvolle Heilige hindurch führt, sondern sie ist vielmehr eine stille, zurückhaltende Geburtshelferin bei jeweils ganz eigenen „Ritualgeburten" der beteiligten Personen.

---

75 Ein explizit religiöser Bezug der Ritualpraxis ist nicht bei allen Ritualbegleiterinnen gleich ausgeprägt. Ich habe aber bereits dargelegt, warum ich die Uebergangsrituale des Lebenszyklus grundsätzlich als eine Form religiöser Praxis betrachte.

76 Dies betrifft vor allem die Ritualbegleiterinnen der Gruppe B, sie bezeichnen sich tendenziell auch eher als „Ritualleiterinnen".

Gemeinsam bleibt diesen Bewegungen der Versuch von Menschen, neue Ritualformen zu finden, welche Raum schaffen für die Thematisierung und Reflexion des eigenen Lebens, jenseits von herkömmlichen Rollenbildern und Lebensentwürfen, seien diese nun kirchlich oder gesellschaftlich geprägt und gefordert. Damit ist dieser Prozess auch eine Bewegung weg von von aussen vorgegebenen Normen, Maßstäben und Autoritäten. Er ist gewissermassen ein Befreiungsschritt in eine selbstbestimmte rituelle Praxis. Einziger massgebender Bezugspunkt des Rituals ist folglich der jeweilige Kontext, die jeweiligen Erfahrungen, die jeweilige Biographie der Ritualbegleiterin und der Beteiligten, je nachdem mit unterschiedlicher Gewichtung.[77] Die grosse inhaltliche und strukturelle Freiheit der Ritualbegleiter trägt ihre Früchte dort, wo es Menschen wieder gelingt, ihren ganz persönlichen Erfahrungen einen symbolischen Ausdruck zu verleihen und sich damit neue Lebensperspektiven zu eröffnen. Die gewonnene Freiheit bezahlt ihren Preis aber unter Umständen mit dem Verlust einer überindividuellen Verbindlichkeit, welcher durch das Verlassen der Institutionen und durch die relative Unterordnung der Tradition unter die individuelle Erfahrung entstanden ist.

1. Innovation versus Tradition ?

Der Schwerpunkt einer Ritualpraxis, wie sie von den Ritualbegleiterinnen beschrieben wird, liegt auf der Seite der Innovation. Ich habe am Ritualbegriff aufgezeigt, dass neben innovativen Anteilen auch der Aspekt der Tradition[78] unabdingbar zu einem Ritual dazugehört. Was geschieht nun aber mit der Tradition in den neuen Ritualen? Die Ritualbegleiter und -begleiterinnen und die am Ritual Beteiligten geben den Aspekt der Tradition nicht einfach auf, sondern sie geben ihm einen anderen Stellenwert. In der herkömmlichen Ritualpraxis stellt, wie wir gesehen haben, meist die Kirche Form und Inhalt der Rituale im Kontext der christlichen Tradition zur Verfügung. In der hier beschriebenen neuen Ritualpraxis tritt das Individuum mit seinen Erfahrungen, Wünschen und Vorstellungen an die Stelle der Institution und gestaltet sich selbst ein Ritual mit Elementen aus verschiedensten Traditionen. Diese Elemente stammen nicht mehr aus einem einzigen verbindlichen Traditionskreis,

---

77 Bei den Ritualbegleiterinnen der Gruppe B ist nicht der Erfahrungshintergrund der Beteiligten, sondern derjenige der Ritualbegleiterin selbst massgebender Bezugspunkt der im Ritual dargestellten Inhalte. Dadurch erhalten die Erfahrungen der Ritualbegleiterinnen eine gewisse Autorität für die Erfahrungen der beteiligten Personen: Es wird quasi vorausgesetzt, dass sich diese beiden Erfahrungswelten deckungsgleich verhalten. Auch diese Ritualbegleiterinnen machen „eigene Erfahrung" zum Bezugspunkt rel. Inhalte, geben den Beteiligten aber starke Vorgaben.

78 Dabei verstehe ich unter Tradition nicht eine starre, unveränderliche Grösse, sondern eine lebendige Verbindung zu einer überindividuellen Geschichte, eine Art kollektiver Erinnerungsprozess, der Vergangenes nicht nur bewahrt sondern auch umgestalten kann. Vgl. Anthony Giddens: Leben in einer posttraditionalen Gesellschaft, in: Ulrich Beck/ ders./Scott Lash (Hg.): Reflexive Modernisierung, Frankfurt/M. 1996, S. 124.

und sie müssen immer zuerst durch den Filter der eigenen Erfahrung angeeignet und legitimiert werden.

Dieser selbstbestimmte Umgang mit Traditionen verändert den letzten Bezugspunkt ritueller Handlungen. Anstelle der Auseinandersetzung mit einem verbindlichen religiösen oder kulturellen Traditionskreis tritt nun die Auseinandersetzung mit dem eigenen Leben, die Selbstreflexion, die sich letztlich nur auf die eigene Erfahrung beziehen kann. Die individuelle Biographie[79] ersetzt damit die äußerer Autoritäten, die der Kirchen und anderer Institutionen, und wird so zur maßgeblichen Grösse in religiösen Fragen.

2. *Ein psychoanalytischer Blick auf den Umgang mit Tradition*

Eine aufschlussreiche Perspektive auf diesen Umgang mit Traditionen eröffnet der Psychoanalytiker Hartmut Raguse in seinem Kommentar zur Studie „Jede(r) ein Sonderfall?".[80] Er bezeichnet den Umgang mit Tradition, wie ich ihn bei den Ritualbegleitern beobachtet habe, als „modernen, individuellen Synkretismus", welcher kaum mehr kollektive Ausprägungen annimmt. Der Synkretist kann „ ... nach seinem eigenen Belieben Teile der Überlieferung, die ihm ungelegen sind, weglassen und mit besser passenden aus anderer Herkunft verbinden. Er wird zum allmächtigen Schöpfer, der von keiner Beschränkung durch tradierte Worte gehindert ist."[81] Dabei, und hier setzt die psychoanalytische Analyse Raguses ein, erspart er sich aber auch „die Arbeit an der Tradition, am ‚Anderen', er ist vorwiegend oder ausschliesslich wunschorientiert und errichtet nur eine Verdoppelung des Innenlebens seines Schöpfers."[82] Wer sich sein Glaubensgebäude selber errichtet, der lebt zwar in seinem System, aber er lebt dabei ohne die Spannung zu einer Tradition.[83] Dabei geht eine fruchtbare Auseinandersetzung verloren, die gerade davon lebt, dass sie die Fremdheit der christlichen Tradition nicht einfach meidet, sondern sich an ihr interpretierend abmüht.

Diese von Raguse sicher treffend beobachtete Entwicklung muss aber in ih-

79 Biographie meint hier die Reflexion der eigenen Erfahrungen. Vgl. Alois Hahn: Identität und Biographie, in: Monika Wohlrab-Sahr(Hg.): Biographie und Religion. Zwischen Ritual und Selbstsuche, Frankfurt/M/New York 1995, S. 127–152. Hahn unterscheidet den Lebenslauf als das Insgesamt von Erfahrungen und Ereignissen, von der Biographie, welche den Lebenslauf für das Individuum zum Thema macht.

80 Hartmut Raguse, in: Michael Krüggeler,Fritz Stolz (Hg.): Ein jedes Herz in seiner Sprache ... Kommentar zur Studie „Jede(r) ein Sonderfall?",Zürich 1996, Bd. 1, S. 247–258.

81 Ebd., S. 252.

82 Ebd., S. 253.

83 Hier gibt es gewisse Unterschiede zwischen den Ritualbegleiterinnen der Gruppen A und B. In den Ritualen der Gruppe B schaffen nicht die Beteiligten, sondern die Ritualbegleiterinnen sich ihr eigenes synkretistisches System. Diese Ritualbegleiterinnen könnten im Sinne Raguses als Synkretistinnen bezeichnet werden, die ihren Glaubensgenossinnen ein neues, relativ geschlossenes Religionssystem anbieten. Hier entsteht Gemeinschaft, die den rein individuellen Synkretismus durchbricht.

rer sozio-kulturellen Bedingtheit wahrgenommen werden, die es für Einzelne immer mehr zum Kunststück werden lässt, ihre Lebensgeschichte in einem kollektiven Horizont zu verankern. Zur korrigierenden Ergänzung zitiere ich Roland Campiche, einen der Autoren der von Raguse kommentierten Studie: „Dass sich das Individuum ein Ensemble von aus verschiedenen religiösen oder philosophischen Traditionen stammenden Glaubensorientierungen aneignet, ist denn auch Anzeichen dafür, dass es einerseits fähig, aber auch gezwungen ist, die eigene religiöse Identität selbst zu erarbeiten, und dass andererseits keine Instanz, auch nicht die Kirchen, diese Konstruktion entscheidend zu kontrollieren vermöchte."[84]

3. Religionssoziologische Perspektiven

Die Veränderung der Ritualpraxis, die ich beobachtet habe, steht nicht isoliert da, sondern deckt sich mit anderen Entwicklungen im religiösen Bereich. Daher ist es mir wichtig, die Ergebnisse meiner Untersuchung abschliessend in einen grösseren religionssoziologischen Zusammenhang zu stellen.

Für den grösseren gesellschaftlichen Rahmen verweise ich auf die Arbeiten von Ulrich Beck. Er beschreibt, wie durch die Auflösung der klassischen Strukturen der Industriegesellschaft das gesamte gesellschaftliche Gefüge ins Wanken gerät und die Einzelnen sozusagen auf sich selbst zurückgeworfen werden.[85] Das Leben der Einzelnen wird immer weniger bestimmt durch einen gemeinschaftlichen, normativen Rahmen von Tradition, Institution und Sitte. Das Individuum muss sich in einer oft unübersichtlichen Vielfalt von Lebensmöglichkeiten selbst zurecht finden. Dieser umfassende Wandel der Lebenswirklichkeit wird mit den Begriffen „Enttraditionalisierung", „Individualisierung" und „Pluralisierung" gekennzeichnet. Moderne religionssoziologische Arbeiten befassen sich damit, was in diesem sozio-kulturellen Umbruch ganz konkret mit der Religion geschieht. Dabei wird meist folgende These vertreten: Die kirchlich bestimmte Religiosität geht zurück, damit ist aber nicht ein Verlust von Religion an sich verbunden, sondern der Strukturwandel erfasst auch die Religiosität und ihre Ausdrucksformen. Die Religion wird zu einer Angelegenheit der freien Wahl, welche nicht mehr aufgrund religiöser Verbindlichkeiten, sondern aufgrund eigener Erfahrungen und Überzeugungen getroffen wird. „Die religiöse Entwicklung ist das Exempel dafür, dass das Individuum aus sozial-strukturellen Determinanten gewissermassen entlassen wird in die zwiespältige ‚Freiheit', der Privatsphäre und der ‚haltlosen' individuellen Autonomie."[86]

Dies ist auch der Hintergrund, vor dem ich die Arbeit der Ritualbegleiter und -begleiterinnen verstehe. Dabei gibt es in der religionssoziologische Debatte der Gegenwart zwei zentrale, unterschiedliche Positionen. Die erste Position

84 Campiche, a. a. O. (Anm. 14), S. 317.

85 Vgl. Beck, Risikogesellschaft.

86 Hubert Knoblauch: Die Verflüchtigung der Religion ins Religiöse, in: Thomas Luckmann: Die unsichtbare Religion, a.a.O., S. 11.

deutet den Rückgang religiöser Verbindlichkeiten, der sich in der Gesellschaft der Gegenwart abzeichnet, aus einer allgemein gesellschaftstheoretischen Perspektive. Dabei erscheint die zunehmende religiöse Individualisierung in erster Linie als mangelnde Integration der Mitglieder in das relativ geschlossenen System der Kirche, welches unbestritten für den religiösen Bereich zuständig bleibt. Vertreter dieser Richtung orten das Religiöse also primär innerhalb kirchlicher Institutionen, dabei berufen sie sich auf den systemtheoretischen Ansatz Niklas Luhmanns.[87] Die zweite Position, welche einen „kulturellen Ansatz" vertritt, betont die Existenz von eigenständigen Formen der Religion ausserhalb der grossen religiösen Organisationen und fragt nach den Gegebenheiten der aus den Institutionen ausgelagerten Religion. Diese Position steht in der Tradition Thomas Luckmanns und dem von ihm geprägten Begriff der „unsichtbaren Religion."[88] Die Wahl einer bestimmten religionssoziologischen Perspektive ist also von grossem Gewicht. Je nach theoretischer Position, die ich einnehme, werde ich ganz anders an die Ritualbegleiterinnen herantreten. Verstehe ich Religionssoziologie vorallem als Kirchensoziologie, werde ich die Arbeit der Ritualbegleiter und -begleiterinnen vor allem auf ihre Defizite gegenüber einer kirchlicher Ritualpraxis hin befragen und mir überlegen, wie die Kirche ihre Mitglieder wieder vermehrt in ihr System einbinden könnte. Räume ich hingegen den Ritualbegleiterinnen ihren berechtigten Platz ausserhalb der kirchlichen Organisation ein, werde ich eher beschreiben, wie sich eine solche Religionsform konkret gestalten kann und wie sie mit dem gesellschaftlichen und kulturellen Wandel in Zusammenhang steht. Ich denke, dass die erste Position in Bezug auf die Arbeit der Ritualbegleitung zu kurz greift und der neuen Ritualpraxis von vornherein ihre eigenständige Stellung in der religiösen Landschaft der Gegenwart abspricht. Daher bevorzuge ich in diesem Zusammenhang den theoretischen Zugang Luckmanns. Dennoch scheint mir in einem Kontext, der so stark von kirchlicher Praxis geprägt ist, ein Blick auf die Kirche unabdingbar zu sein.

4. „Die unsichtbare Religion"

Luckmann hat in seinem Werk „Die unsichtbare Religion"[89] bereits in den sechziger Jahren beschrieben, dass sich die Religion[90] in den hochentwickelten

---

87 Z. B. Niklas Luhmann: Funktion der Religion, Frankfurt/M. 1977.

88 Dieser grundsätzliche Gegensatz schlägt sich auch in der oben erwähnten Studie zur Religion in der Schweiz nieder. In diesem Zusammenhang spricht Knoblauch von einem Glaubenskrieg unter den Religionssoziologen und von einem „theoretischen Röstigraben" Dieser manifestiert sich darin, dass die dt.-sprach. Ausg. der Studie vor allem auf der Theorie Luhmanns basiert, während die franz.-sprach. Ausg. sich an Peter L. Berger, Luckmann und Pierre Bourdieu orientiert. Vgl. Hubert Knoblauch: Jenseits der Kirchlichkeit. In: Schweiz. Zeitschrift für Soziologie 20/1994, S 772f.

89 Luckmann, vgl. Anm. 10.

90 Dabei spricht er von Religion „überall dort, wo aus dem Verhalten der Gattungsmitglieder

Industriegesellschaften zunehmend in den individuellen und privaten Bereich verlagert.[91] Er geht davon aus, dass sich zwar die sozialen und kulturellen Bedingungen der Menschen ändern, nicht jedoch die „grundlegend religiöse Verfassung ihres Lebens".[92] Das menschliche Leben ist, so Luckmann, im Unterschied zum Leben anderer Gattungen, gekennzeichnet durch eine elementare Religiosität. Diese setzt die subjektiven Transzendenzerfahrungen in Beziehung zu einem gesellschaftlich konstruierten Modell von „anderer Wirklichkeit"[93] und ermöglicht den „menschlichen Wesen, (sich) in eine historische soziale Ordnung einzubetten."[94]

Moderne Industriegesellschaften sind nun dadurch gekennzeichnet, dass sie über kein allgemein verbindliches Modell einer „anderen Wirklichkeit" mehr verfügen.[95] Die einzelnen sozialen Handelsbereiche haben sich zunehmend aus einem ganzen Sinnzusammenhang herausgelöst, so dass das alltägliche Verhalten breiter Bevölkerungsschichten und das „offizielle Modell" von Religion, das durch die Kirche und ihre Experten vermittelt wird, kaum mehr eine Verbindung zueinander haben.[96] Die traditionellen, institutionell spezialisierten Kirchen verlieren ihr Deutungsmonopol und andere – Luckmann nennt sie sekundäre – Institutionen übernehmen einen Teil derer Funktionen. Damit zieht sich die Religion gewissermassen aus dem öffentlichen Leben zurück und wird in ihren Orientierungen immer diesseitiger. „Die Kirchen sind Institutionen unter anderen Institutionen geworden: Die von ihnen getragenen und sie legitimierenden traditionell religiösen Orientierungen sind im modernen Bewusstsein von solchen überschattet, die sich ausschliesslich auf diesseitige Transzendenzen verschiedenen Niveaus beziehen." [97]

Die neuen Sozialformen der Religion[98] sind inhaltlich und strukturell nicht mehr klar als Religion erkennbar, sie sind eben „unsichtbar" geworden. Neue religiöse Bewegungen, aber auch nicht-religiöse Strukturen – politische Einstellungen, neue Gemeinschaftsformen, Therapien, die Sakralisierung des Körpers etc. – übernehmen religiöse Funktionen. Die neuen Sozialformen der Religion haben einige Gemeinsamkeiten: Sie sind deutlich unterinstitutionalisiert, sie nehmen häufig „die Form kleiner gemein-

---

moralisch beurteilbare Handlungen werden, wo ein Selbst sich in einer Welt findet, die von anderen Wesen bevölkert ist, mit welchen, für welche und gegen welche es in moralisch beurteilbarer Weise handelt." Ebd., S. 165.

91 Ich beschränke mich in der folgenden Darstellung auf diejenigen Aspekte, die für die vorliegende Arbeit von Bedeutung sind. Dies hat unvermeidlich eine starke Verkürzung der viel umfassenderen Theorie Luckmanns zur Folge, ist aber in diesem Rahmen nicht anders zu bewältigen. Dabei beziehe ich mich im Interesse einer knappen Darstellung häufig auf das von Luckmann erst 1991 verf. Nachwort zur ersten dt. Ausg. der „Unsichtbaren Religion".

92 Ebd., S. 164.

93 Ebd., S. 178; „andere Wirklichkeit" meint die Wirklichkeit, an deren Grenze wir in der Transzendenzerfahrung stossen.

94 Ebd., S. 164.

95 Ebd., S. 179.

96 Ebd., S. 180.

97 Ebd. , S. 181.

98 Luckmann hat in den sechziger Jahren theoretisch vieles vorweggenommen, das erst später konkrete Formen annahm. Knoblauch hat in seinem Vorw. zur „Unsichtbaren Religion" die Entwicklung nachgezeichnet. Darauf werde ich mich im Folgenden beziehen. S. Knoblauch, a. a. O., S. 28–33.

schaftlich organisierter ,Kulte' an",[99] und in ihrem Mittelpunkt steht „die persönliche Erfahrbarkeit der Transzendenz zu persönlichen Zwecken".[100] In ihnen zeichnet sich die von Luckmann beschriebene „Privatisierung" der Religion ab: Die Religion orientiert sich durch ihren Rückzug aus dem öffentlichen Bereich immer stärker am Diesseits der Privatsphäre: Ihre Themen sind zwischenmenschlich und innerlich geworden: „... die religiösen Inhalte entstehen nicht nur zusehends in der Privatsphäre, sie haben auch individuelle Probleme zum Inhalt."[101] Parallel dazu entsteht ein religiöser Pluralismus, der es den Einzelnen möglich macht, aus einem breiten Angebot von Traditionen und Inhalten das „Passende" auszuwählen.[102]

„So kann der Verlust der Sichtbarkeit der Religion – als gesellschaftliche Struktur, wie als kultureller Inhalt – dazu führen, dass die persönliche Identität zur letzten Instanz der Organisation des Religiösen wird. Die individuelle Religiosität wird immer unabhängiger von den angebotenen ,offiziellen' Modellen der Sinndeutung. Das Individuum bildet eigene ,Sinnwelten' aus, quasi private Deutungen des eigenen Lebens, Handelns und der eigenen Wirklichkeit.

VI. Ausblick

Die Praxis der Ritualbegleiter und -begleiterinnen weist viele Ähnlichkeiten mit der von Luckmann beschriebenen „unsichtbaren Religion" auf. Individuelle Religiosität macht sich unabhängig von „offiziellen" Modellen der Sinngebung, damit verbunden ist eine große Autonomie in der Deutung des eigenen Lebens und Handelns, aber auch ein Verlust an gemeinschaftlichen Verbindlichkeiten. Diese Entwicklung macht sich durchaus auch innerhalb der traditionellen Institutionen bemerkbar. Die Kirchen haben ihr Deutungsmonopol verloren und geben einen Teil ihrer Aufgaben ab an „sekundäre Institutionen" (Luckmann). Auch die Veränderung der religiösen Themen hinterlässt ihre Spuren innerhalb der Kirche.[103] Parallel dazu hat sich in der kirchlichen Praxis teilweise ein recht ungezwungener Umgang mit verschiedenen religiösen Traditionen etabliert. Daher unterscheidet sich möglicherweise ein Hochzeitsgottesdienst in einer Kirche nur ganz unwesentlich von einem Hochzeitsritual, das von einer Ritualbegleiterin gestaltet wird. Die betreffende Pfarrerin wird vielleicht ebenso mit rituellen Elementen verschiedensten Ursprungs

99 Ebd., S. 30.
100 Ebd., S. 30.
101 Ebd., S. 20.
102 Ebd., S. 21.
103 Die im modernen „Heiligen Kosmos" vorherrschenden Themen entspringen der „Privatsphäre" und bringen die Selbstverwirklichung des modernen Menschen zum Ausdruck – Themen, die in erster Linie ein junges, städtisches Bevölkerungssegment ansprechen. Vgl. Luckmann, a.a.O., S. 152 f.

arbeiten, Texte aus anderen Traditionskreisen verwenden und die individuelle Erfahrung des Brautpaars als Ausgangslage nehmen wie eine Ritualbegleiterin.

Dennoch arbeiten sie – die traditionelle Institution Kirche und die moderne Bewegung der Ritualbegleiterinnen – aus ganz unterschiedlichen Voraussetzungen heraus. Mir ist es ein Anliegen, beide Formen einer rituellen Praxis je für sich stehen zu lassen, ohne die eine der andern unterzuordnen oder gar in diese integrieren zu wollen. Daher schließe ich mit einem doppelten Ausblick, einem auf die Ritualbegleiterinnen, und einem auf die Institution Kirche.

Die grosse Stärke der Ritualbegleiterinnen ist ihr innovatives Potential. Sie sprechen mit ihrem Angebot ein ganz bestimmtes Segment der Bevölkerung an, das von der Institution Kirche wohl kaum mehr erreicht wird. Der Lebensstil dieser Menschen ist stark vom gesellschaftlichen Strukturwandel geprägt, so dass sie kaum mehr einen Zugang zu traditionellen Formen rituellen Handelns findet. Diesen Individuen eröffnen die Ritualbegleiter und -begleiterinnen neue Wege, durch symbolische Handlungen ihrem Leben eine Bedeutung zu geben. Wie genau sich dieses Bevölkerungssegment zusammensetzt, bleibt aber eine offene Frage. Diese müsste in einer ergänzenden Arbeit, welche die Perspektive der Beteiligten aufnimmt, geklärt werden.

Als problematisch erscheint mir hingegen das Verschwinden eines gemeinschaftlichen Hintergrunds, in den das rituelle Handeln eingebettet wird. Das hat einmal zur Folge, dass die Rituale von ihrer Struktur her nur wenig Verbindungen schaffen, deren Bedeutung über die unmittelbar Beteiligten hinausreicht.[104] Dazu kommt nun, dass die Bewältigung von Lebensübergängen immer auch mit der Vermittlung von bestimmten Werten und Bedeutungen verbunden ist. Steht nun weder eine überlieferte Tradition noch eine Institution für diese Werte ein, so muss ein anderer Bezug geschaffen werden. Die Berufung auf die eigene Erfahrung reicht meines Erachtens nicht aus, um auch fremde Erfahrungen zu deuten. Zumindest muss transparent werden, mit welchen Grundlagen die jeweilige Ritualpraxis arbeitet. Klar definierte Menschen- und Gottesbilder, ethische Richtlinien und Seelsorgekonzepte gehören deshalb immer zur Gestaltung von Übergangsritualen dazu. Rituelles Handeln kann nicht losgelöst von einer dazugehörigen „Systematik“ geschehen. Diese Forderung impliziert möglicherweise – diese Frage wird offen bleiben – bereits einen Schritt hin zu einer Institutionalisierung der Ritualbegleitung und, damit verbunden, eine Einschränkung der diesbezüglichen Gestaltungsfreiheit. Eine Entwicklung in diese Richtung scheint mir jedoch fast unvermeidlich zu sein, wenn sich die freiberuflichen Ritualbegleiterinnen in der religiösen Landschaft dauerhaft etablieren wollen. Vielleicht kann die Gründung eines Netzwerkes bereits als ein erster Schritt in diese Richtung verstanden werden.

Was die Stärke der Ritualbegleiterinnen, ist die Schwäche der Kirche. Sie scheint teilweise von einer grossen Trägheit zu sein, wenn es darum geht, mit gesellschaftlichen Veränderungen Schritt zu halten. Engagierte Vorstösse scheitern nicht nur an inhaltlichen Vorbehalten, sondern zuweilen auch an internen kirchenpolitischen Mechanismen.

Eine Stärke der Kirche ist hingegen, dass sie Übergänge des Lebenszyklus

104 Die Berufung auf die „Natur“ ändert nichts an dieser Problematik. Die „Natur“ ist in dieser Hinsicht ein äußerst dehnbarer Begriff, so dass kaum eine überindividuelle Verbindlichkeit entstehen kann.

innerhalb eines traditionellen Rahmens gestaltet, welcher für viele Menschen immer noch die Möglichkeit einer „geistigen Heimat“[105] bietet. Die christliche Tradition, die dieser „Heimat“ zugrunde liegt, bietet nun von ihrer Botschaft her viele Möglichkeiten, den gesellschaftlichen Veränderungen innovativ, aber auch kritisch zu begegnen. Hier sehe ich eine Chance der kirchlichen Ritualpraxis: Die Kirche kann sich in ihrem Handeln an der veränderten Lebenswelt der Gegenwart orientieren, gleichzeitig aber auch eine theologische Bearbeitung des Strukturwandels miteinbeziehen. Gelingendes Leben ist dann immer auch selbstverwirklichtes Leben, aber auch Leben bezogen auf Gemeinschaft und Leben im Bewusstsein der Grenzen eigener Macht. Diese Grenzen individueller Verwirklichung – besonders deutlich an den lebenszyklischen Übergängen – bringen uns in Berührung mit der Lebenskraft Gottes, welche zuweilen auch eine „antizyklische“, das heißt, den sozio-kulturellen Bedingungen zuwiderlaufende, Kraft ist.

Die jüdisch – christliche Tradition ist reich an Bildern, Geschichten und Symbolen für in diesem Sinne verstandenes Leben. So steht etwa der biblische Begriff „Schalom“ – abgeleitet vom Verb „schalam“, genug haben – für eine von Gott geschenkte Möglichkeit des Wohlergehens und Glücks der Einzelnen, welche aber nur im Blick auf die Gemeinschaft und die ganze Schöpfung verwirklicht werden kann. „Schalom“ beschreibt eine umfassende Erfahrung von Frieden und Heil, die von Gott ausgeht und auf Gott zurückweist und immer nur als kollektives Glück verstanden werden kann.
Gelingendes Leben in diesem Sinn beschreiben auch die Heilungsgeschichten der Evangelien. Sie erzählen von der Zuwendung Gottes zu den unvollkommenen, suchenden, leidenden Menschen. Heilsein ist die Erfahrung einer Lebensmacht, die aus persönlichen und gesellschaftlichen Zwängen befreit und das Leben in die Dimension des „Reiches Gottes“ stellt. Dadurch wird Selbstverwirklichung möglich, aber eine Selbstverwirklichung, die auf die Gemeinschaft und auf Gott ausgerichtet ist. Selbstverwirklichung im biblischen Sinn ist nicht die aus eigener Leistung erbrachte Vervollkommnung unseres eigenen Ichs, sondern sie beruht auf dem Geschenk von Freiheit und Zusage, mit dem Gott es uns möglich macht, uns selbst in Gemeinschaft zu werden.

Ich gehe davon aus, dass die Ritualbegleiter und -begleiterinnen genauso wie die Institution Kirche -zusammen mit unzähligen anderen religiösen Gruppierungen, Bewegungen und Lebenshilfeangeboten – zur vielfältigen religiösen Landschaft der Gegenwart dazugehören. Obwohl ihr Angebot vielleicht nur eine relativ kleine Gruppe der Bevölkerung anspricht, können ihre innovativen Kräfte durchaus mehr in Bewegung setzen. Die Ritualbegleiterinnen schaffen mit ihrer Arbeit Experimentierfelder für eine zeitgemässe Ritualpraxis, denn sie sind in der einzigartigen Lage, ungehindert von institutionellen oder traditionellen Grenzen, neue und unkonventionelle Impulse zu verwirklichen. In diesem Sinne betrachte ich den neu entstehenden Beruf der Ritualbegleiterin nicht als Konkurrenz zur kirchlichen Praxis, sondern vielmehr als eine Möglichkeit der Kirche, sich von neuen Impulsen inspirieren zu lassen. Denn die

105 Studien- und Planungsgruppe der EKD (Hg.), a. a. O., S. 18.

Kirche verändert sich und wächst, wenn sie ein lebendiger Organismus bleiben will.

Die christlichen Kirchen ihrerseits verfügen über ein wertvolles kritisches Potenzial, das in einer langen Geschichte theologischer Reflexionen wurzelt. Dieses ist in meinen Augen unentbehrlicher Gesprächspartner für Freischaffende im rituellen Bereich, wenn diese sich der Auseinandersetzung mit der abendländischen Tradition stellen und die Grundlagen ihrer Praxis hinterfragen wollen.

Die weltliche Bestattung und ihre kirchliche Konkurrenz

Überlegungen zur Kasualpraxis in Ostdeutschland[1]

Jan Hermelink

I. Zur Wahrnehmung der kirchlichen Bestattung in Ostdeutschland: Ritual am Rande

1997 beschrieb der Geschäftsführer eines großen Bestattungsunternehmens in Halle an der Saale seinen studentischen Besuchern, wie er mit dem Wunsch nach einer kirchlichen Bestattung umgehe: „Wenn die Angehörigen das wollen, dann rufe ich einen von den zwei Pfarrern an, die das schon oft für mich gemacht haben, und vereinbare einen Termin." Dass die pastorale Zuständigkeit für eine kirchliche Bestattung durch die Parochialeinteilung klar geregelt ist, das war diesem erfahrenen Bestatter gänzlich unbekannt.

Für die ostdeutsche Bestattungspraxis der Gegenwart ist diese Episode in verschiedener Hinsicht aufschlussreich. Die kirchliche Bestattung wird ganz selbstverständlich dem Normalfall subsumiert, demzufolge die Feier durch einen Redner gestaltet wird, der nicht von der Kirche, sondern eben vom Bestattungsunternehmen beauftragt ist. In Ostdeutschland, zumal in den Großstädten, ist die kirchliche Bestattung zu einem Ausnahmefall geworden, dessen spezifische Regeln weithin unbekannt oder doch irrelevant erscheinen. Auch die einschlägigen Statistiken spiegeln diese marginale Situation:

Wurden 1980 noch über 40% der verstorbenen DDR-Bürger kirchlich bestattet, so sank diese Rate, in Korrelation zur abnehmenden Kirchenmitgliedschaft auch der älteren Generation, bis 1989 auf 36%; 1996 betrug sie noch gut 31%.[2] Erheblich dramatischer vollzog sich der Rückgang in einer Stadt wie

---

1 Überarb. Fass. meines Probevortrags im Habilitationsverfahren der Theol. Fakultät der Martin-Luther-Universität Halle-Wittenberg am 9. Februar 1999. Für hilfreiche Kritik danke ich Holger Böckel, Susanne Edel, Frank Ewert und den Teilnehmerinnen und Teilnehmern an der Frühjahrstagung 2000 der Bundesarbeitsgemeinschaft Trauerfeier.

2 Vgl. zu den Zahlen bis 1989 die detaillierten Schätzungen bei Detlef Pollack: Kirche in der Organisationsgesellschaft, Stuttgart/Berlin u. a. 1994, S. 387 f.; die Entwicklung der Bestattungsrate seit 1992 berechnet Annegret Freund: Zur Kasualpraxis in den neuen Bundesländern. Ein Lagebericht. In: PrTh 34/1999, S. 254–267, hier S. 257.

Halle, in der in den neunziger Jahren etwa 8% der Einwohner einer Kirche angehörten: 1990 wurden auf den beiden großen kommunalen Friedhöfen noch etwa 20% der Bestattungen kirchlich verantwortet, 1998 waren es nurmehr 12,5%.[3] Lediglich in jedem achten Fall musste der Bestatter sich hier nach einem Pfarrer oder einer Pfarrerin erkundigen.

Bedenkenswert sind auch zwei weitere statistische Einsichten: Einmal werden in Ost- wie in Westdeutschland durchaus nicht alle evangelischen Verstorbenen kirchlich bestattet. Die westdeutsche „Bestattungsrate" liegt seit längerem bei 90%; im Osten betrug sie 1994 nur 82%, 1996 wurden 88% erreicht – und wiederum sind es in Großstädten stets erheblich weniger.[4] Zum anderen gestalten, jedenfalls in Halle, nicht nur die kirchlichen, sondern auch die kommerziellen Rednerinnen und Redner immer weniger Bestattungsfeiern: 1990 wurden etwa 20%, 1998 schon ein Drittel der Verstorbenen „in aller Stille" beigesetzt; der Anteil der Redner sank von 60% auf 51%.[5]

Während dieser Trend zu „stillen" Bestattungen auch im Westen, besonders in den nördlichen Großstädten zunimmt, markiert die relative Verteilung der Trauerfeiern zwischen Rednern und Pfarrern bzw. Pfarrerinnen doch einen erheblichen Unterschied westlicher und östlicher Bestattungskultur. In Westdeutschland gilt das Engagement eines freien Redners zumeist als Sonderfall; wer diese Form des Abschieds wählt, entscheidet sich dafür bewusst, meist im Interesse einer individuelleren, persönlicheren Gestaltung.[6] In Ostdeutschland dagegen ist die „weltliche" Trauerfeier, wie sie hier seit den siebziger Jahren heißt,[7] inzwischen zur Konvention geworden.

Für das kirchliche Handeln angesichts des Todes macht es einen beträchtlichen Unterschied, ob es einigermaßen selbstverständlich in Anspruch genom-

---

3 Schriftl. Auskünfte des Grünflächenamtes der Stadt Halle (Saale) vom 07.07.1997 und vom 10.01.1999. Werden die beiden kleinen kirchl. Friedhöfe mit berücksichtigt, so dürften sich die o.g. Prozentzahlen leicht erhöhen; das Ausmaß des relativen Rückgangs kirchl. Bestattungen binnen 8 Jahren bleibt allerdings unverändert.

4 Vgl. Statist. Bericht T II 93/94. Statist. Beil. Nr. 91 zum ABlEKD, H. 2/1997, S. 37; Statist. Bericht T II 95/96. Statist. Beil. Nr. 92 zum ABlEKD, H. 11/1998, S. 17, 53.

5 S. o. Anm. 3. Für Leipzig waren, nach einer Angabe von 1997, sogar nur 40% der Bestattungen durch einen Redner begleitet, ohne dass der kirchl. Anteil viel höher als in Halle war; vgl. Michael Nüchtern: Der neue Markt um Tod und Trauer. Gesellschaftliche und religiöse Veränderungen im Umfeld von Sterben und Bestattungen. In: Materialdienst der Ev. Zentralstelle für Weltanschauungsfragen 61/1998, S. 322–331, hier S. 327.

6 Vgl. zur Situation in (nord-)westdeutschen Großstädten Nüchtern, a. a. O.; aus der Sicht eines Bestatters Sabine Bode/Fritz Roth: Der Trauer eine Heimat geben. Für einen lebendigen Umgang mit dem Tod, Bergisch Gladbach 1998.

7 Der Hallenser Bestattungsredner Dr. Frank Ewert machte mich darauf aufmerksam, dass die Bezeichnung „weltlicher Redner" sich erst in den siebziger Jahren ausbreitete, als auch eine entsprechende Ausbildung organisiert wurde (vgl. auch unten bei Anm. 9). Damit reagierte der sozialistische Staat auf die seinerzeit stark ansteigende (!) Rate kirchl. Bestattungen auch für Nichtchristen, die ihrerseits auf den überaus schlechten Ruf der nichtkirchl. Redner zurückging. Auch hier verdankt sich die Ausbildung einer inzwischen mehrheitlich-konventionell „weltlichen" Ritualkultur also, wie bei der Jugendweihe, einer gezielt antikirchl. Initiative seitens der politischen Führung.

men wird, oder ob es sich im Kontext einer mehrheitlich säkularen Kasualpraxis vollzieht.[8] Das Beispiel des Hallenser Bestatters zeigt: Wer in Ostdeutschland mit einer kirchlichen Bestattung konfrontiert ist, sei es als Verantwortlicher oder als Teilnehmerin, der oder die wird das pastorale Handeln nicht zuletzt auf dem Hintergrund „weltlicher" Feiern wahrnehmen. Eine Betrachtung dieser Bestattungsform, die hierzulande zum relativen Normalfall geworden ist, ist darum auch für die praktisch-theologische Reflexion der kirchlichen Kasualpraxis unerlässlich.

II. Die weltliche Bestattung in Ostdeutschland: Liturgische und homiletische Grundregeln

Die Struktur der konventionellen Bestattung in Ostdeutschland wird im Folgenden zunächst nach den Arbeitsmaterialien rekonstruiert, die der staatlichen Ausbildung „weltlicher" Trauerredner in der DDR seit den siebziger Jahren zu Grunde lagen.[9] Die Regeln der Feiergestaltung sowie die biographischen Deutungsperspektiven, die in diesen Materialien zu erkennen sind, prägen die durchschnittliche Bestattungspraxis der neuen Bundesländer, ungeachtet der politischen Wende von 1989, auch noch in der Gegenwart.

Für diese These spricht, neben der generellen Stabilität liturgischer Strukturen, dass die meisten heute tätigen Rednerinnen und Redner von jener DDR-Ausbildung herkommen oder doch von der Feierkultur geprägt sind, die sich jener Schulung verdankt. Zudem verwenden die dort vorgestellen Beispieltexte schon seit Ende der siebziger Jahre nur wenig explizit marxistisch-leninistisches Gedankengut. Man ging davon aus, dass „weltliche" Trauerfeiern auch diejenigen DDR-Bürger anzusprechen hätten, die keine überzeugten Marxisten, aber auch nicht kirchlich gebunden waren.[10] Die hierfür entwickelten Gestaltungsmaximen finden sich denn auch noch in aktuellen Materialien des Humanistischen Verbandes wie anderer, weltanschaulich offener Rednervereinigungen.[11]

---

8 Diese spezif. ostdeutsche Situation einer stabilen Konvention „weltlicher" Kasualpraxis auch nach 1989 wurde bislang vor allem im Blick auf das Gegenüber von Konfirmation und Jugendweihe diskutiert; vgl. nur Roland Degen/Volker Elsenbast: Konfirmieren – Aspekte und Perspektiven in Ostdeutschland, Münster/Berlin 1996; Freund, a. a. O., S. 254 ff. 260 ff.

9 Folgendes Material war mir zugänglich: Zentralhaus für Kulturarbeit der DDR (Hg.): Alles hat am Ende sich gelohnt. Material für weltliche Trauerfeiern, Leipzig o.J. (1972); Institut für Kommunalwirtschaft Dresden (Hg.): Weltliche Bestattungsfeiern, Dresden 1979; Zentralhaus für Kulturarbeit der DDR (Hg.): Der Tag hat sich geneigt. Zur Gestaltung weltlicher Trauerfeiern, Leipzig 1982. Hinweise auf die gängige Praxis enthält auch Kai Blumenthal-Barby: Wenn ein Mensch stirbt ... Ausgewählte Aspekte perimortaler Medizin, Berlin 1986, S. 131 ff., 164 ff.

10 Von diesen „weltlichen" wurden „sozialistische" Feiern darum ausdrücklich unterschieden; vgl. Klemens Richter: Toten-„Liturgie". Der Umgang mit Tod und Trauer in den Bestattungsriten der Deutschen Demokratischen Republik. In: Hansjakob Becker u. a. (Hg.): Im Angesicht des Todes. Ein interdisziplinäres Kolloquium I, PiLi 3, St. Ottilien 1987, S. 229–258, hier S. 245 f.

11 Vgl. Humanistischer Verband Deutschlands: Abschied nehmen. Neue Wege zu einer humanistischen Trauerkultur, Berlin o.J. (1994/95); sowie etwa: Frank Ewert: Meine Aufgabe als welt-

Auch eigene Beobachtungen sowie Gespräche mit Rednerinnen und Rednern unterschiedlicher Prägung lassen mich vermuten, dass nach 1989 zwar das Bemühen um eine individuelle, der Person des Verstorbenen wie der Situation der Hinterbliebenen gerecht werdende Trauerfeier zugenommen hat; auch die zitierten Texte haben an inhaltlicher Variationsbreite und literarischer Qualität gewonnen. Gleichwohl folgen die meisten Redner und Rednerinnen nach wie vor den hergebrachten, gleichsam liturgisch eingespielten Regeln, die nun zu skizzieren sind.

1. Die Feier im Ganzen beginnt mit dem Einzug der Trauergäste in die Feierhalle; dazu kann Musik erklingen, mitunter auch Aufnahmen von Glocken.[12] Der Redner weist den Teilnehmenden ihre Plätze zu, „die unmittelbaren Angehörigen nehmen in den ersten Reihen zur Linken des Verstorbenen Platz" (Blumenthal-Barby, a. a. O., S. 170 f.). Von diesem zeugt freilich in den meisten Fällen nur noch eine Aschenurne.[13]

Nach einer knappen Begrüßung, die vielleicht persönliche Daten nennt oder die Todesumstände andeutet, zitiert die Rednerin bzw. der Redner ein Gedicht oder einen anderen Text in gebundener Sprache, passend zum Lebenslauf des Verstorbenen. Nach einem Musikstück folgt die eigentliche Trauerrede. Nach einer weiteren Musik ist Platz für Nachrufe aus dem Betrieb, dem Verein, der Partei. „Danach setzt die Schlussmusik als Melodram ein, wobei der Redner dem Sarg [bzw. der Urne] zugewandt die Danksagung an den Verstorbenen spricht. Im Anschluss daran wendet er sich den Hinterbliebenen zu und übermittelt ihnen durch tröstende Worte und Handschlag sein Beileid."[14]

Begleitet die „Trauergemeinde" die Urne oder den Sarg anschließend noch zum Grab, so führt der Redner auch die Prozession an und „leitet die Bestattungshandlung mit einer letzten, kurz gehaltenen Ansprache".[15] Schließlich werfen die Trauergäste Blumen oder einmal Erde in das Grab.[16] Nach den Agenden der DDR soll der verantwortliche Redner bis zum Schluss der Hand-

---

licher Trauerredner. In: Bunte Blätter. Mitglieder-Rundbrief der Bundesarbeitsgemeinschaft Trauerfeier e.V. Hamburg, Mai 1999, I, 3, 10; Martina Doege: Zum Ablauf einer von mir gestalteten Trauerfeier, Ms Schwerin Juni 1999.

12 Vgl. Wolfgang Wenzlaff: Zur Rolle religiöser Motive in repräsentativen säkularen Deutungen des Todes, Dipl.-Arbeit an der Sektion Theologie der Martin-Luther-Universität, Halle/S. 1990, S. 43.

13 Der Anteil der Feuerbestattungen, bei denen die Trauerfeier meist erst nach der Kremation stattfindet, „lag schließlich in der DDR landesweit bei 67% – mit steigender Tendenz bis heute" (Deutsche [röm.-kath.] Bischöfe: Unsere Sorge um die Toten und die Hinterbliebenen. Bestattungskultur und Begleitung von Trauernden aus christlicher Sicht, hg. vom Sekretariat der Dt. Bischofskonferenz, Bonn 1994, S. 26). Zahlen für einzelne Städte: ebd., S. 27; in Halle waren 1998 über 85% der Bestattungen auf kommunalen Friedhöfen Feuerbestattungen (Quelle: s. o. Anm. 3).

14 Weltliche Bestattungsfeiern, a. a. O., S. 20. Auch M. Doege (s. o. Anm. 11) und andere Rednerinnen und Redner gestalten hier regelmäßig ein geprägtes „Abschiedsritual in Wortform".

15 Blumenthal-Barby, a. a. O., S. 131 f.; Weltliche Bestattungsfeiern, a. a. O., S. 20; vgl. S. 24.

16 Vgl. Alles hat am Ende sich gelohnt, a. a. O., S. 11; Weltliche Bestattungsfeiern, a. a. O., S. 20; Blumenthal-Barby, a. a. O., S. 171 geht von dreimaligem Erdwurf aus.

lung anwesend bleiben; inzwischen ziehen sich aber viele weltliche Rednerinnen und Redner bald zurück, weil sie – als Fremde – den Abschied der Angehörigen nicht stören wollen.

Ausführlich reflektieren die Anleitungstexte den Sinn der Feier und nennen regelmäßig zwei Aspekte. „Im Mittelpunkt der Trauerfeier steht das Leben, die Persönlichkeit des verstorbenen Menschen. Gleichzeitig soll sie auch den Angehörigen Mut machen – zum Weiterleben." So drückt eine Broschüre des Humanistischen Verbandes den gegenwärtigen Konsens aus.[17] Ähnlich wird 1982 formuliert: Die Trauerfeier „verleiht den [...] Empfindungen Ausdruck, die der Tod eines Angehörigen, Freundes, Kollegen bei seinen Hinterbliebenen und Mitbürgern auslöst. Das sind Gefühle der Achtung und der Dankbarkeit gegenüber [seiner] Lebensleistung [...], verbunden mit dem Bedürfnis, diese durch die Trauerfeier angemessen zu wertschätzen und zugleich Trost und Kraft für eine verstärkte Lebenszuwendung zu finden."[18]

2. Nach wie vor 1989 besteht Einigkeit darüber, dass dieses doppelte Ziel der Feier – Würdigung des Verstorbenen und erneute Lebensbefähigung der Hinterbliebenen – vor allem durch die *Trauerrede* zu erreichen ist. Obgleich der Musik in emotionaler Hinsicht große Bedeutung zugemessen wird, stellt die Rede doch die „Dominante der Trauerfeier" dar, ihr entscheidendes „Kernstück".[19] 1990 formulierte der Freidenkerverband: „Die von den Angehörigen nachfolgend zu leistende Trauerarbeit muss ihre wesentlichen Impulse aus der Rede selbst empfangen; von ihr müssen alle notwendigen Denkanstöße ausgehen."[20] Die Rede verbindet Erinnerung und Orientierung, indem sie zu einer kognitiven Bewältigung der Situation befähigt.

Zum Aufbau der Trauerrede teilt die Broschüre von 1972 ein Schema des „Rednerkollektives für Trauerfeiern des Bezirkes Halle" mit.[21] Ausgangspunkt ist stets der rezitierte Leittext. Dafür bieten die Anleitungen zahlreiche Gedichtvorschläge, von Goethe und Schiller bis zu Johannes R. Becher und Jewtuschenko. Dazu kommen Spruchweisheiten aus der sozialistischen Tradition, etwa von Karl Marx: „Die Natur des Menschen ist so eingerichtet, dass er seine Vervollkommnung nur erreichen kann, wenn er für die Vollendung, für das Wohl seiner Mitmenschen wirkt."[22]

In der Rede wird dieser Leittext zunächst auf die Situation der Trauer und des Abschieds hin entfaltet. Der Tod muss als ein schmerzliches, aber doch na-

---

17 Humanistischer Verband Deutschlands, Abschied nehmen, a. a. O., S. 3.

18 Der Tag hat sich geneigt, a. a. O., S. 2, vgl. S. 5: „Stets ist davon auszugehen, dass eine Trauerfeier zwar zu Ehren des Toten, aber für die Lebenden stattfindet, deren Gefühle und Empfindungen bei der Organisation einer Trauerfeier im besonderen Maße zu berücksichtigen sind."

19 Weltliche Bestattungsfeiern, a. a. O., S. 27 ff.; Der Tag hat sich geneigt, a. a. O., S. 6.

20 Verband der Freidenker der DDR (Hg.): „... den Sinn des Menschen hat der Mensch geschaffen ...". Anregungen für die Gestaltung weltlicher Trauerfeiern, Rostock 1990, S. 50.

21 Alles hat am Ende sich gelohnt, a. a. O., S. 9 ff.; vgl. zur Rede auch Wolfgang Kaul: Wenn ein Mensch stirbt. Nachdenken über weltliche Bestattungs- und Trauerkultur. In: Berliner Dialog-Hefte 3/1997, S. 10–18, hier S. 13 ff.; Richter, Toten-„Liturgie", a. a. O., S. 252 ff.; Wenzlaff, a. a. O., S. 41 ff.

22 Nach: Weltliche Bestattungsfeiern, a. a. O., S. 64.

turgemäßes, unabänderliches Geschehen ertragen werden.[23] In einem zweiten Teil wird, vom Leittext ausgehend, die Biographie des Verstorbenen gewürdigt. Dabei liegt der Schwerpunkt darauf, „was er in den verschiedenen Bereichen seines Lebens geleistet hat“:[24] Was hat er, mit Marx gesprochen, „für das Wohl seiner Mitmenschen“ in Gesellschaft und Familie gewirkt? Auch gegenwärtig ist die Frage leitend, so drückt es ein Redner aus, wie der Verstorbene sein Leben „selbst bestimmt und gestaltet“ und „welche Spuren er dabei hinterlassen“ hat.[25] Für dieses „Vermächtnis“ wird ihm oder ihr meist ausdrücklich gedankt; eventuell geschieht dies auch eigens am Schluss der Feier oder am Grab.

Der letzte Teil der Rede richtet sich ausdrücklich an die Hinterbliebenen. Ihnen soll durchaus „Trost“, vor allem aber Kraft für die „künftige Lebensaufgabe“ zugesprochen werden. Auch die Erfahrung gemeinsamen Glücks gilt es zu bewahren. Indem den Trauernden das Vermächtnis des Toten ans Herz gelegt, ja „sein Vorbild als [Motiv zur] Nacheiferung“ empfohlen wird, sollen sie Kraft finden, „sich erneut und verstärkt dem Leben zuzuwenden“.[26]

Insgesamt kann man sagen: Homiletisch verbinden sich beide Ziele einer Trauerfeier im Motiv der *sinnhaften Selbstbestimmung des Lebens*. Dieses Motiv bestimmt die Würdigung der abgeschlossenen ebenso wie die Orientierung der weiteren Lebensgeschichte. Die rhetorische „Schlussfolgerung“ lautet darum: „Den Leidtragenden das Vermächtnis des Toten bekräftigend vermitteln: ‚... nicht trauern, sondern im besten Sinne weiterleben.‘“[27]

III. Die ostdeutsche Bestattungskonvention als soziales und religiöses Ritual der Selbstkontrolle

Ähnlich wie die kirchliche Bestattung folgt auch die konventionelle, die „weltliche“ Bestattungspraxis in Ostdeutschland einem liturgisch-homiletischen Regelwerk, das zwar individuell zu variieren ist, in seinen Grundzügen aber erstaunlich stabil erscheint. Zur näheren Analyse einer solchen stabilen Voll-

---

23 In marxist. Diktion klingt das so: „Nicht ‚Gottes unerforschlicher Ratschluss‘, sondern das Wirken objektiver Gesetzmäßigkeiten bestimmen Werden und Vergehen in der Natur, also auch Leben und Sterben des Menschen.“ (Alles hat am Ende, a. a. O., S. 6).

24 Der Tag hat sich geneigt, a. a. O., S. 6.

25 F. Ewert, Halle, im Gespräch am 29.01.1999; vgl. dazu ders., Meine Aufgabe als weltlicher Trauerredner, a. a. O., S. 6. Zum Motiv der „Spuren“ vgl. auch Wolfgang Kaul: Überlegungen zur Gestaltung von Trauerreden. In: Verband der Freidenker der DDR (Hg.): „... den Sinn des Menschen hat der Mensch geschaffen ...“, a. a. O. (Anm. 20), S. 48–71, hier S. 61, 64 u. ö.

26 Zitate dieses Absatzes aus: Alles hat am Ende, a. a. O., S. 10; die letzte Formulierung: Der Tag hat sich geneigt, S. 6.

27 Weltliche Bestattungsfeiern, a. a. O., S. 32. Zur Bedeutung des „Trostmotiv[s] des sinnerfüllten Lebens“ vgl. auch Wolfgang Kaul: Lebensweise und Bestattungen. In: Verband der Freidenker der DDR (Hg.) (Anm. 20), a. a. O., S. 7–11, hier S. 8 f. In der exklusiven Beschränkung auf dieses Motiv sieht Kaul zu Recht die entscheidende Differenz zur kirchl. Bestattungspredigt (ebd.).

zugsform öffentlicher Begehungen hat sich, nicht zuletzt in der Praktischen Theologie, seit längerem der Begriff des „Rituals" bewährt.[28]

Als ein geradezu paradigmatisches Ritual erscheint die Bestattung, auch in ihrer weltlichen Form, zunächst im Hinblick auf ihre Funktion: In einer kritischen Situation des Übergangs, an einer Schwelle des sozialen Lebens zielt das Ritual auf die dramatische Vergewisserung der Identität aller Beteiligten. Auch angesichts des Todes eines Menschen verbindet das Ritual darum stabilisierende und verändernde Aspekte: „In den rituellen [...] Formen des Begräbnisses stehen Beweise der Liebe und der Achtung gegenüber dem Verstorbenen neben Ausdrucksformen der Angst vor dem Tod und der Abwehr [...]. Praktiken zur Vernichtung des Leichnams treten neben rituelle Handlungen, die seiner Erhaltung dienen."[29]

Geht es im Ritual um die spannungsvolle Inszenierung individueller und kollektiver Identität, so verweisen die Vollzüge eines bestimmten Rituals stets auf das jeweilige Ideal eines Menschen, der Achtung erhält und dessen Begrenzung ängstigt. „Die Praxis des Umgangs mit den Toten ist der Widerschein des Umgangs unter den Lebenden einer jeden Gesellschaft."[30] Auch und gerade das Ritual der Bestattung bringt ein bestimmtes Menschenbild und bestimmte soziale Verhältnisse zum Ausdruck, nach denen ausdrücklich gefragt werden kann.

Die spezifischen Strukturen, mittels derer das Ritual die soziale Identität im Übergang darstellt, sind von Victor Turner herausgearbeitet worden. Demnach ist die rituelle Praxis durch ausgesprochen stabile Vollzugsformen bestimmt, die gerade mittels ihrer strikten Dramaturgie einen „Überschuss an Bedeutung" freisetzen.[31] Ritual und „Kerygma" stehen demnach nicht in Konkurrenz zueinander, wie die dialektische Kasualtheologie gemeint hat, sondern das symbolisch deutende Wort stellt selbst ein konstitutives Element des rituellen Handelns dar.[32] Strenge Form und symbolische Freiheit bilden eine gleichsam oszillierende Vollzugsstruktur, die auch im Falle der Bestattung die widersprüchlichen Gefühle der Beteiligung – Todesangst und Todessehnsucht,[33] Verehrung und Verachtung des Verstorbenen – auszudrücken vermag.

---

28 Zum Ritualbegriff: Petra Bahr: Ritual und Ritualisation. Elemente zu einer Theorie des Rituals im Anschluß an Victor Turner. In: PrTh 33/1998, S. 143–158; Karl-Heinrich Bieritz: Kennwort: Ritual. In: GlLern 13/1998, S. 11–23; Eberhard Hauschildt: Was ist ein Ritual? Versuch einer Definition und Typologie in konstruktivem Anschluß an die Theorie des Alltags. In: WzM 45/1993, S. 24–35; Manfred Josuttis: Der Gottesdienst als Ritual. In: Friedrich Wintzer u. a.: Praktische Theologie, Neukirchen [5]1997, S. 43–57; Theo Sundermeier: Art. Ritus I. Religionswissenschaftlich. In: TRE 29/1998, S. 259–264.

29 Wolfgang Steck: Art. Begräbnis I. Allgemeines. In: EKL Bd. 1, [3]1986, S. 386 f., hier S. 386.

30 Dietrich Rössler: Grundriss der Praktischen Theologie, Berlin/New York [2]1994, S. 262.

31 Die Formulierung stammt von Werner Jetter: Symbol und Ritual. Anthropologische Elemente im Gottesdienst, Göttingen 1978, S. 104. Zu Turners Konzept vgl. Bahr, Ritual, a.a.O., S. 174 ff.

32 So auch Sundermeier, a. a. O., S. 26 f. Zur dialektisch-theol. Sicht der Bestattung vgl. die Zusammenfassung bei Wilhelm Gräb: „... lass die Toten ihre Toten begraben". Überlegungen zu einer zeitgenössischen Begräbnishomiletik. In: PTh 83/1994, S. 180–198, hier S. 191 f.

33 Vgl. Manfred Josuttis: Der Pfarrer und der Tod. In: Ders.: Der Pfarrer ist anders. Aspekte einer zeitgenössischen Pastoraltheologie, München 1982, S. 107–127, hier S. 121 ff.

Man wird darum, so lässt sich resümieren, sowohl die formalen Regeln des weltlichen Bestattungsrituals als auch seine inhaltlichen, ihrerseits rituellen Deutungsperspektiven zu berücksichtigen haben, wenn man dieses Ritual als Ausdruck bestimmter sozialer Verhältnisse und anthropologischer Überzeugungen interpretieren will. Dies sei nun zunächst in gesellschafts- und sodann in religionsgeschichtlicher Hinsicht versucht.

1. Strukturen der (post-)sozialistischen Identität

Was an der dramatischen Form der weltlichen Bestattung zunächst auffällt, ist die prominente Stellung, die dem *Trauerredner* eingeräumt wird. In der Anleitung von 1979 heißt es: „Die Verantwortung des Redners für die gesamte Feier liegt [...] in der Anleitung und Kontrolle jeder einzelnen Phase des Ablaufs.“[34] Insbesondere die Ansprache „muss außerordentlich exakt vorbereitet werden.“ Es ist ausschließlich der Redner, der für den regelrechten Vollzug des Rituals zu sorgen hat, und der auch die inhaltliche Deutung des Todes gänzlich bestimmt.

Das ist insofern bemerkenswert, als er in der Regel weder die Verstorbene noch die Hinterbliebenen kennt. Zu DDR-Zeiten wurde er den Angehörigen schlicht zugewiesen; jetzt wird er meistens durch das Bestattungsinstitut vermittelt. Der Trauerredner steht demzufolge, wenn er die Toten würdigt und die Lebenden ermutigt, stets für mehr als die Familie. Zwar stellt er nicht mehr einen „hochqualifizierten Vertreter unserer sozialistischen Gesellschaft“ dar; aber noch immer repräsentiert er einen sozialen Kontext, der die Privatsphäre überschreitet.[35] Auch unter den gegenwärtigen Bedingungen wollen die weltlichen Rednerinnen und Redner, so sagen sie, den Angehörigen „nicht nach dem Munde reden“, sondern sich eine gewisse Objektivität bewahren. Und auch von den Angehörigen wird der Rednerin offenbar die Funktion einer objektiven Instanz zugewiesen: Sie soll deutlich machen, wie man „sich jetzt zu verhalten hat“, was hier jeweils „das Richtige“ ist.

Diese Rollenzuschreibung signalisiert die individuelle Verunsicherung angesichts einer bedrohlichen Schwellenerfahrung, in der der Redner für die Verläßlichkeit der rituellen Konvention einsteht. Seine beherrschende Stellung in der weltlichen Feier spiegelt jedoch auch die spezifische Stellung gesellschaftlicher Instanzen wider, die die soziale Identität in Ostdeutschland geprägt hat.

Im Unterschied zur „bürgerlichen Öffentlichkeit“, die sich – idealiter – durch das ge-

34 Weltliche Bestattungsfeiern, a.a.O., S. 11, vgl. ebd., S. 8, 24, 27 ff. Das folgende Zitat ebd., S. 8; vgl. auch Der Tag hat sich geneigt, S. 4 u. ö.

35 Weltliche Bestattungsfeiern, a.a.O., S. 7; vgl. Der Tag hat sich geneigt, a.a.O., S. 11: „Der verantwortliche Redner hat gewissermaßen eine Doppelstellung inne. Zum einen wird er im Auftrag der hinterbliebenen Angehörigen tätig. [...] Zum anderen übt er seine Funktion im Auftrage der Gesellschaft aus und ist ihrem weltanschaulichen, moralischen und politischen Gedankengut verpflichtet.“

sellschaftliche Engagement aller Einzelnen konstituiert, war die sozialistische Gesellschafts- wie Persönlichkeitsstruktur durch eine eigentümliche Spaltung zwischen verordneter Öffentlichkeit und privaten Beziehungsgeflechten gekennzeichnet. Ehrhart Neubert fasst das Ergebnis biographischer Interviews aus den achtziger Jahren zusammen: „Fast durchgängig zeigt sich die doppelte, die offizielle und die inoffizielle, die inszenierte und die reale, die politische und die unpolitische Existenz."[36] Das System blieb stabil, so lange beide Seiten sich unterscheiden ließen und doch aufeinander bezogen waren.

Auch der postsozialistischen Identität erscheint „Öffentlichkeit" als eine Sphäre, auf die man zwar regelmäßig angewiesen ist, vor der man sich aber zugleich in die Nischen des Privaten, des Familiären zurückzieht. In diesem Sinne verstehe ich den markanten Anstieg „stiller" Bestattungen ohne jede rituelle Feier, der bereits vor 1989 begann,[37] als eine fortgesetzte Abwehr gegenüber der Erfahrung politisch überformter und damit entfremdeter Kommunikation in der Öffentlichkeit. Und wer sich, umgekehrt, für einen öffentlichen Abschied entscheidet und darum einen Redner engagieren lässt, der legt gerade in der Situation extremer Verunsicherung weiterhin Wert auf eine sichere, aber eben auch sehr bestimmende Führung.[38]

Was für ein Bild des Menschen kommt in diesem öffentlichen Ritual zum Ausdruck? Welche soziale Identität wird von der weltlichen Bestattungskonvention inszeniert? Aufschlussreich ist zunächst der weitgehende Verzicht auf sinnliche Ausdrucksformen. Expressive Bewegung und „Gefühlsausbrüche", das sagen die DDR-Agenden deutlich, sind zu vermeiden;[39] symbolische Gesten sind zugunsten von Reden auf ein Minimum beschränkt. Auch die Körperlichkeit der Verstorbenen ist auf eine Aschenurne reduziert; es bleiben nur „Gedanken und Erinnerungen".

Die rituelle Zähmung der Emotionen, die Abstraktion von aller Leiblichkeit zielen offensichtlich auf eine *Rationalisierung* des Abschiedsprozesses. „Sach-

---

36 Ehrhart Neubert: „gründlich ausgetrieben". Eine Studie zum Profil und zur psychosozialen, kulturellen und religiösen Situation von Konfessionslosigkeit in Ostdeutschland und den Voraussetzungen kirchlicher Arbeit (Mission), Berlin 1996, S. 22, in einem Bericht über Lutz Niethammer u. a.: Die volkseigene Erfahrung. Eine Archäologie des Lebens in der Industrieprovinz der DDR, Berlin 1991. Vgl. zu dieser These außerdem Hans-Joachim Maaz: Der Gefühlsstau. Ein Psychogramm der DDR, Berlin 1990, bes. S. 15 ff. 76 ff.; Detlef Pollack: Kirche und alternative Gruppen. Evangelische Kirche in der DDR zwischen inszenierter Öffentlichkeit und informeller Subkultur. In: ZdZ 48/1994, S. 202–208.

37 Vgl. Kaul, Lebensweise und Bestattung, a. a. O., S. 10.

38 „Nahezu einhellig ergaben die [sozialwiss.] Untersuchungen, dass die Werte Geborgenheit, Sicherheit und Kontinuität vor allen anderen Werten in Ostdeutschland rangieren. Sie treten angesichts des sozialökonomischen Umbaus besonders deutlich hervor, weil die neuen Lebensrisiken als ‚Bedrohung' wahrgenommen werden [...]" (Neubert, „gründlich ausgetrieben", a. a. O., S. 17).

39 „Gefühlsausbrüche herbeizuführen, kann nicht Ziel einer Trauerfeier sein. Treten sie in Erscheinung, so muss der Redner in der Lage sein, ihnen wirkungsvoll und differenziert zu begegnen." (Der Tag hat sich geneigt, S. 4; vgl. dazu Richter, Toten-„Liturgie", a. a. O., S. 249). Auch der Hallenser Trauerredner H. Hempel wies mich nachdrücklich auf die erforderliche „Sachlichkeit" der Rede hin, die der Mentalität der Ostdeutschen eher entspreche.

lichkeit und Wärme“ (in dieser Reihenfolge!) sollen die Trauerrede bestimmen.[40] Die gesamte Feier impliziert eine Objektivierung des individuellen Lebens; in der Praxis der DDR wurde daraus nicht selten eine Standardisierung.[41]

Auf der anderen Seite tendiert das weltliche Ritual in Ostdeutschland zu einer Privatisierung, genauer: einer *Familiarisierung* der Biographie. Die Angehörigen werden vorne platziert und vornehmlich angesprochen; hier ist der Ort für die Schilderung subjektiver, auch emotionaler Beziehungen. In den Erinnerungen der Familie und Freunde soll die verstorbene Person weiterleben.

Rationalisierung und Privatisierung der sozialen Identität kommen schließlich zusammen in der massiven *Ethisierung*, die das Schema der Trauerrede in allen Teilen prägt. Das gilt für die rezitierte Leitmaxime, das gilt für die Deutung der Biographie im Blick auf ihr „Vermächtnis“ in Beruf und Familie, das gilt auch für den ausdrücklichen Anspruch an die Hinterbliebenen, sich nun verstärkt einem produktiven Leben zuzuwenden. Das Ritual der weltlichen Bestattung zielt, zusammengefasst, auf die Stabilisierung einer Identität, die mittels umfassender Selbstkontrolle sozial positive Leistungen erbringt.

Das konventionelle Bestattungsritual bringt ein Menschenbild zur Darstellung, das gerade ostdeutsche Konfessionslose bejahen. Die EKD-Mitgliedschaftsumfrage von 1992 hat bekanntlich auch Konfessionslose nach ihren religiösen und kirchlichen Einstellungen sowie ihren „Wertorientierungen“ gefragt.[42] Dieser Erhebung zufolge ist es ostdeutschen eher als westdeutschen Konfessionslosen und als Kirchenmitgliedern wichtig, „immer eine Aufgabe zu haben, die mich ausfüllt“, „Selbstvertrauen zu haben“, „in geordneten Verhältnissen zu leben“ und - hier sind sich Kirchenmitglieder und Konfessionslose im Osten einig - „ganz für die Familie dazusein“.

Diese Werte - Pflicht und Ordnung, Arbeit und Familie - mögen das Resultat spezifisch ostdeutscher Sozialisationsbedingungen sein. Aber zugleich kommen hier doch Traditionen zum Ausdruck, die ältere, nicht zuletzt religiöse Wurzeln haben.

---

40 Weltliche Bestattungsfeiern, a.a.O., S. 29, 39; vgl. auch Kaul, Wenn ein Mensch stirbt, a.a.O., S. 14: „Durch eine beruhigende, das Gefühl der Hinterbliebenen [...] erreichende, ausgewogene Gedankenführung sind sie zum ‚Mitdenken‘ als Voraussetzung für späteres ‚Nachdenken‘ anzuregen. Das Gefühl ansprechen meint nicht Gefühlsüberschwang [...].“

41 Bis 1989 wurden Trauerfeiern in Großstädten mittels eines Fragebogens vorbereitet, auf dessen zwei Seiten die Angehörigen (meist bei der amtl. Aufnahme des Todesfalls) die biograph. Daten der Verstorbenen, ihren „Charakter“, „Leistungen und Verdienste“ u.a. anzugeben hatten (Beisp. in: Weltliche Bestattungsfeiern, a.a.O., S. 35 ff.). Der persönliche Kontakt mit dem Redner beschränkte sich dann auf wenige Minuten vor Beginn der Feier.

42 Vgl. zum Folgenden Klaus Engelhardt u.a. (Hg.): Fremde Heimat Kirche. Die dritte EKD-Erhebung über Kirchenmitgliedschaft, Gütersloh 1997, S. 321–323.

2. Strukturen der (protestantischen) Religion

Das weltliche Bestattungsritual enthält Elemente, die sich bewusst gegen die kirchliche Tradition richten. So hat die DDR das Plädoyer der Freidenker für die Feuerbestattung aufgenommen und erfolgreich für ihre Verbreitung geworben.[43] Auch der lediglich einmalige Erdwurf bzw. sein Ersatz durch „Streublumen" gehört hierher. Aber im Ganzen ist es doch frappierend, wie nahe das weltliche Ritual bei seiner Vorgabe bleibt: Die räumliche Anordnung, die Abfolge von Musik, Rezitation, exegetisch-biographischer Trauerrede und Abschied, die Prozession und das Handeln am Grab – all das orientiert sich, wie ein Freidenker selbst bemerkt, „an den durch die christlichen Kirchen seit langem geprägten Abläufen".[44]

Auch in inhaltlicher Hinsicht wird die religiöse Dimension auf der Oberfläche abgewiesen, bleibt aber strukturell präsent. Versteht man Religion, sehr knapp gesagt, als Deutung des Lebens unter dem Aspekt seiner Ganzheit und seiner letzten Grenzen,[45] so ist die religiöse Qualität des „weltlichen" Rituals nicht verwunderlich: Auch hier wird eine Biographie im Ganzen thematisiert und nach ihrem Sinn gefragt; auch hier wird unweigerlich beurteilt und mitunter auch gerichtet.

Die religiöse Grundfrage, was jenseits der Grenze des Lebens liegt, wird in den weltlichen Todesanzeigen ganz unbefangen positiv beantwortet, wenn von der „sanften Ruhe" und dem „ewigen Frieden" der Verstorbenen die Rede ist.[46] Auch in Trauerreden hört man häufig solche Wendungen, die das Diesseits faktisch überschreiten und ein Weiterleben implizieren. Im Ritual selbst kommen diese religiösen Überzeugungen darin zum Ausdruck, dass die abschließende Danksagung oft in direkte Anrede übergeht: „Liebe Genossin Konstanze! [...] Durch [...] die hohen Forderungen an Dich selbst und an Deine Arbeit als Erzieherin unserer sozialistischen Jugend warst Du uns beispielgebend!"[47] Wolfgang Wenzlaff resümiert: „Es wird offensichtlich in der Nähe des Toten sehr schwer, ihn sich wirklich tot vorzustellen."

Es erscheint kaum überraschend, dass sich auch das weltliche Ritual den religiösen Fragen angesichts des Todes nicht entziehen kann. Bemerkenswert ist freilich, dass dabei faktisch auf eine spezifische religiöse Tradition zurückgegriffen wird. Das ostdeutsche Bestattungsritual folgt präzise denjenigen Ma-

43 Vgl. Weltliche Bestattungsfeiern, a. a. O., S. 24 ff.; Deutsche Bischöfe, Unsere Sorge um die Toten ..., a. a. O., S. 26.

44 Kaul, Wenn ein Mensch stirbt, a. a. O., S. 13.

45 Vgl. nur Ulrich Barth: Was ist Religion? In: ZThK 93/1996, S. 538–560.

46 Vgl. Wenzlaff, Zur Rolle religiöser Motive, a. a. O., S. 35 ff.

47 Alles hat am Ende, a. a. O., S. 20; vgl. die Anweisung ebd., S. 10: „Man kann von Fall zu Fall auch die Form der persönlichen Zwiesprache wählen und damit die direkte Anrede." Das folgende Zitat aus Wenzlaff, a. a. O., S. 44.

ximen, nach welchen die protestantische Reformation die mittelalterliche „missa pro defunctis“ aus theologischen Gründen umgestaltet hat.[48]

Martin Luther hat das liturgische Totengeleit bekanntlich nicht mehr als kirchlich-fürbittende „Einwirkung auf das postmortale Geschick der Verstorbenen“ verstehen können; er sieht es vielmehr als öffentliche Bezeugung des Auferstehungsglaubens.[49] Die protestantische Begräbnisfeier wendet sich darum ausschließlich und programmatisch an die Lebenden: Das Gebet für die Toten wird aus dem öffentlichen Gottesdienst verbannt, eine direkte Anrede wird vermieden. Auch die gestisch-symbolische Zuwendung zum Toten ist stark reduziert: Er wird nicht mehr gesegnet, eine Bestattungsformel am Grab bürgert sich erst im 19. Jahrhundert ein; selbst der Erdwurf des Pfarrers wird zunächst „weithin als papistisch abgelehnt“.[50]

Auch nach den Kirchenordnungen des 16. Jahrhunderts hat das Trauerritual eine doppelte Funktion. Es dient zum einen der öffentlichen Würdigung des Verstorbenen: Indem er ein ordentliches, ein „ehrliches“ Begräbnis erhält, wird ihm die „Nachbarschaft und Freundschaft“ der ganzen Gemeinde erwiesen – so die Hallenser Kirchenordnung von 1543. Zum anderen sollen die Hinterbliebenen getröstet und alle Beteiligten „im Glauben gestärkt werden, dass auch sie den Tod in Christus recht bedenken und ihn zu seiner Zeit mit gutem, beständigen Vertrauen [...] aufnehmen“[51].

Auch die Reformation erwartet die religiöse Vergewisserung vor allem von der Bestattungs-Rede. Auf Grund der Rechtfertigung „sola gratia“ sind Fegefeuer und Gericht nicht mehr zu fürchten; darum konzentriert sich die Predigt auf die anhand eines Schriftwortes entfaltete Gewissheit der Auferstehung. Dazu tritt seit dem 17. Jahrhundert die Biographie des Verstorbenen, die die evangelische Lehre veranschaulichen soll: durch die Betonung des seligen Sterbens, später auch durch die Beschreibung individueller Heiligung, die sich nicht zuletzt in der tätigen Nächstenliebe erweist.[52]

Zusammengefasst: Gegenüber den mittelalterlichen Todes- und Jenseitsvorstellungen konzentriert sich bereits das reformatorische Bestattungsritual auf das diesseitige, vom Rechtfertigungsglauben getröstete Leben. Dieser Trost wird sprachlich-lehrhaft vermittelt und biographisch-exemplarisch entfaltet. Damit kommt es, wie die Leichenpredigten des 17. und 18. Jahrhunderts zei-

---

48 Vgl. zum Folgenden Georg Rietschel/Paul Graff: Lehrbuch der Liturgik, Bd. 2 Die Kasualien, Göttingen ^{2}1952, S. 756 ff.; Ottfried Jordahn: Die Bestattung. In: Hans-Christoph Schmidt-Lauber/Karl-Heinrich Bieritz (Hg.): Handbuch der Liturgik, Göttingen 1995, S. 415–431, hier S. 419 ff.; Eberhard Winkler: Tore zum Leben. Taufe-Konfirmation-Trauung-Bestattung, Neukirchen-Vluyn 1995, S. 169 ff.

49 Jordahn, a. a. O., S. 420; zum Folgenden Rietschel/Graff, a. a. O., S. 772–776.

50 Eberhard Winkler: Die Leichenpredigt im deutschen Luthertum bis Spener, München 1967, S. 43.

51 Zit. nach Rietschel/Graff, a. a. O., S. 765 f. Zur Funktion der Bestattung vgl. auch die Zusammenfassung bei Winkler, Tore zum Leben, a. a. O., S. 169.

52 Vgl. die knappe Zusammenfassung bei Winkler, Die Leichenpredigt, a. a. O., S. 237–239.

gen, nahezu unweigerlich auch zu einer Ethisierung des Bestattungsrituals: Paraklese wird zur Paränese; der Trost umfasst die Mahnung, dem moralischen Vermächtnis des Toten nachzueifern.

Wenn die weltliche Bestattung eine rational kontrollierte, vorbildliche Lebensführung inszeniert, so erscheint sie vor diesem religionsgeschichtlichen Hintergrund nicht als Gegensatz zum kirchlichen Handeln, sondern viel eher als dessen konsequente Weiterführung. Damit wird die Frage nach dem Spezifikum der kirchlichen Bestattung in Ostdeutschland dringend: Welche besondere Bedeutung erhält sie im Horizont jener – im wahrsten Sinne – säkularisierten Bestattungskonvention, und welche spezifischen Möglichkeiten erwachsen ihr aus diesen Verhältnissen?

IV. Die kirchliche Bestattung als Konkurrenzritual: Realität und Programm

Die Kasualpraxis wird in der Gegenwart nicht selten mittels ökonomischer Metaphorik beschrieben: „Die Kirche befindet sich mit ihren Ritualangeboten [...] auf dem Markt. Und dort entscheidet nicht zuletzt die Attraktivität der Angebote über die Nachfrage.“[53] Diese Metaphorik setzt voraus, dass die Einzelnen angesichts einer sozialen Schwellensituation unter verschiedenen Ritual-Angeboten eine freie Wahl treffen und sich dabei nach dem jeweiligen Nutzen bzw. der „Attraktivität“ richten. In Westdeutschland scheint auf diese Weise jedenfalls die Situation bei einer Hochzeit, in Großstädten auch bei einem Trauerfall treffend beschrieben. Noch evidenter ist diese Metaphorik in Ostdeutschland: Im Blick auf Konfirmation und Jugendweihe kann von einer „gesellschaftlich akzeptierten Ritenduplizität“, ja von einer klaren „Konkurrenzsituation“ geredet werden.[54] Auch für die Situation der kirchlichen Bestattung erscheint die Metapher der „Konkurrenz“ hilfreich. Freilich ist hier zu unterscheiden zwischen einer Deutung der ostdeutschen Realität, die mittels jener Metapher doch nur begrenzt möglich ist, und den handlungsorientierten Impulsen, die sie freizusetzen vermag.[55]

53 Wilhelm Gräb: Lebensgeschichtliche Sinnarbeit. Die Kasualpraxis als Indikator für die Öffentlichkeit der kirchlichen Religionskultur. In: Volker Drehsen u. a. (Hg.): Der ‚ganze‘ Mensch. Perspektiven lebensgeschichtlicher Individualität, Berlin/New York 1997, S. 219–240, hier S. 224, vgl. S. 231. Bes. instruktiv sind die Präzisierungen bei Michael Nüchtern: Kirche in Konkurrenz. Herausforderungen und Chancen in der religiösen Landschaft, Stuttgart 1997, S. 64 ff. („Was heißt religiöser Markt?“).

54 Freund, Zur Kasualpraxis, a. a. O., S. 256; Nüchtern, Kirche in Konkurrenz, a. a. O., S. 142 f.; vgl. S. 135 ff.

55 Diese Unterscheidung macht auch Nüchtern, Kirche in Konkurrenz, a. a. O., S. 75.

1. Die kirchliche Bestattung als Angebot inhaltlicher und institutioneller Zumutung

Die eingangs zitierte Hallenser Episode macht nicht zuletzt dies deutlich: In Ostdeutschland ist die kirchliche Bestattung spätestens 1989, mit dem Wegfall weltanschaulicher Zwänge sowie mit der privatwirtschaftlichen Organisation des Bestattungswesens, zu einem Gegenstand prinzipiell freier Wahl geworden. Diese Entwicklung hat ihren Zuspruch freilich kaum erhöht. Nach wie vor entscheiden sich viele Hinterbliebene auch dann gegen eine kirchliche Feier, wenn die Verstorbene Kirchenmitglied war; umgekehrt ist die Zahl Konfessionsloser, die kirchlich bestattet werden, ausgesprochen gering.[56] Wie ist diese geringe „Attraktivität" des kirchlichen Ritualangebotes zu erklären?

Zunächst kommt hier offenbar die (post-)sozialistische Distanz gegenüber religiösen und kirchlichen Themen zum Ausdruck.[57] Während viele westdeutsche Konfessionslose nach einer eigenständigen religiösen Überzeugung suchen, erscheinen „Glaubensfragen" im Osten als überholt; „die Kirche ist mir gleichgültig", geben die meisten zu Protokoll. Während viele andere Einstellungen der Ostdeutschen sich radikal verändert haben, ist kirchliches Desinteresse eine Konvention geblieben, die auch der folgenden Generation stabil vermittelt wird.[58]

Ehrhart Neubert führt dieses Phänomen auf DDR-Erfahrungen zurück: „Konfessionslosigkeit war ein sozialer Sicherheitsfaktor, Kirchenmitgliedschaft dagegen barg Risiken und Konflikte."[59] Nach dem Umbruch von 1989 bietet die kirchliche Distanz eine der wenigen Möglichkeiten, die „Kontinuität" der „in der DDR gelebten Biographie" zu bewahren. „Beteiligung an kirchlichen Handlungen" dagegen war und „ist oft angstbesetzt, und die Option für die Kirche wird [häufig] als Bruch mit der eigenen Identität" begriffen. Auch die prinzipiell mögliche Wahl des kirchlichen Bestattungsangebotes erscheint dann als Betreten eines fremden, geradezu bedrohlichen Terrains.

Diese gesellschaftsstrukturelle Benachteiligung des kirchlichen Rituals verstärkt die Akzeptanzprobleme, die es auf Grund seiner oben (III 2) skizzierten religionsstrukturellen Ähnlichkeit mit der weltlichen Bestattung ohnehin hat. Das eingangs geschilderte Vorgehen des Hallenser Bestatters zeigt, wie wenig die Eigenart des kirchlichen Rituals selbst für einen „Insider" wahrzunehmen ist. Er kann ja zu Recht davon ausgehen, dass im Blick auf die rituelle *Vollzugsform* keine gravierenden Unterschiede bestehen: In jedem Fall wird die Person, die er beauftragt oder benachrichtigt, die gesamte inhaltliche Verant-

---

56 S. o. die Angaben bei Anm. 4. Nach den Statist. Berichten der EKD galten von den kirchl. Bestattungen in Ostdeutschland 1996 nur 2% konfessionslosen Verstorbenen; in Westdeutschland liegt diese Quote noch niedriger.

57 Vgl. Engelhardt u. a. (Hg.), Fremde Heimat Kirche, a. a. O., S. 327 ff.; Zitate S. 327.

58 Vgl. die Nachweise bei Detlef Pollack: Zur religiös-kirchlichen Lage in Deutschland nach der Wiedervereinigung. Eine religionssoziologische Analyse. In: ZThK 93/1996, S. 586–615, hier S. 604 ff.

59 Neubert, „gründlich ausgetrieben", a. a. O., S. 25; die folgenden Zitate ebd., S. 27.

wortung übernehmen, ein Gespräch mit den Hinterbliebenen führen und die Feier dann vor allem durch eine biographisch deutende Trauerrede gestalten.

Auf Grund ihrer eigenen theologischen Tradition fällt es der protestantischen Trauerrede auch in *inhaltlicher* Hinsicht immer schwerer, sich von ihrem „weltlichen" Abkömmling abzuheben. Unter den neuzeitlichen Verstehensbedingungen redet auch die durchschnittliche pastorale Predigt vor allem vom Sinn des Diesseits. Von der Auferstehung, von letztem Gericht und ewigem Leben, also von spezifisch christlichen Antworten auf die religiöse Grundfrage „Wo bleiben Tote?" scheint kaum noch verständlich oder gar plausibel zu sprechen zu sein.[60]

Auf diese inhaltliche Nivellierung des Ritual-„Angebotes" reagiert die durchschnittliche kirchliche Praxis in Ost und West mit einer zwar verständlichen, aber doch ausgesprochen fatalen Strategie der *institutionellen* Profilierung. So pochen Pfarrerinnen und Pfarrer gegenüber den Bestattungsinstituten auf das Eigenrecht ihrer beruflichen Handlungsstrukturen und zeigen wenig Verständnis für die sachlichen Zwänge, denen die gewerblichen Bestatter selbst ausgesetzt sind.[61]

Noch bedenklicher erscheinen die zahlreichen Klagen von Angehörigen, die kirchliche Institution verweigere sich im Gespräch wie im rituellen Vollzug einer Berücksichtigung der individuellen Situation.[62] Nicht selten wird offenbar versucht, noch im nachhinein die kirchliche Moral durchzusetzen; selbst mit der – rechtlich ganz unhaltbaren – Begründung, der Verstorbene sei „nur" ein distanziertes Kirchenmitglied gewesen, wird mitunter eine Bestattung verweigert. [63]

Die Praxis des kirchlichen Bestattungsrituals vermittelt so – ganz gegen seine Absicht – ein Menschenbild, das vor allem von *Zumutungen* geprägt ist. Wer sich auf dieses Ritual einlässt, so scheint es, muss zunächst institutionell vorgegebene Beteiligungs- und ästhetische Gestaltungsnormen[64] akzeptieren. An-

---

60 Vgl. nur Rolf Schäfer: Pastoraltheologische Aspekte der Beerdigung. In: PTh 83/1994, S. 199–209, hier S. 200 ff., Zitat ebd., S. 202 f.; Winkler, Tore zum Leben, a. a. O., S. 179 ff.

61 Vgl. Wolfgang H. Zocher: Schluss mit den Berührungsängsten. In: Fachverlag des deutschen Bestattungsgewerbes (Hg.): Forum „Bestattung und Kirche" in Braunschweig, Düsseldorf 1992, S. 9–14, hier S. 13 f.

62 Vgl. Die deutschen Bischöfe, Unsere Sorge ..., a. a. O., S. 15 f.: „Bestatter und Hinterbliebene empfinden die Liturgien oft lebens- und situationsfremd, die Ansprachen unpersönlich und den Vollzug des Bestattungsrituals routinemäßig. Manchen Seelsorgern ist die Bedeutung dieser Riten als seelische Stütze und Hilfe bei der Trauerarbeit zu wenig bewusst. Die Seelsorger haben auch nicht selten Probleme mit der Gemeinde fernstehenden Christen." – Bedrückende Beisp. auch bei Karl-Heinz Risto: Beerdigung als Dienstleistung? In: Reiner Sörries(Hg.): Asche zu Asche ...? Zur Erneuerung der kirchlichen Beerdigung. Friedhof und Denkmal, Sonderh. Juni 1998, S. 9–18, hier S. 9 f. 12 f.

63 Von solchen Fällen berichteten etwa Frau Neumann, Bestattungshaus Trotha/Halle, und die Theologin und Rednerin Gabriele Palm-Funke.

64 Zum Problem der Musik bei Beerdigungen vgl. etwa Horst Albrecht: Der trivialisierte Tod. Bestattung im nachbürgerlichen Zeitalter. In: ThPr 24/1989, S. 188–201; Eberhard Hauschildt: Der Streit um die Musik. In: Fachverlag des deutschen Bestattungswesens (Hg.): Forum „Musik für Trauerfeiern" (1996), Düsseldorf 1997, S. 24–30.

statt die soziale Identität in der kritischen Situation eines Todesfalls wahrzunehmen und erneut zu vergewissern, wird ihr hier – so erleben es nicht nur distanzierte Kirchenmitglieder – die verunsichernde Konfrontation mit einer fremden, gesellschaftlich marginalen Symbolwelt zugemutet.

2. *„Konkurrenz" als innerkirchliche Handlungsorientierung*

Der Blick auf die „Marktlage" der kirchlichen Bestattung zeigt zunächst die begrenzte Deutungskraft der ökonomischen Metaphorik. Eine wirkliche „Konkurrenz" von Ritualen, zwischen denen die Einzelnen frei wählen würden, ist in der Situation einer konkret anstehenden Bestattung nicht gegeben. Vielmehr verdanken sich die aktuellen Wünsche der Hinterbliebenen, auf die der Bestatter dann einzugehen hat, gesellschaftlich längst eingeschliffenen Konventionen sowie familiären, oft generationsübergreifend tradierten Erfahrungen.

Gerade angesichts der ostdeutschen Verhältnisse, in denen die kirchliche Ritualpraxis seit langem sozial marginalisiert ist, erscheint jedoch eine *programmatische* Sicht der kirchlichen Bestattung als Konkurrenz zur weltlichen Feierkonvention durchaus angemessen, und zwar in religionssoziologischer wie auch in theologischer Hinsicht. Soziologisch entspricht der ökonomischen „Konkurrenz"-Metaphorik die Rede von der „Individualisierung [...], in deren Verlauf die Individuen selbstbestimmt und eigenverantwortlich zwischen religiösen Angeboten wählen".[65] Diese Entwicklung hat die kirchliche Praxis, so meint E. Neubert, gerade in Ostdeutschland bewusst zu fördern, denn erst „im Zuge der Individualisierung und einer sich entwickelnden Autonomie können Menschen befähigt werden, angestammte Kollektiv-Blockaden in der Religionsfrage zu überwinden und frei für religiöse Angebote, Lebensstile und Haltungen zu optieren". Auch theologisch kann diese Wahlfreiheit der Einzelnen als Handlungsorientierung in Anspruch genommen werden, weil die Rechtfertigung „sola gratia" ein Subjekt konstituiert, das nicht „gesetzlich" an religiöse oder soziale Konventionen gebunden ist, sondern sein Leben selbstverantwortlich gestaltet.

Will sich die kirchliche Bestattungspraxis in diesem, die individuelle (Wahl-)Freiheit bejahenden Sinn als Konkurrenzritual etablieren, so wird sie freilich die institutionellen Rahmenbedingungen zu akzeptieren haben, denen die Bestattungspraxis gegenwärtig unterliegt. Nochmals sei an die eingangs geschilderte Hallenser Szene erinnert: Konkret wird zwischen verschiedenen Ritual-„Angeboten" meistens im ersten Gespräch mit dem Bestatter entschieden. Die Pfarrer und Pfarrerinnen einer Region, eines Kirchenkreises haben daher regelmäßige Kontakte mit den Bestattungsinstituten zu pflegen; sie werden sich, vielleicht auch durch Besuche und Praktika, auf die administrative und ökonomische Sachlogik des Bestattungsvollzuges einzulassen haben,[66] wenn sie mit ihrem eigenen Angebot wahrgenommen werden wollen.

---

65 Neubert, „gründlich ausgetrieben", a. a. O., S. 99, dort auch das folgende Zitat.

66 Zum ökonomischen Hintergrund vgl. Andrea Huber: Markt und Marketing von Bestat-

Erst wenn dieser institutionelle Rahmen arbeitsteiliger Dienstleitung innerlich akzeptiert ist, dürfte es Sinn machen, die Besonderheit der kirchlichen Praxis, ihre spezifische „Attraktivität" (Gräb) herauszustellen. Gerade in Ostdeutschland kann die Kirche nicht gegen, sondern nur *mit* den gewerblichen Bestattern verdeutlichen, dass das christliche Ritual den Ansprüchen der Hinterbliebenen an eine „würdige" Bestattung eher gerecht zu werden vermag als die konventionelle Form.

Soll die kirchliche Bestattungsfeier in diesem Sinne konkurrenzfähig werden, so muss sie freilich tatsächlich allen Interessierten zugänglich sein, unabhängig von einer formalen Kirchenmitgliedschaft des Verstorbenen oder der Hinterbliebenen. Auch dieser Aspekt „ökonomischer" Handlungsorientierung ist theologisch legitim, wenn die Kasualpraxis konsequent als ein diakonisches Handeln begriffen wird, wie es Ernst Lange und andere vorgeschlagen haben.[67]

Unabdingbar sind dann lediglich die von E. Winkler formulierten Regeln:[68] Eine kirchliche Bestattung darf nicht „gegen den erkennbaren Willen der verstorbenen Person" vollzogen werden; und es sollte den Hinterbliebenen um einen von christlichen Überzeugungen geprägten Abschied gehen, nicht lediglich um einen feierlichen Rahmen.

Alle zusätzlichen kirchenrechtlichen Vorschriften laufen Gefahr, das Evangelium unter sachfremde, gesetzliche Bedingungen zu stellen[69] und zu verdunkeln, dass auch das kirchliche Handeln angesichts des Todes einen *freien Dienst* darstellt, der allen Betroffenen angeboten wird.[70] Die kirchliche Ritualgestaltung kann sich von ihrer „weltlichen" Folie nicht primär durch institutionelle Zumutungen abheben, sondern muss ihre Konkurrenzfähigkeit durch ei-

---

tungsinstituten. Darstellung und Perspektiven, Mainz 1993; aus eher volkskundl. Sicht Gisela Schiller: Der organisierte Tod. Beobachtungen zum modernen Bestattungswesen, Düsseldorf 1992.

67 Vgl. Ernst Lange: Aus der „Bilanz 65". In: Ders.: Kirche für die Welt. Aufsätze zur Theorie kirchlichen Handelns, München 1981, S. 66–160, hier S. 144 ff.; Ferdinand Ahuis: Wie sind Kasualgottesdienste für prinzipielle Nichtkirchengänger theologisch zu verantworten? Welche Konsequenzen für das Kirchenverständnis hat das? In: ThPr 23/1988, S. 138–147; Eberhard Winkler: Seelsorge an Kranken, Sterbenden und Trauernden. In: Ingeborg Becker u. a.: Handbuch der Seelsorge, Berlin 1983, S. 405–426, hier S. 423 f.

68 Tore zum Leben, a. a. O., S. 193 f.

69 Winkler erinnert sehr kritisch an die traditionelle Verknüpfung von „ehrlicher" Bestattung und Kirchenzucht: „Die Frage, ob die Verstorbenen es wert waren, ein ‚ehrliches Begräbnis' zu erhalten, geht von der Rechtfertigung durch die Werke aus und verleugnet die reformatorische Rechtfertigungslehre. [...] Es wird vorausgesetzt, dass man den Toten [...] nur ehren darf, wenn er bestimmten Normen gerecht wurde. Als letzte Norm blieb in der Volkskirche das Zahlen der Kirchensteuern erhalten." (Tore zum Leben, a. a. O., S. 170).

70 Die mit diesem Programm verbundenen rechtlichen, ökonomischen (Gebühren?) und theol. Probleme sind erheblich, können hier aber nicht weiter verfolgt werden. Zur analogen Debatte um ein offenes Angebot kirchl. Jugendweihe vgl. Freund, Zur Kasualpraxis, a. a. O. (Anm. 2), S. 262 f.; Kirchenamt der EKD (Hg.): Jugendliche begleiten und gewinnen. 12 Thesen des Rates der EKD zur Jugendweihe/Jugendfeier und ihrem Verhältnis zur Konfirmation, Hannover 1999.

ne bestimmte *inhaltliche* Ausrichtung erweisen, die nun abschließend zu skizzieren ist.

V. Die kirchliche Bestattung als Ritual einer Grenzüberschreitung

Eine solche inhaltliche Profilierung kann nochmals auf den Begriff des Rituals zurückgreifen, wie ihn V. Turner akzentuiert hat.[71] Die sublime Stabilisierung von Identität und Gemeinschaft, für die das Ritual in vielen Theorien, und nicht zuletzt in der Praxis der „weltlichen" Bestattung in Anspruch genommen wird, ist Turner zufolge keineswegs seine primäre Funktion. Zunächst eröffnet die rituelle Inszenierung vielmehr eine Grenzzone, einen „liminalen" Raum, in dem Verhaltensnormen und Rollenverteilung der kulturellen Konvention verflüssigt und temporär aufgehoben sind. Die soziale Schwelle wird auf diese Weise zum Ort einer „ikonoklastischen", geradezu anarchischen Erfahrung von Grenzüberschreitung; die außeralltäglichen rituellen Vollzüge inszenieren eine „Antistruktur", in der neue Möglichkeiten des Alltags aufscheinen (Bahr, a.a.O., S. 150).

Karl-Heinrich Bieritz hat wiederholt darauf hingewiesen, dass gerade die fremd gewordenen christlichen Rituale ein solches gegenkulturelles Potential besitzen.[72] Gegenüber einer „weltlichen" Ritualkultur, die die Bewältigung biographischer Brüche den Einzelnen und ihrer kognitiven Selbstkontrolle aufbürdet, bewahrt die kirchliche Tradition symbolische Formen, die ein anderes, offeneres und gnädigeres Menschenbild zum Ausdruck bringen. Auch die kirchliche Bestattung wird dann am überzeugendsten wirken, wenn sie die Begrenzung auf eine traditionell-bürgerliche Diesseitigkeit *überschreitet* und ihre ureigene, spezifisch christliche Ritualtradition akzentuiert, deren widerständige Fremdheit angesichts der Fremdheit des Todes allemal realistischer erscheint.[73] Die These, dass gerade die Überschreitung der konventionellen Grenzen das kirchliche Ritual konkurrenzfähig zu machen vermag, ist in drei Hinsichten zu entfalten.

---

71 Vgl. zum Folgenden Bahr, Ritual, a.a.O., S. 147ff.; Bieritz, Kennwort: Ritual, a.a.O., S. 18–21; Gräb, Lebensgeschichtliche Sinnarbeit, a.a.O., S. 224ff.

72 Vgl. Bieritz, Kennwort: Ritual, a.a.O., S. 21ff.; ders.: Gegengifte. Kasualien in der Risikogesellschaft (1992). In: Ders.: Zeichen setzen. Beiträge zu Gottesdienst und Predigt, Stuttgart u.a. 1995, S. 203–217, hier S. 214ff.

73 Vgl. Nüchtern, Der neue Markt um Tod und Trauer, a.a.O., S. 330: Es „ist aber gerade dies die große Stärke kirchlicher Rituale, die [...] offensiv zu vermitteln ist, dass sie mit Sinnpotentialen und Erfahrungen verbunden sind, die über aktuelle Bewusstseinsinhalte von einzelnen weit hinausgehen. Vertrauen in die Schätze der eigenen Tradition und in die Weisheit der Überlieferungsbestände ist also ebenso angesagt wie das sensible ‚Eingehen auf die Bedürfnisse der Betroffenen'". Es ist nicht ausgeschlossen, „dass sie aufgrund ihrer Kraft Attraktivität finden und neu und immer wieder gewählt werden, wenn ihr Licht nicht unter den Scheffel gestellt wird".

1. Zwischen Familie und Öffentlichkeit

Während das weltliche Ritual das Gegenüber von familiärer Intimität und fremder Öffentlichkeit konserviert, vertritt in der kirchlichen Bestattung mindestens die Pfarrerin bzw. der Pfarrer eine dritte soziale Größe, die kirchliche Gemeinde. Wolfgang Huber hat die Kirche als eine „intermediäre", zwischen Lebenswelt und Gesellschaft vermittelnde Institution beschrieben, die für die freiwillige Beteiligung der Einzelnen offen ist und zugleich in der Öffentlichkeit wirkt.[74] In einer Gestaltung der Bestattung, die diese intermediäre soziale Ebene erfahrbar macht, wird für die Beteiligten deutlich, dass es Lebensmöglichkeiten gibt, die Familie und Berufstätigkeit überschreiten.

Jürgen Thiesbonenkamp hat skizziert, wie diese Erfahrung sozialer Transzendenz rituell zu realisieren wäre.[75] Angeregt von der christlichen Bestattungskultur in Kamerun, schlägt er ein „Sterbe- und Bestattungsdiakonat" vor, das ehrenamtlichen Charakter hat und die verschiedenen diakonischen und seelsorgerlichen Potenzen der Gemeinde integriert. „Dies kann konkret werden in seelsorgerlichen Angeboten während der Krankheits- und Sterbephase, in [gemeinsamen] Abschiedsritualen nach Eintritt des Todes, in Vorbereitung und Durchführung der Bestattung wie in der Begleitung während der Trauerzeit." (a. a. O., S. 446)

Ausgangspunkt eines solchen Diakonats können etwa die Seniorenarbeit der Gemeinde, Selbsthilfegruppen von Trauernden oder Hospizgruppen sein. Die diakonischen Begleiterinnen und Begleiter lassen dann bei der Bestattungsfeier selbst die Gemeinde stärker sichtbar werden, und sie verhindern auch die Isolation dieser öffentlichen Feier von den vielfältigen privaten Abschiedsprozessen, die ihr vorangehen und folgen. Indem die Gemeinde auch das Sterben rituell begleitet, indem sie die Hinterbliebenen zur anschließenden Mahlzeit in das Gemeindehaus einlädt, widerspricht sie der Konvention einer sozial desintegrierenden Wirkung des Todes.[76]

2. Zwischen Kreuz und Auferstehung

Die weltliche Feier konzentriert sich, was den Verstorbenen betrifft, auf die einfühlsame Erinnerung an eine besondere Biographie; sie arbeitet besonders

---

74 Kirche in der Zeitenwende, Gütersloh 1998, S. 267 ff.

75 Vgl. Jürgen Thiesbonenkamp: Der Tod ist wie der Mond – niemand hat je seinen Rücken gesehen. Bestattung und Totengedenken in Kamerun und Deutschland – Kirchliche Handlungsfelder im Dialog, Neukirchen-Vluyn 1998, S. 445–447. Den Gedanken einer erneuerten „Beerdigungs-Bruderschaft" entwickelt bereits Franz Georg Friemel: Die Toten begraben. Pastoralsoziologische Überlegungen. In: ThPQ 136/1988, S. 326–334, hier S. 333; ebd. S. 330 ff. auch weitere Überlegungen zum Gemeindebezug der Bestattung.

76 Zur Totenmahlzeit vgl. Thiesbonenkamp, a. a. O., S. 378 ff., zum Ganzen Eberhard Winklers Plädoyer, die Kasualpraxis als Einladung zum Leben mit der Gemeinde zu gestalten: Tore zum Leben, a. a. O., S. 23 f., 34 f. u. ö.

die Momente gelungener Selbstbestimmung heraus und versucht, ihr Vermächtnis zu formulieren. Demgegenüber lautet die Standardkritik am kirchlichen Ritual, hier werde die persönliche Würdigung der Verstorbenen vernachlässigt zugunsten objektiver Liturgie und lebensfremder religiöser Rede.

Wilhelm Gräb hat darauf hingewiesen, dass die kirchliche Rede von Kreuz und Auferstehung die Erinnerung an ein individuelles Leben keineswegs aufheben muss, sondern sie vielmehr in spezifischer Weise erweitert. „Christlicher Glaube ist rechtfertigender, im unverlierbaren Lebenssinn vergewissernder Glaube um des gekreuzigten Christus willen.“ Die Geschichte Jesu, die am Kreuz endete, steht dafür ein, dass „der Sinn einer Lebensgeschichte nicht ihrem Glücken zugeschrieben werden muss, dass ihr [...] Wert überhaupt nicht in ihren Erfahrungen und Leistungen gesehen werden muss“.[77]

Indem die christliche Trauerrede von der Geschichte Jesu ausgeht, vermag sie auch Erfahrungen des Unglücks, des Scheiterns und der Schuld zur Sprache bringen. Im Zeichen des Kreuzes kann die christliche Predigt der Gefahr entgehen, sich auf die positiven Momente biographischer Selbstbestimmung zu beschränken; sie kann wahrhaftig sein, ohne zu fürchten, damit den Sinn einer einzigartigen Lebensgeschichte in Frage zu stellen.

Gräbs Überlegungen sind durch den Hinweis zu ergänzen, dass dieser „unverlierbare Sinn“ der Biographie, mit ihrem Scheitern und ihrem Glücken, gerade durch das Symbol der „Auferstehung“ festgehalten wird. Soll dieses Symbol freilich nicht nur als illusionäre, wirklichkeitsfremde Vertröstung erscheinen, dann muss es sich als Deutung der *Erfahrung* bewähren, das eigene Leben unaufhörlich einer schöpferischen, unbedingten Macht zu verdanken. Die christliche Predigt kann auf solche Erfahrungen verweisen und sie mit dem Bild der Auferstehung Jesu und mit anderen Symbolen der transzendenten Macht Gottes verbinden.[78] Auch angesichts des Todes braucht die Bestattungspredigt nicht im „heiligen Diesseits der Erinnerung“ zu verharren (Gräb, a.a.O., S. 236); vielmehr kann sie die vorfindliche Biographie in der Überzeugung überschreiten, dass das schöpferische Bewahren Gottes auch an der Todesgrenze nicht enden wird.

3. Zwischen Klage und Segen

Nicht nur in sozialer und in homiletischer Hinsicht lässt sich die grenzüberschreitende Potenz der kirchlichen Bestattung stärken, sondern auch mittels ihrer im engeren Sinne rituellen Vollzüge. In der Tradition christlichen Handelns angesichts des Todes sind zahlreiche Elemente enthalten, die das Menschenbild der gegenwärtigen Bestattungskultur überschreiten.

Indem das weltliche, oft auch das kirchliche Ritual ganz auf die verbale

77 Gräb, Lebensgeschichtliche Sinnarbeit, a.a.O., S. 239f.

78 Vgl. die – hier sehr knapp skizzierte – Argumentation bei Schäfer, Pastoraltheologische Aspekte, a.a.O., S. 205; darauf aufbauend Winkler, Tore zum Leben, a.a.O., S. 179–182.

Kompetenz eines Redners, einer Rednerin abgestellt ist, bringt es die Teilnehmenden zum Verstummen. Auch das kirchliche Bestattungsritual tendiert gegenwärtig dazu, Trauer zu individualisieren und bei sich zu lassen. Allerdings enthält die kirchliche Tradition auch zahlreiche Ausdrucksformen gemeinsamer Betroffenheit. Biblische Psalmen, Lieder und Gebete eröffnen die Chance, „Klage, Protest und die Suche nach Sinn in der Trauerfeier" so zu artikulieren, dass auch Kirchenferne Zugang finden.[79]

Katharina Wiefel-Jenner hebt besonders das Element der liturgischen Klage hervor: Sie „sucht nach einem Gegenüber, dem sie ihr Leid klagt"; sie überschreitet die Grenze des Privaten und richtet sich an eine Instanz, die Tränen, Verzweiflung „und die wütende Suche nach Schuldigen" auch in der Öffentlichkeit akzeptiert.

Gegenüber der gegenwärtigen, ausgesprochen bürgerlichen Tendenz einer Bestattungskultur, die alle Äußerungen von Trauer und Anteilnahme sublimiert oder ins Private abdrängt, ist weiterhin an die zahlreichen christlichen Ritualtraditionen zu erinnern, die der Klage, der Angst oder der Erleichterung auch sinnlichen Ausdruck geben: das Waschen, Bekleiden und Aufbahren der Verstorbenen; die Aussegnung; das Tragen des Sarges aus dem Sterbehaus zum Friedhof; Lieder, Responsorien, Litaneien; Berührung des Sarges; schließlich die Prozession zum Grab, der mehrfache Erdwurf – und immer wieder das Zeichen des Kreuzes.[80]

Schließlich verweist Wiefel-Jenner auf ein Ritualelement, das den grenzüberschreitenden Impetus der kirchlichen Bestattung mit besonderer Dichte zum Ausdruck bringt:[81] der „Valetsegen", der ursprünglich in die Sterbeliturgie gehört und der beim Abschied im Sterbehaus sowie in der Trauerfeier wiederholt oder nachgeholt wird:
„Es segne dich Gott der Vater, der dich nach seinem Bilde geschaffen hat. Es segne dich Gott der Sohn, der dich durch sein Leiden und Sterben erlöst hat. Es segne dich Gott der Heilige Geist, der dich zum Leben gerufen und geheiligt hat. Der gnädige und barmherzige Gott, der deinen Eingang gesegnet hat, segne auch deinen Ausgang von nun an bis in Ewigkeit."[82]

In zugleich gestischer wie verbaler Zuwendung verdichtet die „commendatio animae" das christliche Bild der sozialen Identität angesichts der Grenze des

---

79 Katharina Wiefel-Jenner: An den Rändern des Todes. Beobachtungen und Überlegungen zur liturgischen Gestaltung von Trauerfeiern. In: PTh 86/1997, S. 414–428, hier S. 423; die folgenden Zitate S. 422 f.

80 Vgl. nur Rainer Volp: Liturgik. Die Kunst, Gott zu feiern, Bd. 1, Gütersloh 1992, S. 668 ff. In diesem Sinne hat Horst Albrecht dafür plädiert, „dass Berührungen, Umarmungen, überhaupt körperliche Reaktionen [wieder] Eingang ins Bestattungsritual finden" (Der trivialisierte Tod, a. a. O., S. 200).

81 Vgl. zum Folgenden Wiefel-Jenner, a. a. O., S. 425–428; dies.: Englands Rose. Auch in unserem Garten. In: DtPfrBl 98/1998, S. 15 f. Zur „commendatio animae" (nach Ps 31,6 bzw. Lk 23,46: „In deine Hände befehle ich meinen Geist") vgl. auch Volp, Liturgik, Bd. 1, a. a. O., S. 671; Jordahn, Bestattung, a. a. O., S. 418, 423, 427.

82 Nach Wiefel-Jenner, An den Rändern, a. a. O., S. 428; Volp, Liturgik, Bd. 2, Gütersloh 1993, S. 1287; EG 949.

Todes. Der göttliche Segen, der sich in der individuellen Lebensgeschichte erschließt, wird auch durch den Tod nicht aufgehoben. Für die Hinterbliebenen markiert dieser Abschiedsritus die Grenze aller biographischen Beurteilung und Verpflichtung. Zugleich sind sie durch Gottes Segen miteinander und mit den Toten verbunden.[83]

Lässt das Bestattungsritual der Kirche sich von diesem Bild des Menschen und seiner sozialen Beziehungen leiten, so gewinnt es gegenüber einer Bestattungskultur an Profil, die vor allem auf soziale oder religiöse Selbstkontrolle zielt. Auch und gerade in Ostdeutschland hat die kirchliche Praxis darum Grund, mit ihrem spezifischen Ritual selbstbewusst an die Öffentlichkeit zu gehen.

---

83 Vgl. Wiefel-Jenner, a.a.O., S.428; Winkler, Tore zum Leben, a.a.O., S.181f.; dazu Volp, Liturgik, Bd. 1, a.a.O., S.673: „Die Traditionen lassen erkennen, dass die Segnung ein dichtes Geflecht realer Beziehungen betrifft, welches zwischen Toten und Lebenden Wirklichkeiten auch des Glaubens geschaffen hat und das geistlich zu interpretieren und zu kultivieren die Aufgabe aller Christen darstellt."

Der Einfluss Martin Bucers auf die Feier der Konfirmation nach der Nassau-Saarbrückischen Kirchenordnung von 1574

Joachim Conrad

I. Kirchenordnung und Agenda in Saarbrücken

Nach dem Tode Johanns IV., des letzten katholischen Grafen aus dem Haus Nassau-Saarbrücken, am 23. September 1574 erbten seine lutherischen Vettern, die Grafen Philipp III. (1542–1602) und Albrecht (1537–1593) von Nassau-Weilburg, die Grafschaft an der Saar. Beide waren vom Weilburger Superintendenten Caspar Goltwurm erzogen und dem durch Martin Bucer vermittelten gemäßigten Luthertum verpflichtet.[1] Drei Daten konkurrieren im Blick auf die Einführung des lutherischen Bekenntnisses in Saarbrücken: Die Kirchenordnung war bereits am 1. August 1574 von den Grafen unterzeichnet worden, da sie aber erst 1576 mit der Agende zusammen in Umlauf und Gebrauch kam, empfiehlt es sich, das Datum festzuhalten, an dem die beiden Grafen in allen Kirchen ihres Landes die Messe abstellten und „das lautere Evangelium" verkündigen ließen: Es war der 1. Januar 1575. Die Kirchenordnung trägt den vollständigen Titel „Kirchenordnung | Und Reformation un|ter Albrechts und Philipsen Gebrüder | Grauen zu Nassaw / zu Sarprucken und zu Sar|werden / Herrn zu Loher / wie es in unser Graue unnd Herr|schafft/ nicht allein im Kirchenregiment / von unsern Visita|toren und Predicanten / mit der Lehr/ jrem Leben und Wandel | Visitation der Pfarrer / annemung und beurlaubung | der Predicanten / ubung deß Catechismi | und dergleichen | Sondern auch sonsten in andern / zu ab|schaffung allerhand Aberglaubens/ Rotten unnd | ärgerlichen Lebens / auch befürderung Christlicher Zucht und | Erbarkeit / und erhaltunge guter policey dienlichen stücken / als wie Cristal|len|sehern/ Zauberern/ Widertäuffern/ Kirmesse/ Sontagstänzen/ Gottes|läs|terern und Vollsauffern/ auch in edlichen Ehefällen/ und mit Kraft | der

1 Vgl. Hans-Walter Herrmann: Die Reformation in Nassau-Saarbrücken und die nassau-saarbrückische Landeskirche bis 1635, in: Die evangelische Kirche an der Saar gestern und heute, hg. von den Kirchenkreisen Ottweiler, Saarbrücken und Völklingen, Saarbrücken 1975, S. 42–111, hier S. 64.

Unzucht und Ehebruchs / gehalten | werden sol. | Gedruckt zu Franckfurt am Mayn / 1576."

Die Kirchenordnung war nicht nur ein Versuch, kirchliches Leben zu organisieren, sondern auch eine Lebensordnung und somit auf der Höhe ihrer Zeit, – und in gewisser Hinsicht modern. An ihrem Ende heißt es: „So tun wir diese Ordnung allen und jeden Superintendenten und Pfarrherrn, auch sonst insgemein allen unsern Untertanen, sie seien Edel oder Unedel, hiermit öffentlich publicieren, und mit gnädigem Ernst befehlen: Daß ein jeder an seinem Ort sich derselbigen unserer Ordnung, bei Vermeidung darinnen verleibter Strafe, gehorsamlich und gemäß verhalte. Und sonderlich wollen wir, daß unsere Amtleute, Rentmeister und Schultheißen über dieser unserer Ordnung mit besonderm ernsten Fleiß halten, daß auch die Schöffen an den peinlichen Gerichten hinfort, der Ehebrecher halber, nach dieser unserer Konstitution urteilen und erkennen. Darum sich ein jeder selbst vor Schaden und Nachteil zu hüten und vorzusehen wissen wird. In Urkund unserer zu Ende aufgedrückten Sekreten [Siegel]. Gegeben den ersten August, anno 1574."[2]

Gleichzeitig erschien – natürlich nur für die Superintendenten, Pfarrer und Seelsorger bestimmt – „beides zu Unterrichtung der Einfältigen und Erhaltung der Gleichförmigkeit in Ceremonien [...] in allen und jeden Kirchen der Graf- und Herrschaften" die Agenda, deren Titelfassung von 1609 hier zitiert wird: „Agenda, | Das ist: | Kirchenordnung | Wie es in der Grave unnd Herr|schafft Nassaw/ Sarprucken/ Sarwer|den/ Loher/ Wißbaden un Ittstein/ mit Verkundigung | Göttliches Worts / reichung der heyligen Sacra|menten/ und andern Christlichen Handlungen und | Ceremonien / gehalten wer|den soll. | Getruckt zu Giessen/ durch Caspar | Kemlein. Im Jahr 1609."[3] Auf dem Titelbild der Agenda ist ein Engel mit einer an den Mund gesetzten Posaune in der linken und einer zweiten in der rechten Hand zu sehen, und im Rahmen der Vignette sind die Worte zu lesen:

„Pervigiles habeas oculos animumque sagacem,
Si cupis, ut celebri stet tua fama loco."[4]

II. Die Parallelen zur hessischen Kirchenordnung

Der Speyerer Reichstagsabschied von 1526 hatte die Obsorge für kirchliche Angelegenheiten dem Landesherrn überlassen; und nicht nur evangelische Länder versuchten in der Folge, das Kirchenwesen durch Kirchenordnungen

---

2 Zit. nach Carl Roderich Richter: Wie das Saargebiet evangelisch wurde (= Unsere Saarheimat Bd. 10), Saarbrücken 1925, S. 70–71.

3 In der Aufl. von 1576 hieß es am Ende: „1. Corinth[er] 14. Lasset es alles züchtiglich vnd ordentlich zugehn. Gedruckt zu Frankfurt am Mayn 1576 [...] Gedruckt zu Frankfurt am Mayn durch Paulum Reffelern. In Verlegung Sigmund Feyrabents."

4 Deutsch: „Wachsame Augen musst du und hochweisen Geist auch besitzen, wenn du begehrest, dass du ruhmvoller Weise bestehst."

zu organisieren. Emil Knodt wies 1905 die Beziehungen zwischen der Saarbrücker Kirchenordnung und den hessischen Kirchenordnungen nach.[5] Er hielt fest, dass die Saarbrücker Kirchenordnung von 1574 keine Weiterentwicklung der beiden älteren Weilburger Ordnungen von 1533 und 1553 war, – was nahe gelegen hätte, denn an der zweiten Kirchenordnung hatte Superintendent Caspar Goltwurm, der Erzieher der beiden jungen Grafen, federführend mitgewirkt. Vielmehr stammt die Saarbrücker Ordnung von der hessischen Ordnung vom 18. August 1572 ab. Politischer Hintergrund ist die gemeinsame Herrschaft der Landgrafschaft Hessen und der Grafschaft Nassau-Weilburg im rechtsrheinischen Amt Hüttenberg und in einigen Dörfern an der Lahn.[6] Landgraf Ludwig hatte ohne Rücksprache mit dem Haus Weilburg die neue hessische Kirchenordnung in den gemeinsamen Gebieten eingeführt; nach einem Einspruch des Grafen Albrecht von Nassau-Weilburg wurde aber eine gemeinsame Kirchenordnung für die genannten Gebiete erarbeitet. Diese Ordnung, inspiriert von der hessischen Ordnung, wurde am 1. August 1574 mit einigen kleineren Änderungen[7] in Weilburg und am 1. Januar 1575 in Saarbrücken eingeführt.[8]

Doch auch die landgräflich-hessische Ordnung von 1572 hat bereits ihre eigenen Quellen: So sind große Teile der älteren Ordnung[9] von 1566 entlehnt, aber einige Abschnitte – in Sonderheit die Konfirmation – stammen aus der Kasseler Kirchenordnung von 1539, die der Straßburger Reformator Martin Bucer gemeinsam mit Johannes Kymeus im Auftrag des Landgrafen Philipp des Großmütigen erarbeitet hatte.[10] Im folgenden nun das Arbeitsergebnis von Knodt:

Nassauische Kirchenordnung und Reformation	Seiten	Quellen
Eingang	1–3	Ebenso in der hessischen Reformationsordnung von 1572, jedoch kommt dort die Agenda zuerst.
Von Einigkeit der Lahr und Predicanten	4–8	

5 Emil Knodt: Die von den Grafen Albrecht und Philipp im Jahre 1576 publizierte nassau-saarbrückische Kirchenordnung und Agende und ihre Weiterentwicklung, Herborn 1905.

6 Vgl. Herrmann: Reformation in Nassau-Saarbrücken, ebd., S. 69.

7 So stammen z. B. Taufritus und Abendmahlspraxis aus der Pfalz-Zweibrückischen Ordnung von 1557 bzw. aus der württembergischen Tradition. Hans-Walter Herrmann weist darauf hin, dass die Zweibrücker Kirchenordnung für die Herrschaft Königstein 1563 in Oberursel nachgedruckt worden war. Und Königstein grenzt an Weilburg. Herrmann vermutet außerdem, dass die weiteren Abweichungen der Saarbrücker Ordnung auf den Einfluss von Laurentius Stephani (1535–1616) zurückgehen, der als Generalsuperintendent der Saarbrückischen und der Weilburger Kirche vorstand, ebd., S. 75.

8 Richter: Wie das Saargebiet evangelisch wurde, S. 71.

9 Die Ordnung von 1566 war wesentlich durch die Arbeit des Andreas Gerhard von Ypern gen. Hyperius (1511–1564) mitbestimmt, der als Professor in Marburg im Sinne Bucers zwischen Luthertum und Calvinismus vermittelte.

10 Bernd Moeller: Art. Bucer, in: RGG[4] Bd. 1, 1998, Sp. 1810–1812, hier Sp. 1811.

Von der Predicanten Leben und Wandel	7–9	Hessische Reformationsordnung 1572
Von annemung und beurlaubung der Predicanten	10–16	
Daß die Unterthanen fleißig in die Predigt vnd zur Lehr des Catechismi zu gehen vermahnet, vnd wie die, so solches mutwilliglich verseumen, gestrafft werden sollen.	17–21	
Von Cristallensehern, Wahrsagern und Abergläbigen	21–22	
Von Widertäufern	22–28	
Von Kirmessen und Täntzen	29–32	
Von Gotteslästern und vollsaufen	32–35	
Von heimlichen Verlöbnussen und fleischlichen vermischungen	36–38	
Von denen in Ehesachen verbottenen vnd zugelassenen Gradibus der Blutsverwandtnuß und Schwägerschaft	39–57	
Von Ehebrechern	58–61	
Inhalt der Nassauischen Agenda		
Von tagen, an welchen gemeine Versammlung gehalten, vnd die öffentliche Kirchendienste verrichtet werden sollen.	63–69	In der hessischen Kirchenordnung fehlen die Feste Mariae Heimsuchung, Johannes der Täufer, St. Michael; die Aposteltage werden nicht mit Predigt gefeiert.
Wie es in gemeinen Versammlungen mit Singen, Lesen, Predigen, sacramentreichen, beten und dergleichen gehalten werden sol.	70–71	Hessische Agende von 1574
Form der Beicht und Absolution wie die vor der Predigt gesprochen, vnd wie es mit dem Gesang gehalten werden sol.	72–77	Hier hat die hessischen Agende vorher einen Abschnitt, wie der Gottesdienst verläuft, wenn Communicanten da sind, und am Schluß, wenn solche fehlen.

Von Predigten, verkündigung und erklärung deß Heiligen Göttlichen Worts.	77–82	Hessische Agende von 1574
Von Catechismo oder Kinderlehr.	83–86	
Von gemeinen Bettagen	87–92	
Gebett, so auff die gemein Bettage gebraucht werden [7 Stück]	93–96	
Gebett wider den Bapst und Türcken.	97–100	
Ein ander kürtzer Gebet	100	
Gebet zur Zeit der Pestilentz	101	
Ein ander kürtzer Gebet wider die Pestilentz	104	
Danksagung vor errettung von gemeinen Jammer	105–108	
Danksagung für die Erkenntnuß Christi	109	
Von der heiligen Tauffe	112–114	Aus der Pfalz-Zweibrückischen Kirchenordnung von 1557, die ihrerseits in diesem Abschnitt auf der Mecklenburgischen von 1552 fußt.
Form zu tauffen	114–126	
Von der Nothtauffe	127–135	Hessische Agende von 1574
Von der Confirmation der Kinder, das ist, wie den Kindern, nachdem sie erwachsen vnd dermassen von ihren Eltern und Predicanten vnderrichtet, daß sie jres Glaubens bekenntniß thun können, die Hände aufgelegt werden sollen.	135–166	
Vom Abendthmal des Herr Jesu Christi	166	
Christlichen versammlung, so den tag zuvor geschicht, ehe denn man das Abendmahl helt, wie die angestellet, was darinnen verhandelt werden sol.	167–172	
Vermanung, Absolution, Danksagung vnd Gebet, vor der Communion	171–181	Aus der Pfalz-Zweibrückischen Kirchenordnung von 1557
Die Wort oder stifftung deß Abendmals	181–183	Inhaltlich, aber nicht wörtlich aus der Pfalz-Zweibrückischen Kirchenordnung von 1557
Danksagung nach dem Abendmal	184	
Von eynsegnung der Eheleut	185–198	Hessische Agende von 1574
Wie man die Kranken besuchen, vnd die Communion bey ihnen halten sol.	198–221	

<table>
<tr><td>Von besuchung, erinnerung vnd trost der Gefangenen.
a) vom schrecken
b) vom trösten</td><td>

221–226
226–229</td><td rowspan="3">Hess. Agende von 1574 aus Veit Dietrich, Agend-Büchlein, Abschn. XVII, Frankfurt 1546</td></tr>
<tr><td>Trost wider die Schande vor dem Todt</td><td>229–234</td></tr>
<tr><td>Im fal daß der Gefangene nicht verzeihen wolt</td><td>239–243</td></tr>
<tr><td>Von christlich. Begräbnuß</td><td>243–248</td><td rowspan="6">Hessische Agende von 1574</td></tr>
<tr><td>Formen der Ordination eines Pfarrhern oder Kirchendieners.</td><td>248–270</td></tr>
<tr><td>Form eines Pfarrherrn oder Kirchendiener eynzuführen, vnd im die Gemeinde zu Commendiren, so allbereit zuvor Ordiniert und eine Zeitlang im Predigtampt gewesen ist.</td><td>270–276</td></tr>
<tr><td>Forma der offentlichen Poenitentz vnd Absolution einer Person, welche mit jrem unordentlichen Leben eine gantze Christliche Gemeinde verergert hat.</td><td>276–290</td></tr>
<tr><td>Was die Superintendenten in jhren ordentlichen Visitationibus fürnemen vnd verrichten sollen.</td><td>290–300</td></tr>
</table>

III. Das kirchliche Leben in Nassau-Saarbrücken

Gleich im ersten Artikel: „Von Einigkeit der Lahr und Predicanten“ wird den Superintendenten und Pfarrern eingeschärft, dass sie nicht nur bei der reinen Lehre göttlichen Wortes „beständiglich verharren und die Eintracht, so bis anhero in unsern Grafschaften, insonderheit in Schulen und Kirchen, gewesen ist, auch hinfort unter sich erhalten; sonderlich aber sich in das unnötige, ärgerliche und gefährliche Disputieren und Zanken, so von etlichen Theologen zu wenig Erbauung der Kirche erregt wird, nicht einmengen, sondern sich dessen gänzlich enthalten und das Volk, von den Artikeln unserer wahren christlichen Religion mit Hintansetzung aller unnötigen undienstlichen Spitzfindigkeit und vorwitzigen Fragen, die nach der Lehre des Apostels auf die Kanzel gar nicht gehören, auch bei den Zuhörern nichts bauen, einfältig und nach dem Grund göttlichen Wortes und Augsburgischer Konfession lehren und unterweisen.“[11] Es ist die Phase der großen theologischen Auseinandersetzungen in der lutherischen Orthodoxie.[12] Dass die beiden Saarbrücker Grafen ihre

11 Kirchenordnung. Von Einigkeit der Lahr und Predicanten, S. 1–3, zit. nach Richter: Wie das Saargebiet evangelisch wurde, S. 72

12 Streit zwischen Melanchthon und Johannes Agricola um die Predigt des Alten Testamentes

kleine Landeskirche aus diesen konfessionellen Auseinandersetzungen[13] heraushalten wollen, ist verständlich angesichts der vermittelnden Theologie Bucers, die auf Saarbrücken eingewirkt hatte.[14] Die erste Saarbrücker Pfarrergeneration kam auch in großen Teilen aus Straßburg, was auf den alten Einfluss der dortigen Theologie zurückzuführen ist. Freilich hatte sich Bucers Nachfolger, Dr. Johannes Marbach (1521–1581), einem strengen Luthertum zugewandt, was nicht ohne Folgen für Saarbrücken geblieben ist.[15] Zur Klärung der anstehenden kirchlichen Fragen hatte Graf Ludwig II. gen. Felix im Mai 1609 den Pfarrämtern eingehende Erläuterungen und Erklärungspunkte zur Kirchenordnung gegeben, welche 1618 mit der revidierten Kirchenordnung im Druck erschienen.[16]

Was die Gottesdienste[17] betraf, so setzte die Kirchenordnung zunächst die Tage fest, „an welchem gemeinsam Versammlung gehalten und die öffentlichen Kirchendienste verrichtet werden sollen." Schön und für unsere Zeit doppelt beherzigenswert ist die Begründung: „Wiewol die Menschen zu jeder Zeit und in ihrem gantzen Leben, GOtt und seine Wohlthaten zu erkennen und zu betrachten, und ihren Schöpffer, Erlöser und Seligmacher zu loben und preisen schuldig und verpflichtet seynd und alles, damit wir umgehen, auff die Ehre GOttes und zu seinem Dienst und Gehorsam gerichtet seyn solle: Dieweil aber doch die Nothdurfft erfordert, daß auch andere Werck, so GOTT einem

1527 (sog. antinomistischer Streit); Streit zwischen Melanchthon und Matthias Flaccus um die Sieben Sakramente und das Fasten als Adiaphora 1548–1566 (sog. interimistischer Streit); Streit der „Philippisten" Georg Maior und Justus Menius mit Nikolaus von Amsdorf um die guten Werke (sog. maioristischer Streit); Streit um die Zurechnung der Gerechtigkeit im Glauben zwischen Andreas Osiander und Joachim Mörlin (sog. Osiandrischer Streit 1549–1566), Streit um den Synergismus 1556–1560 zwischen Johann Pfeffinger aus Leipzig und Nikolaus von Amsdorf (sog. synergistischer Streit) usw.

13 Die in konfessionellen Fragen so gemäßigte Haltung der Saarbrücker Grafen führt zur Duldung der Reformierten in den sog. welschen Dörfern in der Grafschaft Saarwerden (hier war die Zweibrücker Kirchenordnung in Gebrauch) und zur Ansiedlung von Hugenotten 1604 durch Graf Ludwig II. gen. Felix in Ludweiler/ Warndt. Dies alles endet 1817 in der Saarbrücker Union, die der Preußischen Union vorausgeht.

14 In Saarbrücken war die Conf. Aug. Variata in Gebrauch. Auch basierte das Luthertum auf der Wittenberger Konkordie von 1536. Erst 1618 wurde die Invariata durch Ludwig II. eingeführt.

15 Vgl. Joachim Conrad: Der Einfluss der Straßburger Reformation auf den Saarbrücker Raum, in: 775 Jahre Evangelische Martinskirche Kölln (= Beiträge zur Geschichte des Köllertals Bd. 8), Püttlingen 1999, S. 74–79, hier S. 78.

16 Vgl. Herrmann, Reformation in Nassau-Saarbrücken, ebd., S. 75; Ludwig II. hatte einen unveränderten Nachdruck der Kirchenordnung 1609 veranlasst, sah sich aber bald darauf genötigt, eine Revision vorzunehmen. Dazu forderte er die Superintendenten um Stellungnahme auf, ebenso den Rat Dr. Bartholmäus Werner gen. Botz. Bei den Originalzitaten liegt im folgenden die Ordnung von 1618 zu Grunde: Kirchen-Ordnung | Wie es | mit der Christlichen Lehre | und Ceremonien etc. | in unserem | Ludwigs | Grafens zu Nassau | zu Sarbrücken | und zu Sarwerden | Herrn zu Lahr | Wießbaden und | Jetzstein | etc. | Grafe- und Herrschaften gehalten wird (Frankfurt am Main 1618, Gießen [4]1713, LA Saarbrücken. Sammlung Hellwig Nr. 12).

17 Liturgisch orientierte sich der Gottesdienst in Saarbrücken am Straßburger Modell, das auch in der Weilburger Kirchenordnung vorgesehen war; vgl. Herrmann, Reformation in Nassau-Saarbrücken, ebd., S. 80.

jeden zur Auffenthaltung und Erstreckung dieses vergänglichen Lebens aufferlegt und befohlen hat, nicht übergangen und unterlassen werden: So synd dennoch zu allen Zeiten bey dem wahren Volck GOttes etliche gewisse Zeit und Tage bestimbt und darzu verordnet gewesen, daß an denselben alle Arbeit, Wercke und Handthierungen, dieses zeitliche Lebens Nothdurfft betreffende, unterlassen und allein was zur warhafftigen Erkandtnus GOttes und seiner heiligen göttlichen Wercke, desgleichen zu Lob und Preiß seines göttlichen Namens dienen und gereichen mag, fürgenommen und getrieben werden möchte."[18] In erster Linie ist es der Sonntag als der Auferstehungstag des Herrn, „daran GOttes Werk verkündiget und allerley gottselige Ceremonien und Kirchen-Übung gehalten werden". Daneben stehen als christliche Feiertage: Weihnachten (dreitägig), Neujahr, Epiphanias, Mariae Reinigung[19] (2. Februar), Mariae Verkündigung[20] (25. März), Ostern (dreitägig), Christi Himmelfahrt, Pfingsten (dreitägig), Trinitatis, Mariae Heimsuchung[21] (2. Juli), Johannis des Täufers (24. Juni) und St. Michaelis (29. September). „Diese Feyertage so zum Gedächtnus der Wohlthaten unsers HErrn JEsu Christi verordnet sind, werden den gemeinen Sontagen gleich und gantz feyerlich celebrirt [...] Der Heiligen Apostel Tage sollen mit einer Predigt gehalten werden, und gehet das Volck nach Mittag wiederum zu seiner Arbeit."[22] Außerdem werden auch sonst noch Wochenpredigten gehalten, in den Städten zwei, auf den Dörfern eine, in der Woche vor Ostern oder Karwoche möglichst täglich, aber wenigstens am Mittwoch, Donnerstag und Freitag, damit die Geschichte des Leidens und Sterbens Jesu Christi gelesen und erklärt werde. Besondere allgemeine Bettage waren vorgesehen, wenn „eine gemeine Straf und Ungemach, als Pestilentz, Krieg, Theurung usw. vorhanden"[23]; diese trugen ausgesprochenen Bußcharakter, doch sollten sie „zur christlichen Dancksagung gerichtet seyn".

Der Gesang spielte in der lutherischen Landeskirche von Nassau-Saarbrücken eine hervorragende Rolle. Trotzdem erging die Mahnung, die Länge der Gesänge nicht hinzuziehen, damit die Gemeinde nicht vor der Predigt ermüdet: „Es sollen auch die Gesäng aus den bewehrten Gesangbüchlein der reinen Evangelischen Kirchen ohngeenderter Augspurgischer Confession auffs kürzest angestellt und vor der Predigt auff die Sonn- und Feyertage ungefehr über anderthalb viertheil, auff die Wercktage aber über ein viertheil Stund nicht erstrecket werden, damit das Volck nicht auffgehalten und ehe dann die Predigt angehet zum Verdruß verursacht werden möge. Und solle das Volck in Predigten, so offt es die Gelegenheit gibt, erinnert und vermahnet werden, daß sie die gebräuchlichen Kirchen-Gesäng lernen und alle wegen in gemeinen Ver-

18 Von tagen, an welchen gemeine Versammlung gehalten, vnd die öffentliche Kirchendienste verrichtet werden sollen, S. 1–2.

19 Tag der Darstellung des Herrn (Lichtmess), Evangelium Lukas 2,22–24 (25–35).

20 Tag der Ankündigung der Geburt des Herrn, Evangelium Lukas 1,26–38.

21 Tag der Heimsuchung Mariä, Evangelium Lukas 1,39–47 (48–55)56.

22 Von tagen, ebd., S. 4.

23 Kirchenordnung. Von extraordinari Bettage, ebd., S. 19.

sammlungen gesungen, auch selbsten ein jeder vor sich insonderheit mit singen und also einträchtiglich GOTT loben."[24] Bei den Visitationen sollte ausdrücklich gefragt werden, ob die Gemeinde mitsinge.

Kurios mutet eine Nachricht aus der Gemeinde Überherrn von 1619 an, in der festgehalten ist, wie gerne sich die Leute vor der Kirche aufhielten, ja „daß sie so langsam in die Kirche gezott kommen. Manchmal muß der Pfarrer 3 oder 4 Psalmen singen, ehe sie sich zusammen finden. Haben vor der Kirch ihr Ständeding und Räth und lassen unterdessen den Pfarrer in der Kirchen singen und schreyen. Ist dem Pfarrer befolen worden, auf den nächsten Sontag bei Straf drey alb[us] solches zu verbieten, welche einem jeden, so vor der Kirchen, unter dem Gesang stehen bleiben, unnachlässig sollen abgefordert werden."[25]

Der Gottesdienst in Nassau-Saarbrücken sollte grundsätzlich in der Muttersprache gehalten werden: „Alle Actiones in gemeinen Versammlungen der Gesang eben sowol als die Predigt, Gebet und dergleichen sollen in teutscher und bekannter Sprach verrichtet werden, dieweil alles, so allda gehandelt wird, muß zu gemeinem, einmütigem und einträchtigem Lob und Preiß GOttes gerichtet seyn: Wie kan man aber mit einträchtigem Hertzen und Munde GOtt loben, da einer des anderen Rede nicht verstehet? Es soll alles geschehen zur Besserung der gantzen Gemeinde und eines jeden Christen insonderheit: Wie können aber diejenigen gebessert werden, welche, was da geredt, gelesen oder gesungen wird, nicht verstehen? Alle so in der Gemeind zusammen kommen, sollen zu allem Gesang, lesen, lehren, beten, damit GOtt angerufen, geehret, gelobet und gepriesen wird zum wenigsten Amen sagen. Wie kan aber einer Amen sagen zu dem, das er nicht verstehet und nicht weiß, was damit gemeinet ist? 1. Cor. 14. Derhalben gleichwie alle Predigten, Gebet und Dancksagungen in bekannter teutscher Sprach geschehen: Also soll auch der Gesang teutsch sein, doch wo Schulen seyn, kann auch GOTT der HErr mit einem Lateinischen Figural-Gesang vor und nach der Predigt geehrt werden."[26]

IV. Die Konfirmationsordnung in Nassau-Saarbrücken

Die Saarbrücker Grafen legten größten Wert auf den Katechismusunterricht.[27] Wie „die ganzen Predigten" als Speise den Erwachsenen zustehen, so gab es den Katechismus für die Jugend. Was „der Apostel Milch nennet, das nennen

---

24 Kirchenordnung. Wie es in gemeinen Versamblungen mit singen, lesen, predigen, Sacrament-reichen, beten und dergleichen gehalten werden soll, ebd., S. 6–7.

25 Zit. nach Richter: Wie das Saargebiet evangelisch wurde, S. 74.

26 Kirchenordnung. Wie es in gemeinen Versamblungen etc., ebd., S. 7.

27 Der Saarbrücker Gymnasiallehrer und Cantor Mag. Michael Mosch (amt. 1602–1635) übers. für den Schulunterricht Luthers Kl. Katechismus ins Lat.; zum Katechismus wurden in deutscher Sprache Fragen formuliert, die als „Saarbrücker Fragestücke" in den Akten begegnen; vgl. Albert Ruppersberg: Geschichte des Ludwigsgymnasiums zu Saarbrücken 1604–1904, St. Johann 1904, S. 128.

wir nach alter Gewohnheit der Kirchen Catechismus, das ist eine solche Lehr, so mit lebendiger Stimm fürgetragen, und von den Zuhörern, daß sie es nachsagen kundten, erfordert, daß hierinnen die Kinder bald in der Jugend angeführt und unterwiesen werden sollen: Wiewohl auch die Alten, so noch nicht genugsamen Verstand haben Göttlichen Worts, hierinnen stätigs nicht weniger als die Kinder angewiesen und geübt werden müssen."[28] In den wenigen Städten der Grafschaft sollte der Katechismusunterricht sonntags, dienstags und donnerstags stattfinden, in den von Landwirtschaft geprägten Dörfern wurde er nur sonntags gehalten. Wo der Unterricht sonntags war, fand er ohne Gesang im Anschluss an die Predigt statt, wo wochentags unterrichtet wurde, war verfügt, den Unterricht mit dem Gesang: „Komm heiliger Geist" zu eröffnen und mit „Erhalt uns, Herr, bei deinem Wort" zu schließen.

Wie ernst die Katechismuslehre behandelt wurde, wird erhellt aus den Schlussbestimmungen der Kirchenordnung, dass „keine Person, sie sei gleich jung oder alt, zur christlichen Taufe zu Gevatter stehen und Gebrauch des heiligen Abendmahls, desgleichen zur Einsegnung der christlichen Ehe zugelassen werden soll, sie wisse denn ihren Katechismus von Stück zu Stück erzählen".[29] Wie also nun in den meisten Kirchen bis in diese Tage war mit der Konfirmation in Nassau-Saarbrücken die Zulassung zum hl. Abendmahl,[30] zur kirchlichen Eheschließung und zum Patenamt verbunden. Die Konfirmation – aus dem Firmsakrament hervorgegangen – blieb seit 1575 in Praxis. Das Kapitel wurde überschrieben: ;,Confirmation der Kinder, das ist, wie den Kindern, nach dem sie erwachsen und dermassen von ihren Eltern und Seelsorgern unterrichtet, daß sie ihres Glaubens Bekanntnus thun können, die Hände auf gelegt werden sollen".[31] Während das Konfirmationsalter in Saarbrücken nicht festgelegt wurde (es heißt: „erwachsen", aber auch sog. Erwachsene waren durchaus zu unterrichten und ggf. zu konfirmieren), wurde im allgemeinen dreimal jährlich konfirmiert und zwar am Stephanustag (26. Dezember), am Ostermontag und Pfingstmontag. Drei oder vier Wochen vor dem Fest wurde der Gemeinde durch Kanzelabkündigung bekannt gemacht, dass Eltern, die „Kinder hätten, die sie in den Haupstücken Christlicher Lehr unterwiesen und nun gerne wolten zum heiligen Nachtmahl zugelassen haben", dies „dem Pfarrer oder Caplan praesentirn und anzeigen [sollten]; damit er sie bey Zeiten hierzu genugsam praeparirn, bereit und geschickt machen könne".[32] Zwei oder drei Tage vor dem Konfirmationsgottesdienst fand dann eine Katechismusprüfung der Kinder statt, die „sich gegen das Kirchenamt christlich und gehor-

---

28 Kirchenordnung. Von Catechismo oder Unterricht der Einfältigen und Kinder, ebd., S. 67–68.

29 Agenda. Was die Superintendenten in jhren ordentlichen Visitationibus fürnemen vnd verrichten sollen, S. 290–300, zit. nach Richter: Wie das Saargebiet evangelisch wurde, ebd., S. 76.

30 Das Abendmahl sollte in größeren Gemeinden vierzehntägig, sonst alle sechs bis acht Wochen gefeiert werden; eine Rechnung aus dem kleinen Dorf Fechingen zeigt, dass es faktisch nur sechs- bis siebenmal jährlich gefeiert wurde; LA Saarbrücken Best. 22 Nr. 2603.

31 Kirchenordnung, ebd., S. 89.

32 Ebd., S. 91.

samlich erzeigt“ haben mussten. Die Prüfung geschah in Gegenwart der Senioren (Presbyter), Eltern und Gevattern. Aufgrund der Prüfung wurden die Kinder zur Konfirmation zugelassen, – doch wollte man manchen „mit guten freundlichen Worten dahin weisen, daß, sie selbst erkennen, sie haben zu solchem Werck noch nicht nothdürfftigen Bericht eingenommen“[33] und wurden daher aufs nächste Fest zurückgestellt. Denen, die zugelassen waren, wurde dann vom Pfarrer erklärt, „was sie allda zu sagen und verheissen müssen, daß sie solches wohl bedenken und die gantze Zeit ihres Lebens in frischem, guten Gedächtniß behalten wollten und sich erinnern des hohen Eyds, so sie ihrem GOtt gethan haben, und mit Betrachtung göttliches Wortes und andächtigem glaubigem Gebet stätigs wider den Teufel, die Welt und ihr verderbte Natur fechten, daß sie nicht, mit Sünden übereylet den Glauben und das gute Gewissen verlieren, und also ihre Sachen viel ärger machen, denn sie vormals je gewesen. Es sollen auch die Eltern erinnert werden, daß wie sie bis dahero ihr Amt gethan und darauff gesehen, daß ihre Kinder die Hauptstück Christlicher Lehre gelernet haben: als wolle ihnen gebühren, fürthers auch dahin zu trachten, daß solche ihre Kinder nicht allein, was sie gelernet, behalten, sondern mit Besuchen der Catechismuslehre und stätiger Wiederholung je länger je besser einbilden, auch mit Predigten hören, Sakrament brauchen und einem gottseligen Christlichem Leben sich dermassen erzeigen, daß jederman spüren könne, daß sie den Gehorsam, so sie GOtt und seiner Kirchen verheissen haben, also auch ins Werck bringen und mit der That beweisen“.[34]

Der eigentliche Konfirmationsgottesdienst wurde mit der versammelten Gemeinde gefeiert: Die Kinder erscheinen in der Kirche, verharren „an einem gewissen Orthe nicht weit vom Altar bis zu End des Gesangs und der Predigt züchtiglich und erbarlich […] und nach Vollendung der Predigt und deren Ding, so nach beschlossener Predigt auffm Predigtstuhl verrichtet werden müssen, vor dem Altar her, in der Ordnung, darzu sie vom Pfarrer oder Caplan angewiesen stehen, da dann bey sie tretten mögen ihre Eltern und Paten“.[35] Der Gottesdienst verlief nach folgender Liturgie:[36]

Erstlich spricht der Pfarrherr oder Kirchendiener zu der gantzen Gemeine also:

P: „Geliebte im HErrn, es erschienen allhie diese Kinder, unsere Mit-Erben in Christo etc.“[37] [Es folgt eine Anrede an die Gemeinde über den Sinn der Feier.]

Frag und Antwort für die Einfältigen, sonderlich aber für die Kinder, so da sollen confirmirt und zum erstenmahl zur Communion zugelassen werden.[38]

P: „Bist du ein Christ?“
K: „Ja Herr, Ich bin ein Christ.“

---

33 Ebd., S. 92.
34 Kirchenordnung. Von der Confirmation der Kinder, ebd., S. 92–93.
35 Ebd., S. 93.
36 Ebd., S. 93–113.
37 Ebd., S. 93.
38 Ebd., S. 95.

P: „Woher weist du das?"
K: „Daher, daß ich getaufft bin auff den Nahmen unseres HErrn JEsu Christi und die Christliche Lehr weiß und glaube."

[Es folgt eine Erfragung[39] des Kleinen Katechismus Martin Luthers. Nun kommen die Konfirmationsfragen[40]:]

P: „Glaubest du und bekennest dieses alles von Hertzen, was du von der Christlichen Lehr jetzunder gesagt hast?"
K: „Ja Herr."
P: „Wilt du demnach dich in den Gehorsam der Christlichen Kirchen ergehn, und nachdem du glaubst und bekennst hinfürter thun und leben und was du allhie zusagt treulich halten?"
K: „Ja Herr, durch die Gnad und Hülff unsers HErrn JEsu Christi."

[Es folgen Handauflegung und Konfirmationssegen[41]]:

Da leget der Pfarrherr und Kirchendiener demselbigen ersten Kinde, so die Bekanntnus und Verheissung gethan, die Hand auff und spricht:

P: „Nimm hin den heyligen Geist, Schutz und Schirm vor allem Argen, Stärck und Hülff zu allem Guten von der gnädigen Hand GOttes des Vaters, des Sohns und des heyligen Geistes. Amen."

[Nun wendet sich der Pfarrer dem zweiten Kind zu:]

P: „Glaubst du und bekennest, was diß Kind glaubt und bekannt hat?" [und so fort].

[Am Ende der Segenshandlung erfolgt ein Gebet.[42]]

Für den ersten Abendmahlsgang wurde verfügt: „So sollen nächstfolgenden Sonntag, wann das Nachtmahl des Herrn zu halten angestellet, die confirmirten Kinder erstlich für den andern Personen allen zum Abendmahl des Herrn zugelassen werden"[43]. Die Pfarrer waren verpflichtet, die Konfirmation der Kinder in den Kirchenbüchern einzutragen.[44]

V. Anspruch und Wirklichkeit

Die Kirchenordnung und Agenda zeigt, mit welcher Umsicht die Saarbrücker Grafen in der Konfirmationsfrage ans Werk gegangen sind. Es zeigt sich allenthalben der indirekte Einfluss Martin Bucers und des gemäßigt oberdeut-

39 Ebd., S. 96–109.
40 Ebd., S. 109.
41 Ebd., S. 110.
42 Ebd., S. 112–113.
43 Ebd., S. 115.
44 Die älteren lutherischen Gemeinden in der früheren Nassau-Saarbrückischen Landeskirche verfügen über Konfirmationsregister in der Regel erst nach der Wiederbesiedlung in den 1680er Jahren, weil der Dreißigjährige Krieg auch hier seine Spuren hinterlassen hat.

schen Luthertums. Leider fallen Anspruch und Wirklichkeit auch in der Saarbrücker Konfirmationsfrage weit auseinander. So wollte man beispielsweise in der kleinen lutherischen Gemeinde Überherrn nahe der lothringischen Grenze von der Konfirmation nichts wissen. Superintendent Mag. Johann Georg Keller (1550–1628, amtiert 1614–1628) berichtet 1621: „Hab ich ihnen verwiesen, daß sie ihre Kinder nit lassen mit Auflegung der Hände in der christlichen Lehr konfirmiren und zum Nachtmahl gehen, sondern sie zur Communion gen Büst (heute das Dorf Bisten) führen.“[45] Es waren zu Ostern dieses Jahres ein Knabe und acht Mädchen, die namentlich aufgezählt werden: „hierauf haben sich weder die Eltern noch die Kinder nit verantwortet. Jene haben vorgeben: sie haben ihre Kinder nit gezwungen zu Büst communiciren; diese haben gesagt, sie haben gemeynet, sie müssen gehen, wo die Eltern gehen.“

Überherrn mag als Ort am Rande der Grafschaft – ganz im Einflussbereich des katholischen Lothringen – freilich eine Ausnahme sein. Womöglich darf man also das Verhalten der Überherrner Gemeinde nicht auf die Grafschaft hochrechnen. Doch zeigt sich einmal mehr, dass die einfachen Leute nicht begriffen haben, was denn der Konfessionswechsel bedeutete; sie blieben bei dem, was sie einmal gelernt haben. Noch 1861 konstatiert dies der Gersweiler Pfarrer Gustav Schumacher in seiner Autobiographie: „Wenn ich nun solchen Leuten die Sünden ihrer Untreue gegen die Kirche vorhielt, so antworteten sie mir mit schrecklicher Naivität: ‚Es ist ja einerlei! wie glauben doch Alle an einen Gott!‘“[46]

---

45 Zit. nach Richter: Wie das Saargebiet evangelisch wurde, S. 77–78.

46 Gustav Schumacher, 1854–1860 Pfarrer in Gersweiler, in: Leiden und Erquickungen eines von den Dänen in Gefangenschaft gehaltenen und aus der Heimath vertriebenen Schleswig'schen Geistlichen, Barmen 1861, S. 317.

Literaturbericht zur Liturgik

Altorientalische und Israelitisch-Jüdische Religion

Hermann Michael Niemann

I. Alter Orient

J. Quaegebeur (Hg.): Ritual and Sacrifice in the Ancient Near East. OLA 55. Peeters, Leuven 1993, 541 S.

Was ist ein „Opfer"? Sind mesopotam., myken.-minoische, syr., phöniz.-punische, ägypt., anatolische, zyprische, hellenist.-griech., präislamisch-arab. und israelit.-judäische Religiosität diesbezüglich einer Meinung? Die Phänomen- und Formenvielfalt ist nicht nur interessant, sondern die Differenzen sind groß, die eine hochkarätige Forschergruppe in detaill. Behandlung und oft zugleich weitgespannten Überblicks-Beitr. für einen Zeitraum von zwei Jahrt. darlegt. Es geht auch um (z.B. ägypt.) bildl. Darst. von Ritualen und Liturgien, anikonische (anatolische) Götterdarst., ugarit. und nordsyr. Ritualtexte und Gottesbezeichnungen, rel. Szenen auf einem Tempel im Sudan und eine Ausgrabung im östl. Nildelta. Speziell bibl. Beitr. beschäftigen sich mit Deut 12,23 (Blut ist Leben) und Gen 9 sowie Kult und Ritual im Danielbuch. Die Datierung des 2. Tempels unter Darius I. oder (eher) Darius II. (424–404 v.Chr.) wird diskutiert. Die Begriffe „Opfer" und „Ritual" müssen diskutiert und definiert und antike Tatbestände dürfen nicht unreflektiert mit modernen Bezeichn. versehen werden. Als eine Grundidee des Opfers stellt sich die Versorgung der Götter mit Nahrung heraus. Dokumentierte Opfer und Rituale entstammen meist der Oberschicht, entsprechende Informationen über die Unterschicht und ihre Integration sind sehr begrenzt.

Eiko Matsushima (Hg.): Official Cult and Popular Religion in the Ancient Near East. Universitätsverlag C. Winter, Heidelberg 1993, 224 S.

Ein Konferenzbd. mit breitgefächerten Beitr. zwischen mesopotam. Sumer im 3. vorchr. Jahrt. und Japan des 20. Jh. nach Chr., einschließend Ugarit, Israel und Juda, Mari, den modernen Iran und die Sassanidenzeit. Theol. Leser wird u.a. bes. der Beitr. von Y. Ikeda (Because their Shade Is Good – Asherah in the Early Israelite Religion) interessieren, der, gut illustr., mit Recht die doppelte Feststellung nicht gewaltsam in einer Richtung zu entscheiden sucht, dass „a green tree could be seen and interpreted in two ways: as Asherah herself for her worshippers, but also as a sacred tree for Yahwistic piety". Er wirft freilich nicht die Frage auf, ob die Unterscheidung überhaupt berechtigt ist, schließt aber mit der – bes. in ökolog. bewusster Zeit sympathischen – Zitation einer rabbin. Diskussion in der Mischna (Aboda Zara 2:7) im Blick auf die bibl. Göttin Aschera (und vermutl. Partnerin Jahwes). – Ebenso lesenswert: J. S. Cooper: Sacred Marriage and Popular Cult in Early Mesopotamia, der darauf hinweist, dass die „heilige Hochzeit" des Herrschers mit einer Gottheit wie die „Hochzeiten" unter Göttern persönl. und sozial wichtige Beziehungsmöglichkeiten darst., an der durch das Ritual auch die Bevölkerung Anteil hat. Strukturell vergleichbare Rituale reichen in das (für die Konferenz gastgebende) kaiserliche Japan des 20. Jh. n.Chr. hinein! – D. O. Edzard: Private Frömmigkeit in Sumer; sie ist schwer zu erheben, trotzdem gelingt es dem Verf., sie in den textl. Hinweisen auf sumer. Feste und Feiern sowie durch gottesnamenhaltige Personennamen und durch Andeutungen der schon damals existierenden Vorstellung von „persönlichen Göttern" wenigstens umrisshaft zu skizzieren. Der Hg. unterstreicht, für bibl. Forschung interessant, die allgemeinoriental. Auffass., dass die Gottesstatue nicht „nur" als symbol. Objekt, sondern als lebendige Realexistenz betrachtet wurde. Der Bd. zeigt eindrücklich, wie wertvoll es für bibl. basierte Frömmigkeit ist, sich selbst und die eigene Rel. durch den Spiegel der Frömmigkeit zeitl. und räuml. entfernter Kulturen und Epochen, großer (Staats-) Götter und (kleiner, privater) persönlicher Schutzgottheiten und deren Interdependenzen zu betrachten.

Christian Herrmann: Ägyptische Amulette aus Palästina/Israel. Mit einem Ausblick auf ihre Rezeption durch das Alte Testament. OBO 138. Universitätsverlag, Freiburg/Schweiz und V & R, Göttingen 1994, 828 S., 80 Bildtaf., 70 Fototaf.

Da die Leserinnen und Leser des JLH bibl. Archäologie vermutl. eher ferner stehen, muss bes. nachdrücklich auf dieses im Doppelsinn „gewichtige" Werk aufmerksam gemacht werden. Es sollte, wenn nicht in den Privat-, so doch in den öffentl. Pfarr-/Dekanats- usw. -Biblioth. unbedingt vorhanden sein. Das verdienstvolle, übersichtlich gestaltete und mit zahllosen Tab. versehene benutzerfreundliche Werk bietet nach Vorstellung und differenzierter systemat. Gliederung des aus zahlreichen Museen in aller Welt gesammelten Mat. und einem zusammenfass. Ausblick zur „Rezeption (der Amulette) durch das Alte Testament" einen bewundernswürdig sorgfältigen Katalog der Amulette. Der in dieser immensen Fülle (1433 Stücke!) noch nie dargebotene Formenreichtum der menschen-, tiergestaltigen Amulette und der Objektamulette (Körperteile u. a.) vermittelt lebhafte Eindrücke von der Vielfalt konkreten Alltags-Lebens und seiner Frömmigkeit, den Gefahren, Hoffnungen, Wünschen der Menschen und von ihrer Kunstfertigkeit. Zudem wird unterstrichen, wie stark Palästina/Israel bis in den Alltag stets aus dem Südwesten (Ägypten) kulturell beeinflußt war. Ein für die Rel.-Gesch. Palästina/Israels auf Dauer grundlegendes Primärquellen-Werk!

Izak Cornelius: The Iconography of the Canaanite Gods Reshef and Ba'al. Late Bronze and Iron Age I Periods (c 1500–1000 BCE). OBO 140. Universitätsverlag, Freiburg/Schweiz und V & R, Göttingen 1994, 54 Fototaf., 63 Abb. zum Text.

Jeder Bibelleser und jede Theologin wird oder sollte sich irgendwann einmal fragen, was es mit dem schärfsten Konkurrenten Jahwes, des Gottes Israels und Judas, nämlich dem Gott Ba'al auf sich hat. Die alttestamentl. Polemik gegen ihn wird verständlicher, eine umfassendere rel.-gesch. Würdigung wird möglich, wenn man über diese Polemik-Texte der Bibel hinaus das verstreute ikonograph. Mat. in seiner ganzen Fülle heranzieht. Für Ba'al(-Seth) und den auf den ersten Blick teilweise gleich oder ähnlich dargest. kanaan. Gott Reschef, der bei genauerer Betrachtung sich aber doch überwiegend in Attributen und Funktionen ganz anders darst., hat das dieses Buch in sorgfältiger Katalogform getan und damit der bibl.-rel.-gesch. Forschung einen großen Dienst erwiesen, auf dessen Basis weitergearbeitet werden kann. Es verfährt dabei method. korrekt in den Arbeitsschritten „Beschreibung", „Analyse" und „Interpretation" und zunächst ganz selbständig ohne vorschnelle, beeinflussende Berücks. des Textmat. mit zusammenfass. synthetischem Abschluß (Reschef, der Schildträger, ist individueller Beschützer; Ba'al dagegen, Träger z. B. einer Pflanze bzw. „Bringer" von Leben, hat eher königl.-herrschaftl. und kosm. Konnotationen, beide sind verbreitet im Mittelmeerraum von Spanien bis Mesopotamien und von Italien/Anatolien bis Ägypten/Sudan mit Kern in Syrien-Palästina und Ägypten vom 3. Jt. v.Chr. an; Verf. bietet auch Auswertungen der Medien, des Mat., der Motive, der charakterist. Haltung/Pose, der Attribute sowie der ikonograph. Typologie für beide Gottheiten).

W. Burkert und F. Stolz (Hg.): Hymnen der Alten Welt im Kulturvergleich. OBO 131. Universitätsverlag, Freiburg/Schweiz und V & R, Göttingen 1994, 123 S.
Der „Hymnus" gehört zu den „grundlegenden religiösen Äußerungen". Sind Hymnen interkulturell vergleichbar? Gibt es Berührungspunkte? Im griech. Bereich ist er ein „Gesang, der sich Götter als Inhalt und Gegenüber setzt" (W. Burkert). D. O. Edzard behandelt in Mesopotamien das „Preislied" dicht am Gebet(slied) und stellt Inhalte, Vortrags-/Aufführungs-Gelegenh., Ausführende, die Frage der musikal. Begleitung usw. dar. Mit vielen Text-Beisp. „illustriert" Jan Assmann „Verkünden und Verklären – Grundformen hymnischer Rede im Alten Ägypten", „Medium einer sehr anspruchsvollen Theologie", die neben König (bes. in der Lit.) und Göttern (bes. in Gräbern) auch den Einzelnen zum Gegenstand hat. Aufzeichn.-Bereiche sind Kult, Grab und Lit. G. Wilhelm schließt, dass „Hymnen der Hethiter" stark vom bes. mesopotam. und syr. Erbe und Einfluss gekennzeichnet sind und keine ererbten indogerman. Traditionen erkennen lassen. E. Tichy stellt „indoiranische Hymnen" aus den beiden Haupttextcorpora vor: der ind.-ved. Ṛgveda-Sammlung und dem ostiran. Avesta. „Rettung [...] durch Gott als Anstiftung zum Lob": das ist das „konstitutive Charakteristicum des (alttestamentlichen) Hymnus" in seiner Artenvielfalt, die H. Spieckermann eher von „Textgruppe" als von einer „Gattung" des Hymnus reden lässt. Das zeigt er aus der Forschungsgesch. und an konkreten Beisp. auf. Der kluge, einfühlsame Aufs. enthält schöne Formulierungen, z. B. „Das Gotteslob macht die Klage nicht tragbar, sondern trägt die Klage. Gott rettet den klagenden Menschen aus der Not, um ihn dorthin zurückzuführen, wohin er nach Gottes Willen gehört: in die Gemeinschaft der Lobenden." Alttestamentl. Hymnen sind „Sprachgeschenk im Zwielicht und gegen das Zwielicht der conditio humana". Und „im Gotteslob vereinigen sich Staub und himmlische Heerscharen" (mit Blick auf Ps 103). F. Stolz erweitert abschließend den Blick ins Grundsätzliche, Allg.-Religionswissenschaftliche über die betrachteten Kulturregionen hinaus.

Dieter Kurth: Edfu. Ein ägyptischer Tempel gesehen mit den Augen der alten Ägypter. Wiss. Buchgesellschaft, Darmstadt 1994, 83 S. mit 28 Schwarzweiß-Abb. und 4 Farbtaf.
An der äuß. Umfass.-Mauer des „wohl am besten erhaltenen Tempel(s) der antiken Welt" im ägypt. Edfu zwischen Luxor und Assuan findet sich neben zahllosen anderen Inschr. und Abb. ein ca. 300 m den Tempel umfass. Schriftband, das das Bauwerk einschl. seiner Gesch., seiner architekton. Gliederung, den Räumen bis hin zu Treppen, Türen und Verriegelungen beschreibt (wohl gegen Ende der Bauzeit zwischen 237 und 57 v.Chr.). Tempelbeschreibungen in Ägypten sind nicht selten seit dem Alten Reich (ab 2650 v.Chr.); diejenige in Edfu ist in Umfang, Genauigkeit und Detailfreude einzigartig. Da der Durchschnittsägypter das Tempelinnere nicht betre-

ten durfte, macht die Beschreibung des Tempels an der Außenmauer Sinn. Verf. stellt im 1. Teil kundig, kurz, sehr informativ und wohltuend allg.-verständl. das Verhältnis von Tempel, Göttern, König/Pharao und Gläubigen in Ägypten sowie Entw. und Charakteristica ägypt. Tempel in 3000 Jahren dar. Im 2.Teil kann man bestens vorbereitet die einmalige Beschreibungs-Inschrift in der Neuübers. des Autors nachlesen und den Tempel-Rundgang auf dem Vor-/Nachsatz des Buches in Schnittzeichnung und Grundrißplan nachvollziehen. Begriffs-, Namenerklärungen und Zeittaf. erhöhen den Wert des schönen Büchleins.

Mircea Eliade: Geschichte der religiösen Ideen. Bd. 1: Von der Steinzeit bis zu den Mysterien von Eleusis. Bd. 2: Von Gautama Buddha bis zu den Anfängen des Christentums. Bd. 3/1: Von Mohammed bis zum Beginn der Neuzeit. Bd. 3/2: Vom Zeitalter der Entdeckungen bis zur Gegenwart. Bd. 4: Quellentexte. Herder, Freiburg - Basel - Wien ^{2}1978=1994, 2174 S.

Bedarf ein wahrer Klassiker einer Empfehlung? Dieses Lebenswerk eines Universalgelehrten des 20. Jh. berichtet souverän und geradezu spannend von den rel. Grundlagen der Menschheit, von der tief bewegenden Suche des Menschen in den letzten zehntausend Jahren nach Sinn und Zusammenhang unserer Welt. An diesem umfangr. Klassiker sei zweierlei hervorgehoben: Der stattliche, 456 S. starke (4.) Bd. des Werkes, in dem die Leser neben der meisterhaften Darst. der vorhergehenden Bde. sich in Orig.-Quellen aus aller Welt vertiefen können, - und der angesichts der gebotenen Fülle sehr moderate Preis.

Hector Avalos: Illness and Health Care in the Ancient Near East. The Role of the Temple in Greece, Mesopotamia, and Israel. Harvard Semitic Museum Monographs 54. Scholars Press, Atlanta, GA 1995, 463 S.

Ältere Arb. dieses Themenbereichs litten bei allen Verdiensten an mangelndem medizin. Fortschritt oder entsprechender Kompetenz (bei theolog. oder philolog. Autoren) oder - bei medizin. informierten Autoren an mangelnder altorientalist. Kenntnis und stützten sich nur auf bibl. Texte. Neuere Studien erfassten auch soziale und psycholog. Aspekte. Verf. berücks. die o. g. Defizite und bezieht vor allem medizin. Anthropologie mit ein, betrachtet Gesundheitsfürsorge mit ihren sozioökonom. Grundlagen. Er integriert medizin. Ergebnisse z. B. an archäolog. Knochenfunden und nimmt theol. Zusammenhänge zwischen Hygiene, Krankheit, Sünde und Strafe in den Blick. Gesundheitsfürsorge betrachtet A. als komplexes gesellschaftl. System theol., sozialer, hist. und anderer Komponenten. Tempel sind nicht die einzigen, aber zentrale Punkte der Gesundheitsfürsorge im 1. Jt. v.Chr. neben dem häusl.-familiären Bereich. Übereinstimmungen und Differenzen in Griechenland (Beispiel: die Asklepieia), Mesopotamien (Tempel der Gula/Ninisina) und Israel arbeitet Verf. heraus. Das Verhältnis von Patient und Heiler/"Arzt", Arten von Therapien, Zugangsmöglichkeiten und -strategien/-optionen der Patienten zur Heilung, Haltung zu Patienten, Grad der staatl. Verantwortung für Gesundheitsfürsorge, deren Intentionen und reale Wirkung interessieren ihn ebenso wie Tempel-Funktionen („petitionary", „therapeutic", „thanksgiving" and others), die nicht sämtlich überall vorhanden sind (in Israel bzw. der Priesterschrift mit klarem Schwergewicht auf der „Danksagung"), er fragt - soweit feststellbar - nach soziorel. Rahmenkonzepten (polarities) der „medizinischen Theologie" von Tempeln/Gesellschaften (z. B. Krankheit als Instrumente, von Göttern/Dämonen gehandhabt). Die Spezifik bibl. (bis qumran.) Anschauungen und Praktiken, z. B. mit dichotom. (legitimer und illegitimer) Option und der Feststellung, daß JHWH am wenigsten aus den betrachteten Kulturen/Religionen auf Krankenheilung spezialisiert ist, wird deutlich (instruktive Schemata). Ein – gegen den ersten Eindruck – theol. sehr interessantes und relevantes Buch!

Otto Kaiser (Hg.): Texte aus der Umwelt des Alten Testaments. Bd. III. Weisheitstexte, Mythen und Epen, Lfg. 4: K. Hecker, W. G. Lambert, G. G. W. Müller, W. von Soden und A. Ünal: Mythen und Epen II. Gütersloher Verlagshaus, Gütersloh 1994, S. 562–865.

Fast die gesamte Lfg. wird von akkad. Mythen und Epen eingenommen, die für die angemessene Interpretation und Predigt der Bibel unverzichtbar sind und von internat. erstklass. Fachleuten übers. und mit Anm. versehen wurden. Das seinerzeit sehr verbreitete (babylon.) Weltschöpfungsepos Enūma Eliš, das auch den Aufstieg Marduks zum Hauptgott Babylons schildert, integriert kunstvoll sehr viel weiteres, für Interessenten dieses Jahrbuchs wissenswertes myth. Mat. Ergänzt durch weitere, kleinere Schöpfungserzählungen folgt der ebenfalls sehr berühmte altbabylon. Mythos von dem Sintfluthelden Atramchasis (integriert ebenfalls die Elemente Götterstreit, folgende Menschenschöpfung, Sintflutvernichtung der Menschen und die mit Atramchasis geschaffene neue Welt-/Menschenordnung). Das Gilgamesch-Epos von dem König, der auf der (ewigen menschlichen) Suche nach dem „Kraut des Lebens“ ist, sollte in theol. Kreisen als ein grundlegender rel. Text der Menschheit noch viel bekannter werden wie auch die hier übers. akkad. Unterweltmythen, die Lesern und Leserinnen bibl. Texte wie Hos 13, Amos 9, vieler weiterer Prophetentexte und Klagepsalmen vor Augen bzw. im Sinn sein sollten. Den Abschluss bildet ein bunter Kranz hethit.-altanatol. und hurro-hethitischer Mythen, Legenden, Epen und Märchen, der für alle zur Lektüre sehr zu empfehlen ist, die ihre Vertrautheit mit der bibl. Lebens- und Denkwelt entw. oder vertiefen wollen.

Otto Kaiser (Hg.): Texte aus der Umwelt des Alten Testaments. Bd. III. Weisheitstexte, Mythen und Epen, Lfg. 5: E. Blumenthal, F. Junge, F. Kammerzell, A. Loprieno, G. Moers und H. Sternberg-el Hotabi: Mythen und Epen III. Gütersloher Verlagshaus, Gütersloh 1995, S. 870–1087.

Bei den *epischen* Texten in ägypt. Sprache handelt es sich u. a. um die beiden „Klassiker“, die Erzählung des Sinuhe, die viel Unschätzbares über Palästina im 2. Jt. v. Chr. bewahrt und den Reisebericht des Tempelbeamten Wen-amun, der am Ende des 2. Jh. u. a. im Ausland eine schwere Erschütterung seines (rel.) ägypt. Welt- und Selbstverständnisses erfahren muss, beides wie auch andere übers. Texte „wirklichkeitsbewältigende Literatur“; daneben kann nur exemplar. auf die „Bentresch-Stele“ (Mitte des 1.Jt. v.Chr.) hingewiesen werden, die von einer Götterstatue und ihrer Auslandsreise berichtet, um ein dort lebendes Glied der Pharaonenfamilie von Krankheit zu heilen, eine Erzählung, die ägypt. (rel.) Einfluß im Ausland beschwört, während die hist. Realität gegenteilig war. Ägypt. *Mythen*, also Erzählungen, in denen Götter und ihre Handlungen beschrieben werden, um Sinn und Bedeutung von rel. Glaubensgut, Kulten und Institutionen zu erklären, zu begründen und zu legitimieren, sind überraschenderweise trotz der seit alters sehr reichen Götterwelt erst relativ spät, ab ca. 1500 v.Chr. beginnend, in größerem Umfang erst in hellenist. Zeit, in breit erzählender zusammenfass. Form aufgezeichnet worden. Dies wird nach J. Assmann verständlich durch die Existenz des „mythischen Ikons“ (d. h. die „Form, in der [...] ein Vorgang der sichtbaren Wirklichkeit, des Kultes oder des Kosmos, als ein Ereignis in der Götterwelt ausgelegt wird“) mit vorausgesetzten „Konstellationen“ (d. h. „Zusammenspiel von handelnden Göttern mit geprägten Rollen, die fallweise zueinander in Beziehung treten können“), wobei die Ikone ohne narrative Form in Bildern Entfaltung finden können. Text wie Bild präsentieren im Kult die grundleg. Götter-Konstellationen. Von der großen Masse der Mythenstoffe und ihrer Motive finden in den übers. Texten hier vor allem Berücks. die Bereiche der Schöpfergottheit(en), der Welt-, Götter- und Menschenentstehung, von der götterlos-vorgöttlichen Ur(Vor-)Zeit in ihren zahlreichen, nach ägypt. Hauptkultorten unterschiedl. Vorstellungen bis zum Weltende (wieder ohne Götter und Welt) sowie die kultätiolog. Motive, die Besonderheiten bei Menschen, Tieren, Pflanzen, (Kult-)Orte und Namen, Kultgegenstände usw. als eine geschaffene Ordnung erklären. In Vergleichbarkeit und Unterschied zu bibl. Texten (Pss, messian. Texte u.v.a.) ist vieles für Leser des Jahrbuchs sehr bedeutsam, z. B. der „Mythos von der Geburt des Gottkönigs", der das ägypt. Konzept der Gottessohnschaft, die göttlich-menschliche Natur des Pharao erklärt.

Otto Kaiser (Hg.): Texte aus der Umwelt des Alten Testaments. Bd. III. Weisheitstexte, Mythen und Epen, Lfg. 6: M. Dietrich und Oswald Loretz: Mythen und Epen IV. Gütersloher Verlagshaus, Gütersloh 1997, S. 1090–1369.

Die hier ges. ugarit. Mythen und Epen sind überaus bedeutsam für den rel.-kulturellen Hintergrund des vorisraelit. Kanaan und stellen einen Teil der Prätexte bibl. Erzählungen und Motive dar. Vor allem der die Auseinandersetzungen zwischen den Göttern und Göttergenerationen spiegelnde *Baal-Zyklus* (ein Ritual zum Neujahrsfest mit El und Baal im Zentrum – und dem König, wodurch dessen Königtum und das Wohl seines Reiches gesichert wird) bildet einen wichtigen Teil des Hintergrundes zum Verstehen der rel.-gesch.-theol. Entw. Jahrhunderte später in Israel/Juda und in den Auseinandersetzungen der exil.-nachexil. Zeit, in der Baal mehr oder weniger pauschal den negativen Gegenpol zu JHWH bildet. Wenn im Hintergrund des Geschehens um den jugendlich-siegreichen Baal (aus der „amurritischen" Dagan- und Haddu-Überlieferung, der die Dynastie der Ugarit-Könige Mitte des 14. Jh. v.Chr. verbunden waren) der Schöpfergott El (ugarit.-kanaanäisches Erbe) erhalten bleibt, liegt hier eine interessante Differenz zum bibl. Bild, wo keine Koexistenz Baal-JHWH wie bei El und Baal zustande kam, sondern Baal letztlich JHWH, an den sich die david. Dynastie gebunden hatte, weichen musste. Im *Keret-Epos* spielt El statt Baal die wichtige Rolle, während im *Aqhat-Epos* Baal vermittelnd zwischen dem König Danil und El auftritt, der – was motivisch mit Keret zusammengeht – seiner Söhne beraubt ist. Immerhin gewinnt Danil erneut einen Sohn, Aqhat, den er aufgrund von dessen Auseinandersetzung mit der Göttin Anat aber wieder verliert. Es geht also um den Fortbestand der Dynastie und in diesem Zusammenhang auch um die Verehrung der toten, vergöttlicht-königl. Ahnen (*rpum*/Rephaim), die der saisonal sterbende und wiederauferstehende Baal als Vermittler der Interessen des derzeitigen Königs zu El hin ebenfalls zeitweise wiederbelebend unterstützt. In der Mythengestaltung spiegelt sich die doppelte Traditionswurzel in Ugarit (amurritisch und kanaanäisch, s. o.), während in Israel die rel.-gesch. Entw. charakteristisch anders lief und der bibl. Terminus Rephaim nur noch im doppelten Sinn schattenhafte Totengeister bzw. schattenhaft-sagenhafte gigantische Vorbewohner Kanaans meint.

P. W. Haider/Manfred Hutter/S. Kreuzer (Hg.): Religionsgeschichte Syriens. Von der Frühzeit bis zur Gegenwart. Kohlhammer, Stuttgart/Berlin/Köln 1996, 496 S. m. zahlr. S-w-Abb. im Text und 28 Farb-Abb. auf Taf.

Das Gemeinschaftswerk von 14 Fachleuten tritt mit eigenen Spezifica und Gewichten neben die „klassische" und nach wie vor unverzichtbare, da in ihrer Art nicht ersetzte Darst. der Rel. Altsyriens (in RM 10,2) von H. Gese (1970) sowie das hier ebenfalls angezeigte Werk von H. Niehr. Von ihnen umspannt es den größten Zeitraum, nämlich zehn Jahrt. vom Neolithikum bis zum 20. Jh. n. Chr. Daher muß die Darst. geraffter sein als andere, für die Leser wegen des zügigen Überblicks von Vorteil. Umfangmäßig liegt das Schwergewicht auf der hellenist.-röm. und byzantin. Phase, wenig kürzer die Zeit des AO, während die Phase seit der islamischen Eroberung bis heute, für die der Islam neben Christentum und Judentum in Syrien zu beh. ist, weniger als die Hälfte des Raumes der anderen Teile umfasst. Es macht Sinn, dass im Teil „Alter Orient" die Rel. der großen, städtischen Zentren im 3./2.Jt. (Tell Chuera, Ebla, Alalach, Mari, Ugarit und Byblos) separat von der Rel. nomadisierender Gruppen beh. wird, ebenfalls sinnvoll ein spez. Kap. „Kontinuität und Wandel" im turbulenten 1.Jt.v.Chr., das den Blick auf Aramäer, luwisch-aramäische Vermischungen, assyr. Einflüsse und die phöniz. Rel. richtet. Im Mittelteil (Hellenismus bis Byzanz) entfaltet sich die Darst. zwischen den Koordinaten griech.-röm. und oriental. Religiosität sowie Judentum, Gnosis und Christentum und macht die heute oft nicht mehr bewusste, sehr große Bedeutung Syriens für die theol. Entwicklung des frühen Christentums deutlich. Der dritte Teil ab der islamischen Vorherrschaft zeigt u. a., wie von Byzanz her gesehen angeblich heterodox-häretische syr. Christen verständlicherweise die arab. Eroberer hoffnungsvoll als Befreier von byzantin. Arroganz begrüßten bzw. (wie auch manche Juden) z. T. den Islam annahmen (was von islam. Seite durchaus nicht einhellig gewünscht war). Interessant zu lesen im 3. Teil sind Hinweise auf Entw.-Tendenzen im neuzeitl.-syr. Islam, betrüblich dagegen die Information, dass das Judentum in Syrien, einer jahrhunderte- und jahrtausendelang als dynamischer Schmelztiegel und Kreuzweg von Kulturen dienenden Region in unseren Jahren prakt. aufgehört hat zu existieren.

Manfred Hutter: Religionen in der Umwelt des Alten Testaments I. Babylonier, Syrer, Perser. KStTh 4,1. Kohlhammer, Stuttgart/Berlin/Köln 1996, 256 S.

Das Buch bietet mehr, als man von einer „Einführung für Studierende" erwartet; auch die Formulierung ist eher dicht und anspruchsvoll – da das lat. *studium* „eifriges Streben" und „Neigung", ja, „Lust" meint, bildet dies wohl keinen Nachteil des Buches für „Studierende" jeden Alters: Insges. eine gründliche Darst. Zeitl. ist der Darst.-Rahmen gespannt von der Mitte des 3. Jt. v. Chr. bis etwa kurz vor dem Hellenismus; Ausnahme: Die Darst. Syriens reicht bis zum Ende des 2. Jt. Es dient der Orientierung und der Möglichkeit zum Quervergleich innerhalb der dargest. Stofffülle, dass die drei Abschn. zu den Babyloniern/Assyrern, Syrern und dem Iran nach einem übereinstimmenden Schema dargest. sind: 1. Quellen und Überlieferer, 2. Götter und Gottesvorstellungen, 3. Der rel. Mensch und der ihn umgebende Kosmos, 4. Ausdrucksformen des gemeinschaftl. und individuellen Glaubens, 5. Untergang und Weiterwirken der babylon. Rel., bzw. Ausstrahlung und Fortleben (bei Syrien und Iran). Die Untergliederungen der Abschn. lassen Unterschiede erkennen, die sowohl durch die Eigenheiten, als auch die Quellenlage zu den einzelnen Rel.-Bereichen erklärbar sind. Zur Einl. des Buches dient u. a. ein nützlicher, zügiger Überblick „Die geographischen und politischen Rahmenbedingungen" aus der Feder der Althistorikerin Sylvia Hutter-Braunsar.

Karel van der Toorn: Family Religion in Babylonia, Syria and Israel. Continuity and Change in the Forms of Religious Life. SHCANE 7. E. J. Brill, Leiden/New York/Köln 1996, 491 S.

Ahnenkult (zur Gewinnung hist. Identität, nach heutiger Terminol.) und Verehrung der lokalen Schutzgottheit(en) (zur Vergewisserung der lokalen/regionalen Verwurzelung) sind nach dem Verf. die Hauptkomponenten der Familienrel. (als Komplex von Symbolen an Glaubens- und Wertvorstellungen und deren ritueller Praxis). Indem er nach Kontinuität und Veränderung fragt, beginnt er mit der Darst. kollektiver (und kollektiv bleibender) Familienrel. („no religion outside the community") in Alt-Babylonien (ca. 2000–1500 v.Chr.) (S. 11–147), wo reiches textl. Quellenmat. vorliegt. Er erkennt eine „delicate interaction between social realities and the forms of religious life – the ones nourishing the others and vice versa [...] always a correspondence between the forms of religious life and the social reality". Syrien/Ugarit (zwischen 1450 und 1200 v.Chr.) bildet ein geograph. und zeitl. Zwischenglied (S. 153–177) zur Darst. der Situation in Israel (zwischen 1200 und 700 v.Chr.), was den Hauptteil des Buches einnimmt (S. 181–372) und prakt. einen ausgedehnten, kundigen und gut informierenden Abriss der Rel.-Gesch. Israels und Judas darstellt. Verf. stellt fest, dass die genannten Hauptkomponenten in den drei Kulturen ähnlich sind und übereinstimmend Bedeutung besitzen, freilich in Israel eine deutliche Veränderung eintritt. Ursprünglich gab es auch in Israel die beiden üblichen Hauptkomponenten unter „a strong localist orientation". Aber zwischen ca. 800 und 500 v.Chr. fand eine Entw. statt „from family religion to personal devotion", ausgelöst durch die Entstehung des Staates unter Saul (ca. 1000 v.Chr.) und der steigenden Bedeutung der Rel. (und Götter) der dynast. Familie(n) ins Nationale als neues Identifikationsangebot neben der Familienrel. Nach van der Toorn propagierte der Staat durch die Priesterschaft (Propheten und Leviten) dies durch die Schaffung eines nationalen „charter myth" (der Exoduserzählung von der „nationalen Befreiung"): statt privater nun nationale Vergangenheit mit entsprechenden Tempelfesten! Zweitens wurde bedeutend die (staatl. betriebene) ikonograph. und myth. Identifikation Els als traditionellem Familiengott mit JHWH, wenig später auch durch Integration Baals in den Staatskult (Omriden), wenn JHWH auch Staatsgott blieb. Freilich gab es (wenige, aber scharfe) Gegner dieser staatl. Integrations- und Identifikations-Religionspolitik wie auch der alten Familien-/Lokalkulte. Der Untergang des Nordreiches Israel 720 v.Chr. bewirkte nicht nur intensives (theol.) Nachdenken von z.T. nach Süden (Juda) geflohenen Überlebenden („Ephraimite diaspora"), sondern insges. eine Wandlung in der „Fremde", die nach fast drei Jh. Konkurrenz zwischen zwei Rel.-Typen, Familienrel. und Staatsrel. nach dem Untergang auch Judas 586 v.Chr. zu einer neuen Rel. (Verf. spricht von Metamorphose statt Verschwinden des Alten) führte, wobei Propheten, Leviten, Deuteronomisten entscheidende Rollen spielten. Es kam nun auf persönliche Annahme der nationalen JHWH-Traditionen an, auf „a verbal icon" für eine Gemeinschaft „without cult images", eine „religion of the book" anstelle von Familienrel. bzw. Staatsrel. Was früher (Hauptkomponenten der) Familienrel. waren, sollte nun als Aberglauben gelten. Allenfalls blieb Ahnenverehrung in Form des 4. Gebots, Synagogenversammlung als ferner Nachklang der Familiengottverehrung am lokalen Kultort. Jährliches Clan-Opfermahl dort klang als Passamahl nach. Ein sehr anregendes Studienbuch!

Karel van der Toorn (Hg.): The Image and the Book. Icon Cults, Aniconism, and the Rise of Book Religion in Israel and the Ancient Near East. Contributions to Biblical Exegesis and Theology 21. Peeters, Leuven 1997, 271 S.

Das Buch folgt einer bedeutenden Forschungsergebnislinie der letzten Zeit, dass Theol. und Rel.-Wiss. nicht länger neben dem traditionellen Hauptaugenmerk auf (kanon. und/oder nichtkanon. Rel.) Texte stiefmütterlich an den Bildern der Religion(en) vorbeigehen kann, die die Texte nicht nur ergänzen, sondern auch nicht selten korrigieren. Bilder sind viel zu lange den Texten zu Unrecht nachgeordnet worden. Die Frage des Buches: Da es inzwischen unstrittig ist, daß es trotz Bilderverbot Bilder in Israel gab: Gab es auch JHWH-Bilder? Gab es vor dem relativ späten aktiven „programmatischen Bilderverbot" einen älteren „de facto aniconism"? War er aus der Umwelt Israels übernommen? Die Existenz von JHWHbildern wurden früher nur selten erwogen. Neuere Bibeltextdeutungen und Deutungen außerbibl. Bildmat. sprechen eher für JHWHbilder (und Bilder seiner göttl. Partnerin Aschera); neue Inschriften, Siegelbilder und bisher nur ganz vereinzelte weitere Bildfunde weisen vermutlich in ähnliche Richtung. Das Buch führt geschickt und sehr informativ in die Problemfelder ein, zunächst mit einem Überbl. über Götterbilder und -symbole sowie deren Herstellung und Konsekrationsriten der Götterbilder (I. Cornelius; Angelika Berlejung). Das israelit.-judäische Mat. der vorexil. Zeit im bibl., ikonograph. und außerbibl.-inschriftl. Bereich wird von H. Niehr, C. Uehlinger und B. Becking vorgestellt und umsichtig interpretiert. Alle weisen auf die Bedeutung der Bilder im rel. Bereich hin, die selbst durch das später überragende Bedeutung gewinnende Bilderverbot nicht ganz unsichtbar gemacht worden ist. T. N. D. Mettinger verteidigt und verfeinert seine frühere Position, dass der „programmatische Anikonismus", also das aktive Bilderverbot erst spät in Israel entstanden und propagiert worden, aber vorher ein „de facto-Anikonismus" häufig in Israel und seiner Umwelt gewesen sei (leere Gottesthrone; Stierbilder, auf denen die Gottheit unsichtbar stehend vorgestellt wurde; glatt gearb., oben abgerundete Stein-Stelen, die keine menschl. Gestalt-Merkmale aufwiesen), eine Position, die R. Hendel zu untermauern und zu erweitern sucht. Der Hg. schließt den wichtigen Bd. mit einer vergl. Betrachtung, in der er zeigt, daß Rel., die auf der Verehrung von Bildern basiert und ein Glauben, der auf einem heiligen Buch (Kanon) ruht, mehr strukturelle Ähnlichkeiten aufweist als manche(r) glauben mag.

H. Niehr: Religionen in Israels Umwelt. Die Neue Echter Bibel. Ergänzungsband 5 zum AT. Echter, Würzburg 1998, 255 S.

Es ist kein Widerspruch in sich, festzustellen, dass hier eine *innovative* (angelsächs.: openminded) rel.-gesch. Darst. *lange zurückliegender* Epochen gelungen ist, die deren Bedeutsamkeit für gegenwärtige und künftige Bibel- und Weltdeutung durchscheinen lässt und sich auf der Höhe der Forschung befindet. Verf. geht epochenweise (von der Spätbronzezeit ca. 1500 v.Chr. zur beginnenden Eisenzeit ca. 1200/1000 v.Chr. sowie von der Eisenzeit bis zur frühchristl. Zeit) und zugleich regionenweise (Nordwestsyrien, Westsyrien, Palästina/Südsyrien einschl. Ostjordanland) vor. Die gleichmäßig strukturierte Darst. in den Unterabschn. erleichtert Orientierung und Vergleiche. Nützliche Hinweise zu Zeit und Raum stehen voran, dann folgen Quellen, Götterwelt, Kult, Mantik/Magie, Tod, Kosmologie, myth. Lit. Der Umfang der Abschn. ist natürlich abhängig von Quellenlage und archäol. Funden: breit die Darst. für Ugarit, schmaler das spätbronzezeitl. Westsyrien und Palästina (hier könnte man einzelne Art. von O. Keel zufügen, wobei N. ansonsten vorzügl. ausgew. Lit.-Hinweise zur Weiterarb. bietet), Phönizien und Aramäer in guter Ausgewogenheit, sehr schmal (aufgrund knapper Quellenbasis!) die Philister, schön abgerundet wiederum die Völker/Kulturen des Ostjordanlands einchließlich der Nabatäer. Hervorstechend die liebevolle und zahlreiche Darst. der Grundrisse von Heiligtümern und Tempeln; warum eine entsprechende Darst. von Götter- und Göttinnenbildern fehlt, wird erklärt. Es ist schwierig, bei der großen Menge der erforderlichen Informationen einerseits und der wünschenswerten klaren Übersichtlichkeit, guten Lesbarkeit, Verständlichkeit und hohem wiss. Standard andererseits die Waage zu halten; Verf. hat diese Aufgabe gemeistert. Wer das Buch durchgearbeitet hat, ist bestens gerüstet zur vertieften Beschäftigung mit der Rel.-Gesch. Israels und Judas.

II. Altes Testament

1. Sammelwerke/umfassende Werke

a. Zur Einleitung in das AT

Thomas Staubli: Begleiter durch das Erste Testament. Patmos, Düsseldorf 1997, 379 S.
Engagiert, sehr informativ, kurzweilig, teils humorvoll und zeitgemäß illustr. nimmt das Buch die Leser(innen) mitten hinein – in die hebr. Bibel? Ja, aber immer darüber hinaus auch mitten ins heutige Leben und zeigt, dass es keinen „garstigen historischen Graben" geben muss zwischen uns und so uralten Texten, die von Israel und Juda, Abraham, Sara und Hagar, Rahel und Josef, Mirjam, Mose und Jesaja, Rut und Hiob und Debora und uns erzählen. Das geograph., soziale und wirtschaftl., das polit. und rel. Umfeld der Bibel, das damalige, uns heute noch prägende Menschenbild wird einleitend geradezu spannend und erhellend skizz., auch (selbst)krit. und nicht selten humorvoll ohne je die gebotene Ernsthaftigkeit zu verlassen, die der Einf. in ein Buch gebührt, das von der Begegnung Gottes mit seiner Schöpfung handelt. Selten Gelesenes (jüd. Opfervorschriften), oft Zitiertes (prophet. Sozialkritik), Schwieriges (sog. Fluchpsalmen), neu zu Sehendes (der Weg vom Polytheismus zum Monotheismus; Frau Weisheit), alles anschaul., eindrückl. verständl. erzählt, Leser unmittelbar an-gehend mit Tab., „Fenstern", sprechenden und treffenden Überschriften gegliedert („Amos – ein wütender Landaristokrat"; „Die Jesajas – eine Familie von Utopisten"; „Habakuk – ein theologischer Ökologe"). Warum gibt es nicht mehr theol. Bücher wie dieses, das Begeisterung für die Bibel ausstrahlt und Neugier auf das Bibellesen hervorruft? Kurz: Das z.Zt. empfehlenswerteste Buch zur Einf. in die Hebräische Bibel (AT) für jeden, nicht nur für prakt. Theologen: gerade sie werden von der auf neuestem wiss. Niveau stehenden Darst. durch die vielfach neue, originelle Sicht profitieren.

Silvia Schroer, Thomas Staubli: Die Körpersymbolik der Bibel. Primus, Darmstadt 1998, 276 S.
„Der menschliche Körper weist über sich hinaus. Seine Gliedmaßen und Organe stellen ein symbolisches Universum dar. Ein tendenziell körperfeindliches Christentum hat den Leib verteufelt oder vergeistigt. Anhand der überaus reichen biblischen Körpermetaphorik wird gezeigt, daß der Leib ein Tempel Gottes ist, dessen Achtung die Grundlage für den Respekt der Rechte von Frauen, Männern und Kindern ist." Das sehr empfehlenswerte Buch vermittelt Elemente einer „umfassenden Leibesspiritualität". Reich ausgest. mit 110 antiken und modernen Abb. erzählt es über die „symbolischen Aspekte der einzelnen Körperteile". Die Kap. haben didakt. geschickte sprechende Überschriften („Ein Herz mit Verstand", „Von der Kehle zur Seele", „Gott im Bauch"); andere Kap. erzählen über den Kopf, die Augen, Ohren, Mund, Hand und Arm, Füße, immer informativ, nie von oben belehrend, oft überraschend. Beide Verf., ausgewiesene Fachwissenschaftler, haben mit offensichtlicher Lust und Liebe ein ebenso allg.-verständl. wie anschauliches und – bei theol. Lit. nicht eben üblich – spannendes Buch vorgelegt. Wer trockene Definitionen erwartet, wird angenehm enttäuscht. Man findet dem Leben, den Menschen von heute und morgen zugewandte, wirklich gute Theol. Die Verf. verstehen es, vom bibl. Menschenbild (im Bezug zum Gottesbild) in seiner enormen Bedeutung für heute faszinierend zu erzählen, nehmen ständig Gegenwartsfragen auf und deuten unaufdringlich bibl. Frage- und

Antwort-Muster an. Das Christentum mag immer wieder körperfeindlich (gewesen) sein: Die Bibel, aus der die Verf. schöpfen, ist es nicht, im Gegenteil. Die Lektüre des Buches dürfte für viele etwas Befreiendes haben: Bibl. Anthropologie, gegenwartszugewandt, lebens(freude)sprühend, engagierte Theol. im besten Sinne (Vgl. Bd. 38/1999, S. 153 f.).

Wolfgang Zwickel: Die Welt des Alten und Neuen Testaments. Ein Sach- und Arbeitsbuch. Calwer Verlag, Stuttgart 1997, 272 S., 158 Abb.
Das Buch will für den Unterricht in Schule und Gemeinde Mat. bereitstellen und erläutern, das die Lebens- und Alltagswelt der bibl. Texte buchstäblich illustr. Praxishilfen zur spielerischen Umsetzung, Bastelanleitungen werden ebenfalls geliefert. Die Erläut. umfass. 100 S., beginnen mit einer knappen Einf. in die Gesch. des Landes, Böden, Klima und Straßen. „Stadt, Haus und Zelt" informiert über die landesübl. „Unterkünfte", die nächsten Abschn. über „Kleidung, Schmuck und Amulette", „Grabstätten", „Tägliches Leben" und „Kult", bis „Jerusalem und See Genezareth: Zentren biblischer Geschichte" skizziert. Der Abb.-Teil umfaßt 157 S. nützliche Illustr. mit jeweils kurzen Erl. Stichwortverz. und Bibelstellenreg. bilden den Abschluss. Kult. interessante Bezüge für JLH-Leser finden sich im „Kleidungs"-Kap. bei den Amuletten mit vielen Göttinnen und Göttern „neben Jahwe", während die Grab-Abb. keine rel. Elemente erkennen lassen. Wichtig natürlich das Kap. und die Abb. zu den verschiedenart. Kultstätten, Kultgebäuden, deren Ausstattungen und Funktionsweisen, neben den bekannten Tempeln Salomos und Herodes' auch Altarformen und eine Heiligtums-Rekonstr. nach Ausgrabungen (Arad), nichtisraelit. eine Schlacht(opfer)szene (aus Israel keine überlief.) und Musikinstrumente, die auch im Kult Verwendung fanden. Götterbilder aus Israels Umwelt, aus Juda als Beisp. für privaten Hauskult ein Beisp. einer „Säulenfigurine", die zahllos gefunden wurden, und „Räuchertassen/Räucherkästchen". Leider wurde nur eine einzige (nicht sehr aussagekräftige) Abb. einer Synagoge aufgenommen.

b. Arbeiten zur Alttestamentlichen und Biblischen Theologie

Theologisches Wörterbuch zum Alten Testament. Hg. von H.-J. Fabry und Helmer Ringgren. Bd. 8. škr-Taršiš. Kohlhammer, Stuttgart/Berlin/Köln 1995, XIV S., 781 Sp., (S. 393–408) (=408 S.)
Hinsichtl. des altoriental. bzw. atl. Gottesdienstes ist auf folgende Art. hinzuweisen: In den engeren Zusammenh. von Opferhandlungen gehören die Art. šelāmîm, šæmæn (Öl, Fett), šāpak (flüss. Opfer ausgießen), tāmîd (tägl. dargebrachtes Brandopfer), terūmāh (Opfer), der Begriff für Tisch oder Altar selbst (šulḥān), das Verb šrt („dienen", zumal kult.-priesterl.), šālôm (in Segenszusammenhängen), in umfassendere kult. Zusammenh. gehören die Götterbezeichn. šæmæš (Sonne[ngott]; JHWH als Sonne) und terāpîm (Bilder vergöttlichter Ahnen).

Theologische Realenzyklopädie. Hg. von Gerhard Müller. Bde. 23/1994, 24/1994, 25/1995, 26/1996, 27/1997, 28/1997, 29/1998, 30/1999. de Gruyter, Berlin/New York.
Die Bde. 23 und 30 enthalten keine einschläg. Art. In Bd. 24 wird „Neujahrsfest" knapp und präzis von H.-D. Preuß (AT, S. 320 f.) und P. Lenhardt (Judentum, S. 322 ff.) beh. In Bd. 25 ist Art. „Opfer" einschläg.: H. Seebaß (S. 258–267) referiert die vorexil. Opferformen und die prophet. Kritik sowie die exil.-nachexil. Differenzierungen und schließt mit Bemerkungen zum Sinn der Opfer; auch Qumran wird

berücks. G. Stemberger führt die Darst. nach Epochen geordnet über rabbin. Aussagen bis zur Neuzeit (S. 267 ff.). In Bd. 26 sind die Art. „Pesach" (im AT: M. Rösel, S. 231–236; im Judentum: F. Schnider, S. 236–240) sowie „Poesie, biblische" erwähnenswert: Seybold behandelt in letzterem für das AT (S. 743–748) neben der Forschungsgesch. die „Lautgestalt", „Versstruktur", „Strophenstruktur" und die „Textstruktur". Im Bd. 27 sind drei Art. hervorhebenswert: „Priester/Priestertum" (Henning Graf Reventlow, S. 383–391) skizz. in geschichtl. Reihenfolge von der „Patriarchenzeit" und „Richterzeit" an die Aufgabenbereiche (Orakel, Lehre, Reinheitsfragen, Rechtspflege, Opfer, Aufsichtsfunktionen im Heiligtum), Amtseinsetzung, Tracht und Heiligkeitsvorschriften, Unterhalt sowie die Bedeutung des alttestamentl. Priestertums. Für das Judentum wird die hist. Phase bis zum großen Einschnitt mit der Tempelzerstörung 70 n.Chr. skizziert und die Ablösung durch das Rabbinat. Der Art. „Predigt" beh. für das AT (E. Gerstenberger, S. 231–235) reale und fiktive Rede und Lehre in den drei Kanonteilen und die Versammlungen im Exil/Nachexil mit ihren Ansprachen als Wiege der Gattung Predigt in Judentum und Christentum. B. Ego erläutert für das Judentum (S. 235–240) Ursprünge rabbin. Predigt, deren Sammlungen, Charakter und Entw. Der Art. „Psalmen/Psalmenbuch" berichtet für das AT (Seybold, S. 610–624) u. a. von Unters. an Einzeltexten, Kontextgruppen, an den überlieferten Psalmsammlungen sowie zum kanon. Psalter insgesamt. S. Raeder führt den Art. auslegungsgeschichtl. weiter (S. 624–634) von Qumran/NT über die Alte Kirche und das Mittelalter mit einem Schwerpunkt bei Humanismus und Luther bis ins 19. /20. Jh. In Bd. 28 ist der Art. „Reinheit" einschläg.: für das AT verfasst von Thomas Podella (S. 477–483), der Reinheit als Ordnungskategorie vorstellt, den Tempel als Zentrum der Reinheit, reine und unreine Orte, Riten sowie moral.-sittl. Reinheit/Weisheit beh., während für das Judentum R. Goldenberg (S. 483 ff.) den Reinheitsbegriff hist. gegliedert abh. In Bd. 29 steht der bedeutende Art. „Sabbat" (für das AT: C. Körting/H. Spieckermann, S. 518–521), die in klarer Darst. u. a. den Unterschied betonen zwischen dem vorexil. 7. Tag der Woche als Ruhetag (ohne Sabbat-Bezeichnung, Ex 23,12 u. ö.) und dem monatl. gefeierten Vollmondtag mit der Bezeichnung Sabbat. Für das Judentum beschreibt R. Goldenberg (S. 521–525) frühe Zeugnisse, Reaktionen von Griechen und Römern, die Position Philos von Alexandrien, Qumran, Rabbinen sowie heutige Sabbatpraxis.

Erich Zenger: Am Fuß des Sinai. Gottesbilder des Ersten Testaments. Patmos, Düsseldorf 1994, 174 S.

Dieses schöne, gut lesbare Taschenbuch ist in seinen inhaltl. Linien schwer kurz zu skizz., doch kann es in seiner wichtigen Funktion für Leser, die mit Liturgie umgehen, gottesdienstl.Texte formulieren, für alle prakt. Theologen im weiten Sinn des Wortes gekennzeichnet werden: Wer diese engagierte, ja, „begeisterte" „Rede von Gott" (= „Theo-Logie") liest, wird Gebete, Predigt-Rede von Gott, Bibelarbeit über Texte des in der christl. Gemeindearbeit im Hintergrund stehenden „Alten" oder „Ersten" Testaments und seiner zentr. Gottesaussagen und Gottesbilder bereichert, in vertieftem Bewusstsein formulieren, in Erkenntnis alter, falscher christl. Theologie über das Judentum und den angeblich anderen Gott der Bibel Israels (Altes Testament) gegenüber dem Gott Jesu Christi im NT, in neuem Staunen über die „Gottesweisheit" der Bibel Israels, da doch die Gotteslehre (nach dem Verf. ist die Tora als Gotteslehre zugleich Lebenslehre) eine breite Gemeinsamkeit, Brücke zwischen Juden und Christen bildet.

Lothar Perlitt: Deuteronomium-Studien. FAT 8. J.C.B. Mohr (P. Siebeck), Tübingen 1994, 271 S.

Warum ist das Buch Jahrbuchlesern ans Herz zu legen? Wer im Bereich der Liturgik und Hymnologie beschäftigt ist, kreist zentral um die Rede von Gott in gottesdienstl. Klage, Lob und Dank. Der Verf. gehört internat. zu denen, die die Erforschung und Auslegung des Deuteronomium in der 2. Hälfte des 20. Jh. tragen, bestimmen und voranbringen, des bibl. Buches, das als „Mitte biblischer Theologie" (Siegfried Herrmann) bzw. als erste bibl. Theol. bezeichn. worden ist. Alle Beitr. des Bds. gehen von diesem bibl. Buch aus, greifen aber in nahezu alle Bereiche der alttestamentl. Theol., der Theol. allgemein, der Rel.- und Geistesgesch. bis in die Ethik aus und ein. Nicht alltäglich ist die gepflegte Sprache des Autors und die - leider selten werdende - universale Bildung, verb. mit mehr oder weniger verstecktem Humor, geistreichen und treffenden lakonischen Bem. Die sorgfältige Argumentation läuft häufig zu auf brillante Zielformulierungen zu zentralen theol. Fragen und Aussagen von großer sprachl. Schönheit. So habe z. B. „das frühe und das späte Israel seine Größten in den Prophetenmantel gehüllt; aber er vermochte sie nie ganz zu bedecken" (19). „Mit ihrem Aufruf zur Brüderlichkeit unterlaufen diese [deuteronomischen] Prediger ... innerhalb des Gesetzes die Gefahr eines ‚gesetzlichen' Umgangs mit dem Nächsten ... Was so vom Dtn ... auf vielen ... Wegen dem Neuen Testament zugetragen wurde, erklärt die wesentlichen Aspekte der ... neutestamentlichen ‚Bruder'-Sprache." (72). Die Unters. des berühmten Wortes Dtn 8,3b ergibt: „Ohne dieses die Liebe weckende Wort bleiben alle hungrig: die vom Brot Satten wie die nach Brot Hungernden. Nur wer vom Wort lebt, gibt ... das Brot so weiter, daß es nicht beschämt, sondern das Erbarmen bezeugt, von dem beide leben: der Gebende und der Empfangende. Brot *anstelle* des Wortes wäre ... eine unmenschliche Gabe, ... eine Reduzierung des Menschen auf das, was er ißt, während nur durch das Wort erkannt wird, was der Mensch ist und darum über das Brot hinaus auch braucht. So ist es expressis verbis eine Lebens-Aufgabe, dieses Wort (in der Heiligen Schrift) zu erkennen und zu verkündigen ..." (96). Angesichts seines wertvollen, tiefsinnigen Inhalts ist der nur scheinbar hohe Preis des Buches als niedrig einzuschätzen.

Alfons Deissler: Die Grundbotschaft des Alten Testaments. Ein theologischer Durchblick. Herder, Freiburg/Basel/Wien 1995, 205 S.

Nach 11 (!) Aufl. (seit 1972) völlig überarb. und erw. versucht der Verf., ein vor allem in den fünfziger bis siebziger Jahren prägend wirkender, verdienter Bibelwissenschaftler, genau das, was Titel und Untertitel sagen, im Wissen um die Schwierigkeiten in einem breit verständl. Taschenbuch für die Gegenwart zu bieten. Mit Respekt werden die Leserinnen erkennen, wie hier ein aus der Vätergeneration heute Lehrender - wenn auch oft in Sprache und Terminol. seiner Hauptwirkungszeit - aufmerksam und mit der Weisheit und Klarsichtigkeit eines Erfahrenen auf die temperamentvollen Diskussionswege (und -abwege) der Gegenwart schaut. Gewiss, man kann da und dort die Gewichte anders setzen (z. B. Dtn und dem sog. Deuteronomist. Geschichtswerk mehr Raum widmen), doch finden sich auch viele gescheite Beobachtungen und Hinweise auf schlicht Wichtiges, scheinbar zu Selbstverständliches (z. B. daß das „homo factus est" des Credo nicht heißt: „er ist Mann geworden ...").

Manfred Görg: Mythos, Glaube und Geschichte. Die Bilder des christlichen Credo und ihre Wurzeln im alten Ägypten. Patmos, Düsseldorf ³1998, 189 S., zahlr. Abb. im Text; ders.: Nilgans und Heiliger Geist. Bilder der Schöpfung in Israel und Ägypten. Patmos, Düsseldorf 1997, 170 S., 12 Abb. im Text.

Die beiden handl. Bücher gehören zu einer sehr wichtigen, viel zu seltenen Art innerhalb rel.-theol. Lit.: Allg.-verständl., gut erzählte Informationen mit hoher Gegenwartsrelevanz von einem führenden Fachwissenschaftler, wertvoll und inspirierend

sowohl für Fachleute benachb. Fachbereiche, prakt. Theologen und Religionspädagogen wie allg. kulturwiss. Interessierte.
Der erste der Bde. fragt mit Recht, ob das Christentum heute so wenig überzeugend ist, weil uns das Selbstverständnis dessen fehlt, was wir glauben, das Zentrum im Glaubensbekenntnis ein getrübter Spiegel sei. Das Credo – ein unverständlicher, weltferner Mythen-Haufen? Doch gibt es nicht scharfsinnige dogmat. Neu-Definitionsversuche, spekulativ, hochgelehrt und kompetent? Und den Rückgriff auf Bibeltexte, entstaubt, entmytholog., befreit von überholten Bildern des Altertums, entzaubert, entschleiert, scharfsinnig auf konkreten Sinngehalt und Sinngebung befragt und in die Sprache radikaler und existentieller Erfahrung überführt? Verf. wählt einen anderen Weg der „Säuberung des Credo-Brennspiegels"; nicht den der Elementarisierung (was manchmal Verkürzung bedeuten kann), sondern der „Elementenkunde": indem er die Bildsprache des Glaubensbekenntnisses betrachtet und erzählend durch die bibl. Bilder hindurch auf ihre Hintergünde und Wurzeln in der ägypt. Welt-Basiskultur verfolgt, die (neben Mesopotamien) eine „Urquelle betrachtender Gottes- und Menschenschau" darstellt, exemplar. für das „Suchen der Völker nach geeigneten Bildern und die Bewegung des Religiösen in der Welt der Vorstellungen". Denn von der „Erfahrung kann der Glaubende nur in metaphorischer Weise reden": „Der Primärausdruck einer religiösen Erfahrung vollzieht sich nicht in einem Kraftakt des Geistes, sondern im Staunen des Schauenden". Unangemessen sind dagegen nachzeichnende, nachkontrollierende Rekonstruktionsversuche der erfahrenen Glaubens-Sprach-Bilder, z. B. der Auferstehung, in einer „Greifbarkeitszone", im „Historiographischen". Görg vertraut mit Recht der inspirierenden Kraft der Bilder und des Mythos; er bietet ein überzeugendes Plädoyer für die Versenkung und Betrachtung in die entfaltungskräftigen Bilder des Mythos, „Vorstellungsinhalte, in denen Gott und Mensch ‚eine Rolle spielen'", ohne dass die Geschichtsgebundenheit des Mythos geleugnet würde. Er folgt Schritt für Schritt erzählend den Formulierungen des Credo. Fachtheologen werden überrascht sein über den Reichtum der auch heute aufleuchtenden, verständl. und prägenden Bilder. Selbst dieses kluge Buch mag Kirchenfernen manchmal terminolog. schwierig sein – aber eins ist gewiss: Lesern mit Bibelkenntnis kann es begeistern und befähigen, den bibl. Bildern Fernstehende mitzunehmen und zu interessieren. Was das 2. Buch betrifft: Die christl. Rede vom „Heilgen Geist" mag heute als bes. unzeitgemäß und Zeichen für Weltabgewandtheit des Christentums wirken; doch Görg zeigt, dass sie im Gegenteil Bilder voll buntem, prallem Leben assoziiert, wenn man verfolgt, wie er ihre Wurzeln über die hebr. Bibel in der ägypt. Rel. aufzeigt und z. B. die sprühende Vitalität der ägypt. (Schöpfer-) Gottheiten (bes. Amun und seiner Partnerin Amaunet) hinter alttestamentl. und christl. Vorstellungen beschreibt. So lernen Leser enorm viel und Spannendes über christl. Theol. und über die bedeutende ägypt. Rel. gleichsam nebenbei. – Beide Bücher beh. einen viel weiteren Themenkreis, sehr viel mehr Biblisches und Theologisches als die Titel vermuten lassen. Die Leser bekommen Überraschendes und oft Übersehenes erklärt, über die Weiblichkeit Gottes/der Götter in Ägypten und Israel und die Wege der Vermännlichung, den „Geist der Toten" u.v.a. Beide Bücher können Hilflosigkeit bei Predigenden und Religionslehrerinnen in Begeisterung verwandeln, eine Bedrücktheit und Hilflosigkeit, die manchen befällt, wenn traditionell verkopfte und/oder abstrakte Terminol. christl. Dogmatik und binnenkirchl. Predigtsprache immer wieder an den Ohren und dem Verständnis unserer Zeitgenossen vorbeigeht.

c. Wichtige Beiträge zu religionsgeschichtlichen Themen

Brian B. Schmidt: Israel's Beneficient Dead. Ancestor Cult and Necromancy in Ancient Israelite Religion and Tradition. FAT 11. J.C.B. Mohr (P. Siebeck), Tübingen 1994, 400 S.

Ahnenverehrung, Ahnenkult – gab es das in der vorhellenist. Levante? Für Israel mindestens neigt Verf. zur Skepsis, so dass Israels Ahnenkult nicht aus Kanaan übernommen worden sei. Den Beginn von Nekromantie sieht Verf. frühestens z.Zt. der judäischen Könige Ahas und Manasse (2.Hälfte des 8. und 1. Hälfte des 7. Jh. v. Chr. par. zu gleichzeit. Belegen in Mesopotamien). Damals befand sich die israelit.-judäische Gesellschaft in einer Krise, wesentlich ausgelöst durch innere Instabilität im Gefolge der erlittenen assyr. Oberherrschaft. Dass daher verstärkt auch nach (ungewöhnlichen, neuen) Wegen der Zukunftserkundung und -sicherung, Solidarisierung der Bevölkerung (einschl. der Ahnen) gesucht und solche Wege beschritten wurden, ist mindestens verständl. Genau dies, z. B. Nekromantie, aber sei als Gegenstand der Polemik dtr. Autoren auch in Texte, die von fernerer Vergangenheit handelten, eingefügt worden, die die Nekromantie kanaanäischen Urspr. bezichtigen und schon von Mose (Dtn 18) verurteilt erscheinen lassen. Die Dtr wollten auch zeigen, dass die (erste) israelit. Dynastie (Sauls, 1. Sam 28) wie die zweite (Davids, 2. Kön 21,6; 23,24) sich durch (u. a.) Nekromantie verschuldeten. Die Arbeit trägt zur Erhellung der soziokultur. Entw. israelit.-judäischer Religiosität im Bereich von Tod und Jenseitsvorstellungen bei einschl. deren theol.(literarisch)er Bearb. bzw. Bekämpfung in exil.-nachexil. Zeit.

Diana V. Edelman (Hg.): The Triumph of Elohim. From Yahwism to Judaism. Contributions to Biblical Exegesis and Theology 13. Kok Pharos Publishing House, Kampen 1995, 262 S.

Die Beitr. des wichtigen und spannenden Bds. verfolgen den Weg vom Polytheismus in der Eisenzeit in Palästina (L. K. Handy; H. Niehr) über die verändernden Weichenstellungen innerhalb der israelit. Monarchie (Differenzierung zwischen legit. und illegit. Gottesbildern) (B. B. Schmidt) bis zur pers. Zeit (die höchsten Gottheiten nationaler Panthea werden im integrativen Perserreich zum jeweiligen „Gott des Himmels", ein „inklusiver Monotheismus", der sich in der Bibel in der Durchsetzung der Gottesbezeichn. Elohim statt JHWH spiegelt; T. L. Thompson; T. M. Bolin). Der Zoroastrismus des Perserreiches förderte den Aufstieg des einen (männl.) Schöpfergottes auf Kosten des weibl.-göttl. Partners. In der hellenist. Zeit schritt die Entw. weiter vom „inklusiven Monotheismus" zum „exklusiven Monotheismus" konsequent mit dem Ausscheiden des weibl. Partners der Gottheit, ganz klar im hasmonäischen Staat (P. R. Davies). Edelman spürt der Entw. der Gottes(bild)darst. bzw. Bildlosigkeit nach anhand von Münzen im ehem. Gebiet von Juda von der Perserzeit (anscheinend zunächst keine Hemmungen der Darst. anderer Götter, z. B. Athene; ca. 340 begann eine Minorität auf anikon. Münzbilder zu drängen; unter Gouverneur Bagohi hatte sich noch eine Münze mit JHWH auf einem Flügel(rad)thron in Zeus-Haltung gefunden) über die wenig Belege bietende Ptolemäerzeit (anscheinend Vermeidung der Darst. der Götter- oder vergöttlichten Könige wie auch JHWHs) und die Seleukiden (Darst. von Antiochos VIII. Epiphanes als Gott scheint eine Ausnahme; insges. sonst anikonisch) bis zum Hasmonäerstaat, in dem die anikon. Tradition dann skrupulös beachtet wurde. Sie benennt die skizzierten Phasen als „national Yahwism"/"First Temple Yahwism" (ca. 960–587 v.Chr.), „Intertemple Yahwism“ (587–515 v.Chr.), „Second Temple Yahwism“ (Perser- bis in die Hasmonäerzeit) und „Early Judaism“ (143 bis zur Tempelzerstörung).

Michael V. Fox et alii (Hg.): Texts, Temples, and Traditions. A Tribute to Menahem Haran. Eisenbrauns, Winona Lake, IN. 1996, 438 S. engl., 133 S. hebr. Text.

Die stattliche FS für den Verf. des 1978 erstmals ersch., 1985 und 1995 nachgedr. Klassikers für bibl. Tempel-, Priester- und Gottesdienstfragen („Temple and Temple-Service in Ancient Israel“) ist in seinen anregenden Beitr. so vielfältig auf alle Bibelteile ausgerichtet, dass hier nur die unmittelbar z. B. Kult, Priestertum und Pss gewidmeten genannt werden können. S. Japhet weist anhand von Texten zur Verteilung von Priester-Gaben darauf hin, dass Chronik-Texte gelegentl. sachl. näher an Qumrantexten stehen als an Pentateuchbelegen. J. Kugel erkennt im 2. und 1. Jh. v. Chr. Wandlungen im Selbstverständnis Israels als „heiliges Volk“ und der Vorstellung von Heiligen Stätten, die von gegenwärt. realen Hl. Stätten (Land Israel, Jerusalem) radikal unterschieden sein müssen, was ebenso radikale „Reinigung“ erfordert. C. Meyers bedenkt die eigenartige literar. Stellung des Texts vom im Zeltvorhof placierten goldenen Räucheraltar an der Spitze des Kap. Ex 30, der sachl. im Kontext der Kap. 25–27 zu erwarten wäre: Er sollte nach Meinung der Autorin die sorgfältige Anordnung der Beschreibung des hochheiligen Zelts und seines Inventars nicht unterbrechen. H. G. M. Williamson gewinnt aus dem „Psalm Hiskijas“ (Jes 38,10–20) Gesichtspunkte zur Klärung der umstrittenen Frage des Verhältnisses zwischen Jes 36–39 und 2. Kön 18–20. Z. Zevit beschreibt die äußere Ersch. und Symbolik von dem Gesetz Ex. 20,24–26 entsprechenden Altären. M. Weiss verteidigt die Einheitlichkeit des Ps 77, indem er die schroffe Differenz zwischen gegenwärtiger „Dunkelheit“ der Situation und heller Heilsvergangenheit in Schöpfungs- und Frühzeit innerhalb der Bewegung des Psalmgebets erklärt.

L.G. Perdue/J. Blenkinsopp/J. J. Collins/C. Meyers: Families in Ancient Israel. (The Family, Religion and Culture). Westminster, Louisville, KY 1997, 285 S.

„Die Familie“ ist ins Gerede gekommen, negativ, aber auch positiv. Das Team der Verf. wie auch die Initiatoren der Serie, in der das Buch ersch., halten die Diskussion für wichtig, meinen aber, sie finde (in ihrer nordamerik. Heimat) hist., theol. und sozialwiss. nicht ausreichend informiert statt. Der 1. Abschn. (C. Meyers) entwirft ein Bild der Fam. im „frühen Israel“: Die Berücks. moderner Sozialwiss. und ethnograph. Vergleiche neben den bibl. Texten wird vielen Leserinnen neue Einsichten in den harten Alltag der Großfam. und Sippen vermitteln, die das karge zentralpalästin. Bergland bewohnten, in das weite Spektrum weibl. Tätigkeiten, in die hohe Bedeutung der Solidarität in Fam. und Sippe, schlicht notwendig zum Überleben, dennoch keineswegs immer (ausreichend) vorhanden, wobei sich ergibt, dass die in Erzählungen trad. Überlieferungen, rel. Vorstellungen und Riten, Götter der Fam. und Ortschaften, die gemeins. Identität, Zusammenhalt stiften, die überlebenswichtige Gemeinschaft regulieren und tragen. Der wesentliche Beitr. des 2. Abschn. (J. Blenkinsopp) besteht in der Frage nach der Wirkung entstehender staatl. Strukturen in der monarch. Epoche Israels auf Verwandtschaftsbeziehungen und die Fam. speziell sowie der Frage, ob der Staat eine regelrechte Fam.-Politik betrieben habe; das bejaht B. mit der Annahme einer Stärkung der Kernfam. zu Lasten der Großfam./Sippe, z. B. durch stärkere Betonung regelm. Kultfeiern in Jerusalem auf Kosten der Sippen/Ortsfeste und Verbot des Ahnenkults, was die Bindekraft der Sippe (Boden-Eigentumsrecht!) lockere zugunsten von Bindungen an den Staat sowie Schwächung der Rechtshoheit der Sippe durch Verlagerung der Gerichtsbarkeit mehr auf Staatsebene – diese traditionellen Thesen sind aber nicht unumstritten! J. J. Collins beh. im 3. Abschn. „Heirat, Scheidung und Familie in der Zeit des Zweiten Tempels", wo im dörfl. Judentum (Jerusalem als einzige Stadt) Kontinuitäten trotz der Verschiedenheit des zerstreuten Judentums festzustellen sind. Kulturelle Beeinflussungen (Perser, Griechen, Römer) ergriffen i.d.R. nur die Oberschicht. Traditionelle bibl.-jüd. und außerbibl. Texte spiegeln oft eher die kulturell konservativen Gruppen. Verf. hebt den auffälligen pragmat. Charakter der (jüd.) Ehe(schließung) unter einem sorgsam ausgehandelten Vertrag über Eigentums- und Unterhaltsfragen hervor (aber auch Gen 1. 2–3, das eine theol. Zielbeschreibung der Ehe enthalte), beh. das (in Bibel und Mischna nicht, in Elephantine belegte) Recht der Frauen auf Scheidung, den Streit um diese Frage (Esra; Maleachi) und die Fragen der Polygamie, der Ehelosigkeit (angebl. z.B. bei den Essenern, die Polygamie und Scheidung verboten sehen wollten), des Ehebruchs und des Verhältnisses zwischen Eltern und Kindern. Interessante Informationen über versch. (negative und positive) Haltungen gegenüber Frauen im Judentum wie auch konkrete Frauenschicksale registriert der Beitr. In dem ersten der beiden abschließ. Abschn. fasst L. G. Perdue die vorhergehenden Kap. noch einmal zusammen. Schließlich fragt er, wie die Fam. beigetragen habe zum atl. Verständnis Gottes, der Schöpfung, der Gesch., des Menschen und weiteren theol. Themen. Die Mitglieder, Elemente, Strukturen, Metaphern und Dynamismen der Institution „Familie" prägen in der Tat sprachl.-bildl. die Theo-Logie, die Rede von Gott und Israel, von Schöpfung und Heilsgesch., mehr als etwa Metaphern aus dem Umkreis des Königtums (S. 225–234!). Ebenso prägend für theol.-metaphor. Sprache sind die Lebensgrundlagen der Fam., d.h. Land, Solidarität und „corporate identity", Bund/Bündnis und Verpflichtung, die menschl. Existenz, soziale Interaktion, soziale Rollen, moralische Werte und rel. Glauben ermöglichen. Hermeneut. Überlegungen schließen den Bd. ab.

Manfred Weippert: Jahwe und die anderen Götter. Studien zur Religionsgeschichte des antiken Israel in ihrem syrisch-palästinischen Kontext. FAT 18. J.C.B. Mohr (P. Siebeck), Tübingen 1997, 281 S., 3 Abb. im Text, 4 Fototaf.

Diese Ausw. von Studien gehört zum Reifsten, was im Bereich der „Theo"-Logie und Rel.-Gesch. Israels, Judas und seiner Nachbarn im Ergebnis der Forsch. des 20. Jh. an seinem Ende vorgelegt worden ist. Die Breite der Sichtweise ebenso wie die kaum zu übertreffende Präzision, die hist., philolog., epigraph., archäolog. Bildung des Verf. und seine Fähigkeit zur Verbindung von Innovativität und Gediegenheit in vornehmer Argumentation ist schlicht beispielh. Hervorzuheben sind der bahnbrechende Aufs. „Synkretismus und Monotheismus: Religionsinterne Konfliktbewältigung im alten Israel", die beiden maßstabsetzenden Stud. zur sog. „Bileam"-Inschrift von Tell Dēr ʿAllā, die ganz neues Licht auf die bibl. Bileamerzählungen (Num 22–24) werfen und ein glänzender Art. zu „Jahwe". Daneben zeigt u.a. ein faszinierender Art. über den berühmten Ps 121 den Verf. als Meister hist., epigraph. und archäolog. Interpretation Palästina/Israels wie auch als tiefschürfenden Exegeten und feinsinnigen Theologen, der den Bogen von den altoriental. Wurzeln bibl. (Ps-)Texte bis zu wirkungsgeschichtl. Ausläufern von Ps-Motiven im Koran zu ziehen versteht.

Karel van der Toorn/Bob Becking/P. W. van der Horst (Hg.): Dictionary of Deities and Demons in the Bible. E. J. Brill, Leiden/Boston/Köln und Eerdmans, Grand Rapids MI/Cambridge ²1999, 960 S.

Obwohl über dieses höchst empfehlenswerte Buch sehr viel Gutes zu sagen wäre, kann aus Platzgründen nur das hervorgehoben werden: Dieses wertvolle Nachschlagewerk stellt schlicht und einfach gesagt das Beste dar, was z.Zt. auf diesem Gebiet internat. greifbar ist.

Bernd Janowski/M. Köckert (Hg.): Religionsgeschichte Israels. Formale und materiale Aspekte. Veröffentl. der Wiss. Gesellschaft für Theologie 15. Gütersloher Verlagshaus, Gütersloh 1999, 298 S.

Das inhaltsreiche Arbeitsbuch beginnt mit einer Einf. in den gegenwärt. Forschungsstand zur Rel.-Gesch. Israels in den deutschsprach. Ländern anhand von vier Monograph. zwischen 1969 und 1992 (Georg Fohrer, W. H. Schmidt, Rainer Albertz und O.Keel/C.Uehlinger); in ihr stellt W. Zwickel u. a. fest, dass die Darst. der Rel.-Gesch. Israels bei Fohrer und Schmidt, teilw. auch noch bei Albertz primär vom bibl. Befund ausgehen und außerbibl. Befunde, die immer zahlreicher werden, nur am Rande und/oder unsystemat. heranziehen, diese jedenfalls nicht als gleichwertig beh. O.Keel/C.Uehlinger bilden hier einen Neu-Aufbruch, der Siegelbilder und -legenden als rel.-gesch. Quellen mit Gewinn ernstnimmt, aber noch keine umfassende Rel.-Gesch. Israels darst. kann. Zwickel scheint aber nicht so weit zu gehen, dass er die alte Methodik umkehrt und primär vom außerbibl. Befund ausgeht (so z. B. J. Callaway; E. A. Knauf; H. Niehr [in diesem Bd.]). Er ruft z. B. zu regionalen Differenzierungen und der method. Trennung von Quellen-Gruppen auf und mahnt zur Vorsicht gegenüber zu optimist. Auswertung von archäolog., epigraph. u. a. Funden. H. Niehr entwirft markante und klare Eckpunkte und strukturelle Grundlinien für eine moderne Darst. der Rel.-Gesch. Israels und Judas, die er selbst mit seinem Entwurf 1998 (in diesem Lit.-Bericht bespr.) bereits realisiert hat. J. Jeremias und F. Hartenstein („Jahwe und seine Aschera". „Offizielle Religion" und „Volksreligion" zur Zeit der klassischen Propheten) liefern einen außerord. wertvollen Beitr. in der z. T. hitzigen Diskussion um Jahwe und seine Partnerin Aschera, der von ruhiger, sachl.-umsicht. Argumentation gekennzeichnet ist. Kategorien wie „offizielle Religion" und „Volksreligion" sind hilfreich, jedoch unscharf; die Bereiche liegen in den diskutierten außerbibl. Belegen (Kultständer von Taanach, Bilder/Inschriften von Kuntilet Agrud und Hirbet el-Qom) ungeschieden in- bzw. nebeneinander. Der Vergl. vor allem mit Hoseatexten zeigt, dass Hosea im Unterschied dazu in die in Kuntilet Agrud bildl. und textl. dokument. theol. Situation hinein klare innovative theol. Linien mit nachhalt. Fernwirkung konstruiert. Mit diesen Andeutungen ist nur Weniges aus den reichen Erkenntnissen des Beitr. angesprochen! M. Albani weist in einem mat.-reichen Art. zur Bedeutung der Plejaden in der israelit. Rel.-Gesch. auf die enorme theol. Bedeutung (und den Mut) der bibl. Aussage u. a. von Dtjes (40) hin, wenn unter den von Babylon besiegten Judäern behauptet wird, dass Jahwe (statt des babylon. Sieger-Gottes Marduk) das wichtige (göttliche) Siebengestirn (und damit Welt, Himmel, Kosmos) geschaffen habe und beherrsche. A. Berlejung bietet einen glänzenden, aktuellen Überbl. über das Problem der Kultbilder im AO sowie die Entst. des Bilderverbots in Israel und Juda. Sie setzt ein mit präz. Bem. zu Wesen und Bedeutung von Kultstatuen in Mesopotamien und Palästina (Integration, Orientierung, Gemeinschaftsstiftung, Identitätsförderung), bietet eine Bestandsaufn. einschläg. Statuen-Funde und ihr Aussehen im bibl.-eisenzeitl. Palästina. Wohl vor allem ausgelöst durch den neuassyr. Kulturdruck entw. sich allmählich ein innovatives Konzept der Polemik gegen die Kultbilder in Israel/Juda, mit dem dtr. Theologen „die Bildlosigkeit des eigenen Kultes der assyrischen Bilderdominanz" abgrenzend entgegensetzten. Damit war zugleich ein Maßstab zur theol. Beurteilung bzw. Verurteilung von Königen Israels/Judas gewonnen, die normalerweise wie alle altoriental. Könige für Kultbilder zu sorgen hatten. Verstärkt und vertieft wurde diese Tendenz durch die Kultbild-Polemik im Dtjes.-Buch, die die altoriental. „Theologie der Bilder" durch eine „Theologisierung der Bildlosigkeit" (Jahwes) weiterführt, wiederum in Abgrenzung zu den zeitgenöss. Bild-Theologien der Babylonier und vor allem das religionspluralist. Perserreich, in die Nachkommen des monarch. Juda einbezogen waren. K. Koch setzt sich mit Recht dafür ein, bei künftiger Darst. der Rel.-Gesch. Israels weniger auf eine angebliche „Eigenständigkeit der religiösen Entwicklung Israels" zu setzen, sondern diese mit Entwicklungsstadien, Themen u. ä. der altoriental.-hellenist. Religionen seiner Umwelt zu verzahnen, z. B. die bibl.-krit. Prophetie mit der etwa gleichzeitigen Zunahme „intuitiver Zukunftserkundung im aramäischen Syrien, im sargonidischen Assyrien, aber auch im hellenischen Delfi". Dann führt er exemplar. an Ps 2 und dem sich darin äußernden sakral. Königtum in Jerusalem und seinen Veränderungen vor, wie die Themen/Motive auf ägypt. Vorstellungen des Neuen Reiches zurückgehen sowie auf altsyr. Motive aufbauen, während zeitlich näherliegende assyr. Elemente des 9.–7. Jh. v.Chr. vereinzelt am Rande bleiben. In einer Unters. von Ps 82, nach dem Jahwe vor dem auf dem Richterstuhl thronenden El das Gott-Sein anderer Götter bestreitet, zeigt Zenger, dass nach 586 v. Chr. und der Zerstörung des Jerusalemer Tempels für Ps 82 „der scheinbare Verlierergott JHWH ... eigentlich der einzige wahre Gott" ist; „er löst sogar das ganze Pantheon ab", „weil er tut, was gottgemäß ist", seit der Rettung aus Ägypten. Auch jetzt rettet er die „bedrohten personae miserae aus der Gewalt der Frevler", hier die „von den feindlichen Eroberern und Besatzern bedrängte Gemeinde" auf dem Sprach- und Motivhintergrund der „mythischen Vorstellung vom Aufstieg zur Suprematie eines Gottes über die anderen Götter". Deshalb beweise Ps 82 nichts für die Frage, ob die Rel. Israels vorexil. polytheistisch gewesen sei.

2. *Exegetische Arbeiten zu Fragen des Gottesdienstes*

a. *Umfassend zum Psalter*

F.-L. Hossfeld/Erich Zenger: Die Psalmen. Psalm 1–50. Die Neue Echter Bibel 29. Echter, Würzburg 1993, 318 S.
Hiermit beginnt ein umfass. Ps-Komm. zu ersch., der mehrere hervorrag. Merkmale vereint: ausführl. genug für Mitforscher, zugleich überschaubar und verständl. für liturg. und gemeindl. Praktikerinnen und interess. Bibelleser, berücks. er gleichermaßen, dass jeder Ps einerseits einen eigenständ., lit. hochstehenden, tiefgründ. Text darst., aber auch dies, dass die Stellung und ggf. der Bezug jedes einzelnen Ps zu anderen Pss(gruppen) von vielfältiger Bedeutung nach beiden Seiten ist (redaktionsgesch. und kanon. Interpretation). Tatsächlich wird beides jeweils deutlich: Das theol. Einzelprofil jedes Ps (jede Auslegung beginnt mit einer sprechenden, prägnanten Überschrift) mit evtl. Trägergruppen und (ggf.) mit Wachstumsstufen wie auch seine Sinnbedeutung für die jeweilige Pss-Gruppe (bzw. das Pss-Buch) insges. Ein schöner und sehr wichtiger Kommentar!

J. L. Mays: Psalms. Interpretation. Westminster, Louisville, KT 1994, 457 S.
Hier liegt das Konzentrat einer lebenslangen Beschäftigung mit den Pss vor, ein handl. Komm., der alle kanon. Pss auslegt, für Studierende, Lehrende, Pfarrer gleichermaßen wertvoll durch gut verständl., eindrückl. Sprache, die im Hintergrund zeigt, daß der Verf. auf der Höhe der Forschung steht. Die Auslegung berücks. Wirkung und Bedeutung jedes Ps bis ins NT und die kirchl. Tradition und arb. das jeweilige theol. Profil des einzelnen Ps gut heraus.

Klaus Seybold/Erich Zenger (Hg.): Neue Wege der Psalmenforschung. Herders Biblische Studien 1. Herder, Freiburg/Basel/Wien 1994, 392 S.

Dem Titel gemäß ein sehr innovativ-impulsreicher Bd.! Die 20 Beitr. namhafter Fachleute reichen von umfass. Analysen des Gesamtpsalters bis zu detaill. Erl. einzelner Pss (8, 13, 23, 51 [2 Beitr.], 95, 144) und Pss-Gruppen (Bittpss; Ps 15–24; Asafpss; Korachpss). Da verteidigt z. B. S. Gerstenberger seine Sicht des Psalters nicht als Buch, sondern als gewachsene Sammlung sehr unterschiedl. Gebete und Lieder, „die man einzeln genießen muß“, während sonst die Abwendung von isolationistischer Exegese einzelner Pss im Rahmen heutiger Forsch. [kanon. Pss-Auslegung] immer mehr Platz greift, eine Tendenz, der G. offensichtl. Krit. gegenübersteht. Rez. fragt sich freilich, ob dies eine sinnvolle Alternative darst. Ein Beitr. beh. Pss/Lieder in der Kindheitsgesch. Jesu bei Lukas, zwei andere widmen sich der Ps-Hermeneutik an konkreten Pss bzw. Ps-Gruppen, weitere zwei der Rezeption von Ps 1 bei Justin und im Barnabasbrief bzw. des Psalters insges. im apokryph. Baruchbuch. Bes. hinzuweisen ist auf K.-F. Pohlmanns Beitr., der das bisher viele Verstehensschwierigkeiten bereitende Stück Jer 20,14–18 im Kontext von Jer 20,1–6 und 20,7–13 interessant als „Antipsalm“ deutet.

Matthias Millard: Die Komposition des Psalters. FAT 9. J.C.B. Mohr (P. Siebeck), Tübingen 1994, 299 S.

Verf. unters. mit formgesch. Methoden Zusammenh. und Anordnungen von Pss(gruppen), die in einer „Formgeschichte der Psalmengruppen“ münden. Darüber hinaus erarb. er eine Darst. der „Entstehung des Psalters“ mit dem sog. „elohistischen Psalter“, einer „Klagekomposition“ als Vorstufe und dem „Ausbau des Psalters in persischer Zeit“ („Mustergebetsbuch“). Schließlich beschreibt M. eine Stabilisierungsphase der zunächst durchaus versch. Textgestalten im „masoretische(n) Psalter als nachkultisches Wallfahrtsliederbuch“ mit Ausblick auf den Psalter in der Zeit von Qumran und (interessanten Bem.) zur Stellung im Kanon sowie als „häusliches Gebetsbuch“. Die lesenswerte Studie unterstreicht den Wert kontextueller Analyse gegenüber der traditionell isolierenden Betrachtung von Einzelpss.

Klaus Seybold: Die Psalmen. Handbuch zum AT I/15. J.C.B. Mohr (P. Siebeck), Tübingen 1996, 548 S.

Ein konzentrierter wiss. Komm. über den gesamten (kanon.) Psalter. Die dem Verf. abverlangte, der Anlage der Reihe entsprechende Kürze zwingt ihn zu manchmal lakonischen Formulierungen, obwohl er als seit langem am Fachgespräch über die Pss engagiert Beteiligter viel zu sagen hat. Die Konzentration muss kein Schade sein, im Gegenteil, da die Leserschaft viele Informationen erhält und so selbst exeget. (mit)arbeiten sollte, zwischen den Zeilen und Sätzen lesen muss und kann, zumal wenn sie prakt.-theol. Ziele verfolgt. Der Komm., in vielem anders geartet und andere Schwerpunkte setzend als z. B. derjenige von Hossfeld und Zenger (1993; bisher nur Ps 1–50) oder derjenige von J. L. Mays (1994), wird als kompaktes und informationsreiches Handbuch zweifellos zahlreiche Liebhaber finden.

Norbert Lohfink/Erich Zenger: Der Gott Israels und die Völker. Untersuchungen zum Jesajabuch und zu den Psalmen. SBS 154. Kathol. Bibelwerk, Stuttgart 1994, 213 S.

Analysen von jesajan. Texten zu „Bund“ und „Tora“ bei der Völkerwallfahrt zum Zion und entsprechende Pss (25, 33, 87, 90–106) bilden das Zentrum des Buches. Es geht um die Frage: Was wird hier bibl. zum Verhältnis zwischen Israel und den „Völkern“ im gemeins. Gegenüber zu Gott gesagt? Als Ausgangspunkt im Hintergrund steht die lange Gesch. der verheerend falschen Lehre der Kirche von der „Synagoge“, von Israel als dem Volk des „Alten Bundes“, das aus diesem Bund herausgefallen und in den jetzt statt seiner die Kirche einbezogen sei. Obwohl diese Irrlehre z. B. seit 1950 durch die EKD-Synode Berlin-Weißensee und das II. Vaticanum 1965 („Nostra Aetate") sowie mehrfach durch Johannes Paul II. als solche verdeutlicht worden ist, bedarf es weiter deutlicher theol. Aufarb. bis in die Gemeinden. Durch die bibl. Analysen wollen die Verf. gegenüber dem Judentum als ihrem „älteren Bruder" (Johannes Paul II.), dessen Bund mit Gott nie aufgekündigt war (Martin Buber), zeigen, daß der „Bund" als bibl. Kategorie „den grundlegenden Horizont abgeben kann, in dem die dynamisch-dramatische ‚Bundesgenossenschaft' von Israel und Kirche als zweier Instrumente Gottes für das Kommen SEINES Reiches beschreibbar wird". Der *eine* Bund ist dynamisch, entfaltungsfähig, offen. Die Bundesgenossenschaft wird im bibl. Bild der Völkerwallfahrt zum Zion, der mütterlich nährenden Lebensquelle, präfiguriert gesehen. Sie bedeutet „Erwählung" (zunächst) Israels, d. h. Indienstnahme, „Einweisung in JHWHs Weltordnung"; so trägt Israel als Mittler von Gottestora für die Völker „messianische" Züge (Ps 2, 86, 100–103). „Der Sinaibund wurde mit Israel allein geschlossen … In und durch Jesus, den Christus, *ist* der Bund Gottes mit Israel auf die Völker bzw. auf alle Menschen hin geöffnet worden" (181).

H.-P. Mathys: Dichter und Beter. Theologen aus spätalttestamentlicher Zeit. OBO 132. Universitätsverlag, Freiburg/Schweiz und V & R, Göttingen 1994, 374 S.

Das gescheit und sensibel verf. Buch zeigt, dass und wie in der nachexil. Zeit theol. reflektierte und konzentr. Texte, bibl.-systemat.Theol. im besten Sinn, vielfältige theol. Konzepte entstanden sind. Die Darst. geschieht an Gebeten (Neh 9, Dan 9,4–19; Esra 9,5–15; Neh 1,4–11; 1. Chr 29; 2. Chr 20; 1. Kön 8; 2. Sam 7,18–29; Jer 32,16 ff.), geschichtstheol. Texten (Ps 136; Am 4,13; 5,8 f. ; 9,5 f.; Dan 2,20–23; 3,31–33; 4,31 f. 34; 6,26–28), Pss außerhalb des Psalters (1. Sam 2,1–10; 2. Sam 22; 23,1–7; Dtn 32; 33; Ri 5; Ex 15; Jes 12; 1. Chr 16,8–36; Jona 2,3–10; Jes 38,10–20) sowie an den Pss 33, 111/112, 135, 144, 146, 130, 119, 117, 19. Ergebnisse sind z. B. die Erkenntnis, daß Ps 33 eine alttestamentl. Dogmatik in nuce enthält. Verf. zitiert Gerhard von Rad: „Im Rühmen und Feiern Gottes war Israel immer stärker als in der theologischen Reflexion" und ergänzt: „Theologische Reflexion hat Israel … immer stärker dazu geführt, Rühmen und Feiern Gottes in seinen Schriften einen zentralen Platz zuzuweisen. Diese Reflexion erfolgt bevorzugt in Gotteslob und -dank, in Psalmen, Doxologien und Gebeten."

Klaus Berger: Psalmen aus Qumran. Quell, Stuttgart 1994, 164 S., 12 farb. Fototaf.

Das Buch kann kaum nachdrückl. genug empfohlen werden: z. B. allen, die Gottesdienste vorbereiten oder es als Geschenkbuch verwenden. „Das Judentum seit etwa 200 v. Chr. und in der Zeit Jesu ist mit großer und intensiver Frömmigkeit gesegnet. Sie wird durch die zahlreichen Gebete und Hymnen bezeugt, die in dieser Zeit entstanden sind. Ohne die große geistliche Fruchtbarkeit des Judentums dieser Zeit ist das frühe Christentum nicht zu verstehen." In diesen Zusammenh. gehören die „Originalzeugnisse" aus Qumran, u. a. ein Schatz von Pss, Hymnen und Gebeten, ca. 800 Rollen bzw. Rollenteile, ein Querschnitt nicht durch die Lit. einer „Sekte", sondern durch das damalige Judentum und seine Frömmigkeit, den „Mutterboden des Christentums". Verf. hat die meisten gebotenen Texte erstmals ins Dt. übers., nach Sachthemen geordnet (u. a. Segenssprüche, Loblieder, Vertrauenslieder, Gebete in Not und Bedrängnis, Danklieder, Klagelieder – Erfahrungen von Frauen, Lob- und Segenstexte zu best. Zeiten) und mit knappen Einl. sachkundig versehen. Der geistl. Tiefe und Schönheit dieser „Gebete aus unserer eigenen Geschichte, unserer geistlichen Väter" wird sich keine Leserin entziehen können.

Erich Zenger: Die Nacht wird leuchten wie der Tag. Psalmenauslegungen. Akzente. Herder, Freiburg/Basel/Wien 1997, 496 S.

In der reichen poet. Bildersprache und geistl. Tiefe des Buches der Pss findet sich wie in keinem anderen bibl. Buch das ganze menschliche Leben, von gottbegeistertem Lobpreis bis zum verzweifelten Gottverlassenheitsschrei, meinte Kirchenvater Athanasius im 4. Jh., und Z. teilt diese Begeisterung und Überzeugung. Das spürt man dem Taschenbuch Seite für Seite ab. Z. führt mit klaren, verständl. Worten (in deren Hintergrund gründlichste wiss. Vorarb. stehen) in die Welt der Pss, ihrer Dichter und Beter ein, in ihre wichtige Rolle als einzelne Texte und in ihrem bibl.-kanon. Zusammenhang, als „Graben und Brücke zwischen Judentum und Kirche" und darüber hinaus, als „Lieder- und Lesebuch" zugleich, als Schatz von geistl. Dichtung, auf unsere menschliche Emotionalität zielend, der uns „in Bewegung bringen" will, „damit wir uns selbst in den Psalmen wiederfinden: mit unseren Sehnsüchten und Ängsten, mit unseren Leiden und Hoffnungen". Wer es liest, wird mitgerissen und versteht, dass in unseren Gottesdiensten wie im persönl. geistl. Leben das Psalmsingen und -beten nicht fehlen darf. Selbst wo es schon einen Platz hat, kann es vertieft und erweitert werden. Das Buch gliedert die Ps-Auslegungen in themat. Abschn. (z. B. Klage und Dank; Von der Verantwortung des Staates; Gottesmystik; Option für die Armen; Geheimnis der Schöpfung; Anschrei aus der Tiefe; Leben mit dem Tod; Gottesnähe) und hat offensichtl. einen Ton getroffen, der über Fachexegeten hinaus Liturgiker, Hymnologinnen, Pfarrer, ja, Menschen unserer Tage schlechthin anspricht, da das Buch, aus bereits in 4. bzw. 2. Aufl. vergriffenen Büchern des Verf. zusammengewachsen („Mit meinem Gott überspringe ich Mauern" ([4]1993) und „Ich will die Morgenröte wecken" ([2]1996), nun bearb. ersch.

Klaus Seybold: Studien zur Psalmenauslegung. Kohlhammer, Stuttgart/Berlin/Köln 1998, 319 S.

Sinnvollerweise beginnt der Sammelbd. mit drei gut orientierenden Ps-Forschungs-Berichten, die z. B. auf die zeitl. jüngste Tendenz zur verstärkten Beachtung des Psalters als Buch im Kanon, den „kanonischen Zugang", hinweisen, auf die „Komposition des Psalters" bzw. sachlich und kontextuell verknüpfter Ps-Gruppen, -serien „cluster", „Bögen", auch, dass neben strukturell und linguist. interessierten Arbeiten wieder „kerygmatische" Komm. stehen, (mehr) synchrone neben (weniger) diachronen Analysen. Die pers. und hellenist. Zeit tritt stark als Periode der Psalmen-/Psalter-Entstehungszeit hervor. Verf. bemängelt häufige zu geringe Beachtung der poet. Formen der Texte. Der folgende „Werkstatteinblick" zeigt 16 sehr verschiedene Beitr. Es geht um Ps 16 („Weg zum Leben" oder eher „Weg des Lebens"), interessante Überleg. zu dem (alten) Ps 29 und seiner Rezeption in Ps 96 und später (bis zu Apg 7 und Apc 10), Lösungsversuche zu schwierigen Stellen in Ps 58 (vgl. 82). Eine gegenwartsbezogene, eher exeget.-informierte und einfühlsame als trocken wiss. Analyse von Ps 62 als „Zeugnis eines Verfolgten" unter dem Titel „Asyl?" steht neben Aufs. über Ps 76, Lesenswertem über „Zeitvorstellungen in Ps 90" (der Ps spielt ja im Gottesdienst- und Gemeindeleben wie in Kasualien eine wichtige Rolle), über das Wachstum des berühmten (vielleicht doch nicht so eng auf den „Sonnenhymnus" des Pharaos Echnaton rückführbaren) Ps 104, einem Rekonstruktionsversuch des im Mittelteil textl. schwierigen Ps 141, „Habakuk 2,4b und seinen Kontext", das „Hymnusfragment 11QPs[a] XXVI 9–15" (vgl. zeitl. 148–150, die spätesten Pss und sachl. Ps 65 und 104), das keinen Vergleich mit „kanonischen" Pss zu scheuen braucht. Weitere Beitr. widmen sich der „Redaktion der Wallfahrtspsalmen", versuchen, das „Wir" in den Asaph-Pss in einer exil. Gemeinde in Ephraim nördl. von

Jerusalem zu lokalisieren, prüfen die Wendung *hillā panîm* unter dem Titel „Reverenz und Gebet", beleuchten die „Vorgeschichte der liturgischen Formel ‚Amen'". Der vorletzte Aufs. betrachtet - sehr interessant - Klage-Pss im Hiobbuch, während der letzte Beitr. „In der Angst noch Hoffnung" Ps 88,11 und 23 als „persönliche Zeugnisse" persönlich-einfühlsam betrachtet und damit gut zur abschließenden Predigt (zu Ps 127,1) überleitet.

Erich Zenger (Hg.): Der Psalter in Judentum und Christentum. HBS 18. Freiburg/Basel/Wien 1998, 420 S.

Dieses höchst empfehlenswerte Buch fasziniert schon durch seine inhaltl. Breite, die in Bereiche vorgeht, die eher selten beh. werden, so dass die Gedankentiefe der einzelnen Beitr. kaum ausgelotet werden kann und hier nur durch Nennung der Themata zu Kauf und Lektüre angeregt werden soll: Erich Zenger: Der Psalter als Buch. Beobachtungen zu seiner Entstehung, Komposition und Funktion; F.-L. Hossfeld: Die unterschiedlichen Profile der beiden Davidsammlungen Ps 3-41 und Ps 51-72; M. Millard: Zum Problem des elohistischen Psalters; A. Lange: Die Endgestalt des protomasoretischen Psalters und die Toraweisheit. Zur Bedeutung der nichtessenischen Weisheitstexte aus Qumran für die Auslegung des protomasoretischen Psalters; H.-J. Fabry: Der Psalter in Qumran; J. Schaper: Der Septuaginta-Psalter; Y. Zakovitch: David's Birth and Childhood in the Bible and in the Midrashim on Psalms; G. Stemberger: Psalmen in Liturgie und Predigt in der rabbinischen Zeit; G. Bodendorfer: Zur Historisierung des Psalters in der rabbinischen Literatur; D. Krochmalnik: Die Psalmen in Moses Mendelssohns Utopie des Judentums; K. Löning: Die Funktion des Psalters im Neuen Testament; E. Feldmann: Psalmenauslegung in der Alten Kirche: Augustinus; T. Lentes: Text des Kanons und heiliger Text. Der Psalter im Mittelalter; Albert Gerhards: Die Psalmen in der römischen Liturgie; B. Janowski: Die „Kleine Biblia". Zur Bedeutung der Psalmen für eine Theologie des Alten Testaments. Ohne die Bedeutung der wichtigen anderen Beitr. zu mindern: Das Buch zu kaufen lohnt schon wegen des ersten und des letzten Beitr.

Gunda Schneider-Flume: Glaubenserfahrung in den Psalmen. Leben in der Geschichte mit Gott. Biblisch-Theologische Schwerpunkte, 15. Vandenhoeck & Ruprecht, Göttingen 1998, 172 S.

„Die Sprache der Psalmen kann in besonderer Weise dazu helfen, die Verengung und Verarmung dogmatischer Sprache aufzubrechen. Seinen Grund hat das darin, dass die Gebete der Psalmen Lebenserfahrungen verdichten und konkret werden lassen, indem sie sie in der Perspektive der Geschichte Gottes wahrnehmen." Die Autorin verfolgt einl. theol.- und philosophiegesch. das Verständnis von „Glauben", „Treue und Vertrauen". „Glaube lebt von der Erfahrung, daß die Geschichte Gottes in die je eigene Lebensgeschichte verwoben ist und die eigenen Geschichten in Gottes Geschichte gründen." „Die Gebete der Psalmen bringen Erfahrungen des Lebens und des Glaubens zur Sprache und stellen Sprache zur Verfügung, die heute aus der Sprachlosigkeit und dem Erfahrungsdefizit im Blick auf die Rede vom Glauben herausführen können." So bietet diese gute, kurzgefasste bibl. Dogmatik oder Glaubenslehre Reflexionen zum „Grund des Glaubens" (anhand von Ps 8 und 22), zur „Festigkeit des Glaubens" (Ps 18,31, 42,40, 62), zur „Zeiterfahrung des Glaubens" (Ps 30,93, 39,90) und zum „Ich des Glaubens" (Ps 139,51, 103).

Christoph Rösel: Die messianische Redaktion des Psalters. Studien zu Entstehung und Theologie der Sammlung Psalm 2-89*. CThM A 19. Calwer Verlag, Stuttgart 1999, 241 S.

Eine der Arb., die sich der Frage widmen, wie aus Einzel- und Psalmengruppen der

Psalter entstand. Es wird vor allem auf Strukturen, Wachstumsspuren/-stufen geachtet sowie auf die Pss verbindenden Elemente und Bearb.-Spuren. Funktionsbeobacht. zu den Einzelpss und den Gruppen (und evtl. Veränderungen) stehen neben Analysen einzelner Pss. Spez. bei der Sammlung 2-89* interessiert die Verteilung der Überschriften, der Gottesnamengebrauch im Vergleich zum Kontext. Da der Verf. 2-89* als Sammlung prüft, nimmt er auch die Makrostruktur des Psalters inges. in den Blick. Im Ergebnis kommt er zu neuakzentuierten Grundlinien der Entst. des Psalters, wobei 2-89* im Zentrum des Interesses bleibt. Überleg. zum Verhältnis Psalmen – Chronik zeigen Ps 90-150 näher an der Chronik, also später zu datieren als 2-89*. 2-89* stellt eine mehrschichtige, klar abgegrenzte Sammlung dar, deren Gestaltungsgesichtspunkte geprüft werden, wobei die Basis משׂח (Messias) und die mit ihr verbundenen Vorstellungen bestimmend für die Redaktion waren. Damit ist die Davidtradition angesprochen: David als Gesalbter Jahwes. Versch. „Davidbilder" werden in den Sammlungen 42-83, 2-89, 1-150 erkannt. Alles mündet in einer zusammenfass. Darst. der Redaktion von 2-89*, wobei ihr Profil im Vergleich zu vorhergehenden Sammlungen betrachtet wird. Und wie ging es nach 2-89* weiter auf dem Weg zum Psalter 1-150? Schließlich werden Datierung (in der Perserzeit), sozialgeschichtl. Verwurzelung der Redaktion (levit. Tempelsänger, die auf das Königtum als Institution nicht verzichten wollen) und das Ziel ihrer Sammlung angesprochen: davidisches Gebets-/Erbauungsbuch, nicht für den Kult bestimmt. Der Beitr. des Buches geht durch die Ergebnisse zur Makrostruktur und Entst. des Psalters über seinen Primärgegenstand Ps 2-89* deutlich hinaus.

D. Anderson Jr.: The Division and Order of the Psalms. WThJ 56/1994, S. 219-241.

J. van Oorschot: Nachkultische Psalmen und spätbiblische Rollendichtung. ZAW 106/1994, S. 69-86.

R. T. Beckwith: The Early History of the Psalter. TynB 46/1995, S. 1-27.

W. Houston: David, Asaph and the Mighty Works of God: Theme and Genre in the Psalm Collections. JSOT 68/1995, S. 93-111.

M. Millard: Von der Psalmenexegese zur Psalterexegese. Anmerkungen zum Neuansatz von Frank-Lothar Hossfeld und Erich Zenger. Biblical Interpretation 4/1996, S. 311-328.

F.-L. Hossfeld/ Erich Zenger: Neue und alte Wege der Psalmenexegese. Antworten auf die Fragen von M. Millard und R. Rendtorff. Biblical Interpretation 4/1996, S. 332-343.

E. S. Gerstenberger: Welche Öffentlichkeit meinen das Klage- und das Danklied? JBTh 11/1996, S. 69-90.

J. Lust: A Lexicon of Symmachus' Translation of the Psalms. EthL 74/1998, S. 87-92.

B. Ego: „In meinem Herzen berge ich dein Wort". Zur Rezeption von Jer 31,33 in der Torafrömmigkeit der Psalmen. JBTh 12/1997, S. 277-298.

P. W. Skehan (+), E. Ulrich, P. W. Flint: A Scroll Containing „Biblical" and „Apocryphical" Psalms: A Preliminary Edition of 4QPs^{f} (4Q 88). CBQ 60/1998, S. 267-282.

H. P. Müller: Punische Weihinschriften und alttestamentliche Psalmen im religionsgeschichtlichen Zusammenhang. Or. 67/1998, S. 447-476.

P. W. Flint: The Book of Psalms in the Light of the Dead Sea Scrolls. VT 48/1998, S. 453-472.

P. von Gemünden: Psalmensymbolik in Joh 12,13. ZDPV 114/1998, S. 39-70.

J. S. Lombaard: Some Remarks on the Patriarchs in the Psalms. OTEs 11/1998, S. 59-70.

J. H. Hunter: Theophany verses in Hebrew Psalms. OTEs 11/1998, S. 255–270.
P. J. Nel: The Theology of the Royal Psalms. OTEs 11/1998, S. 71–92.

b. Zu einzelnen Psalmen oder Psalmengruppen

Beat Weber: Psalm 77 und sein Umfeld. BBB 103. Beltz, Weinheim 1995, 362 S.

Eine „poetologische Studie" im „Dreieck von Text/Literatur, Geschichte und Theologie" (30). Sie geht nicht anstelle, sondern neben der traditionellen hist.-krit. (gattungs- und kultgeschichtl., sozio-hist., sprach- und rel.-vergleichenden sowie redaktionsgesch.) Analyse und auch der neueren „kanonischen" synchronen Auslegung (des Einzelps für sich und die Bedeutung seiner Einbettung in Psalmsammlungen und den Psalter sowie diachron den Redaktions- und Kanonisierungsprozess betrachtet) mit bes. Interesse für Literaturwiss. vor, fragt daher nach Eigenart und Funktion poet. Typik und will durch Erfass. der sprachl. Gestalt den Aussagegehalt und die Wirkabsicht erheben. So werden Geschichtlichkeit, Textlichkeit und „Wahrheitsanspruch" (Sinn/Theologie) erfasst. Damit betont Verf. zu recht, dass das volle Verständnis eines (bibl.) Textes nicht nur die (hist.-krit.) Analyse seiner Entstehungsbedingungen und seine (die kanon. Endgestalt betrachtende und würdigende) Wirkungsgesch. mit der auslegenden Gemeinschaft zu umfassen hat. Zugrunde liegen sollte die sorgfältige literaturwiss. Beachtung der Sprachgestalt des allem vorausliegenden bibl. Textes. Dies umso mehr, als die (rhetor. kunstvolle, rhythm.) Sprache bibl. Texte in größerem Umfang als meist gedacht poet. geformt ist. Verf. verbindet in seiner Unters. deutlich das „Wie" (Funktionserklärung) mit dem „Was" (Sinnerhebung), denn „poetische Gestalt (ist) mit dem Gehalt in hohem Maße verzahnt und selbst bedeutungshaltig" (29). In dem sehr sorgfältig unters. Ps 77, einer „(prophetischen) Mittlerklage" mit darin geübtem „hymnischen ‚Sich-Erinnern' … wird der Hiatus zwischen der heilvollen Vergangenheit und dem dunklen Jetzt überwunden; die alten Zeiten werden heraufgeführt. Und Gott wird mit und in ihnen neu gegenwärtig". „Die Verborgenheit Gottes (ist) nicht als Verwerfung, sondern als Verhüllung … zu verstehen" (310). „Der poetologische Ansatz verhilft nicht nur zur Wahrnehmung der Psalmenpoesie als ‚Poesie', sondern ergänzt auch die ‚rückwärts' gerichteten Fragestellungen der historischen Kritik … durch die ‚vorwärts' gerichteten Fragen nach kommunikativer Potenz, *relecture*, Neukontextuierung etc." (311 f.). „Psalmen sind dialogisch und stiften an zum Dialog mit Gott und Menschen.

Jutta Schröten: Entstehung, Komposition und Wirkungsgeschichte des 118. Psalms. BBB 95. Beltz-Athenäum, Weinheim 1995, 180 S.

Umsichtig, durchsichtig formuliert und gut lesbar, enthält sehr viel mehr als der Titel andeutet und greift oft über den einzelnen Ps, z. B. 118 hinaus („ein Schlüsseltext ebenso für die Theologie des Exodus wie für die Christologie der ntl. Autoren. Er hat in der jüdischen und christlichen Glaubens- und Theologiegeschichte gleichermaßen große Beachtung gefunden."): Forschungsgeschichtliches verständl. skizz., wichtige neuere Forsch.-Richtungen (Intertextualität und Intratextualität im Rahmen der Hermeneutik; Kanonproblematik) werden im Zusammenh. der Psalmenexegese dargest. Bei Textkrit., synchroner und diachroner Analyse verliert sich die Studie nie in Details, ohne sie freilich zu missachten. Generell lesenwert für an moderner Ps-Forschung Interessierte, nicht nur für Interessenten von Ps 118. (Eine letzte Prüfung des Seitenlayouts scheint nicht stattgefunden zu haben.)

M. Kleer: „Der liebliche Sänger der Psalmen Israels". Untersuchungen zu David als Dichter und Beter der Psalmen. BBB 108. Philo, Bodenheim 1996, 353 S.

Nicht wenige Pss „auf David hin", auf sein Leben, seine Verfolgungen und Rettungen zu lesen und zu meditieren diente in der Krise der Exilszeit als Identifikationsangebot. Das Geflecht der (überschriftl.) Zuordnungen von Pss zu biograph. Situationen Davids wird zu einem Element der Theol. So wird David selbst sukzessive als Beter, Sänger, Dichter (von Pss) und Instrumentenerfinder/-bauer gesehen, gewinnt Züge als Prophet und Weisheitslehrer, als Schriftgelehrter, als eschatol. Gestalt, der Psalter erscheint durch biograph. Überschriften als sein „geistliches Tagebuch". Verf. verfolgt diese (nicht völlig unwidersprochen gebliebene) Entw. mit großer Sorgfalt nicht nur im Psalter und in den Samuelbüchern, sondern bei Ben Sira und in Qumran (Psalmenrolle 11QPs[a]).

Bernd Willmes: Jahwe – ein schlummernder Beschützer. Zur Exegese und zum theologischen Verständnis von Psalm 121. BThSt 35. Neukirchener Verlag, Neukirchen-Vluyn 998, 96 S.

Das sympathische, sorgfältig erarb. Taschenbuch gehört gleichermaßen in die Hand von Exegeten und pastoralliturg. Praktikerinnen. Es bietet am Beisp. von Ps 121, wohl einem „Reisesegen" bei der Abreise zum Heiligtum, method. geradezu exemplar. textnahe synchrone Analyse und diachrone Exegese, umfass., aber ohne auszuufern, bis zur versweisen Ausleg. und mündet in Darlegungen zur Rezeptionsgesch. Am Ende findet sich ein übersichtl. Anh. mit Tab. zur sprachl. Analyse. Eine im guten Sinn moderne Analyse und Auslegung eines Ps, die auch zeigt, daß Nachdenken über und Beten von Psalmen nie zum Ende kommen wird und soll. Dies offensichtl. zu bewirken, darin besteht die unerschöpfliche geistl. Kraft der Psalmen.

Michael Emmendörffer: Der ferne Gott. Eine Untersuchung der alttestamentlichen Volksklagelieder vor dem Hintergrund der mesopotamischen Literatur. FAT 21. J.C.B. Mohr (P. Siebeck), Tübingen 1998, 328 S.

In Liturgie und Poimenik haben Individual(klage)pss berechtigterweise einen unumstritten prominenten Platz, während – zu Unrecht, wie diese Arbeit zeigt – gemeinschaftl. Klagelieder („Volksklagelieder") weitgehend fehlen. In einer individualisierten Säkularges. mag das wohl verständlich sein, in der kirchl. Gemeindesituation ist es korrekturbedürftig. Eine zusammenfass. Analyse dieser Textgruppe fehlte bisher. Das Buch kommt durch Einzelanalysen, immer mit Blick auf das Ganze der überaus bemerkenswerten und anregenden Vielfalt der Ps-Gruppe u. a. zu einer „Literaturgeschichte der Volksklage Israels in exilischer und nachexilischer Zeit" von den frühesten Beispielen unmittelbar nach 587/6 v.Chr. (Klgl 2 und 5) über Ps 44, 60, 74, 79, 80, 83, 85, 89, 108, 132, 137 bis Jes 63,7–54,11. Das Buch zeigt die schmerzhafte theol. Fruchtbarkeit der exil. Krisenerfahrung Israels und die strukturelle Bedeutung der theol. Verarb. der Krise für Judentum und Christentum bis heute durch die exemplar. Spannbreite der uns überlieferten Gebetstexte, die von der „Anklage Gottes als Feind" bis hin zur „Wahrnehmung Gottes als Vater" reichen. – Neben dem einl. Gesagten liegt der Wert dieses Werkes als Impulsgeber für alle Praktiker (neben den Fachexegeten) in klarer Sprache, Anschaulichkeit und Übersichtlichkeit (Tab., Aufstellung wichtiger Leitworte und Themen der beh. Pss).

P. C. Beentjes: The Function of Psalm 1 in a Text from the Genizah of Cairo. EstB 52/1994, S. 303–316.

J. Wehrle: Ps 1 – Das Tor zum Psalter. Exegese und theologische Schwerpunkte. MThZ 46/1995, S. 215–229.

R. G. Kratz: Die Tora Davids. Psalm 1 und die doxologische Fünfteilung des Psalters. ZThK 93/1996, S. 1–34.

J. A. Burger: Psalm 1 and wisdom. OTEs 8/1995, S. 327–339.

E. Bons: Psaume 2. Bilan de recherche et essai de réinterprétation. RevSR 69/1995, S. 147–171.
C. Vang: Ps 2,11–12 – A New Look at an Old Crux Interpretum. SJOT 9/1995, S. 163–184.
S. Olofsson: The Crux Interpretum in Ps 2,12. SJOT 9/1995, S. 185–199.
M. L. Barré: Hearts, Beds, and Repentance in Psalm 4,5 and Hosea 7,14. Biblica 76/1995, S. 53–62.
B. Janowski: JHWH der Richter – ein rettender Gott. Psalm 7 und das Motiv des Gottesgerichts. JBTh 9/1994, S. 53–86.
G. T. M. Prinsloo: Polarity as dominant textual strategy in Psalm 8. OTEs 8/1995, S. 370–387.
M. S. Smith: Psalm 8:2b-3: New Proposals for Old Problems. CBQ 59/1997, S. 637–641.
O. Loretz: Gottes Thron in Tempel und Himmel nach Psalm 11. Von der orientalischen zur biblischen Tempeltheologie. UF 6/1994, S. 245–270.
S. A. Irvine: A Note on Psalm 14:4. JBL 114/1995, S. 463–466.
P. Auffret: C'est pourquoi se rejouit mon cœur. Étude structurelle du Psaume 17. BZ (NF) 40/1996, S. 73–83.
P. Auffret: „Je serai rassasié de ton image". Étude Structurelle du Psaume 17. ZAW 106, 1994, S. 446–458
J.-M. Auwers: La rédaction du Psaume 18 dans le cadre du premier livre des Psaumes. EThL 72/1996, S. 23–40.
N. Wyatt: The Liturgical Context of Psalm 19 and its Mythical and Ritual Origins. UF 27/1995, S. 559–596.
A. A. de Silva: Psalm 21 – A poem of association and dissociation. OTEs 8/ 1995, S. 48–60.
G. T. M. Prinsloo: Hope against hope – a theological reflection on Psalm 22. OTEs 8/1995, S. 61–85.
G. Vall: Psalm 22:17b: „The Old Guess". JBL 116/1997, S. 45–56.
J. Kaltner: Psalm 22:17b: Second Guessing „The Old Guess". JBL 117/1998, S. 503–506.
P. Auffret: Tu m'as Répondu. Étude structurelle du Psaume 22. SJOT 12/1998, S. 102–129.
P. D. Stern: The „bloodbath of Anath" and Psalm xxiii. VT 44/1994, S. 120–125.
R. Mosis: Beobachtungen zu Ps 23. TThZ 104/1995, S. 38–55.
R. E. Tappy: Psalm 23: Symbolism and Structure. CBQ 57/1995, S. 255–280.
G. Rice: An Exposition of Psalm 23. JRT 52/1995, S. 71–78.
P. J. Botha: Psalm 24: Unity in diversity. OTEs 7/1994, S. 360–369.
T. Lescow: Textübergreifende Exegese – Zur Lesung von Ps 24–26 auf redaktioneller Sinnebene. ZAW 107/1995, S. 65–79.
A. Wagner: Ist Ps 29 die Bearbeitung eines Baal-Hymnus? Biblica 77/1996, S. 538–539.
P. J. Botha: The Social Setting and Strategy of Psalm 34. OTEs 10/1997, S. 178–197.
J. G. Janzen: The Root *škl* and the Soul Bereaved in Psalm 35. JSOT 65/1995, S. 55–69.
J. S. Kselman: Two Notes on Psalm 37. Biblica 78/1997, S. 255–265.
E. Haag: Psalm 40: Das Vertrauensbekenntnis eines leidenden Gerechten. TThZ 104/1995, S. 56–75.
C. Schroeder: „A Love Song": Psalm 45 in the Light of an Ancient Near Eastern Marriage Text. CBQ 58/1996, S. 417–432.

B. M. Zapff: „Eine feste Burg ist unser Gott“ – Beobachtungen zu Ps 46. BN 95/1998, S. 79–93.

J. Schaper: Psalm 47 und sein „Sitz im Leben“ . ZAW 106/1994, S. 262–275.

J. D. Pleins: Death and Endurance: Reassessing the Literary Structure and theology of Psalm 49. JSOT 69/1996, S. 19–27.

G. Glazov: The Invocation of Ps.51:17 in Jewish and Christian Morning Prayer. JJS 46/1995, S. 167–182.

U. Bail: Die Klage einer Frau. Zu sprechen gegen das Schweigen. Eine feministisch-sozialgeschichtliche Auslegung von Psalm 55. BiKi 51/1996, S. 116–118.

J. S. Kselman/M.L.Barré: Psalm 55:Problems and Proposals. CBQ 60/1998, S. 440–462.

B. Weber: „Fest ist mein Herz, o Gott!“ Zu Ps 57, 8–9. ZAW 107/1995, S. 294–295.

B. Doyle: Ps 58: Curse as Voiced Disorientation. Bijdr. 56/1995, S. 122–148.

D. P. Wright: Blown away like a bramble: the dynamics of analogy in Psalm 58. RB 103/1996, S. 213–236.

M. L. Barré: A proposal on the crux of Psalm lxiv 9a. VT 46/1996, S. 115–119.

R. Meynet S.J.: Le Psaume 67. „Je ferai de toi la lumière des nations.“ NRTh 120/1998, S. 3–17.

W. S. Prinsloo: Psalm 67: Harvest thanksgiving psalm, (eschatological) hymn, communal prayer, communal lamentor or ...? OTEs 7/1994, S. 231–246.

P. Auffret: „Dieu sauvera Sion“: Étude structurelle du Psaume lxix. VT 46/1996, S. 1–29.

P. Auffret: „Toutes les nation le diront bienheureux“. Étude structurelle du Psaume 72. SEL 13/1996, S. 41–58.

W. Brueggemann & P. D. Miller: Psalm 73 as a Canonical Marker. JSOT 72/1997, S. 45–56.

J.-M. Auwers: Les Psaumes 70–72. Essai de lecture canonique. RB 101/1994, S. 242–257.

E. Wendland: Introit >into the Sanctuary of God < (Psalm 73:17): Entering the theological ‘heart’ of the psalm at the centre of the Psalter. OTEs 11/1998, S. 128–153.

P. Auffret: Et moi sans cesse aved toi – étude structurelle du Psaume 73. SJOT 9/1995, S. 241–276.

P. Auffret: Souviens-toi de ton assemblée! Étude structurelle du Psaume 74. FolOr 33/1997, S. 21–31.

P. Auffret: Quand Dieu se lève pour le jugement. Étude structurelle du Psaume 76. BN 84/1996, S. 5–10.

W. van der Meer: Psalm 77,17–19: Hymnisches Fragment oder Aktualisierung? EThL 70/1994, S. 105–111.

J. A. Emerton: The text of Psalm lxxvii 11. VT 44/1994, S. 183–194.

T. Hieke: „Weitergabe des Glaubens“ (Ps 78,1–8). Versuch zu Syntax und Struktur von Ps 78. BN 78/1995, S. 49–62.

Ph. Stern: The Eight Century Dating of Psalm 78 Re-argued. HUCA 66/1995, S. 41–65.

T. Hieke: Psalm 80 and Its Neighbours in the Psalter. BN 86/1997, S. 36–43.

G. T. M. Prinsloo: Shepherd, vine- grower, father – divine metaphor and existential reality in a community lament (Psalm 80). OTEs 10/1997, S. 279–302.

S. B. Parker: The Beginning of the Reign of God. Psalm 82 as Myth and Liturgy. RB 102/1995, S. 532–559.

W. S. Prinsloo: Psalm 82: Once Again, Gods or Men? Biblica 76/1995, S. 219–228.

P. Auffret: Qu'elles sont aimables, tes demeures! Étude structurelle du psaume 84. BN NF 38/1994, S. 29–42.
H. U. Steymans: Der (un-)glaubwürdige Bund von Psalm 89. ZAR 4/1998, S. 126–144.
Th. Krüger: Psalm 90 und die „Vergänglichkeit des Menschen". Biblica 75/1994, S. 191–219.
P. Auffret: Qui se lèvera pour moi? Étude structurelle du Psaume 94. RivBib 46/1998, S. 129–156.
B. Gosse: Le Psaume 98 et la rédaction d'ensemble du livre d'Isaïe. BN 86/1997, S. 29–30.
J. Schiller: Bemerkungen zur Analyse und Interpretation von Psalm 99. BN 91/1998, S. 77–89.
B. Weber: Psalm 100. BN 91/1998, S. 90–97.
P. Auffret: Au milieu de ma maison. Étude structurelle du Psaume 101. SJOT 11/1997, S. 124–137.
F. Sedlmaier: Psalm102,13–23: Aufbau und Funktion. BZ NF 40/1996, S. 219–235.
P. Auffret: „Afin que nous rendions grâce à ton nom." Étude structurelle du Psaume 106. SEL 11/1994, S. 75–96.
J. Jarick: The Four Corners of Psalm 107. CBQ 59/1997, S. 270–287.
D. P. Wright: Ritual Analogy in Psalm 109. JBL 113/1994, S. 385–404.
W. P. Brown: A Royal Performance: Critical Notes on Psalm 110:3a-b. JBL 117/1998, S. 93–96.
P. Auffret: Grandes sont les œuvres de YHWH: Étude structurelle du Psaume 111. JNES 56/1997, S. 183–196.
D. Pardee: La structure du Psaume 111 – Réponse à P. Auffret. JNES 56/1997, S. 197–200.
R. Scoralick: Psalm 111 – Bauplan und Gedankengang. Biblica 78/1997, S. 190–205.
P. Auffret: En mémoire éternelle sera le juste: étude structurelle du Psaume cxii. VT 48/1998, S. 2–14.
P. J. Nel: Psalm 110 and the Melchizedek tradition. JNSL 22/1996, S. 1–14.
J. Creach: The Shape of Book Four of the Psalter and the Shape of Second Isaiah. JSOT 80/1998, S. 63–76.
E. Zenger: Komposition und Theologie des 5. Psalmenbuches 107–145. BN 82/1996, S. 97–116.
E. Zenger: The Composition and Theology of the Fifth Book of Psalms, Psalms 107–145. JSOT 80/1998, S. 77–102.
P. D. Miller: The End of the Psalter. A Response to Erich Zenger. JSOT 80/1998, S. 103–110.
G. T. M. Prinsloo: Yahweh and the poor in Psalm 113: Literary motif and/or theological reality? OTEs 9/1996, S. 465–485.
G. T. M.Prinsloo: Tremble before the Lord: Myth and History in Psalm 114. OTEs 11/1998, S. 306–325.
P. Auffret: „Je marcherai á la face de YHWH": Étude structurelle du Psaume 116 (suite). OTEs 10/1997, S. 161–177.
Th. Booij: Psalm 116,10–11: The Account of an Inner Crisis. Biblica 76/1995, S. 388–395.
P. Auffret: Louez YHWH, toutes les Nations! Étude structurelle du Psaume 117. BN 74/1994, S. 5–9.
J. Schröten: Das Spiel mit Anspielungen – Ps 118 im Neuen Testament. BiLi 69/1996, S. 228–237.

J. Becker: Zur Deutung von Psalm 118,24. BN 94/1998, S. 44–51.
H. Viviers: The Coherence of the ma'ᵃlôt Psalms (Pss 120–134). ZAW 106/1994, S. 275–298.
D. E. Fleming: Psalm 127: Sleep for the Fearful, and Security in Sons. ZAW 107/1995, S. 435–444.
M. J. H. van Niekerk: Psalm 127 and 128: Examples of divergent wisdom on life. OTEs 8/1995, S. 414–424.
C. L. Patton: Psalm 132: A Methodical Inquiry. CBQ 57/1995, S. 643–654.
E. Ballhorn: „Um deines Knechtes David willen" (Ps 132, 10). Die Gestalt Davids im Psalter. BN 76/1995, S. 16–31.
Th. Booij: Psalm lxxxiv, a prayer of the anointed. VT 44/1994, S. 433–441.
P. Auffret: Rendez Grâce au Seigneur! Étude structurelle du Psaume 136. BN 86/1997, S. 7–13.
P. Auffret: Souvientstoi, YHWH! Étude structurelle du Psaume 137. Résponses et compléments. BZ NF 47/1997, S. 250–252.
N. Rabe: „Tochter Babel, die verwüstete!" (Psalm 137,8) – textkritisch betrachtet. BN 78/1995, S. 84–103.
P. Auffret: O Dieu, connais mon coeur: Étude structurelle du Psaume cxxxix. VT 47/1997, S. 1–22.
N. Rabe: Des Beters vergessene rechte Hand. Zur Textkritik und Übersetzung von Psalm 137,5. UF 27/1995, S. 429–453.
R. Kimelman: Psalm 145: Theme, Structure, and Impact. JBL 113/1994, S. 37–58.
J. Risse: Exegese zwischen Tradition und empirischer Erkenntnis. „Rabeneltern" – zur Auslegungsgeschichte von Psalm 147,9b und Ijob 38,41. Protokolle zur Bibel 7/1998, S. 127–136.
Ch. Brüning: Psalm 148 und das Psalmenbeten. MThZ 47/1996, S. 1–12.
B. Gosse: Le Psaume cxlix et la réinterprétation postexilique de la tradition prophétique. VT 44/1994, S. 259–263.
H. Seidel: „Gott loben, das ist unser Amt" – exegetische Assoziationen zu Psalm 150. Theologische Fakultät Leipzig. Forschungsstelle Judentum. Mitteilungen und Beiträge 10/11,1996, S. 3–10.

3. *Gottesdienstliche Handlungen*

a. Feste

D. W. van Winkle: 1 Kings xii 25-xiii 34: Jeroboam's cultic innovations and the man of God from Judah. VT 46/1996, S. 101–114.

b. Priestertum

Richard A. Henshaw: Female and Male. The Cultic Personnel. The Bible and the Rest of the Ancient Near East. PTMS 31. Pickwick Publications, Allison Park, PA. 1994, 385 S.
Sammelt und klassifiziert sorgfältig alle Bezeichn. kult. Funktionär(inn)e(n), Sänger, Klagepersonal, Musiker, Tänzer, Beschwörer, Opferschauer, Ekstatiker, weiser Männer und Frauen, Exorzisten, Propheten, Seher, Magier, Medizinmänner und

-frauen, Heiler, Zauberer, des mit Sexualität/Fruchtbarkeit befassten Personals und aller Kulthilfskräfte. Regional gesehen werden Texte aus Mesopotamien und Ebla, Emar und Ugarit neben der Bibel einbezogen. Neben der nützlichen Sammeltätigkeit, die das Buch zu einem Nachschlagewerk macht, erfreut das nüchterne, manchmal lakonische Urteil des Autors. Auf zusammenfass. bzw. profilierende, Gemeinsames oder charakterist. Unterschiedliches in den regionalen Befunden herausarb. Durchblicke hat er allerdings verzichtet.

T. Seidl: *t'ruma* - die „Priesterhebe"? Ein angeblicher Kultterminus - syntaktisch und semantisch untersucht. BN 79/1995, S. 30-36.

D. Goodblatt: Suicide in the Sanctuary: Traditions on Priestly Martyrdom. JJS 46/1995, S. 10-29.

S. L. Cook: Innerbiblical Interpretation in Ezekiel 44 and the History of Israel's Priesterhood. JBL 114/1995, S. 193-208.

M. S. Moore: Role Pre-Emption in the Israelite Priesthood. Vetus Testamentum 46/1996, S. 316-329.

J. Kugel: Levi's Elevation to the Priesthood in Second Temple Writings. HThR 86, 1993, S. 1-64.

J. Blenkinsopp: The Judaean Priesthood during the Neo-Babylonian and Achaemenid Periods: A Hypothetical Reconstruction. CBQ 60/1998, S. 25-43.

D. Fleming: The Biblical tradition of Anointing Priests. JBL 117/1998, S. 401-414.

c. *Opfer, Riten und Gebet*

Hans-Ulrich Steymans: Deuteronomium 28 und die *adê* zur Thronfolgeregelung Asarhaddons. Segen und Fluch im Alten Orient und in Israel. OBO 145. Universitätsverlag, Freiburg/Schweiz und V & R, Göttingen 1995, 425 S.

Der Obertitel weist auf das Analysemat. hin; erst der Untertitel deutet konkreter an, um welche zentr. rel. Fragen es geht. Noch konkreter setzt Verf. beim Kap. Dtn 28 mit seinen Segens- und Fluchankündigungen im Fall der Beherzigung (oder Nichtbeherzigung) der Weisung Jahwes an und will die seit Jahren, Jahrzehnten umstrittene Frage klären, ob die bibl. Formulierungen und sprachl. „Baupläne" (Strukturen) 1. direkt aus (bestimmten vorhandenen) assyr. Quellen übernommen seien, ob 2. eine mittelbare Verbindung bestehe, 3. beide gemeins. Quellen hätten oder 4. nur allg. eine gemeins. altoriental. Segens- und Fluchtradition zugrundeliege. Die Frage ist auch deshalb so wichtig, weil sie das Verhältnis Israels/Judas zur jahrzehntelangen assyr. Besatzungsmacht besser erleuchten hilft. Die Unters. legt Argumente dar, die (zwischen 672 und 597 v. Chr.) für die erste Möglichkeit sprechen. Noch wichtiger für Jahrbuchleserinnen sind die Einsichten in Form, Elemente, Entwicklung, Kontexte und Funktionen altoriental. und bibl. Fluch- und Segenstexte allg. und in Dtn 28 konkret.

Oswald Loretz: Des Gottes Einzigkeit. Ein altorientalisches Argumentationsmodell zum „Schma Jisrael". Wiss. Buchgesellschaft, Darmstadt 1997, 204 S.

Das wichtige Buch führt direkt in das Zentrum des israelit.-jüd. Glaubens. Im zentr. Bekenntnis zur „Einzigkeit Jahwes" Dtn 6,4 lebt sowohl „ein Argumentationsmodell als auch ein Theologumenon der altsyrisch-kanaanäischen Mythen weiter, die in einem langen Prozeß in den Kult Israels transferiert worden sind." Dtn 6,4 vereint „mythisch-kultische Denkweise und Sprache mit einer ... geschichtlichen Erfahrung ... zum bleibenden Ausdruck biblischer Gotteslehre". Israel wird „nicht mehr von seinem König, sondern von seinem (königlichen) Gott bestimmt". Diese programmat. Selbstdefinition ist im AO einzigartig, auch wenn „Monotheismus“ nicht als „eine in allem originäre israelitisch-jüdische Denkleistung“ zu bezeichnen sei. „Israel läßt sich ... nur insoweit als eine Besonderheit begreifen, als sie von der relativen polytheistischen Einzigkeit zur absoluten, exkludierenden ... fortschreitet, diese Ausschließlichkeit geschichtlich begründet und zugleich als Fundament für ein unauflösbares, wechselseitiges Verhältnis zwischen Jahwe und seinem jüdischen Volk begreift. Mit diesem Schritt zur absoluten Einzigkeit Jahwes unter den ‚Göttern‘ und Völkern verläßt die Bibel den umgebenden altorientalischen Sprach- und Vorstellungsraum ...“. Die Entw.-Ebenen oder -stufen sind in der Bibel noch ablesbar. Verf. betont, dass die atl. Aussagen vom einzigen Gott Israels im Christentum, Judentum und Islam sehr unterschiedl. Interpretationen gefunden haben, die moderne Rede von den drei monotheist. Rel. zu Unrecht in der zentralen Gottesfrage Einheitlichkeit suggeriere.

Sebastian Grätz: Der strafende Wettergott. Erwägungen zur Traditionsgeschichte des Adad-Fluchs im Alten Orient und im Alten Testament. BBB 114. Philo, Bodenheim 1998. 328 S.

Es geht um Traditionen und Motive im bibl. Gottesbild, die es mit Vorstellungen des mesopotam. und syr. Wettergottes Adad/Hadad (im AT unter der Bez. ‚Baal‘ auftretend) verbinden. JHWHs Name und seine Beziehung zu (einem) Berg(en) weisen auf seine Zugehörigkeit zum Typos des Wettergottes, dem auch Adad/Hadad angehört. Verf. unterscheidet zwischen den Motiven des „verschwundenen bzw. verborgenen“ bzw. des „zur Bestrafung aktiv werdenden Wettergottes“. JHWH konnten als Wettergott im Bereich von „Strafvorstellungen“ Züge eben dieses Göttertyps zugeeignet werden „bei der strafenden Sanktion von Rechts- bzw. Bundesbruch“, die ihm ursprünglich nicht eigneten. Davon ist die häufige bibl. Polemik gegen Baal (als Gegenspieler JHWHs) zu unterscheiden, eine Unterscheidung, die das Fortleben der Wettergott-Strafmotive bei JHWH in exil.-nachexil. Texten (neben heftiger Pauschalpolemik gegen den Wettergott Baal/Hadad) ermöglichte. Bibl. analysiert Verf. in diesem Zusammenhang Dtn 28 (formal und inhaltl. altoriental. Fluchkatalogen entsprechend), wonach Am 4,6 ff.; 1. Kön 8,31 ff. gestaltet seien. Daneben werden Hos 4,1–3; Jes 5,1–7 beh. Eine für die rel.-gesch. zentrale Gottesbildfrage wie auch das theol. wichtige Motiv des Bundes bzw. Bundesbruchs und die damit verbundenen Sanktionen und ihre Formulierungen wichtige Unters.

Adrian Schenker: Recht und Kult im Alten Testament. OBO 172. Universitätsverlag, Freiburg/Schweiz und Vandenhoeck & Ruprecht, Göttingen 2000, 208 S.

Der Bd. besteht aus 18 sorgfältigen Studien zum Rahmenthema der Stichworte Recht und Kult, unter denen die Jahrbuchleser auf folgende aufmerksam zu machen sind: Ein schöner Überblicksart. zu den Opfern in der Bibel, Unters. zu den Bundesopfern in Ex 24,3–8 und zum Unterschied zwischen Sündopfer und Schuldopfer (Lev 5,17–19; 5,1–6) sowie zum Begriffspaar „Reinheit und Unreinheit“ und zum „besonderen“ Segen des 7. Schöpfungstages in Gen 2,3. Aufschlussr. und sehr lesenswert auch „Der Boden und seine Produktivität im Sabbat- und Jubeljahr“.

R. Ruß: „Brand- und Sühnopfer forderst du nicht“ Ps 40,7. Heute von Opfer und Sühne reden? BiKi 48/1994, S. 125.

U. Steymans: Die Opfer im Buch Deuteronomium. Ihre Funktion im Leben des Gottesvolkes. BiKi 48/1994, S. 126–131.

W. Zwickel: „Opfer der Gerechtigkeit“ (Dtn. xxxiii 19; Ps. iv 6, li 21). VT 45/1995, S. 386–391.

H. Jauss: Fluchpsalmen beten? Zum Problem der Feind- und Fluchpsalmen. BiKi 51/1996, S. 107–115.

M. L. Frettlöh: Gott segnen. Systematisch-theologische Überlegungen zur Mitarbeit des Menschen an der Erlösung im Anschluß an Ps 115. EvTh 56/1996, S. 482–510.

K. van der Toorn: Ein verborgenes Erbe: Totenkult im frühen Israel. ThQS 177/1997, S. 105–120.

H. Stipp: Die sechste und siebente Fürbitte des Tempelweihgebets (1Kön 8,44–51) in der Diskussion um das Deuteronomistische Geschichtswerk. JNSL 24/1998, S. 193–216.

V. Sasson: The Inscription of Achisch, Governor of Eqron, and Philistine Dialect, Cult and Culture. UF 29/1997, S. 627–639.

A. Berlejung: Kultische Küsse. Zu den Begegnungsformen zwischen Göttern und Menschen. WO 29/1998, S. 80–97.

4. Sakralarchitektur

a. Tempel

Jostein Ådna: Jerusalemer Tempel und Tempelmarkt im 1. Jahrhundert n. Chr. ADPV 25. Harrassowitz, Wiesbaden 1999, 182 S.

Das instruktive Buch schildert gut verständl. und detaill. in der ersten Hälfte, Forschungsgesch. einbeziehend, die archäolog.-architekton. Situation des herodian. Tempels mit Baugesch. und Veränderungen. Dabei bekräftigt Verf. die Auffass. B. Mazars, dass Herodes seinen Tempel-Umbau nach dem Bautypus des „Kaisareions" gestaltete. Die berühmte, im Süden den Tempelkomplex begrenzende „königliche Säulenhalle" mit ihrem funktionalen und räuml. Kontext wird aufschlussr. dargest.: Da Jerusalem keine Agora besaß, nahm der äußere Tempelbezirk diese Funktion wahr; die königl. Säulenhalle als Knotenpunkt diente als Marktplatz und war sinnvollerweise einerseits über die Treppe am Robinson-Bogen unmittelbar mit dem Markt im Zentraltal wie auch andererseits mit dem Inneren des Tempel(hof)komplexes verb. Betrachtungen zur Tempelmarktszene mit Jesus (Mt 21; Mk 11; Lk 19; Joh 2), die wohl dort in der Säulenhalle zu lokalisieren ist, leiten zur 2. Hälfte des Buches über, die die Funktionen des Tempelmarktes ins Auge fassen. Personell wird die Hohepriesterschaft als umfass. Tempelverwaltungsbehörde dargest. Ein lebendiges und detaill. Bild zeichnet Verf. von den verschied. Tätigkeiten der Geldwechsler sowie der Verkäufer der verschiedenartigen Opfermaterie.

Wolfgang Zwickel: Der salomonische Tempel. Kulturgeschichte der Antiken Welt 83. Ph. von Zabern, Mainz 1999, 212 S., 81 S-W-Abb. im Text, 25 Abb. auf 16 Farbtaf.

Das Buch – in der gewohnten, vorzügl. Qualität des Verlages Ph. von Zabern hergest. – ist gut verständl. verf. und reich illustr. Es beh. zunächst die Quellen und bietet dann einen knappen Abriss der (Rel.-)Gesch. Jerusalems. Dann widmen sich 70 S. dem „Bau Salomos", der Frage von Vorgängerbauten, Lage, Ausrichtung, Bauzeit, Architektur, Innenarchitektur und -dekoration sowie der architekturgeschichtl. Einordnung. 57 S. beh. danach Installationen und Kultgeräte des salomon. Tempels. Es folgen kleinere Abschn. zum Tempelvorhof, zum Brandopferaltar, zur Frage der Verehrung „fremder" Gottheiten im Tempel neben Jahwe sowie zu den (wenigen) Belegen der Erwähnung des Jerusalemer Tempels in Inschriften aus Palästina. Dann geht es um die Priester und die Frage, ob der Tempel in vorexil. Zeit betreten werden durfte, was im Gegensatz zur Spätzeit bejaht werden kann. Ein knapper „Ausblick" nach der Zerstörung des Ersten Tempels (Salomos) führt bis zur Vernichtung des herodian. Tempels durch die Römer. Lit.-Hinweise zu jedem Abschn. sowie ein relativ ausführl. Lit.-Verz. und Abb.-Nachw. stehen am Ende; ein Reg. fehlt vielleicht, weil sich Verf. weniger an die wiss. Fachkollegen als an ein breites Publikum wendet, das eher Grundinformationen als Fachdiskussionen erwartet, die es auch erhält.

B. Ego/ A. Lange/ P. Pilhofer (Hg.): Gemeinde ohne Tempel. Community without Temple. Zur Substituierung und Transformation des Jerusalemer Tempels und seines Kults im Alten Testament, antiken Judentum und frühen Christentum. WUNT 118. Mohr/Siebeck, Tübingen 1999, 519 S., 7 Fotoabb. auf Taf.

Der überaus reichh. und wichtige Bd. kann leider in seinem gediegenen Inhalt nicht annähernd skizz. werden. 28 Beitr. aus den Bereichen „Altes Testament", „Umwelt", „Hellenist.-röm. Zeit", „Qumran", „Die Synagoge und die rabbinische Literatur" und „Neues Testament und Alte Kirche" bieten eine so große Fülle von grundsätzl. und detaill. Vermutungen, Überleg., Antworten und Hinweisen auf die wichtige Frage, wie im Judentum in seiner ganzen Breite und wirkungsgesch. bis ins frühe Christentum theoret. und prakt. mit dem Verlust des ersten (salomon.) und des zweiten (herodian.) Tempels als gottesdienstl. und theol. Mittelpunkt umgegangen wurde, dass es auch schwer fallen dürfte, die Fülle der Anregungen und Erkenntnisse des Buches zu bündeln (was in dem Bd. auch nicht geschieht). Generell kann viererlei aus der Lektüre gesagt werden: 1. Es ist außerordentl. beeindruckend, wie vielfältig und kreativ im Judentum auf den Untergang des kultischen Zentrums reagiert worden ist. Ein möglicher Weg war z.B. durch prophet. (Kult-) Krit. angedeutet, die Entw. verlief aber schon zwischen erstem und zweitem Tempel keineswegs eindeutig, sondern durchaus kontrovers, ebenso später. 2. Möglicherweise war der Untergang des (ersten) Tempels in Jerusalem keineswegs eine so grundlegende Katastrophe, wie oft angenommen und wie seine nachträgliche Idealisierung erscheinen lässt. Das gilt mutatis mutandis ebenso für den Zweiten Tempel. 3. Gerade der Untergang der Tempel setzte enorme theol.-rel. Kräfte frei, die seinerzeit als außerordentl. innovativ und zukunftsweisend („modern", akzeptabel für Pythagoräer und Stoiker), anderen Religionen vorauslaufend ersch. 4. Der „Ersatz" des irdischen zerstörbaren Tempels durch die Tora als „das portative Vaterland der Juden" (Heinrich Heine, zit. bei H. Lichtenberger) und das Studium der Tora als entscheidenden Gottesdienst („study as worship", B. Viviano, zit. bei F. Siegert) oder auch, in kleinerem Rahmen, den „Psalter als Heiligtum, in dem Gott gesucht und gelobt werden will" (E. Zenger) hat dem Judentum eine Kraft und Dauer und Unzerstörbarkeit verliehen, die die altisraelit. Gesellschaft, um den realen Tempelbau geschart, nicht besitzen konnte.

G. Barkay: A Late Bronze Age Egyptian Temple in Jerusalem? IEJ 46/1996, S. 23–43.

J. van Seters: Solomon's Temple: Fact and Ideology in Biblical and Near Eastern Historiography. CBQ 59/1997, S. 45–57.

S. Gibson, D.M. Jacobson: The Oldest Datable Chambers on the Temple Mount in Jerusalem. BA 57/1994, S. 150–160.

J. Schaper: The Jerusalem temple as an instrument of the Achaemenid fiscal administration. VT 45/1995, S. 528–539.

J. Schaper: The Temple treasury committee in the times of Nehemiah and Ezra. VT 47/1997, S. 200–206.

D. Bahat: Jerusalem Down Under, Tunneling Along Herod's Temple Mount Wall. BAR 21/6, 1995, S. 31–47.

L. Ritmeyer: The Ark of the Covenant: Where it Stood in Solomon's Temple. BAR 21/6, 1995, S. 46-55, 70-73.

W. Zwickel: Ein perserzeitlich - hellenistischer Tempel in der Nähe von Sefad. BiKi 50/1995, S. 235-236.

b. Kultstätten

Marcel Poorthuis/Chana Safrai (Hg.): The Centrality of Jerusalem. Historical Perspectives. Kok Pharos Publishing House, Kampen 1996, 244 S.

Kein schnell durchzulesendes, sondern ein konzentr. Arbeitsbuch mit vielen Facetten, Themen, Aspekten, empfehlenswert für alle, die sich epochenübergreifend von bibl. Zeit bis zum Mittelalter mit Jerusalem als dem tatsächlich für die meisten Menschen weltweit zentralen rel.-kult. Ort beschäftigen und kompetent informieren lassen wollen. Entstanden ist es aus der Zusammenarbeit israel. und niederländ. jüd. und christl. Forscher im Bewusstsein von wenig rel., vielmehr gewaltsamer Beanspruchung Jerusalems durch Jahrh. mit verheerenden Folgen im Bewusstsein bis heute und mit dem Ziel, sich der Verpflichtung gegenüber der Vergangenheit wiss.-theoretisch und moralisch-prakt. im gegenseitigen Respekt zu stellen. Als besonders relevant für Jahrbuchleser seien folgende beh. Themenbereiche genannt: Jerusalems Bedeutung und Sicht in den Psalmen, Jerusalem und der Tempel in hasmonäischer bis rabbinischer Zeit im Spiegel der archäol. Funde, der Lit. (auch in Qumran) und der Soziologie/Demographie (mehrere Aufs.!), Kaiser Julians Versuch des Tempelwiederaufbaus und die christl. Reaktionen darauf; der Bau der gewaltigen Nea-Kirche, mit der sich Kaiser Justinian als „neuer Salomo" legitimieren und profilieren wollte. St. Bernhards Sicht des Hl. Landes bzw. Jerusalems für die Laienfrömmigkeit wird dargest. und Jerusalem in der Kreuzfahrerzeit beh., als irdisches und himmlisches Jerusalem dicht zusammengesehen wurden.

Matthias Gleis: Die Bamah. BZAW 251. W. de Gruyter, Berlin/New York 1997, 291 S.

Die „Bamah" bezeichn. nicht, wie oft angenommen, ein auf einer Anhöhe gelegenes ländl. Heiligtum in Israel, Juda und seinen Nachbargebieten ohne nennenswerte Bauten und Installationen. Am besten als „(Lokal-)Heiligtum" übers., liegen solche für die Eisenzeit in Palästina bezeichnenden Stätten, ausgest. für zäbah-Gemeinschafts- und Räucher-Opfer (wohl nicht für olah-Ganzopfer) mit Altar, Götterbildern und Bauten/Unterständen für deren Schutz und evtl. Nebengebäuden, evtl. einem Temenos, bei oder in Ortschaften und gehören zur Ebene der Ortsrel., des Lokalkults - im Unterschied zum Staats-/Residenzkult der Könige. Ob dauerhaft angestellte Priester/Personal vorhanden war, hängt von der Dimension bzw. dem Wohlstand der Ortschaft ab. Israels/Judas Könige haben dieser Ebene - mit Ausnahme von Josia, der aber ablehnend - kaum Aufmerksamkeit geschenkt. Diese Heiligtümer der (Orts-)Bevölkerung dienen sozialem Frieden und dem Schutz der Ortschaft mit Hilfe der Götter, wohl auch der gerichtl. Schlichtung und dem Gottesbescheid. Der Begriff war ursprünglich positiv/neutral der Volksrel. zugehörig, ehe er als polem.-krit. Motiv deuteronomist. Geschichtstheol. zur Bezeichnung der Stätten „fremder" Götter neben JHWH, von „fremden" Völkern übernommen wurde. Zu diesem Zweck werden die Bamot mit polem. Behauptungen pauschal diffamiert. Dtr. Theol. charakterisiert die Könige Israels nachträglich dadurch, dass sie Bamot geduldet, gar gefördert oder bekämpft bzw. angeblich endgültig abgeschafft (Josia) haben sollen - zugunsten der Konzentration auf Jerusalem. Der realhist. Hintergrund dieses theol. Gestaltungsmotivs ist sehr differenziert zu betrachten. Spätere bibl. Texte generalisieren weiter, nicht nur, weil die konkrete Kenntnis verblasst war: alle nichtjahwist. Heiligtümer seien Bamot. Die umsichtige, selbständig argumentierende Studie weist auch darauf hin, dass der Beleg für Bamah in der berühmten Stele des Mescha, König von Moab, nicht o.g. Befund entspricht: Dort meint Bamah ein königl. Heiligtum, dem hebr. Hekal entsprechend. Neben anderen, bedenkenswerten Darlegungen beh. Verf. auch das Phänomen der „Tor-Heiligtümer": Evtl. Königsstatuen in Toren, die durch die Bez. als Bamot polem. abgelehnt werden.

B. Herr: „Deinem Haus gebührt Heiligkeit, Jhwh, alle Tage". Typen und Funktionen von Sakralbauten im vorexilischen Israel. BBB 124. Philo, Berlin 2000, 215 S.
Der Kult war mannigfaltig im vorexil. Israel und Juda. Das zeigt Verf. auf den Ebenen „Architektur/Kultbautypen", der „Theologie von Kultbauten" und ihrer „Kultpraktiken". Dabei beschränkt sich die wohltuend klar formulierende und nüchtern urteilende Studie exemplar. auf den *Tempel* von Jerusalem (zielend auf Staat und Welt), das *Heiligtum* von Arad (Gottesbegegnung für substaatl./regionale Gruppen) und den „*Schrein* 49" von Lachisch (individuelle Gottesbegegnung). Archäolog. Fundanlagen, deren kult. Funktion unklar ist, nicht ausreichend publiz. sind oder evtl. nicht von Israeliten stammen, schließt H. aus der Analyse aus (bei der letztgenannten Kategorie ist das bedauerlich, ebenso die bewusste Nichtbeh. von Anlagen, die auf Kult unter freiem Himmel schließen lassen, sowie „house shrines";es könnte sein, dass gerade sie spezif. für Israel und Juda in der Eisenzeit sind). Das Interessante an dem lesenswerten Buch ist die Korrelation der drei jeweiligen *architektonischen Befunde* mit der vielfältigen *Kultpraxis* und seiner Akteure sowie der zugrundeliegenden bzw. dies alles umfassenden *Theologie*.

M. Steiner: Two Popular Cult Sites of Ancient Palestine. Cave 1 in Jerusalem and E 207 in Samaria. SJOT 11/1997, S. 16–28.

B. A. Nakhai: What's a Bamah: How Sacred Space Functioned in Ancient Israel. BAR 20/1, 1994, S. 18–29.77–78.

H. Weippert: Kultstätten als Orte der Begegnung am Beispiel des chalkolithischen Heiligtums von Gilat. ZDPV 114/1998, S. 106–136.

A. Biran: Sacred Spaces. BAR 24/5, 1998, S. 38–45,70.

c. *Kultinventar*

R. Kletter: The Judean Pillar-Figurines and the Archaeology of Asherah. BAR International Series 636. TEMPVS REPARATVM, Oxford 1996, 292 S., 40 Abb.
Im 8. und 7. Jh. v. Chr. waren in Juda kleine Tonfiguren (zwischen ca. 7 und 16 cm hoch) offensichtlich sehr beliebt (mehrere hundert wurden in Ausgrabungen gef., allein in Jerusalem über 400 Stück, in Mizpa fast 150). Bei den (magisch verwendeten?) Figürchen, die eine Frau und Göttin (wahrscheinl. Aschera) darst., sind Kopf und Brüste bes. ausgebildet als Segensbild schlechthin. Sie fanden sich in allen möglichen Wohnbereichen („a protecting figure in domestic houses"), auch in Gräbern, als Zeugen einer Zeit, als Götter und Göttinnen bzw. mindestens die eine Göttin Aschera, neben Jahwe anscheinend noch keineswegs verdrängt, keine Gefahr für den Jahweglauben darzust. schienen und prophet. Jahwe-allein-Predigt noch eher marginal war. Verf. hält die Figürchen, die von großen Aschera-Kultstatuen zu unterscheiden seien, für reguläre Elemente des Jahwe-Kults in Juda, nicht für Elemente einer „popular religion" im Kontrast zu einer „official Yahwistic religion". Das Buch bildet die gründlichste neue archäolog. Zusammenfass. dieser bemerkenswerten archäolog. Artefakt-Gruppe der Rel. im spätmonarch. Juda. Die Linien dieser archäolog. Fund-

gruppe in den bibl. Bereich ziehen u.a. zwei voluminöse Bücher aus: W. Dietrich/ M.A. Klopfenstein ed., Ein Gott allein? JHWH-Verehrung und biblischer Monotheismus im Kontext der israelitischen und altorientalischen Religionsgeschichte. OBO 139. Freiburg/Göttingen 1994; Chr. Frevel, Aschera und der Ausschließlichkeitsanspruch YHWHs. BBB 94/1-2. Weinheim 1995.

Thomas Podella: Das Lichtkleid JHWHs. Untersuchungen zur Gestalthaftigkeit Gottes im Alten Testament und seiner altorientalischen Umwelt. FAT 15. J.C.B. Mohr (P. Siebeck), Tübingen 1996, 338 S. m. Abb. im Text, 4 Taf., 3 Ausklapptaf. und 1 Faltbl. im Buchdeckel.

Auch für Liturgiker, die Gottesdienstsprache formulieren und prakt. Theologen allg., nicht nur für Bibelwissenschaftler ist erhellend, was Verf. umsichtig zusammengetragen hat, um zur Widerlegung der verbreiteten (falschen) Auffassung beizutr., Jahwe sei in Israel nur bildlos verehrt worden. Vielmehr wird nachgewiesen, dass man in Israel ganz konkrete Anschauungen von Gott, Gottesbildern und deren Bekleidung hatte. Für sich bemerkenswert sind die Abschn. „Die Kleidmetaphorik in der Bibel“ und „Das Kleid im religiösen Kontext“ (seine Symbolik, Rituale und Priesterornat, „Theologie des Kleides“) die über das AT weit hinausgehen. Der zweite Hauptteil beh. „Götterkleider und Göttergestalt im Alten Orient“ mit Augenmerk auf die keineswegs immer nur aus Kleidungsstücken bestehende Bekleidung und die Bekleidungsrituale der Götterbilder. Auf diesem Hintergrund werden im 3. Hauptteil die vielen relevanten alttest. Aussagen in Verb. mit Bilderverbot und Gestaltlosigkeit Jahwes, Jahwe als Königsgestalt in seinen Ausprägungen, der „Kabod Jahwes“, die „Sonne“ als Gestalt des Königsgottes, weisheitl. Wahrnehmungen Gottes (in Pss und Hiob), prophet. und dtr. Wahrnehmungen der (Königs-)Gestalt Gottes und schließlich der „königliche Mensch“ als *imago dei* (P und Ps 8) beh. Die Frage „mentaler Gottesbilder“ ist in ihrer Bedeutung für heutige Prakt. Theol. und Religiosität kaum zu überschätzen, wofür das Buch eine beachtenswerte Grundlage bildet. Gestalt und Bilder Gottes, aus best. Gründen lange aus christl. Blickfeld verschwunden, gewinnen heute enorme Bedeutung. Es bedarf der Information über die Hintergründe früherer Entw. Verf. ist zuzustimmen: „Das mentale Gottesbild ist ... ein unverzichtbares Element jeder religiösen Praxis“.

P. Heger: The Development of Incense Cult in Israel. BZAW 245. W. de Gruyter, Berlin / New York 1997, 314 S.

Es handelt sich um eine langdauernde Entw., in der Räucherkult bibl. scharfes Profil erst spät (Priesterschrift; nachexil.) gewinnt und vom Verf. bis in ntl. und talmud. Zeit verfolgt wird. H. weist auf deutliche Änderungen bei Stellung und Bedeutung des Räucheropfers (gegenüber alter Vorstellung der Freude der Götter über den Duft) und den dabei Handelnden hin, die mit priesterl. (finanziellen, ökonom.) Interessen und der Bedeutung des Monopols für polit. Machtpositionen zusammenhängen. In Verbindung damit steht eine „tortouse route“ der Differenzierung innerhalb der Priesterschaft (Hohe Priester, Priester und „ordinary members of the group“ hinsichtlich der ökonom. Macht und der Zelebration), zwischen Priestern und Leviten bzw. Priestern und Israeliten. Gerade das Räucheropfer spielt bei diesem Differenzierungsprozess eine wichtige, profilierende Rolle. Der Autor beschäftigt sich mit der Frage der Genealogie „as a prerequisiste for priesthood“ (ein spätes priesterschriftl. Postulat). Das Buch insges. ist eher textnah erarb. und bezieht stärker als viele andere talmud. Texte und Diskussionen ein, läuft demgegenüber nicht jeder Forschungsdiskussion nach. Es registriert Ergebnisse gegenwärt. Forsch., z.B. das archäol. belegte verstärkte „Laien“-Interesse am Räuchern im 5. Jh.v.Chr. und zieht daraus weitreichende Konsequenzen (evtl. dadurch ausgelöste Profilierung priesterl. Räucherns).

P. Heger: The Three Biblical Altar Laws. Developments in the Sacrifical Cult in Practice and Theology. Political and Economic Background. BZAW 279. W. de Gruyter, Berlin/New York 1999, 463 S.

Ein origineller Bd., dessen inhaltl. Spannbreite nicht der Titel, allenfalls der Untertitel gerecht wird. Das Verhältnis der Altargesetze Ex 20,21–23 und Dtn 27,2–8 zueinander wird unters., auch „with respect to their Mythological Vision and Historical Setting" mit vielen phänomenolog. Hinweisen (und etwas holzschnittart. Zuweisung: „nomad. bzw. sesshaftes Israel"). Dtn 27 wird in seinem (offen bleibenden) Bezug auf 1. Kön 5,31 f.; 6,7; 7,9–11 betrachtet und archäolog. Evidenz für Altäre (einschl. der gelegentl. problemat. interpretativen Verbindung der Funde mit bibl. Texten) krit. gesichtet. Bis König Ahas gab es anscheinend keine offiziellen Altarbauregeln, nur den Brauch, einfache, niedrige Altäre zu bauen, die neben sorgfältig behauenen und künstler. ausgestalteten Altären existierten. Ein Exk. diskutiert die Frage der „Hörner" des Altars (keine Stierhörner; eher Symbol der Totalität, vier Welt-Ecken). Die schwierige Frage des „Bronzealtars" in Ex 27,1–8 („was not based on a real furnishing, but on some vague imagination") in Bezug auf den (assyr. beeinflussten) „bronze table-altar", den König Ahas „beiseiterücken ließ" (2. Kön 16,14, vgl. 1. Kön 8,64), wird nüchtern diskutiert; letzterer diente anscheinend als „imaginary model" für die Beschreibung des mosaischen Wüstenheiligtums mit entsprech. Anpassung (Tragbarkeit). Verf. vermutet bei Ahas in diesem Zusammenh. einen reformer. Übergang vom Präsentieren von Nahrung für die Gottheit (auf dem weggerückten Tisch-Altar) hin zum Verbrennen der Opfer, Basis für künftige weitere zeremonielle und theol. Reformen. Verf. skizz. schließlich den Prozess, der über Josia (Tempelreparatur, 2. Kön 22, vgl. 2. Kön 12 als Ausgangspunkt letztlich für Reunifikation mit dem Norden), mit Ziel der Zentralisation allen Opfer-Kults in Jerusalem dann doch zum entgegengesetzten Ergebnis führte (weltweit Synagogenbauten ohne spez. Heiligkeit für Rezitation und Gebet; statt Opferkult in der Hand einer Jerusalemer Priestergruppe Gebete durch alle), über Haggai, Neh./Esra, Maleachi (Tempel-Desinteresse; Tempeleinnahmen gegen korrekte Priesteropfer unter Volksausschluß, zugleich Lösung des josian. Priesterproblems; „proxy" = „[priesterliche] Stellvertretung") und die Makkabäerzeit bis zu den Rabbinen vom Altar-Opferkult völlig weg zu „recital („recital of the biblical text describing the daily *Tamid* was made equal to its actual performance") and prayer". Der Verlust des früher signifikanten Opferkults erwies sich keineswegs als Katastrophe, dennoch blieb das tägliche Gebet für den künftigen Tempel und sein Opfer. Verf. setzt sich viel mit dt. Fachlit. auseinander und steht in ständigem Gespräch mit rabbin. Quellen.

Angelika Berlejung: Die Theologie der Bilder. OBO 162. Universitätsverlag, Freiburg / Schweiz und V & R, Göttingen 1998, 547 S.

Das Buch ist doppelt wichtig, weil seine Verfasserin nicht nur ein theol. sehr bedeutendes Thema kompetent und innovativ beh., sondern – was leider selten ist – dieselbe Kompetenz auch auf orientalist.-assyriolog. Gebiet unter Beweis stellt. Einflussr. und nachwirkende Gottesbilderfeindlichkeit z. B. im Deuterojes (bzw. im Dekalog) verdeckt die Jahwe, seiner göttl. Partnerin (Aschera) und anderen Göttern (länger als früher gedacht) gewidmete reiche Bilderfrömmigkeit in Israel (wohl auf der Volksebene bis in spätpers.-frühhellenist. Zeit, da auch so lange heftige Polemik gegen die Götter-/Jahwebilder notwendig war). Wirkmächtige Repräsentationsbilder von Gottheiten müssen mit Sorgfalt und aus möglichst kostbaren, würdigen Materialien rituell korrekt hergest. werden, d.h. der Vorgang der Herst. spielt eine wichtige Rolle. Diese Voraussetzung teilen die spätisraelit. Bildergegner mit den Bilderverehrern ihrer Zeit und seit jeher. Da die Bildergegner in den bibl. Texten die Oberhand behielten, wird ausschließlich ihre Sicht der Herst. der Götterbilder überliefert: Illegitime, unwürdige und profane Herstellung ergibt eben dem entsprechende Götterbilder! Was die Bibel nicht überliefert, ist die andere Sicht, die der frommen Bilderverehrer in Israel. Sie kann nur aus mit den bibl. Texten zeitgenöss. Quellen (z.B. Mesopotamiens) erschlossen werden. Dies tut die Autorin sorgfältig und kundig. Es ergeben sich ausgefeilte theol. Vorstellungen, nach denen Götter und Menschen/Künstler in einem übernatürl. Vorgang bei der Entst. einer Kultstatue kooperieren, in der die jeweilige Gottheit wesenhaft präsent wird. Durch ein „Mundwaschungs- und Mundöffnungsritual" wird die Statue von Unreinheiten und sozusagen der menschl. Seite der Herst. befreit. So erscheint die Götterstatue als irdisch-sichtbare, anthropomorphe, lebendige Seite der Gottheit. Während die bibl. Texte zur Götterbildpolemik oft beh. worden sind (auch hier steuert die Autorin beachtenswert Neues bei!), wird der überwiegenden Mehrheit der Alttestamentler neu und aufschlussreich sein, was sie zum Kultbild in Mesopotamien, seiner Herst., den Rollen des Königs und des/der Handwerker und der Handwerkergötter dabei, der „Geburt" und der Einweihungsrituale erarb. hat!

M. Bernett/ O. Keel: Mond, Stier und Kult am Stadttor. Die Stele von Betsaida (et-Tell). OBO 161. Universitätsverlag, Freiburg/Schweiz und V & R, Göttingen 1998, 175 S. (davon 67 S. Foto-/Abb.-Taf.).

Ein mehrfach vorbildl. Buch. Vorbildl. schon die umfass. monograph. Publikation und Deutung der kunst- und rel.-gesch. hochbedeutsamen aramäischen Stele bereits ein Jahr nach der Entdeckung. Die Verf. beschreiben sie in ihrem archäol. Kontext („Tor-Höhe" [*bamah*] am Stadttor, zusammen mit Podium, Bassin, Räuchertassen, anderen anikon. Stelen). Es handelt sich um eine komplette Stele des 9./8. Jh. v. Chr. mit flachbildl. Darst. in Kombination von nicht-figurativen („Gestell", „Rosette") und figurativen („Stierkopf", „Schwert") Elementen, eine Stele nicht Hadads/Ba'als, sondern wohl des „als Wettergott interpretierten Mondgott(es) oder eines lunarisierten Wettergott(es)" mit Kontext, wie sie so komplex und komplett am Stadttor in der südlichen Levante noch nie gefunden wurde. Die (bisher vielfach offene, unsichere) Forschungsgesch. wird anhand von im Grad ihrer Vergleichbarkeit gestaffelten Funden und deren bisherigen Deutungen skizz. Sodann folgt die musterhaft sorgfältig durchgeführte ikonograph. Analyse (Stil, Bedeutung der Motive und ihre Komposition, sozusagen die Frage nach der Oberflächenstruktur) und die ikonolog. bzw. mentalitätsgeschichtl. Interpretation (Frage nach den Tiefenstrukturen, method. nach E. Panofsky/O. Keel). Der „Sitz im Leben" wird zweifach betrachtet: Zunächst werden, wieder nach dem Grad der Sicherheit ihrer Deutung gestaffelt, archäolog. Funde von „Kulteinrichtungen beim Tor oder im Tor und ihre Bedeutung" vorgeführt, eine beachtenswerte „eigene Gattung öffentlichen Kults in Palästina/Israel in der Eisenzeit". Wichtig wird der Fund für Rel.-Gesch. und Theol. insges. durch die Gesichtspunkte, die Verf. dann lit. (vgl. u.a. 2. Kön 23,8b; Ez 8,3–5; Ps 121,8) und ikonograph. im vorletzten Abschn. (vor der Zusammenfass.) belegen und herausarb.: „Polemik gegen Kult am Tor in der Hebräischen Bibel", „Kult am Tor als Markierung der Grenze zwischen zwei Bereichen", „Kult am Tor beim Aufbruch zu Feldzügen", Kult am Tor im Zusammenh. mit Rechtsgeschäften" und „Memorialstelen und Ahnenkult am Tor". Das Buch ist nicht nur wegen dieser Aspekte sehr wichtig, sondern durch die kundige und sorgfältige Argumentation wie auch die hervorrag. Illustr. für die Leser ein Genuss.

K. van der Toorn / C. Houtman: David and the Ark. JBL 113/1994, S. 209–231.

C. Uehlinger: Eine anthropomorphe Kultstatue des Gottes von Dan ? BN 72/1994, S. 85–100.

O. Heinemann: Die „Lade" aus Akazienholz – ägyptische Wurzeln eines israelitischen Kultobjektes? BN 79/1995, S. 32–40.

J. J. Jackson: The ark and its making. HBT 17/1995, S. 117–122.

C. Houtman: Der Altar als Asylstätte im Alten Testament: Rechtsbestimmungen (Ex. 21,12–14) und Praxis (I Reg. 1–2). RB 103/1996, S. 343–366.

K.van der Toorn: Worshipping stones: On the deification of cult symbols. JNSL 23/1997, S. 1–14.

5. *Musik, Musiker, Musikinstrumente*

J. Braun: Die Musikkultur Altisraels/Palästinas. Studien zu archäologischen, schriftlichen und vergleichenden Quellen. OBO 164. Universitätsverlag, Freiburg/Schweiz und V & R, Göttingen 1999, 388 S.

Es sollen der Charakter, der „Platz im Leben" und die Bedeutung und Symbolik der (für immer verlorenen) Klangwelt des Altertums und die Ausführenden und ihre Instr. (als Kult-, Staats- und Identitätssymbole; z. B. der Schofar) auf dem Gebiet des heutigen Staates Israel einschl. des Ostjordanlandes (im heutigen Jordanien) wenigstens bruchstückhaft rekonstr. werden. Der Zeitrahmen reicht von ersten Anfängen zwischen 10 000 und 4000 v. Chr. in der Jungsteinzeit (kunstvoll bearb. Knochen dienen zugleich als Rasseln und Schmuck; im 4. Jt. v. Chr. [Kupfersteinzeit] spricht Verf. von einer „akustische[n] Revolution" mit Entstehung einer Priester-Musikkultur [Schwirrhölzer, Trommeln]) bis zur frühbyzantin. Zeit (4.–5. Jh. n. Chr.). Anders als in früheren Arb. bezieht Verf. regionale (Musik-)Kulturen um Israel und Juda ein (Phönizier, Philister, Samaritaner, Idumäer, Nabatäer, Safaiten u. a.). Er vermeidet es, wie oft geschehen, z. B. israelit. Musikinstrumente-Namen mit außerisraelit. Bildmat. zu illustr., konzentriert sich neben den lit. Quellen (hebr. Bibel, Qumran, Talmud, Rabbinica, Apokryphen, Kirchenväter) vor allem auf archäolog.-ikonograph. Funde aus Palästina selbst (Rund- und Flachbilder und Figuren sowie Instr., ca. 650) sowie ethnograph. Vergleichsmat. Verf. weist z. B. auf Irrtümer durch falsche Übers. von bibl. Musikinstrumente-Bezeichnungen; auffällig die Diskrepanz in der babylon.-pers. Zeit zwischen bibl.-lit. bezeugter reicher Musikkultur und dem Mangel an archäol.-ikonograph. Funden. Verf. bespricht u. a. die Instrumente im AT und im NT, die musikolog. Terminologie in den Ps-Überschriften. Die Hauptkap. nach den Epochen Steinzeit (12000–3200 v.Chr.), Bronzezeit (3200–1200 v.Chr.), Eisenzeit (1200–587 v.Chr.) und hellenist.-röm. Zeit (4. Jh. v. Chr.–4.Jh. n. Chr.) enthalten in ihren Untergliederungen Hinweise auf Ergebnisse und Thesen des Autors. Der Abb.-/Tafelteil, auf den sich die Darst. ständig bezieht, stellt ein wertvolles und willkommenes Arbeitsinstrument dar.

P. Dirksen: Prophecy and Temple Music: 1 Chron. 25:1–7. Henoch 19/1997, S. 259–266.

S. Spero: King David, the Temple, and the Halleluyah Churus. Judaism 47/1998, S. 411–423.

III. Judentum

G. Mayer u.a. (Hg.): Das Judentum. RM 27. Kohlhammer, Stuttgart/Berlin/Köln 1994, 526 S.

Das Werk einer Gruppe von Spitzen-Fachleuten ist gekennz. durch solide Information sowohl mittels souveränem Überblick als auch notwendigem Detail. L. Trepp/ G. Mayer skizz. die „Geschichte des nachbiblischen Judentums in Grundzügen" (mit demograph. Anh. von Michael Tilly), der (verst.) Ph. Sigal, ergänzt durch G. Mayer, informiert über „Halacha und Leben", der Letztgenannte ebenfalls in einem zügigen Überblick über „Die Bibel und ihre Geschichte" (Hebr. Bibel, Übers., Bearb., Belletristik auf bibl. Vorlagen, Auslegungslit. und Bibelwiss. aus jüd. Sicht). Der (verst.) H. Greive beschreibt – bei dem nicht ganz einfachen Gegenstand – „Philosophie und Mystik" klar und informativ die Entw. von der Antike über das Mittelalter bis zur Neuzeit/Aufklärung nach Regionen (Antike) bzw. Denkrichtungen/Bewegungen geordnet, woran sich zeitl. L. Trepp mit „Jüdisches Denken im 20. Jahrhundert" anschließt, der personal-biograph. vorgeht von H. Cohen über Franz Rosenzweig, Martin Buber, Leo Baeck, M. M. Kaplan bis R. L. Rubenstein. Ihm verdankt man auch das Kap. „Das orthodoxe Judentum", das Rabbi A. I. H. Kook und Rabbi J. D. Soloveitchik in den Mittelpunkt stellt, ebenso die drei Kap., die sich speziell mit Emil L. Fackenheim bzw. Abraham J. Heschel beschäftigen und ganz kurz schließlich „Die weitere Entwicklung" (E. Berkovits, E. B. Borowitz, H. M. Schulweis, A. A. Cohen, Elie Wiesel und G. Scholem) skizz. Den Abschluss des wichtigen Buches bildet eine kundige, gut zu lesende und souveräne „Geschichte des synagogalen Gottesdienstes" von J. J. Petuchowski.

J. J. Petuchowski/ C. Thoma: Lexikon der jüdisch-christlichen Begegnung. Herder, Freiburg-Basel-Wien ^{3}1997, 242 S.

Das von C. Thoma nach dem Tod von J. J. Petuchowski neu bearb. Lex. im Taschenbuchformat stellt ein beeindruckendes und wertvolles Werk des theol. Dialogs dar: Ein Jude und ein Christ, in allen Entstehungsstufen des Buches in engstem Gespräch, ob nun einer einen kompletten Art. verf. und der andere gegenlas oder beide je einen Teil schrieben. Ohne Verwischen der Unterschiede begegnet man sich, lernt, einander besser verstehend, ohne Verdrängen von erfahrener Intoleranz und Ignoranz. Hundert Hauptstichworte von beiderseitigem bes. Interesse erfahren sorgfältige und ausgewogene, zugleich lexikograph. konzise Beh. Für Leserinnen des Jahrbuchs dürften von bes. Interesse sein z. B. die Art. zu den verschiedenen Festen, aber auch „Abendmahl/Seder", „Auferstehung", „Bilder(verbot, -verehrung"), „Dreifaltigkeit", „Ehe/-scheidung", „Frauen", „Liturgie", „Mischehe", „Qaddischgebet", „Qeduscha/Sanctus", „Sakramente", „Vaterunser", „Zeremonialgesetz", daneben vieles, was durch die Reg. auffindbar ist.

Michael Tilly: So lebten Jesu Zeitgenossen. Alltag und Frömmigkeit im antiken Judentum. Bibelkompass. Matthias-Grünewald-Verlag, Mainz 1997, 144 S.

Ein 1. Abschn. informiert zügig über antikes Judentum in seiner kulturellen Umwelt und die uns zur Verfügung stehenden Quellen. Drei weitere Abschn. dienen dann geschickt der weiteren Information in doppelter Form: Verf. nimmt seine Leser einerseits erzählend hinein in den Tageslauf und das Ergehen einer konkreten (fiktiven) jüd. Familie in Kapernaum am See Genezareth, an einem Sabbat in die Synagoge und schließlich auf eine festliche Reise nach Jerusalem. An dieser Setzung der Gewichte wird deutlich, dass das Buch für Jahrbuchleser nützlich ist. In die gut lesbare „Familiengeschichte" ist dann andererseits eine große Menge an Informationen eingeflochten, auch Begriffserläut. (z.B. die Vieldeutigkeit von „Synagoge"), etliche wichtige jüd. Texte (z.B. das bedeutende „Achtzehngebet"). Viel Nützliches findet sich nebenher, Hinweise auf Alltags-Elemente rel. Subkultur (Aberglaube) werden ebensowenig ausgespart wie auch der Unterschied zwischen Ideal (in maßgebenden jüd. Texten) und Lebensrealität. Zeittaf., Karte, Quellenhinweise und Sachreg. beenden das für Religionsunterricht, Studierende, für Weiterbildung und Selbststudium empfehlenswerte Arbeitsbüchlein.

J. Maier: Sühne und Vergebung in der jüdischen Liturgie. JBTh 9/1994, S. 145–174.

L. I. Levine: The Nature and Origin of the Palaestinian Synagogue Reconsidered. JBL 115/1996, S. 425–448.

E. Hamacher: Die Sabbatopferlieder im Streit um Ursprung und Anfänge jüdischer Mystik. JSJ 27/1996, S. 119–154.

R. Hachlili: Aspects of Similarity and Diversity in the Architecture and Art of Ancient Synagogues and Churches in the Land of Israel. ZDPV 113/1997, S. 92–122.

R. Pummer: How to Tell a Samaritan Synagogue from a Jewish Synagogue. BAR 24/3, 1998, S. 24–35.

S. S. Miller: On The Number of Synagogues in the Cities of 'Erez Israel. JJS 49/1998, S. 51–66.

Aktuelles zur Liturgik

Alexander Völker
und Mitarbeiter

Dieser Bericht enthält ungegliedert lediglich einen exemplarischen Ausschnitt aus der im letzten Jahr ersch., für den Gottesdienst wichtigen deutschsprachigen Literatur; der Redaktion durch Verlage zur Verfügung gestellte Rezensionsex. werden in den nächsten JLH-Bänden berücksichtigt.

Wolfgang Ratzmann: Der kleine Gottesdienst im Alltag. Theorie und Praxis evangelischer Andacht. Beiträge zu Liturgie und Spiritualität Bd. 3, Ev. Verlagsanstalt, Leipzig 1999, 184 S.

Diese Monographie des Leipziger praktischen Theologen widmet sich bewußt der „kleinen Form" und zeigt Chancen und Grenzen der „Andacht", einer alltäglichen Form von Gottesdienst, auf. Bleiben terminolog. Erwägungen wenig ergiebig (Kap. 2), ist der Durchgang durch die kirchenhist. Epochen und Stationen im Blick auf die „Andacht" geradezu spannend zu lesen (Kap. 3). Ganz wichtig sind Überlegungen zum „Kontext heutiger Lebenserfahrung", wie sie Kap. 4 thematisieren; ev. Spiritualität (4.4) orientiert sich am Wort, an der Rechtfertigung, an Personen (Amtsträger/Laien), an der Vielfalt und einer christl. Lebensgestaltung (S. 97 ff.). Sehr praxisbezogen und hilfreich der 2. Teil: „Andacht halten – wie macht man das?" Im Ganzen hätte sich der Leser in den Unterabschn. ein stärkeres Eingehen auf das Gebet (des einzelnen Christen, der Gruppe) gewünscht. Ein reichhaltiges Literaturverz. weist den Weg zu vielen hist. und zeitgenöss. Quellen.

Heinrich Riehm: Der Beitrag der Evangelischen Michaelsbruderschaft zur Gottesdienstreform des 20. Jahrhunderts, in: Quat. 62/1998, S. 225 ff.; 63/1999, S. 38–41.

Vereinigung Evangelischer Freikirchen, Ev. Kirche in Deutschland (Hg.): Gestaltung und Kritik. Zum Verhältnis von Protestantismus und Kultur im neuen Jahrhundert. EKD-Texte 64, Hannover 1999, 68 S.

Werner Milstein: Den Gottesdienst beginnen. Geistliche Begrüßungen, DAW 82, V&R, Göttingen 1999, 146 S.

Eine „Schule der Begrüßung": Die Begrüßung – im Gegenüber zum „oft zu formelhaft" gewordenen liturgischen Gruß – ist Thema dieses Arbeitsheftes, das sich nach dem Kirchenjahr, nach Themen und Gedenktagen gliedert. Die dargebotenen Texte, gerade an der Grenze zur Kurzpredigt, wählen häufig den Wochen- oder Tagesspruch als Ausgangs- oder Zielpunkt.

Karl-Heinrich Bieritz: Die neue Agende, in: GAGF 35/1999, S. 4–24.

Andrea Bieler: Psalmengottesdienste als Klageräume für Überlebende sexueller Gewalt. Poimenische und liturgische Überlegungen. In. EvTh 60/2000, S. 117–130.

Christoph Dinkel: Der Nutzen des Gottesdienstes. In: DtPfrBl 100/2000, S. 189–193.

Harald Schroeter: Das Evangelische Gottesdienstbuch und die liturgische Didaktik. In: DtPfrBl 100/2000, S. 194–197.

Frieder Schulz: Die liturgiedidaktischen Erläuterungen als Bestandteil der Erneuerten Agende. Eine Neuerung als Hilfe bei der Gottesdienstgestaltung, in: GAGF 35/1999, S. 25–44.

Michael Welker: Kanonisches Gedächtnis. Wie die Auferstehung Jesu im Abendmahl erfahren wird, in: EK 32/1999, S. 37–39.

„Das ‚Gedächtnis Christi', das durch die Auferstehung gestiftet und das in der Verkündigung und in der Feier des Abendmahls belebt und erneuert wird, ist ein … lebendiges kulturelles oder kanonisches Gedächtnis … es verdankt sich der Auferstehung und mit ihr dem Wirken des Heiligen Geistes" (S. 39).

Frieder Schulz: Evangelische Agendenreform in der 2. Hälfte des 20. Jahrhunderts. In: TVELKD 89/1999, Hannover 1999, S. 5–39.

Michael Meyer-Blanck/Birgit Weyel: Arbeitsbuch Praktische Theologie. Ein Begleitbuch zu Studium und Examen in 25 Einheiten. Chr. Kaiser/Gütersloher Verlagshaus 1999, 239 S.

In diesem instruktiven prakt.-theol. Begleitbuch für Studium (!) und Examen, in dem sich erfreulicherweise eine Einheit „Kunst" findet. So ist Gottesdienst doppelt präsent: Die Einheit „Gottesdienst als Zeichenprozess" (S. 91–99) führt methodisch von der Problemskizze über Positionen/ Argumentationen bis zur Anwendung geschickt in das nicht einfache, komplexe Feld der Semiotik ein, erläutert z. B. den Strukturbegriff (Bieritz) und formuliert „Arbeitsvorschläge für Gruppen" so, dass sie den Gesamtprozess Gottesdienst im Auge haben. „Der Gottesdienst als Gestaltungsaufgabe" (S. 100–107) hingegen bleibt hinter den Erwartungen zurück: Trotz einer Fülle fachl.-liturg. Informationen (Teil B) lässt die prakt. Umsetzung z. B. die Interaktion mit mehreren Akteuren (mindestens Lektorin, Organist, Küsterin), überhaupt eine „Handlungsorientierung" vermissen. Eine exemplar. Anleitung zu verantworteter Regie (und Logistik) ist mit einem Arbeitsvorschlag zum Perikopenkomplex eines Sonntags oder zu Peter Idens bekanntem kritischen statement noch nicht gegeben (S. 106 f.). Wenn Henning Schröer zur „Planung des Gottesdienstes" ausführt, es gehe „um die Fähigkeit, Situation und Tradition im Blick auf die Verheißung der Nähe des Reiches Gottes so wahrzunehmen, dass mit den notwendigen Lebens- und Handlungsformen eine verständliche, partizipative und festliche Praxis symbolischer Kommunikation des Evangeliums ins Werk gesetzt wird" (Handbuch der Liturgik, S. 669), ist davon in dieser Einheit leider wenig spürbar.

Uwe Gryczan: Der Melanchthonschüler Hermann Wilken (Witekind) und die Neuenrader Kirchenordnung von 1564. BWFKG 17, Luther, Bielefeld 1999, 420 S.

Verf. gibt zunächst ein Bild von Leben und Werk des Hermann Wilken (gest. 1603), der für seine Heimatstadt Neuenrade 1564 eine KO verfasste, die überwiegend Agenden- und Gesangbuchcharakter trägt (S. 219 ff.). In ihr findet sich das sog. Neuenrader Sanctus (EG 185.1), dessen Herkunft erforscht wird (S. 295 ff.). Hauptergebnis der Diss. ist, dass Wilken vor allem die KOO Mecklenburg (1552) und Riga (1559) benutzte, sich also auf luth. liturg. Überlieferung stützte (S. 310 ff. 359 ff.).

Michael Pfeifer: Der Weihrauch. Geschichte, Bedeutung, Verwendung. Pustet, Regensburg 1997, 221 S., 11 Abb.

Das instruktive Sachbuch zeigt, welche großen Wirkungen die wenigen bibl. Stellen vom „Wohlgeruch" und „Räucheropfer" (Ps 141,2; 2. Kor 2,14 f.; Offb 8,3 ff.) in der Liturgiegesch. hatten. Einer Sachinformation (Olibanum, die Weihrauchdroge) folgt ein bibl. Aufweis (S. 19–53) und eine detailreiche Liturgiegesch. des Weihrauchs (S. 55–137). Pastoralliturg. Erwägungen zu den Dimensionen Feuer, Rauch, Duft und Perspektiven zum (sehr unterschiedlich gehandhabten) Gebrauch beschließen den lehrreichen Bd.

Teresa Berger: Sei gesegnet, meine Schwester. Frauen feiern Liturgie. Geschichtliche Rückfragen, praktische Impulse, theologische Vergewisserungen. Echter, Würzburg 1999, 245 S.

Martin Reinecke (Hg.): Klaus Gamber. Zurück zum gemeinsamen Erbe. Kritische Überlegungen zur Situation von Liturgie und Kirche. Ausgewählte Texte aus dem Lebenswerk von Klaus Gamber (+1989). EOS-Verlag, St. Ottilien 1999, 126 S.

Gunther Wenz: Amt, Ämter und Ordination in lutherischer Perspektive. In: GAGF 34/1999, S. 4–20.

Frieder Schulz: Das Opfermotiv in der liturgischen Tradition der Reformationskirchen bis heute. In: GAGF 34/1999, S. 47–72.

Ökumen. weitausgreifend behandelt Schulz das ehedem so kontroverse Thema angesichts einer offensichtlichen „Entchristologisierung"-Tendenz (S. 63. 67). Der Aufs. zeigt, dass eine liturgietheol. Unters. des Gesamtsachverhalts noch aussteht.

Annett Bräunlich/Katharina von Bremen/Elisabeth Moltmann-Wendel/Ophelia Ortega/Monika Renninger u.a: Das Abendmahl aus feministisch-theologischer Perspektive beim 28. Deutschen Evangelischen Kirchentag. In: ÖR 48/1999, S. 498–518.

Ca. 20 persönl. gezeichnete Beitr., durch 12 Thesen „für die Rückkehr zu einer ganzheitlichen Abendmahlsfeier" abgeschlossen.

Günter Ruddat: Die Liturgische Woche als liturgiedidaktische Möglichkeit der Aus- und Fortbildung. In: Thema: Gottesdienst 13/1999, Düsseldorf 1999, S. 6–20.

Klaus Danzeglocke: Das Halleluja - ein selbständiger Zwischengesang. In: Thema: Gottesdienst 13/1999, S. 45–50.

Dietrich Koller: Trinitarisch glauben, beten, denken. MKS 121, Vier-Türme-Verlag, Münsterschwarzach 1999, 72 S.

„Herr, tu meine Lippen auf", Stundengebet mit dem Ev. Tagzeitenbuch, mit Ludwig Thomas, der Choralschola St. Michael, Leitung: Godehard Joppich, CM 706-2, Vier-Türme-Verlag Münsterschwarzach 1999.

Die gesungenen Gebetszeiten (Laudes, Sext, Vesper, Komplet) eines Werktages auf einer CD, die für das singende Beten einer Gruppe, Familie, Gemeinde instruktiv und richtungsweisend sein kann.

Werner Hahne: Spielraum des Glaubens. Gottesdienst als Einheit von Ritus, Feier und Spiel, sowie ders.: Alles Leben hat und braucht seine Zeit. Zum Verhältnis von Situation, Tradition und Innovation christlicher Liturgie(n). In: Neue Musik in der Kirche. IV. Internat. Kongress für Kirchenmusik in der Kartause Illingen. Reinhardt, Basel 1999, S. 23–33. 36–42.

Norbert Müller: Wörtlichkeit und Verbindlichkeit. Heilige Schrift und theologische Lehre. In: Quat. 63/1999, S. 221–230.

Ulrich Fentzloff: Die Farbe des Ostens. Zur Sakramentalität der Sprache. In: Quat. 63/1999, S. 215–219.

Thomas Bergholz: Thomas Müntzer als Liturgiker. In: Joachim Conrad(Hg.): Et Exaltavit humiles. FS Wolfgang Müller, Saarbrücken 1991, S. 68–94.

Eberhard Martin Pausch: Der Gottesdienst als Zentrum des Gemeindelebens? Bemerkungen zu einem theologen Klischée. In: DtPfrBl 95/1995, S. 582–585.

Evangelisches Gottesdienstbuch. Agende für die Evangelische Kirche der Union und für die Vereinigte Evangelisch-Lutherische Kirche Deutschlands. Hg. von der Kirchenleitung der VELKD und im Auftrag des Rates von der Kirchenkanzlei der EKU, Ev. Haupt-Bibelges. und v. Cansteinsche Bibelanstalt/Luther-Verlag/Lutherisches Verlagshaus, Berlin/Bielefeld/Hannover 1999, 680 S.

Über das (im gebundenen Ex. wie im Ringbuch-Ex. erhältliche) Gottesdienstbuch informieren z. B.:

Walther Lührs: Lebendiger Gottesdienst mit lebendigen Gemeinden. Einführung in den Entwurf des Gottesdienstbuches ... In: Für den Gottesdienst 54/1999, S. 6–11;

Antje Heider-Rottwilm: Frauengerechte Liturgie und Erneuerte Agende. Zum Entstehungsprozess des neuen Gottesdienstbuches. In: Für den Gottesdienst 54/1999, S. 20–29 (mit informativen Anl.);

Joachim Stalmann: Nach der Erneuerten Agende: das Evangelische Gottesdienstbuch. In: Für den Gottesdienst 54/1999, S. 12–19;

Ders.: Musik im Gottesdienst: Die im Evangelischen Gottesdienstbuch, seinem Ergänzungsband und einigen weiteren Ergänzungsheften eröffneten Aufgaben und Entfaltungsmöglichkeiten. In: Für den Gottesdienst 54/1999, S. 30–34;

Helmut Schwier: „Gemeinde feiert Gottesdienst". Neue Übersetzungen eines alten Themas in den deutschen evangelischen Kirchen. In: Für den Gottesdienst 54/1999, S. 34–39;

Ev. Gottesdienstbuch. Gottesdienste und Materialien zur Einführung, Düsseldorf/ Hannover/ Schwerte 1999. 68 S.

Ein von den Arbeitsstellen hg. Materialheft mit diversen Gestaltungsvorschl. für die Einf. Adv./ Weihn. oder Ostern.

Rudolf Smend: Altes Testament, christlich gepredigt. DaW 86, V&R, Göttingen 2000, 160 S.

Johannes Winkel: Passionsandachten. Auslegungen von Texten des Markus- und Johannesevangeliums. DaW 87, V&R, Göttingen 2000, 160 S.

Eberhard Hauschildt: Der Gottesdienst in der Erlebnisgesellschaft. In: Thema: Gottesdienst (Ev. Kirche im Rheinland) 14/2000, S. 5–27.

Deutsches Liturgisches Institut Trier: Tagzeitenliturgie der Zukunft. Pastoralliturg. Hilfen 14, Trier 1999, 120 S.

Morgenlob-Abendlob. Mit der Gemeinde feiern. Erarbeitet von Paul Ringseisen mit Wolfgang Bretschneider, Markus Eham, Stefan Klöckener, Heinz Martin Lonquich. Bd. I Fasten-Osterzeit. Promultis Verlagsbuchhandlung, Planegg 2000, Dienstebuch 277 S., Gemeindeausgabe 213 S.

Benedikt Kranemann, Eduard Nagel, Elmar Nübold (Hg.): Heute Gott feiern. Liturgiefähigkeit des Menschen und Menschenfähigkeit der Liturgie. Herder, Freiburg 1999, 264 S.

Landeskirchenrat der Ev. Kirche der Pfalz (Hg.): Liturgische Blätter Nr. 67/2000. EPD Pfalz, Speyer 2000, 302 S.

Mit diesem recht umfangreichen Zs.-Bd. dokumentiert die Pfälzer Kirche ihren liturg. Erneuerungswillen: drei Gottesdienstordnungen (S. 12 ff.), prinzipielle Erwägungen zur Liturgie (S. 25 ff.) und rd. 20 Einzeldarst. liturg. Stücke (S. 55–185) werden geboten, als Abschluss bestimmte Dimensionen (von Kirchenjahr bis zu „Kirche und Kunst", S. 189–222). Kurt Molitor, neben Christian Schad und Karl Scheidhauer Promotor liturg. Überlegungen, steuert eine aufschlussreiche kleine pfälz. Liturgiegesch. auf 40 S. bei (S. 225–265).

Fulbert Steffensky: Was ist liturgische Authentizität? In: PTh 89/2000, S. 105–116.

Thomas Hirsch-Hüffell: Praktischer Liturgie-Unterricht. Ein Protokoll. In: PTh 89/2000, S. 117–128.

Michael Welker: Was geht vor beim Abendmahl? Quell-Verlag, Stuttgart 1999, 204 S. „Traurige und gute persönliche Erfahrungen" mit dem Abendmahl (S. 17 ff.) sind der Anlass gewesen, dass der Verf. in beachtlich großer Allgemeinverständlichkeit theol. verantwortete und prakt. weiterführende Antworten auf die Titelfrage gibt. In drei Themenkreisen betrachtet er das Abendmahl: „Menschen sagen Gott Dank und feiern zeichenhaft ein Gemeinschaftsmahl in bedrohter Welt"(I, S, 39 ff.); „Die Feier der Gegenwart Jesu Christi" (II, S. 95 ff.); „Fest der Kirche aller Zeiten und Weltgegenden, Feier des Friedens und der neuen Schöpfung und die Freudige Verherrlichung des dreieinigen Gottes" (III, S. 143 ff.). Liturg. relevante Besonderheiten: der Erkenntniseinstieg über die Auferstehungswirklichkeit (S. 22 ff.); die Konzeption von „Lebendigem Gedächtnis" (S. 28 ff. vgl. Kap. 8, S. 136 ff. im Anschluss an Jan Assmann); die (Selbst-) Gefährdung der Feiernden von außen und innen (Kap. 2, S. 53 ff.); die Schöpfungsbezogenheit (S. 72 ff.); die Bewertung „äußerer Formen" (S. 88 ff.). Ein Buch, dem ein wachsender Leser- und Benutzerkreis zu wünschen ist.

Dieter Nestle: Liturgie als Seelsorge. Ein religionspädagogischer Beitrag. In: Manfred Josuttis,Heinz Schmidt,Stefan Scholpp (Hg.): Auf dem Weg zu einer seelsorgerlichen Predigt. Theologische Bausteine, FS Christian Möller. V&R, Göttingen 2000, S. 62–71.

Alfred Ehrensperger: Überlegungen zur Funktion und Reform von Gottesdienst-Agenden. In: MGD 54/2000, S. 10–20.

Peter Annweiler: Von der Kolonialisierung der Erfolglosen im Sprechen der Erfolgreichen. Gedanken vor dem Ertrinken in der Sprechflut. In: ZGDP 18/2000, S. 12–15.

Hanne Köhler: Stichwort: Gottesdiensteröffnung. In: ZGDP 18/2000, S. 37–38.

Matthias Krieg/Hans Jürgen Luibl (Hg.): In Freiheit Gesicht zeigen. Zur Wiederaufnahme des liturgischen Bekennens im reformierten Gottesdienst. DenkMal 2, Pano Verlag, Zürich/Freiburg 1999, 122 S.
1868 wurde die Verwendung des Apostolikums im Gottesdienst der Ev.-ref. Landeskirche des Kantons Zürich freigestellt. Nun regen einzelne Gemeinden für ihre Gottesdienste eine Redintegration des Credo in Form des Apostolikums mit Paraphrasen an. Das Büchlein liefert eine Dokumentation dieses Prozesses durch den Abdruck des „Projekt Bekenntnis" des Zürcher Kirchenrats 1998 (S. 9–20), zweier Paraphrasentexte (aus Witikon und aus einer Frauengruppe, S. 73–78) und von Voten, Essays zum Ganzen.

Pierre Bühler/Emidio Campi/Hans Jürgen Luibl (Hg.): Freiheit im Bekenntnis. Das Glaubensbekenntnis der Kirche in theologischer Perspektive. Pano Verlag, Zürich/Freiburg 2000, 250 S.
Druckausg. der Ringvorlesung der Ev.-theol. Fakultät Zürich 1999/2000 anläßlich des „Projekt Bekenntnis" mit sehr reichhaltigen Beitr. aus allen theol. Disziplinen.

Friedrich Lurz: Die Feier des Abendmahls nach der Kurpfälzischen Kirchenordnung von 1563. Ein Beitrag zu einer ökumenischen Liturgiewissenschaft. PTHe 38, Kohlhammer, Stuttgart/Berlin/Köln 1998, 526.
Bereits im 38. Bd. (dort S. 156) hatte Alexander Völker den Forschungsansatz von Lurz gewürdigt. Im Folgenden soll ein erster Blick auf die Arbeitsergebnisse der umfangreichen Studie gegeben werden, deren Ziel es war zu klären, auf welchem traditionsgeschichtl. Hintergrund im ref. Bereich das Eucharistiegebet heute noch vermieden wird, während es sich im gegenwärtigen ökumen. Kontext steigender Beliebtheit erfreut.

Verf. erwägt zwei Herangehensweisen an sein Thema: Zum einen eine am hist. Ablauf (S. 53 ff.) orientierte – und diese wird sehr sorgfältig nach den Regierungszeiten der Heidelberger Kurfürsten aufgeschlüsselt – ,zum anderen eine im weitesten Sinne dogmen- bzw. liturgiegesch., wenn der Heidelberger Katechismus als Grundlegung der Kurpfälz. Kirchenordnung (S. 67 ff.) herangezogen wird. Nach einer Würdigung des Umfeldes der Abendmahlsfeier (Stichworte: Kirchenzucht, Rüstakt usw.) werden die einzelnen liturg. Teile der kurpfälz. Abendmahlsfeier mit großer Sorgfalt dargest. Es sind dies die Abendmahlsvermahnung (S. 101 ff. – akribisch genau bis in etymolog. Unters.), die Verba testamenti, die sog. Selbstprüfung sowie die Anamnese. Andere Stücke haben aufgrund der Ausgangsfrage eigene Kap.: das Abendmahlsgebet (S. 255 ff.), die Oratio dominica (S. 309 ff.), die altkirchl. Symbole (S. 321 ff.) und das Sursum corda (S. 331 ff.).

Lurz ist die Mahlhandlung (S. 347 ff.) offensichtlich bes. wichtig; denn hier werden der liturg. Ort, die Elemente, die fractio panis, die Communio, die Kelchkommunion, die Spendeformeln und die Communiogesänge gesondert gewürdigt. Wie in seinem Kap. über die Postcommunio (S. 402 ff.) erläutert Verf. auch hier ausführlich Herkunft und Gesch., um die Besonderheit der kurpfälz. Ordnung herauszuschälen. So hat Lurz am Ende nicht nur die Traditionsgesch. bestimmter liturg. Stücke in ihrem hist. Kontext dargest., sondern auch die Theologie, die hinter dem liturg. Handeln steht, zugänglich gemacht, oder – mit seinen Worten: „die Feier- und Sinngestalt, nicht bloß die Struktur“ (S. 465).

Für den, der am Thema weiterarbeiten will – etwa an einer anderen lokalen Tradition, bietet Lurz einen wichtigen Quellenanh. zum Abendmahl, da die Texte ja nicht so ohne weiteres zugänglich sind. Bei der Auswahl fällt freilich auf, dass wichtige Ordnungen fehlen, z. B. die des verwandten Hauses Pfalz-Zweibrücken von 1557 oder die hessische von 1574 bzw. die Kasseler von 1539. Sie sind zwar alle luth. Provenienz, aber durch den Einfluss Straßburgs in einer vermittelnden Position zwischen den beiden prot. Konfessionen – somit interessant für die Aufgabenstellung.

Das Werk von Lurz ist ein Buch geworden, das man nicht einfach liest, sondern mit dem man arbeiten muss. Da ist zuerst der Nebenaspekt: Das Buch ermutigt förmlich, auch andere Teile ev. Kirchenordnung so aufzuarbeiten, ja diesen kurpfälz. Vorgang zum Prototyp künftiger Unters. zu erklären. Dann kommt aber das Hauptergebnis, dass alle Bemühung in oecumenicis nicht stecken bleiben darf im bloßen Abgleich liturg. Abfolgen und in der Betrachtung von Richtigkeiten, sondern von Theologie und Sinn ausgehen muss, um einen zukunftsträchtigen gemeinsamen Weg zu finden. Friedrich Lurz ist auf diesem Weg wie ein Hinweisschild im dichten Stadtverkehr. Dafür sei ihm aufrichtig gedankt. *Joachim Conrad*

Albrecht Ernst: Die reformierte Kirche der Kurpfalz nach dem Dreißigjährigen Krieg (1649–1685). Veröff. der Kommission für geschichtliche Landeskunde in Baden-Württemberg, Reihe B, Bd. 133, Kohlhammer, Stuttgart 1996, 367 S.

Im ersten Augenblick mag es verblüffen, eine landesgesch. Studie im Jahrbuch für Liturgik und Hymnologie zu finden, aber A. Ernst – Theologe und Historiker, z. Zt. Archivdirektor des Sigmaringer Archivs – hat in seiner Darst. kurpfälz. Kirchengesch. auch den Gottesdienst ausführlich gewürdigt (S. 208 ff.). Er stellt den liturg. Ablauf und den Kirchengesang vor, würdigt aber auch die Sakramente und Kasualien. Ein interessantes Kap. findet sich am Schluss, nämlich der Versuch einer „liturgischen Union“ zwischen Reformierten und Lutheranern 1677–1680 (S. 312 ff.), die Kurfürst Karl Ludwig in einer Agende zusammenfassen ließ. Die Arbeit von Albrecht

Ernst ist also auch in liturgiegesch. Hinsicht ein wesentlicher Beitr. zur regionalen Forschung. *Joachim Conrad*

Jörg Neijenhuis: Das Eucharistiegebet - Struktur und Opferverständnis. Untersucht am Beispiel des Projekts der Erneuerten Agende. APrTh 15, Ev. Verlagsanstalt, Leipzig 1999, 367 S.

Die sich in ihren beiden Phasen über die zweite Hälfte des 20. Jh. erstreckende ev. Liturgiereform von der Agende I (1955/1959) bis zur Erneuerten Agende, nunmehr Evangelisches Gottesdienstbuch genannt, zeichnet sich durch zwei bes. Merkmale aus, die Wiedergewinnung der Mahlfeier für den sonntäglichen Gottesdienst und die Entdeckung des Eucharistiegebets. Das erste bedeutet eine neue Realisierung der im reformatorischen Bekenntnis bezeugten Einheit von Wort und Sakrament (CA V).[1] Das andere zeigt ein bemerkenswerte ökumen. Öffnung, die sich an der gemeins. Tradition der Alten Kirche orientiert und von ersten vorsichtigen Anfängen der Ag I - „wo die Ordnung der Gliedkirche dies gestattet"[2] - zum Eucharistiegebet als festem Bestandteil im Ev. Gottesdienstbuch mit zwölf Texten geführt hat.

Hierauf richtet sich nun das Forschungsinteresse von Neijenhuis, der sich in seiner Rostocker Diss. über das Eucharistiegebet noch mit dem Vorentwurf von 1990 begnügen musste. Für den Druck konnte der Ende 1997 verfügbare Entwurf des Gottesdienstbuchs eingearbeitet werden, der sich seinerseits in der zum 1. Advent 1999 eingeführten Endfass. nicht mehr wesentlich änderte.[3] Diese Arbeit bietet eine umfass. Übersicht über eine der wichtigsten und zugleich spannendsten neueren Entwicklungen im Gottesdienstverständnis und in der liturg. Formgebung des dt. Protestantismus. Sie stellt auch dem, der den Ansatz beim Opferverständnis nicht zu teilen vermag, eine Fülle von Einsichten und Materialien zur Verfügung. Dass diese Unters. schon bei der Einführung des Ev. Gottesdienstbuchs zugänglich war, bedeutet für die Liturgiewiss. wie die Gemeindepraxis einen großen Gewinn.

Das erste der fünf Kap. umreißt einleitend Anlass, Ziel und wichtige begriffl. Definitionen (S. 15–29). Anlass ist die Aufnahme des Eucharistiegebets in die neue Agende. Ziel ist der Nachweis einer „gewiss(n) konstante(n) Struktur" und deren Zusammenhang mit dem jeweiligen Opferverständnis, sodass das Eucharistiegebet auch als Opfergeschehen aufgefasst werden kann (S. 19f.). Mit den Begriffen Struktur, Mikrostruktur (Text- und Sprechebene) und Makrostruktur (Verhaltensebene) folgt Neijenhuis seinem Mentor Karl-Heinrich Bieritz und der Semiotik von Umberto Eco. Im Opferbegriff wird die Unterscheidung zwischen Teilhingabe („do ut des") und Ganzhingabe (sacrificium) grundlegend; die letztgenannte hat das christl. Opferverständnis geprägt, die erstgenannte dieses immer wieder verdunkelt und gefährdet.

---

1 Die Zahl der Abendmahlsfeiern hat sich von 1963 bis 1996 mehr als verdoppelt (138.000 zu 281.000), die der Kommunionen erheblich erhöht (von 25% auf 38%). Bezeichnend ist der rasche Abbau der in der Aufklärung aufgekommenen und mit der Beichte verbundenen separaten Abendmahlsfeier im Anschluss an den Predigtgottesdienst (von 62% auf 8%) zugunsten des Hauptgottesdienstes mit Predigt und Abendmahl, vgl. ABlEKD, Statist. Beil., zuletzt Nr. 92 (11/1998) für 1996, S. 20.

2 Die Ag I der VELKD 1955 Form B bringt im Postsanctus Dank für die Erlösung und Epiklese, nach den Einsetzungsworten Anamnese, eschatologische Bitte und Schlussdoxologie. Die Ag I der EKU 1959 nimmt diese Inhalte (natürlich ohne Schlussdoxologie) in ein fakultat. Gebet, das vor die verba testamenti und das Vaterunser gestellt ist.

3 Die S.-Zahlen der offziellen Ausg. des Gottesdienstbuchs konnten hier aber leider nicht mehr berücksichtigt werden.

Die zentrale Bedeutung des Opfergeschehens im Handeln der Kirche und die Subsumierung des Eucharistiegebets als Kern der Abendmahlsliturgie unter dieses mag den ev. Leser zunächst befremden. Tatsächlich hat aber die Liturgie von Anfang an vom Opfer der Gemeinde gesprochen: *prosferomen soi*, offerimus tibi. Es ist Antwort auf Gottes Handeln und darum in der Liturgiegesch. durchweg in Verbindung gebracht mit der Danksagung: offerimus tibi gratias agentes. Es wird deshalb kaum möglich sein, den Opferbegriff ganz auszuschließen. Jedoch sind die konsekrierten Elemente - mit Ausnahme vereinzelter mozarab. Post-pridie-Gebete - vor dem II. Vat. nie Gegenstand der Darbringung gewesen. Es ist ebenso erstaunlich wie bedauerlich, dass ausgerechnet die neuen Hochgebete des nachkoniliaren Messbuchs diesen Konsens mit Formulierungen verlassen, die nicht mehr eindeutig zwischen dem allein versöhnenden Handeln Christi und dem diese Versöhnung dankend empfangenden Handeln der Kirche unterscheiden.[4]
Im zweiten Kap. „Opferverständnis und Eucharistiegebetstexte" befasst sich gut die Hälfte des Buches mit der hist. Aufarb. der Deutung des Opferbegriffs vom Neuen Testament bis zur heutigen Theol. und des dazugehörenden Eucharistiegebets (S. 30–191). 41 mit röm. Zahlen bezeichnete Texte von der Hippolyt zugeschriebenen Apostolischen Tradition (um 215) bis zu den vier Hochgebeten des Messbuchs Pauls VI. (1979) und der Lima-Liturgie (1982) werden dabei kommentiert, ohne dass allerdings die Texte selbst wiedergegeben werden. Will man den Ausführungen folgen, muss deshalb eine ganze Reihe von Quellen herangezogen werden. Die Weiterentwicklung des röm. Eucharistiegebets in den regionalen Hochgebeten für bes. Anlässe bleibt hier ausgeklammert, kommt aber später mit Texten des Vorentwurfs der Erneuerten Agende zur Sprache.
Mit den elf ersten Texten von Hippolyt bis Serapion von Thmuis werden die theol. Wege der von Antiochien geprägten oriental. Tradition mit ihrer Geistepiklese und der von Alexandrien beeinflussten okzidentalen Tradition mit der Logosepiklese aufgezeigt. Beiden geht es vor allem um die Konsekration der Elemente (S. 65 f.). Während der Osten schon in der Proskomidie die Identifikation der Elemente mit dem Opfer Christi und in der Epiklese seine Auferstehung dargestellt sieht, zeigen sechs abendländ. Texte von der altgallischen bis zur röm. Tradition, wie sich das Opferverständnis im Westen immer mehr verengt auf die Gaben von Brot und Wein und deren punktuelle Konsekration durch die verba testamenti. Sacramentum und sacrificium treten auseinander, das Symbol wird zum Zeichen. Die Realpräsenz Christi in den Elementen und die Transsubstantiation als deren Interpretament werden zu beherrschenden Themen: „Im Mittelpunkt stehen nun nicht mehr das Kreuzesgeschehen und seine Repräsentation im Sakrament, sondern die Darbringung des Messopfers durch den Priester zum Heil der Menschen" (S. 74 f.).
Der Kampf der Reformation gegen dieses Messopfer führte zum Neueinsatz bei dem, was die Glaubenden durch Gottes Wort in Predigt und Sakrament empfangen unter Zurücktreten dessen, was sie tun. Die Versuche, den röm. Kanon ev. umzuformen oder zu ersetzen, kommen mit zehn Texten von Caspar Kantz 1522 über Luther und Bugenhagen bis zum ref.-oberdt. Typus zur Sprache.[5] Sie scheitern aber letztlich

4 Darauf hat Reinhard Meßner aufmerksam gemacht: Die Meßreform Martin Luthers und die Eucharistie der Alten Kirche. Ein Beitr. zu einer systemat. Liturgiewiss. IThS 25, Innsbruck/Wien 1989, S. 210 f., vgl. S. 86 f.

5 Der Kanon begann bis zur nachkonziliaren Liturgiereform erst mit Te igitur; die hier ge-

daran, dass die Auseinandersetzungen um die CA „kein vertieftes Verständnis des Sakraments oder seines Opfercharakters erbracht haben. ... Durch die Gegenüberstellung von Opfer Christi und Dankopfer der Gemeinde kommt kaum in den Blick, worin sich beide berühren“ (S. 101).

Der geschichtliche Durchgang geht endlich über zur Neuzeit „im Horizont der Ökumene“, der sich für den Autor mit den restlichen Texten bereits von der Preußischen Agende 1822/1895 und Wilhelm Löhe 1853 an auftut und über die jüngere Liturg. Bewegung (Hochkirche und Berneuchen), Peter Brunners Eulogie, die Ag I und die nachkonziliare Messreform bis zur Lima-Liturgie 1982 erstreckt.

Neijenhuis gelangt jetzt zu einem eigenen ausführlichen „Lösungsvorschlag“: Die Einbettung der verba testamenti wie der Epiklese in das Eucharistiegebet überwindet deren einseitige Akzentuierung als Konsekrationsmoment und macht zugleich magische Vorstellungen wie die Wandlungsvollmacht des Priesters gegenstandslos, zielt doch die so genannte Wandlung der Elemente auf die Umwandlung der Kommunikanten. Bes. Aufmerksamkeit erhält der Ort der Epiklese nach den Einsetzungsworten, durch den „menschliches Mitwirken am Sacrificium propriatorium ausgeschlossen“ bleibt (S. 173). Dieses Konzept kann sich nicht auf Luthers Ordnungen berufen, wohl aber auf seine Theol. Mit dem röm.-kath. Liturgiewissenschaftler Reinhard Meßner: „Die Liturgie Luthers steht zwar nicht in den konkreten liturgischen Strukturen, wohl aber in dem durch die Strukturen zum Ausdruck gebrachten theologischen Gehalt der altkirchlichen Liturgie näher als die mittelalterliche Messe, die zwar die altkirchliche Struktur bewahrt, aber diese ganz anders interpretiert hat als die Alte Kirche.“ Ein Eucharistiegebet muss deshalb der Struktur von promissio und fides folgen (S. 168 f.).

Das Kap. schließt mit einem kurzen, aber eindeutigen Resümee: Opfer ist Selbsthingabe, was sowohl für das einmalige Opfer Jesu am Kreuz als auch für die Gottesdienst feiernde Gemeinde gilt, die beide zusammengehören. In der Mikrostruktur folgt Neijenhuis dem um das spätere Sanctus erweiterten „Paradigma des Hippolyt“ mit einleitendem Dialog (Versikel sind etwas anderes!), Präfation/Sanctus, Postsanctus mit „Anamnese im weiteren Sinn“, verba testamenti, Anamnese (im engeren Sinn), Epiklese mit Interzessionen und Doxologie. Auffallend ist, dass die klass. Anamnese stets mit einer Darbringung verknüpft ist (S. 184, Tab.), was allerdings in den neueren amtl. Agenden unterbleibt. In der Makrostruktur ergibt sich eine Dreiteilung (für den Westen durch die Wandlungsbitte vor dem Einsetzungsbericht eine Vierteilung): Sacrificium laudis (Präfation, Sanctus) – Sacrificium memoriae (Postsanctus, verba testamenti, Anamnese) – Sacrificium impetratorium (Epiklese mit eschatologischer Vollendungsbitte).

Die abschließende Beurteilung wertet dieses Paradigma dann aber so sehr auf, dass die ganzen okzidentalen Texte nicht mehr als Eucharistiegebete bezeichnet werden können: „Erst die jüngere Liturgische Bewegung im Protestantismus hat den eucharistischen Charakter der Abendmahlsgebete durch den Rückgriff auf die orientalische Tradition wieder erneuert.“ Was für die Ag I von 1955/1959 noch eingeschränkt gilt und sich im röm.-kath. Bereich bereits in den neuen Hochgebeten von 1970 realisiert, wird dann im dritten und vierten Teil der Arbeit zum strengen Maßstab für den Weg zur Erneuerten Agende: Ob ein Text im Vorentwurf und dann im

---

nannten Texte schließen deshalb die Präfation ein, die allerdings in Luthers Deutscher Messe von 1526 und einer Straßburger Messe vom gleichen Jahr fehlt.

endgültigen Gottesdienstbuch „tatsächlich ein Eucharistiegebetstext genannt werden kann, wird sich daran erweisen müssen, ob der Schrifttext als Vorlage das Eucharistiegebet als Opfergeschehen auf der Sprechebene auszudrücken und auf der Verhaltensebene zu initiieren vermag" (S. 191): Für Neijenhuis gibt es nur ein einziges Modell des Eucharistiegebets.

Die (Präfationen und die) Eucharistiegebetstexte des Vorentwurfs werden im 3. Kap. (S. 192–269) und die des Gottesdienstbuchs im 4. Kap. (S. 270–311) in folgenden drei Schritten analysiert: (1) Textanalyse und Quellenkritik im Blick auf den jeweiligen Umgang mit dem Opferverständnis (Mikrostruktur); (2) Umgang des Textes mit der Opferproblematik (Makrostruktur) und (3) die Frage, ob das Gebet zu Recht als Eucharistiegebet bezeichnet werden kann (Opfergeschehen). Dabei wird dann unterschieden zwischen einem Defizit als Fehlen eines Mikrostrukturelements und einem Mangel, wenn ein Makrostrukturelement unvollständig ist oder gar fehlt (S. 192 f.).

Bei dieser Fragestellung überrascht es nicht, dass von den vierzehn[6] Eucharistiegebeten des Vorentwurfs EA eigentlich nur drei voll anerkannt werden können: Der nach der Lima-Liturgie formulierte Text Nr. 487 gilt als vollständig, das sehr kurze, auf das Württ. Kirchenbuch von 1972 zurückgreifende Eucharistiegebet Nr. 495 als fast vollständig und der Text Nr. 484 nach Hippolyt noch mit Einschränkungen (S. 215. 258. 200). Sechs andere Texte zählen als mehr oder weniger defizitär, so – mit abgekürzten Bezeichnungen – Nr. 485 Hochgebet Versöhnung, Nr. 486 mit Kindern, Nr. 488 Ag I Form B, Nr. 489 Peter Brunner, Nr. 490 Lutheran Book of Worship und Nr. 491 aus RGD 8/9 (S. 205. 210. 239. 242. 246. 249), eines als mangelhaft, Nr. 496 Schilling/Grusnick (S. 261). Vier bzw. fünf sind überhaupt keine Eucharistiegebete, so Nr. 492 Did X 2–5, Nr. 493 Did IX 2–4, Nr. 494 Grusnick, Nr. 497 Schilling/Grusnick und das hinzugerechnete bes. Gebet Nr. 441 (S. 251. 253. 255. 264. 220). Eine instruktive Tab. leitet zum Ergebnis des Kap.: „Es gibt noch keinen klaren und eindeutigen Umgang mit der Opferthematik und -begrifflichkeit, insbesondere, wenn es um das Handeln der Kirche und die Gaben von Brot und Wein geht. Ungelöst bleibt … das Opferverständnis dann, wenn katabatische und anabatische Bewegungen aufeinandertreffen." (S. 269).

Die im Gottesdienstbuch „Abendmahlsgebet (Eucharistiegebet)" überschriebenen zwölf Texte, eines in mehreren Versionen,[7] erhalten die gleiche Beurteilung „in noch verschärfter Weise" (S. 289). Fünf von ihnen sind dem Vorentwurf entnommen und sieben neu ausgewählt oder eigens formuliert, was auf nochmalige intensive Arbeit gerade an den Eucharistiegebeten hindeutet. Das ohnehin schon als defizitär bezeichnete (fast unverändert in die Liturgie I, Abendmahl – Erste Form und leicht verändert in die Auswahltexte übernommene) Eucharistiegebet EA Nr. 488 Ag I Form B ersch. in einer verkürzten zweiten Version, die dann nicht mehr als Eucharistiegebet anerkannt wird (S. 287–289). Von den anderen vier übernommenen Texten ist der durch Einfügung in die beispielhaft ausgeformte Liturgie I bes. hervorgehobene Grusnick-Text EA 494 ebenfalls nicht anerkannt, der an vielen Stellen geänderte

6 N. zählt fünfzehn Eucharistiegebete (S. 194), weil er auch den Text Nr. 441 von Michael Moynahan einbezieht (S. 216–220). Dieser gehört aber nicht zum Bestand der im Abschn. Eucharistiegebete dargebotenen offiziellen Texte, sondern ist unter „Besondere Gebete" eingereiht, die Anregungen bieten, „im Gemeindegebet auf neue Situationen einzugehen und sie nach Möglichkeit auch mit neu gefundenen Worten zu erfassen" (EA 577).

7 N. zählt dreizehn Abendmahlsgebete (S. 311), da er die Kurzform des Textes aus Ag I Form B gesondert aufführt.

Text EA 490 Luth. Book of Worship bleibt defizitär, der die Quelle noch genauer berücksichtigende Text EA 484 Hippolyt wird erst durch die Bearbeit. defizitär und der zuvor am besten beurteilte Lima-Text EA 487 wird nun gegenüber der Vorlage verbesserungsbedürftig (S. 292. 296. 298. 306). Von den sieben neuen Gebeten hält dann auch keines den strengen Kriterien der Unters. stand. Vier sind als defizitäre Eucharistiegebete bezeichnet, ein ursprüngl. Erntedankfesttext von Hannes-Dietrich Kastner 1989, einer aus der Ag I von Kurhessen-Waldeck 1996, einer aus der amerikan. Frauenbewegung von Janet Morley 1988 und ein Text für Familiengottesdienste von Wolfgang Grusnick/Arbeitsgruppe II 1997 (S. 295. 300. 302. 304). Die restlichen drei werden als Eucharistiegebete abgelehnt, ein Text der Arbeitsgruppe II unter Aufnahme der Epiklese aus EA 496, ein weiterer aus der in der Erprobung befindlichen Konfirmationsagende (RGD 18, 1995) und ein letzter von Ursula Rudnick/Arbeitsgruppe II aus feministischer Sicht (S. 291. 292. 304).

Als Fazit seiner Unters. stellt Neijenhuis fest, „dass noch weniger Gebetstexte im Entwurf (und dem Ev. Gottesdienstbuch) als schon im Vorentwurf das Opfergeschehen vollstaendig ermoeglichen: Von den 13 (hier: 12) Gebetstexten können acht als Eucharistiegebetstexte mit Defiziten bezeichnet werden, [...] die uebrigen fünf sind keine Eucharistiegebetstexte, da sie den Mangel aufweisen, ein Sacrifium gar nicht berücksichtigt zu haben (S. 311). In einem 5. Kap. bringt er Verbesserungsvorschläge zu den Eucharistiegebetstexten des Vorentwurfs und des Entwurfs (S. 312–343), in einem Anhang eigene Texte zum Christfest, zu Ostern und Pfingsten (S. 344–348).

Die vorliegende Arbeit hat den grossen Vorzug, das im Protestantismus oft übersehene Verständnis des Opfers als Ganzhingabe konsequent auf die eucharistische Liturgie anzuwenden und kommt dabei zu wichtigen Einsichten: Mit dem Kampf gegen die Teilhingabe, die das Opfer Christi ergänzen will und damit in Frage stellt, ist die Rede vom Opfer der Kirche keineswegs erledigt, sondern im Gegenteil als angemessene und notwendige Antwort der Gemeinde auf Gottes Zuwendung zu ihr in Wort und Sakrament unentbehrlich. Man wird sich aber bei einem solchen Verfahren der Gefahr bewusst werden müssen, dass das Opfergeschehen zu einer Totaldimension geraten kann, die anderen Deutungen kaum mehr Raum lässt, zum Beispiel der dem Opferbegriff sicherlich überzuordnenden *eucharistia*. Auch stellt sich die Frage, ob das „Paradigma des Hippolyt“ die einzig mögliche Form der Danksagung über den Gaben bleiben muss. Die hist. gewachsenen Texte, bes. des Westens, aber auch die gegenwärtigen Bemühungen um neue eucharistische Texte können auf diesem Wege kaum in ihrer Eigenbedeutung gewürdigt werden.

Das wird an der Interpretation der letzten Phase der Arbeit an der neuen Agende in diesem Bereich deutlich, deren Ergebnis faktisch als Rückschritt dargestellt wird. Dazu kann die Unters. auf zwei unveröff. Dokumente zurückgreifen: Die Stellungnahme des Theol. Ausschusses der VELKD zum Vorentwurf äußert „schwerste Bedenken“ gegen den Perspektivenwechsel von der Abendmahlsfeier zur Eucharistie hin, insistiert auf der ausschließlich verkündigenden Funktion der verba testamenti – die deshalb nicht Teil eines Gebets sein können, sondern dieses nur unterbrechen – und lehnt eine Gabenepiklese kategorisch ab. Diese Theologie wird man jedoch nicht als Rückfall in die mittelalterliche Trennung der als zeitliche Vorrede missverstandenen Präfation von dem mittels der verba testamenti konsekrierenden Kanon bezeichnen dürfen. Dem Ausschuss ging es nicht um den Einbezug der Präfation in das Eucharistiegebet, sondern um den Verkündigungscharakter der Einsetzungsworte, die konsekrieren, und um die Ablehnung der Wandlung durch ein Gebet (S. 270. 272). Das Votum der Kirchenleitung der VELKD mildert diese harte Position, indem sie zwar festhält an dem verkündigenden Charakter der Einsetzungsworte, wohl aber das Eucharistiegebet bejaht als einen „angemessenen Ausdruck für die pneumatologische Dimension des Abendmahls“ (S. 274).

Das alles ist nicht neu. Die luth. Ag I 1955 hatte die „Einsetzungsworte (Konsekration)“ schon in der Überschrift deutlich hervorgehoben, während die EKU-Ag I 1959 dies unterließ. Im Vorentwurf der Erneuerten Agende 1990 findet sich die Gesamtüberschrift „Großes Lobgebet und Einsetzungsworte (Eucharistiegebet)“, die Einsetzungsworte werden durch die eingeklammerten „Abendmahlsgebete I und II“ umrahmt (S. 38–40). Im Ev. Gottesdienstbuch 1999 heißt es „Einsetzungsworte mit Großem Lobgebet (Eucharistiegebet)“, unterteilt in Lobgebet (Präfation), Dreimalheilig (Sanctus), Abendmahlsgebet I, Einsetzungsworte, Christuslob, Abendmahlsgebet II, Vaterunser (S. 46 f.). Die Nomenklatur zeigt die Bemühung um einen Ausgleich zwischen den unterschiedlichen Positionen und nimmt dabei ein gewisse Unschärfe in Kauf. So ist nun der Terminus „Abendmahlsgebet“ im Gottesdienstbuch in den Texten zur Auswahl einerseits Gesamtüberschrift „Abendmahlsgebet (Eucharistiegebet)“ (S. 633), andererseits in der Verlaufsbeschreibung der Grundform I Bezeichnung der die Einsetzungsworte umrahmenden Gebetsteile „Abendmahlsgebet I und II“ (S. 46) und drittens Titel ganz anders motivierter Gebete der Grundform II (S. 55. 666–669).

Das Ev. Gottesdienstbuch ist über einen sich ökumen. öffnenden und im Konsens mit der heute wohl nicht mehr konfessionell divergierenden Liturgiewiss. zu einer Gestalt gelangt, die von unterschiedlichen theol. Traditionen akzeptiert und auch unterschiedlich interpretiert werden kann, in der das Gemeinsame aber dominiert. Auch bei der ernst zu nehmenden Kritik der Liturgiewiss. markiert das Ev. Gottesdienstbuch einen beachtlichen Fortschritt der ev. Liturgie. Die Unters. von Neijenhuis hat dazu einen wichtigen Beitrag geliefert, der die altkirchlich-ökumen. Sicht einbringt, und wird die weitere Diskussion beleben. *Hans-Christoph Schmidt-Lauber*

Die gemeinsamen Lieder und Gesänge der deutschsprachigen Christenheit[1]

HEINRICH RIEHM

I. Ökumenisches Singen

„... Ich meine ein Gesangbuch für alle Christen ohne Unterschied des besonderen Bekenntnisses und der einzelnen Ansicht, ohne Rücksicht und Hinsicht auf dieses oder jenes Bekenntnis: ein Gesangbuch, das alles das enthielte, was in frommer Inbrunst der Begeisterung in den letzten dreihundert Jahren - und wenn es schon frühere teutsche Hymnen giebt - von christlichen Sängern gedichtet ist. Was Katholiken Lutheraner Zwinglianer Kalvinisten Methodisten Böhmianer und Zinzendorfianer und wie die verschiedenen Namen weiter lauten mögen, die doch alle in dem Einen Namen Jesus Christus selig zu werden hoffen, in einem Sinn worin alle Eins sind, Gottseliges und Christliches gesungen und geklungen haben, das sollte dieses christliche Gesangbuch enthalten und allen Christen zur Erquickung und Erbauung übergeben. Versteht sich von selbst, dass nur solche Lieder und Gesänge gemeint sind, welche von dem lebendigeren innigeren und einfältigeren Geiste einer wahren Andacht ausgegossen und mit Feuer und Kraft gestämpelt sind."

So Ernst Moritz Arndt in seiner Schrift „Von dem Wort und dem Kirchenliede nebst geistlichen Liedern", Bonn 1819.[2] Es ist erstaunlich, wie dieser Patriot und Freiheitssänger vor fast 200 Jahren über die Konfessionsgrenzen hinausgeschaut und ein Gesangbuch im Auge hatte, das immer noch auf seine Verwirklichung wartet. Wir haben zwar heute ein Einheitsgesangbuch innerhalb der evangelischen Kirche seit 1950[3] und innerhalb der katholischen Kirche seit 1975[4]. Aber ein christliches Gesangbuch mit einem gemeinsamen Stammteil und konfessionellen Anhängen, wie es das etwa in Schweden gibt,[5] so weit sind wir noch nicht.

Sicher, es ging Ernst Moritz Arndt damals vor allem um die deutsche Ein-

---

1 Bearbeiteter und erweiterter Vortrag (ursprünglicher Titel: „Ökumene im Gesangbuch") anlässlich des praktisch-theologischen Ferienseminars der Universität Heidelberg im September 1997. Die Vortragsform wurde im Wesentlichen beibehalten.

2 Nachdruck Olms, Hildesheim 1970, S. 50 f.

3 Evangelisches Kirchengesangbuch (EKG), Kassel 1950.

4 Gotteslob. Katholisches Gebet-und Gesangbuch (Stammausgabe), Freiburg i. Br. 1975.

5 Den Svenska Psalmboken, Verbum Förlag AB 1986. Das schwedische Gesangbuch (für Lu-

heit, und die Idee eines gemeinsamen Gesangbuchs konnte zweifellos mithelfen, das eine Vaterland zu schaffen und zu festigen. Aber der Grundgedanke hat weiter gewirkt und die Gesangbuchgeschichte des 19. und 20. Jahrhunderts mitbestimmt.

Im Folgenden soll auf die letzten Jahrzehnte dieser Geschichte eingegangen und beschrieben werden, wie es zu den vielen gemeinsamen Liedern und Gesängen gekommen ist, die in unseren heutigen Gesangbüchern mit einem ö (der Buchstabe steht für ökumenisch) gekennzeichnet sind. Es wäre aber zu einseitig und eine unverantwortliche Engführung, den Begriff der Ökumene im Gesangbuch nur von der Tatsache her zu definieren, dass es Lieder und Gesänge gibt, die wir gemeinsam in den Konfessionen singen können. Ich mache deshalb zwei Vorbemerkungen, eine grundsätzliche und eine praktische:

1. Die grundsätzliche Überlegung: Singen in der Kirche – und dem will ja ein Gesangbuch dienen – ist als solches schon ein ökumenisches Geschehen. Das Singen geistlicher Lieder ist nicht eine spezielle Eigenschaft gewisser Konfessionen. Sicher hat es in bestimmten Kirchen zu bestimmten Zeiten Aufbrüche und Hochzeiten des Singens und speziell des Kirchenliedes gegeben. Man denke nur an die Reformationszeit. Aber auch, wenn das Lied nicht so im Vordergrund stand, eine völlige Dispensierung des Singens hat es zu keiner Zeit in keiner Konfession gegeben. Die Kirche war von Anfang an eine singende Kirche, und damit ist der Psalmengesang (als betendes Singen und singendes Beten) wie auch das Singen von Hymnen und Gesängen unterschiedlicher Art bis hin zu den Liedern, wie wir sie heute kennen, gemeint.

Singen in der Kirche ist Äußerung des Glaubens. Es ist nicht nur schmückendes Beiwerk, das sozusagen bezugslos neben dem Text steht und auch wegfallen könnte. Sondern im Singen kommt die inhaltliche Aussage – mein Bekenntnis, mein Lob, meine Klage – tiefer, ganzheitlicher, mehr mich betreffend zum Ausdruck als wenn ich nur spreche. Die vielen biblischen Aussagen, die zum Singen aufrufen und ermuntern – der Ruf des Psalmisten „Singet dem Herrn“ (Ps 98,1) oder die Aufforderung des Apostel Paulus „... lehret und ermahnet einander in aller Weisheit: mit Psalmen, Lobgesängen und geistlichen Liedern“ (Kol 3,16) – machen deutlich, dass das Singen nicht eine Nebensache oder eine Funktion für besonders Begabte, sondern ein notwendiges, der Glaubensäußerung am ehesten entsprechendes Tun ist. Auf Gottes Heilstat in Christus kann der Mensch letztlich nur dankend und preisend antworten. In Christus – um es mit den Worten des Epheserbriefes zu sagen – sind wir zu Erben eingesetzt worden, „damit wir etwas seien zum Lob seiner Herrlichkeit“ (Eph 1,12). Dies ist unsere eigentliche Bestimmung auf Erden. Im Singen, das Gott die Ehre gibt und ihn preist, ist die Kirche bei ihrer eigentlichen Sache. Wem das vor Augen ist, für den braucht es keine andere Begründung mehr für die Bedeutung und Wichtigkeit des Singens in der Kirche.

---

theraner, Katholiken und viele Freikirchen) hat einen gemeinsamen Stammteil mit 325 Liedern, dem sich konfessionelle Teile anschließen (z. T. bis Nr. 700).

Edmund Schlink, der frühere Heidelberger Theologe, berichtet in seiner „Ökumenischen Dogmatik" von einer Beobachtung, die er während der Teilnahme am Zweiten Vatikanischen Konzil und in der Begegnung mit vielen anderen Kirchen immer wieder bestätigt fand, „nämlich, dass es in vielen Fällen möglich ist, in der Struktur des Gebetes oder der Verkündigung über dasselbe Thema gemeinsame Aussagen zu machen, die in der Struktur der dogmatischen Lehre unmöglich sind."[6] Also dort, wo sich Christen – gleich welcher Konfession – Gott zuwenden und verkündigend ihn bezeugen – das geschieht ja im Singen der Kirche – ist Gemeinsamkeit eher möglich als in der Dogmatik. Ökumene wird gerade im Singen lebendig.

2. Die praktische Bemerkung: Ökumene im Gesangbuch stellt sich in den Liedern und Gesängen auf unterschiedliche Weise dar. Wir sprechen zwar im Blick auf die ö-Lieder vom „ökumenischen Liedgut", wie wir auch Gottesdienste, die wir gemeinsam mit Christen anderer Konfessionen feiern, als „ökumenische Gottesdienste" bezeichnen. Aber dies ist nur *ein* Aspekt. Ökumenische Lieder und Gesänge sind auch solche, die aus anderen Ländern und Sprachen kommen und durch die wir mit Christen in aller Welt verbunden sind – „ökumenische Lieder", aber hier im Sinne der weltweiten Ökumene.

In dieser Beziehung ist in den letzten Jahrzehnten etwas geschehen, was es früher so nicht gab. Die Gesangbuchgeschichte zeigt, dass deutsche Kirchenlieder im Ausland schon immer zur Kenntnis genommen, übersetzt und in Gesangbücher aufgenommen worden sind. Der umgekehrte Weg wurde kaum begangen, wenn man einmal absieht vom sogenannten „englischen Liedgut", das vom 19. Jahrhundert an im deutschen Sprachbereich Eingang gefunden hat, aber dort vor allem in den Gemeinschaftsliederbüchern und in den Gesangbüchern der Freikirchen. Im Evangelischen Kirchengesangbuch von 1950 (EKG) konnte man es kaum finden. Es wurde eher bekämpft.

Erst jetzt in den offiziellen Gesangbüchern unserer Tage zeigt sich so etwas wie ein Rücklauf und damit ein echter Austausch unter den Kirchen in aller Welt. Unsere Gesangbücher haben sich dem fremdsprachigen Liedgut geöffnet, Übertragungen sind vorgenommen worden und wir erkennen langsam den Liederreichtum, den es außerhalb unseres Sprachgebietes gibt. So ist nun auch die weltweite Ökumene ein besonderes Merkmal heutiger Gesangbücher geworden.[7]

II. Die ö-Lieder

Nun aber zu den ö-Liedern, die gemeinsames Liedgut aller christlichen Konfessionen im deutschen Sprachraum sind. Sie werden in den Gesangbüchern

---

6 Edmund Schlink: Ökumenische Dogmatik, Göttingen 1983, Vorwort S. VI.

7 Sowohl im Evangelischen Gesangbuch (EG) von 1993 als auch im Evangelisch-reformierten Gesangbuch der deutschsprachigen Schweiz (RG) von 1998 finden sich auf den letzten Seiten Verzeichnisse, die Lieder und Gesänge aus anderen Ländern und Sprachen aufführen.

mit einem kleinen ö bzw. einem ö in Klammern bei der Liednummer kenntlich gemacht. Diese Bezeichnungen vergibt die „Arbeitsgemeinschaft für ökumenisches Liedgut“, über deren Entstehung und Auftrag, Arbeitsweise und Veröffentlichungen, deren Resultate sich dann in den einzelnen konfessionellen Gesangbüchern niederschlagen, im Folgenden berichtet wird.[8] Dabei sollen auch Beispiele vorgestellt und Probleme bei der Arbeit angesprochen werden, so dass deutlich wird, was von den gesteckten Zielen erreicht und was nicht erreicht worden ist.

1.

Die „Arbeitsgemeinschaft für ökumenisches Liedgut“ (AÖL) wurde im Jahr 1969 von den christlichen Kirchen im deutschen Sprachbereich ins Leben gerufen und beauftragt, einheitliche Text- und Melodiefassungen für gemeinsame Lieder und Gesänge zu erarbeiten, die dann für künftige Gesangbücher in den einzelnen Kirchen zur Verfügung stehen sollten.

Vorausgegangen waren sowohl von katholischer Seite (im Zuge der Vorbereitung des „Gotteslob“) als auch von evangelischer Seite (im Bemühen um ein einheitliches Singen auch zusammen mit den Freikirchen und Verbänden) Bestrebungen, zu gemeinsamen Liedfassungen zu kommen. Nicht zuletzt war es auf evangelischer Seite die zunehmende Kritik an den archaischen Textfassungen des EKG, der man durch die Bearbeitung eines Kanons wichtigster Kernlieder begegnen wollte. Eine Studientagung im März 1969 in Willingen zur „Einheit des christlichen Liedgutes“ hatte bereits Kriterien aufgestellt und konkrete Vorschläge gemacht.[9]

Der offizielle Anstoß zur Gründung der AÖL ging dann von katholischer Seite aus, da sich abzeichnete, dass im künftigen katholischen Einheitsgesangbuch eine große Zahl von Liedern aus der evangelischen Tradition stehen würde. Von daher war eine Kooperation dringend geboten. Der Rat der Evangelischen Kirche in Deutschland (EKD) stimmte der an ihn herangetragenen Bitte, ein Gremium zur Schaffung einheitlicher Text- und Melodiefassungen zu bilden, zu und entsandte über den Verband evangelischer Kirchenchöre Deutschlands, der ja das Urheberrecht am EKG hat, seine Vertreter. Die katholische Bischofskonferenz beauftragte die Gotteslob-Kommission mit der Vertretung in der AÖL. Entsandt waren auch aus der damaligen DDR Vertreter beider Konfessionen. Zur Mitarbeit wurden weiter eingeladen die römisch-katholische und die evangelischen Kirchen der Schweiz und Österreichs, die altkatholische bzw. christkatholische Kirche und die Freikirchen. Alle nahmen

8 Vgl. dazu ebenfalls auf den letzten Seiten der Gesangbücher EG, RG und KG (Katholisches Gesangbuch der deutschsprachigen Schweiz 1998) die Verzeichnisse „Ökumenische Lieder“ bzw. „Ökumenische Gesänge“. Sie enthalten im Vorspann kurze Erläuterungen zur AÖL.

9 Einzelheiten finden sich im ausführlichen Nachwort zu: Christenlieder heute – ein Angebot aus Vergangenheit und Gegenwart“, Hamburg 1971, S. 1–12 (Otto Brodde).

die Einladung an und entsandten ihre Delegierten. Die erste Tagung fand im Dezember 1969 in Hildesheim statt.

Die Arbeit ging zunächst so vonstatten, dass die Vertreter der einzelnen Kirchen ihre Liederwünsche vorlegten, aus denen dann eine gemeinsame Liste erstellt wurde. Ursprünglich war an die Erarbeitung von etwa 50 Kernliedern gedacht, die sich aber sehr bald auf mehr als 100 Lieder erhöhten. Unter den ersten Liedern befanden sich Titel wie etwa *Christ ist erstanden*, *Nun bitten wir den Heiligen Geist*, *Macht hoch die Tür*, *Lobe den Herren, den mächtigen König* – um nur einige zu nennen – aber auch Lieder aus dem 20. Jahrhundert wie *Die Nacht ist vorgedrungen*.[10]

Als Kriterien für die festzulegenden Liedfassungen sind drei Aspekte zu nennen, die bedacht und untereinander abgewogen werden mussten:

1. Wie lautet das Original in Text und Melodie? Welche Herkunft und welchen geschichtlichen Ort hat das zu behandelnde Lied ursprünglich? Hier waren die Fachleute in der Kommission gefragt, die meist eine Fülle von Material vorlegen und über Forschungsergebnisse berichten konnten. Welche Rolle sollen die gewonnenen Erkenntnisse für die heutige Liedgestalt spielen?
2. Welche Veränderungen hat das zu behandelnde Lied im Laufe der Geschichte erfahren und welche Sondertraditionen haben sich eventuell in einer Konfession gebildet? Wie kann aus verschiedenen Traditionen eine einheitliche Liedfassung hergestellt und was kann einer Konfession an Änderung zugemutet werden?
3. Ist die Textgestalt heute zu verantworten? Sind sprachliche oder inhaltliche Anstände zu bedenken? Das Gesangbuch ist ja kein Museum, sondern ein Gebrauchsbuch für die Gemeinde! Wo sind die Grenzen für Verständlichkeit und Angemessenheit? Hier lag viel Zündstoff, zumal Sprachempfinden und Verpflichtung der Tradition gegenüber in den 70er und 80er Jahren einem starken Wandel unterworfen waren.

2.

Als erstes konkretes Ergebnis der gemeinsamen Arbeit lag 1973 das Liederheft „Gemeinsame Kirchenlieder, Gesänge der deutschsprachigen Christenheit" (GKL) vor.[11] Das Büchlein darf mit Recht ein kirchengeschichtliches Ereignis von hohem Rang genannt werden, ist es doch das erste offizielle Dokument seit der Reformationszeit, das die Unterschriften der Repräsentanten der christlichen Kirchen im deutschen Sprachraum trägt. Im Vorwort heißt es: „...

---

10 Zur Vorgeschichte und zur ersten Phase der AÖL vgl. den kurzen Überblick bei Philipp Harnoncourt: Gesamtkirchliche und teilkirchliche Liturgie, Freiburg i.Br. 1974, S. 428–432.

11 Gemeinsame Kirchenlieder. Gesänge der deutschsprachigen Christenheit, hg. im Auftrag der christlichen Kirchen des deutschen Sprachbereichs von der Arbeitsgemeinschaft für ökumenisches Liedgut, Berlin /Regensburg /Wien /Graz /Zürich /Solothurn 1973 (3. Aufl. 1987).

Die Sammlung ‚Gemeinsame Kirchenlieder' ist für ökumenische Gottesdienste und Veranstaltungen bestimmt. Diese Lieder sollten außerdem in die Gesangbücher und Liederbücher als gemeinsames christliches Liedgut aufgenommen werden. Die Arbeitsgemeinschaft wird dafür noch weitere Lieder vorlegen. Gemeinsames Singen vertieft die Gemeinschaft im Glauben. Wir wünschen allen christlichen Gemeinden, dass sie sich diese Lieder in der vorliegenden Fassung zu eigen machen, um mit *einer* Stimme den Dreieinigen Gott zu loben."

Dieses Liederheft mit seinen 102 Nummern war also für die Kirchen sozusagen eine Vorlage für ihre künftigen Gesangbücher, sofern sie die hier stehenden Lieder benutzten. Am Ende des Liederheftes findet sich eine aufschlussreiche „Einführung", die über das Zustandekommen der AÖL, über die Namen der damals entsandten Vertreter, über Absicht und Zielsetzung der Arbeit und über den Inhalt des Büchleins im Einzelnen Auskunft gibt.[12]

Es sollen nun einige Ergebnisse aus dieser ersten Veröffentlichung der AÖL vorgestellt werden. Der besseren Übersicht wegen nenne ich vier Kategorien:[13]

1. Es gibt Lieder, die ohne Änderung gegenüber den bisherigen Veröffentlichungen übernommen wurden. Zwei Beispiele:

a) *Wachet auf, ruft uns die Stimme* GKL 86, GL 110, EG 147, EKG 121
T und M: Philipp Nicolai 1599

Nicht Originaltext, aber Übereinstimmung in den neueren Gesangbuchausgaben.

b) *Die Nacht ist vorgedrungen* GKL 8, GL 111, EG 16, EKG 14
T: Jochen Klepper 1938
M: Johannes Petzold 1939

Original in Text und Melodie.

2. Es gibt Lieder, die aus sprachlichen Gründen leicht bearbeitet wurden. Drei Beispiele:

a) *All Morgen ist ganz frisch und neu* GKL 91, GL 666, EG 440, EKG 336
T: Johannes Zwick (um 1541) 1545
M: Johann Walter 1541

	GKL	EKG
Str. 2, 2	gib uns, was wir von dir begehrn:	gib, was wir von deinr Lieb begehrn.
3	Zünd deine Lichter in uns an,	All deine Licht' zünd in uns an,
4	lass uns an Gnad kein Mangel han.	lass's Herz an Gnad kein' Mangel han.

12 Siehe auch Christhard Mahrenholz: Die „Gemeinsamen Kirchenlieder" als ökumenisches Gesangbuch. In: Traditionen und Reformen in der Kirchenmusik, FS für Konrad Ameln zum 75. Geburtstag am 6. Juli 1974, hg. von Gerhard Schumacher, Kassel 1974, S. 167–179.

13 Zum Vergleich sind auch die Nummern des EKG und gegebenenfalls seine Fassung angegeben. Herkunftsangaben nach GKL.

Str. 3, 4	und reich uns Tag und Nacht dein Hand,	und beut (biet) uns Tag und Nacht dein Hand,

b) *Gelobt sei Gott im höchsten Thron* GKL 31, GL 218, EG 103, EKG 79

T: Michael Weiße 1531
M: Melchior Vulpius 1609

	GKL	EKG
Str. 3, 1	Der Engel sprach: „Nun fürcht' euch nicht;	Der Engel sprach: „Ei fürcht' euch nicht;
Str. 6, 1	O mache unser Herz bereit,	damit von Sünden wir befreit
2	damit von Sünden wir befreit	dem Namen dein gebenedeit
3	dir mögen singen allezeit:	frei mögen singen allezeit:

c) *Nun danket alle Gott* GKL 57, GL 266, EG 321 I, EKG 228 II

T und M: Martin Rinckart 1636 (Melodiefassung nach Johann Crüger 1647)

	GKL	EKG
Str. 1, 8	bis hierher hat getan.	und noch jetzund getan.
Str. 3, 3	und Gott dem Heilgen Geist	und dem, der beiden gleich
4	im höchsten Himmelsthrone,	im höchsten Himmelsthrone,
5	ihm, dem dreieinen Gott,	dem dreimal einen Gott,
6	wie es im Anfang war	wie es ursprünglich war
7	und ist und bleiben wird	und ist und bleiben wird
8	so jetzt und immerdar.	jetzund und immerdar.

3. Es gibt Lieder, die sehr umstritten waren wegen unterschiedlicher Tradition in den einzelnen Konfessionen. Vier Beispiele:

a) *Christ ist erstanden* GKL 29, GL 213, EG 99, EKG 75

T: Bayern/Österreich 12./15. Jh.
M: Salzburg/Tegernsee 14./15. Jh./ Wittenberg 1529

	GKL	EKG
Str. 2, 4	so freut sich alles, was da ist (Leisentrit 1567)	so lobn wir den Vater Jesu Christ. (Wittenberg 1529)

Die Melodie ist ein Kompromiss: Die katholische Seite hat den evangelischen Schluss der Strophe (rhythmische Form bei „Kyrieleis") übernommen, die evangelische Seite hat der katholischen Tradition am Beginn der 3. Strophe zugestimmt.

b) *Nun bitten wir den Heiligen Geist* GKL 36, GL 248, EG 124, EKG 99

T: 13. Jh. (Str.1) / Martin Luther 1524 (Str. 2 und 3)
M: 14. Jh. / Neufassung 1970

GKL	EKG
M: 14. Jh./ Neufassung 1970	M: 13. Jh., Jistebnitz um 1420, Wittenberg 1524

Auch diese Melodie ist ein Kompromiss: Die evangelische Seite hat auf die Halben in Zeile 1–2 zugunsten der katholischen „Einheitslieder"-Tradition verzichtet; der zweite Teil übernimmt die evangelische Fassung.

c) *Lobe den Herren, den mächtigen König der Ehren* GKL 59, GL 258, EG 316, EKG 234

T: Joachim Neander 1680
M: 17. Jh. / geistlich Stralsund 1665 / Halle 1741

	GKL	EKG
Str. 1, 2	lob ihn, o Seele, vereint mit den himmlischen Chören	meine geliebete Seele, das ist mein Begehren
Str. 5, 2	Lob ihn mit allen, die seine Verheißung bekamen.	Alles, was Odem hat, lobe mit Abrahams Samen.
5	Lob ihn in Ewigkeit. Amen.[14]	Lobende, schließe mit Amen!

d) *Sonne der Gerechtigkeit* GKL 76, GL 644, EG 262, EKG 218

T: nach einem von Otto Riethmüller (1932) aus älteren Strophen zusammengestellten Lied; 1970 überarbeitet
M: Nürnberg 1556 / geistlich im Gesangbuch der Böhmischen Brüder, Eibenschütz 1566

	GKL	EKG
Str. 2, 3	dass sie deine Stimme hört,	mache deinen Ruhm bekannt
4	sich zu deinem Wort bekehrt.	überall im ganzen Land.
Str. 3, 2	der sonst niemand wehren kann;	der kein Mensch sonst wehren kann;
Str. 5, 2	Glauben, Hoffnung, Liebesglut,	Glaubenshoffnung, Liebesglut,
3	und lass reiche Frucht aufgehn,	lass viel Früchte deiner Gnad
4	wo sie unter Tränen sä'n.	folgen ihrer Tränensaat.
Str. 6, 1	Lass uns deine Herrlichkeit	Lass uns deine Herrlichkeit
2	sehen auch in dieser Zeit	ferner sehn in dieser Zeit
3	und mit unsrer kleinen Kraft	und mit unsrer kleinen Kraft
4	suchen, was den Frieden schafft.	üben gute Ritterschaft.
Str. 7, 1	Lass uns eins sein, Jesu Christ,	Kraft, Lob, Ehr und Herrlichkeit
2	wie du mit dem Vater bist,	sei dem Höchsten allezeit,
3	in dir bleiben allezeit,	der, wie er ist, drei in ein,
4	heute wie in Ewigkeit.	uns in ihm lässt eines sein.

4. Es gibt Lieder, in denen sich lehrmäßige Unterschiede zeigen. Drei Beispiele:

a) *Aus tiefer Not schrei ich zu dir* GKL 50, GL 163, EG 299, EKG 195

T und M: Martin Luther 1524

---

14 Dieser Text findet sich schon in den bisherigen kath. Gesangbüchern sowie im Gesangbuch der ev. reformierten Schweiz von 1952 und ist keine Neuschöpfung der AÖL.

	GK	EKG
Str. 1, 3	dein gnädig Ohr neig her zu mir	Dein gnädig' Ohren kehr zu mir
4	und meiner Bitt es öffne	und meiner Bitt sie öffne
Str. 4, 5	So tu Israel rechter Art,	So tu Israel rechter Art,
6	der aus dem Geist geboren ward,	der aus dem Geist erzeuget ward,
7	und seines Gottes harre.	und seines Gotts erharre.

Von kleinen Textkorrekturen abgesehen hat die AÖL das ganze Lied Luthers übernommen einschließlich der für Katholiken anstößigen Strophe 2:

Bei dir gilt nichts denn Gnad und Gunst,
die Sünde zu vergeben;
es ist doch unser Tun umsonst
auch in dem besten Leben.
Vor dir niemand sich rühmen kann;
des muß dich fürchten jedermann
und deiner Gnade leben.

Luther betont hier ausdrücklich die Rechtfertigung allein aus Glauben (Str. 3: „Darum auf Gott will hoffen ich, / auf mein Verdienst nicht bauen. / Auf ihn will ich verlassen mich / und seiner Güte trauen"), obwohl dieser Gedanke so betont gar nicht im Psalm 130 steht. Hier ist deutlich Interpretation im reformatorischen Sinne. Dennoch konnten die katholischen Mitglieder der AÖL diesem Lied zustimmen, da die Rechtfertigungslehre heute nicht mehr als kirchentrennend angesehen wird. Allerdings steht unter dem Lied eine Anmerkung mit folgender Erläuterung:

Sittliche Leistung und persönliche Verantwortung werden in dem Lied (Strophe 2) nicht ausgeschlossen, sondern vorausgesetzt. „... Wenn ihr alles getan habt, was euch befohlen ist, so sprecht: Wir sind unnütze Knechte; wir haben getan, was wir zu tun schuldig waren" (Lukas 17,10). Es geht dem Dichter um die Schlüsselstellung des Glaubens. Jakob, der von Gott den Namen Israel (1.Mose 32,29), d.h. „Gotteskämpfer", erhält (Strophe 4) und dessen Name dann auf das ganze Gottesvolk übergeht (Strophe 5), ist Vorbild des Glaubens. - „Sein Hand zu helfen hat kein Ziel" (Strophe 5) bedeutet: Seine Hilfe ist grenzenlos.

So kam - jedenfalls innerhalb der AÖL - eine Einigung in ökumenischem Geist zustande.

b) *Es ist ein Ros entsprungen* GKL 15, GL 132, EG 30, EKG 23

T: Mainz um 1585 (Str. 1 und 2) / bei Fridrich Layriz 1844 (Str. 3)
M: Speyrer Gesangbuch, Köln 1599

Die strittige Aussage ist die bleibende Jungfrauschaft Marias. In den GKL hat dieses Lied folgende Anmerkung:

Das Lied beginnt wie ein Rätsellied von einem „Ros" (= Rosenstock) zu sprechen, der ein Blümlein hervorbrachte. In der zweiten Strophe folgt die Lösung: Der Rosenstock (jetzt „das Röslein" genannt) ist Maria. Auf die Jungfrau (virgo) Maria bezog man schon im Mittelalter die Jesaja-Weissagung (11,1) vom Sproß (virga), der aus der „zarten“ (= edlen) Wurzel Isais (lateinisch: Jesse), d. h. aus dem Geschlechte von Davids Vater, hervorgehen sollte.

Diese Anmerkung spricht von der Strophe 2, die in den GKL folgenden Wortlaut hat:

Das Röslein, das ich meine,
davon Jesaja sagt,
ist Maria, die reine,
die uns das Blümlein bracht.
Aus Gottes ewgem Rat
hat sie ein Kind geboren,
welches uns selig macht.

Hier ist also in Strophe 2 von Maria die Rede, wie in der katholischen Tradition auch. Nur endet dort die 2. Strophe: „... und blieb doch reine Magd.“ Diese letzte Zeile wurde jetzt ersetzt durch „... welches uns selig macht“, eine Formulierung, die auf handschriftlicher Tradition aus dem Anfang des 17. Jahrhunderts beruht und durch das Quempas-Heft bereits eingesungen war. Auf diese Weise blieb die Strophe 2 eine Marienstrophe (wie in der katholischen Tradition) und konnte doch von der evangelischen Seite akzeptiert werden mit der geänderten letzten Zeile – ein vorbildliches Beispiel einer Einigung in ökumenischem Geist.

Dass dieser Kompromiss dann weder vom Gotteslob noch vom EG übernommen wurde, ist ein anderes Problem. Hier geht es um die Darstellung der ökumenischen Lösung einer strittigen Frage.

c) Einfacher liegt das Problem bei
Es kommt ein Schiff geladen GKL 6, GL 114, EG 8, EKG 4

T: Elsaß 15. Jh, bearbeitet von Daniel Sudermann um 1626
M: Andernacher Gesangbuch, Köln 1608

Auch dies ist ein Marienlied. Maria im Bild des Schiffes, das Gottes Sohn trägt und an Land bringt – für evangelische Ohren ungewohnt, aber bei näherer Betrachtung stimmig und einsichtig. Die Lösung der AÖL sieht so aus, dass die letzte (7.) Strophe aus der katholischen Tradition nicht in die GKL aufgenommen wurde; denn erst sie spricht ausdrücklich von Maria und löst das Bild auf. Sie lautet:

Maria, Gottes Mutter,
gelobet mußt du sein.
Jesus ist unser Bruder,
das liebe Kindelein.

Soviel zu den Einzelbeispielen aus den GKL.

Eine Rubrik mit Abendmahlsliedern findet sich in dieser ersten Veröffentlichung nicht. Man wollte nicht eine Gemeinsamkeit vortäuschen, die unter den

Konfessionen noch nicht vorhanden ist, obwohl die AÖL damals schon einige Abendmahlslieder erarbeitet hatte, die dann erst in späteren Veröffentlichungen erschienen sind. Zwei finden sich aber doch schon hier, wenn auch in anderen Rubriken. *O Lamm Gottes unschuldig* steht unter der Rubrik „Passion" (GKL 23, EG 190.1). Das andere Abendmahlslied steht unter der Rubrik „Sendung" und thematisiert zugleich die Ökumene. Es ist das Lied *Dank sei dir, Vater, für das ewge Leben* von Maria Luise Thurmair 1969 (GKL 85, GL 634, EG 227).

An dieser Stelle sei noch vermerkt, dass es in der Diskussion um die Liedfassungen nur in wenigen Fällen um dogmatische, also lehrmäßige Auseinandersetzungen, wie in den zuletzt genannten Beispielen, ging. Die Gemeinsamkeit in den Inhalten war erstaunlich groß, und die Fronten - wenn sie sichtbar wurden - gingen nicht selten quer durch die Konfessionen. Vielmehr waren es die sprachlichen Probleme, die Frage nach der angemessenen Formulierung - vor allem der Streit darüber, ob man mehr beim Original bzw. bei der herkömmlichen Fassung bleiben solle oder um der Verständlichkeit und des Zeitgemäßen willen Änderungen des Textes wagen dürfe. Dabei zeigte sich, dass die katholische Seite reformfreudiger und schneller zu Neuformulierungen bereit war als die evangelische. Das mag vielleicht daran liegen, dass evangelische Frömmigkeit in besonderer Weise geprägt ist durch die Tradition des reformatorischen Liedes und die bestimmende Kraft der Luthersprache. So fallen ihr im Blick auf das traditionelle Liedgut Änderungen schwerer als der katholischen Seite, welche sich in dieser Hinsicht unbelasteter zeigte.

3.

Wie sah es nun mit der Aufnahme dieser erarbeiteten ö-Lieder in die Gesangbücher der Kirchen aus? Als erstes offizielles Gesangbuch erschien 1975 - also zwei Jahre nach den GKL - das römisch-katholische Einheitsgesangbuch „Gotteslob" (GL), das die einzelnen Diözesangesangbücher ablöste und zum ersten Mal einen gemeinsamen Stammteil für den katholischen deutschen Sprachraum (außer der Schweiz) brachte. Die gottesdienstlichen Reformen nach dem Zweiten Vatikanischen Konzil hatten dieses Gesangbuch nötig gemacht, für das nun also auch die bis dahin erarbeiteten ö-Fassungen zur Verfügung standen. Es gab zwar keinen Zwang, sämtliche ö-Lieder aus den GKL zu übernehmen. Nur wenn ein Lied, für das eine ö-Fassung besteht, aufgenommen wird, sollte es eben in dieser Gestalt in das Gesangbuch Eingang finden. Das Gotteslob hat nun 87 Lieder und Gesänge aus den GKL übernommen.[15] Bis auf wenige Ausnahmen, auf die noch eingegangen werden soll, stimmen die Text- und Melodiefassungen mit denen der GKL überein, und es muss zu-

15 Vgl. dazu Heinrich Riehm: Die Lieder im Katholischen Einheitsgesangbuch „Gotteslob". In: Musik und Kirche 47/1977, S. 164–178.

nächst festgehalten und als erfreuliches Zeichen ökumenischer Gesinnung gewertet werden, dass das Gotteslob eine große Zahl gemeinsamer Lieder, von denen nicht wenige aus der evangelischen Tradition kommen, aufgenommen hat. Allerdings bestehen Unterschiede in der Strophenzahl. Die AÖL hat die Zahl der Strophen nicht verbindlich festgelegt und überlässt die Auswahl den einzelnen Konfessionen.

Nun aber zu den Liedern, deren Übernahme in der ö-Fassung für die katholische Seite – das letzte Wort hatte die Bischofskonferenz – nicht möglich war und eine andere Lösung gefunden werden musste.

a) *Aus tiefer Not schrei ich zu dir* GKL 50, GL 163, EG 299

Vorgelegen war die fünfstrophige Fassung Luthers aus den GKL mit einer Anmerkung. Bei den Übernahmeverhandlungen stellte sich heraus, dass die Strophe 2 mit ihrem ausdrücklichen Bezug auf die Rechtfertigungslehre („es ist doch unser Tun umsonst auch in dem besten Leben“) für die katholische Seite doch nicht annehmbar war. Die Lösung ergab sich aus der vierstrophigen Erstfassung des Liedes. Dort hat Luther in der 2. Strophe gedichtet:

Es steht bei deiner Macht allein,
die Sünden zu vergeben,
dass dich fürcht beide gross und klein
auch in dem besten Leben.
Darum auf Gott will hoffen ich,
mein Herz auf ihn soll lassen sich
ich will seins Worts erharren.

Diese Strophe wurde bearbeitet und in der 4. Zeile formuliert: „du einzig Heil und Leben“ (statt: „auch in dem besten Leben“). Damit war der Anstoß beseitigt. Außerdem wurden die Strophen 3 und 4 zusammengezogen, so dass nun ein dreistrophiges Lied herauskam.

b) *Es ist ein Ros entsprungen* GKL 15, GL 132, RG 399

Der entscheidende Punkt in der Diskussion war, dass die letzte Zeile in der 2. Strophe („und blieb doch reine Magd“) wie in den bisherigen katholischen Gesangbüchern beibehalten werden sollte. Den Wegfall dieser Formulierung meinte man den katholischen Gemeinden nicht zumuten zu können. So steht also jetzt die 2. Strophe im Gotteslob mit dieser Schlusszeile. Angehängt ist aber nach der Anmerkung wie in den GKL die ökumenische Version – unter eigener Nummer (133) – mit der Schlusszeile „welches uns selig macht". Eine wenig befriedigende Lösung.

c) *Es kommt ein Schiff geladen* GKL 6, GL 11, EG 8

Auch hier ist das „Gotteslob" zur traditionellen Fassung innerhalb der katholischen Kirche mit der 7. Strophe wieder zurückgekehrt:

Maria Gottes Mutter
gelobet musst du sein.
Jesus ist unser Bruder
das liebe Kindelein.

Die Strophe war ja bewusst in den GKL weggelassen worden und steht auch nicht im EG.

d) *Nun bitten wir den Heiligen Geist* GKL 36, GL 248, EG 124

Für die Übernahme des Luthertextes in den GKL konnte man sich in der Gotteslob-Kommission nicht entschließen und übernahm eine neue Textfassung der Strophen 2 bis 4 von Maria Luise Thurmair, der bei der Endredaktion als 5. Strophe noch eine bearbeitete Fassung von Michael Vehe 1537 angehängt wurde – eine nicht sehr überzeugende Entscheidung.

Abgesehen von diesen wenigen unbefriedigenden Ergebnissen bleibt aber die Tatsache bestehen, dass das „Gotteslob" in den allermeisten Fällen die Liedfassungen der GKL übernommen und damit einen sichtbaren Schritt auf dem Weg zu einem gemeinsamen Singen getan hat. Das zeitlich nahe Beieinander von GKL und „Gotteslob" hat die weitgehende Übereinstimmung erleichtert und gefördert.

Das Gesangbuch des Katholischen Bistums der Alt-Katholiken, das 1986 unter dem Titel „Lobt Gott, ihr Christen" herauskam, ist das zweite offizielle Gesangbuch, das ö-Lieder übernommen hat.[16] Es handelt sich um dieselbe Auswahl wie im „Gotteslob" (leider auch mit denselben unbefriedigenden Lösungen), da man bei der Herstellung günstig auf die Vorlagen aus dem „Gotteslob" zurückgreifen konnte. Lediglich beim Lied *Es ist ein Ros entsprungen* (Nr. 52) hat man nur die ökumenische Fassung übernommen.

4.

Inzwischen hatte die AÖL weitergearbeitet, wie es im Vorwort zu den GKL angekündigt war. 1978 erschienen die „Gesänge zur Bestattung" (GzB), eine Auswahl von 52 Liedern und Gesängen, sowie Gebeten und besinnlichen Wor-

16 Lobt Gott, ihr Christen. Gesangbuch des Katholischen Bistums der Alt-Katholiken für Christen heute, Bonn 1986.

ten für den praktischen Gebrauch bei Bestattungsfeiern.[17] Im Geleitwort heißt es: „Die ‚Gesänge zur Bestattung' berücksichtigen, dass bei christlichen Beisetzungen häufig Teilnehmer aus verschiedenen Konfessionen zusammenkommen. So wurden Gesänge aus den ‚Gemeinsamen Kirchenliedern' und weitere alte und neue Lieder ausgewählt, die sich unschwer in die vorhandenen Gottesdienstordnungen einfügen." Auch hier folgen wieder die Unterschriften aller Repräsentanten der christlichen Kirchen im deutschen Sprachbereich.

Das Büchlein war also nicht nur eine Arbeitsvorlage für Gesangbuch-Kommissionen sondern ein Gebrauchsbuch für den Dienst in den Gemeinden. Als solches hat es sich bewährt und Verbreitung gefunden, was die Tatsache zeigt, dass diese Veröffentlichung bis jetzt bereits fünf Auflagen erlebt hat. Vor allem kommunale Behörden sind dankbar, wenn sie ein kleines Gesangbuch für die Friedhofkapellen anschaffen können, das offiziell ökumenisch legitimiert ist und nicht nur einer Konfession dient. Zum ökumenischen Liedbestand waren jetzt wichtige Lieder hinzugekommen wie etwa: *Befiehl du deine Wege; Ich bin ein Gast auf Erden; Jesus lebt, mit ihm auch ich; Jesus, meine Zuversicht; O Welt, ich muss dich lassen* u. a.

Bereits fünf Jahre später (1983) erschien die dritte Veröffentlichung der AÖL: das Kinderliederbuch „Leuchte, bunter Regenbogen" (LbR) mit 301 Nummern.[18] Schon die Anlage und die äußere Aufmachung (mit Illustrationen) zeigen, dass hier ein neuer Weg beschritten wurde. Nicht mehr eine kleine Zahl von Kernliedern, sondern eine Fülle von alten und neuen Liedern, Singformen, Kanons, Wechselgesängen und liturgischen Stücken lag hier vor und sollte das ökumenische Singen vom Kindesalter an, in der Familie, im Kindergarten, in der Grundschule und in Jugendgruppen bereichern. Ein ausführliches Nachwort mit pädagogischen Hilfen zum Gebrauch des Buches und zum Umgang mit den Gesängen in den einzelnen Altersstufen schließt diese umfangreiche Sammlung ab, an deren Anfang auch wieder ein Vorwort mit den Unterschriften der kirchenleitenden Persönlichkeiten steht.[19]

Zusammen mit den beiden anderen Veröffentlichungen „Gemeinsame Kir-

---

17 Gesänge zur Bestattung. Gemeinsame Kirchenlieder und Gebete der deutschsprachigen Christenheit, hg. im Auftrag der christlichen Kirchen des deutschen Sprachbereichs von der Arbeitsgemeinschaft für ökumenisches Liedgut, Berlin /Regensburg /Wien /Graz /Zürich /Luzern 1978 (5. Aufl. 1987).

18 Leuchte, bunter Regenbogen. Gemeinsame geistliche Kinderlieder der deutschsprachigen Christenheit, hg. im Auftrag der christlichen Kirchen des deutschen Sprachbereichs von der Arbeitsgemeinschaft für ökumenisches Liedgut, Kassel und Basel /Regensburg /Wien /Graz-Wien-Köln /Zürich /Luzern 1983.

19 Aus dem Nachwort sei der folgende Abschnitt zitiert: „Die Arbeitsgemeinschaft hat bei den umfangreichen Vorarbeiten Fachleute aus dem katechetischen und musikpädagogischen Bereich herangezogen, die durch ihre einschlägigen Erfahrungen aus der Kindersingarbeit wertvolle Hilfe geben konnten. Auch bewährte sich die Zusammensetzung der AÖL selbst, deren Mitglieder ja aus den verschiedenen Konfessionen, aus verschiedenen Ländern und aus unterschiedlichen Berufsgruppen kommen. Es war im Blick auf diese Sammlung besonders wichtig, dass hier wie auch bei den bisherigen Veröffentlichungen die Vertreter der von Anfang an in der AÖL zusammenarbeitenden Konfessionen aus der Bundesrepublik Deutschland, aus der Deutschen Demokratischen

chenlieder" und „Gesänge zur Bestattung" war damit der Bestand an ö-Liedern und Gesängen auf 400 angewachsen. Dazu kommen 121 weitere Lieder und Gesänge, die die AÖL im Lauf der Jahre erarbeitet und als ökumenische Liedfassungen festgestellt, aber bis jetzt nicht veröffentlicht hat.[20] Darunter befinden sich auch die für eine vierte Veröffentlichung vorgesehenen „Gesänge zur Trauung" (das Manuskript war im Herbst 1982 abgeschlossen), deren Erscheinen aber am Einspruch des Ständigen Rates der Deutschen Katholischen Bischofskonferenz scheiterte.

5.

Als nächstes Gesangbuch für die Aufnahme von ö-Liedern stand das neue Evangelische Gesangbuch (EG) an.[21] Seit 1979 wurde daran gearbeitet, bis es schließlich zwischen 1993 und 1996 in den deutschen Landeskirchen, in Österreich und in Elsass-Lothringen eingeführt werden konnte. Nachdem zunächst grundsätzliche Fragen über Inhalt, Umfang und Aufbau im Rücklaufverfahren mit den auftraggebenden Landeskirchen geklärt worden und in einer zweiten Phase eine vorläufige Liederliste erarbeitet und den Landeskirchen zur kritischen Durchsicht vorgelegt worden waren, kam es ab Mitte der 80er Jahre zur Erarbeitung der Liedtexte und Melodien und in diesem Zusammenhang zur Frage der Übernahme der ökumenischen Liedfassungen.

Die Gesangbuchausschüsse Ost und West, die das neue Gesangbuch gemeinsam vorbereiteten und verantworteten, standen im Unterschied zur Gotteslob-Kommission Anfang der 70er Jahre in einer in zweifacher Hinsicht veränderten Situation. Zum einen war der Bestand aus veröffentlichten ö-Liedern wesentlich angewachsen. Von einem relativ kleinen Kernlieder-Stamm konnte nicht mehr die Rede sein. Für mehr als 200 Lieder und Gesänge des vorgesehenen neuen Stammteils gab es von der AÖL erarbeitete Fassungen. Zum andern hatte sich in den vergangenen 15 Jahren ein deutlicher Wandel in der Bereitschaft, überlieferte Liedtexte zu verändern, ergeben. War man zu Beginn der 70er Jahre noch reformfreudig und meinte, archaische Formulierungen – oder was man dafür hielt – behutsam verständlicher und zeitgemäßer revidieren zu dürfen, so gewann in den 80er Jahren mehr und mehr die Auffassung Oberhand, überlieferte Texte möglichst zu belassen, auch wenn sie nicht heutigem Sprachgebrauch entsprachen. Die zahlreichen Versuche in diesen Jahren, Maßstäbe und Kriterien für die Revision von Liedtexten aufzustellen, zeigen anschaulich, welcher Wandel sich vollzogen hatte.[22]

Republik, aus Österreich und aus der Schweiz am Zustandekommen des Buches beteiligt waren." (S. 257).

20 Diese sogenannte Liste II liegt bei den Sekretären der AÖL (vgl. Liste der Veröffentlichungen am Schluss des Beitrages). Die drei Veröffentlichungen der AÖL (GKL, GzB und LbR) bilden zusammen die Liste I.

21 Evangelisches Gesangbuch (Stammausgabe), Hannover 1993.

22 Vgl. Heinrich Riehm: Maßstäbe für die Gesangbuchfähigkeit neuer Lieder. In: Württember-

So standen die Gesangbuchausschüsse bei der Prüfung der Übernahme von ö-Fassungen immer wieder vor der Frage, ob sie die Textgestalt eines von der AÖL bearbeiteten Liedes übernehmen sollten. Einerseits war klar, dass die ökumenischen Liedfassungen einen hohen Stellenwert haben, da sie ja im Auftrag der christlichen Kirchen erarbeitet dem gemeinsamen Singen dienen sollen. Auch muss eine Kirche einmal bereit sein, Opfer um der Gemeinsamkeit willen zu bringen und auf Liebgewordenes zu verzichten. Andererseits kann die AÖL nicht den Anspruch erheben, eine Art „Übergesangbuchkommission" zu sein, deren Ergebnisse sakrosankt sind. Letztlich entscheiden die konfessionellen Gesangbuchkommissionen, was in ihrem Geangbuch stehen soll.

Aus diesem Dilemma heraus hat sich folgendes Verfahren entwickelt und bewährt: Waren die Gesangbuchausschüsse mit einer ö-Fassung nicht einverstanden, so ging die Vorlage mit einer Begründung und einem Änderungsvorschlag an die AÖL zurück. Diese hat das Problem beraten und in nicht wenigen Fällen ihre Vorlage korrigiert oder einen neuen Vorschlag gemacht, was vor allem dann leichter fiel, wenn die ö-Fassung noch nicht veröffentlicht war. In den anderen Fällen wurde weiter verhandelt und schließlich, wenn keine Einigung zustande kam, der Dissens in Kauf genommen.

Ich bin auf diese Problematik kurz eingegangen, weil sie zeigt, dass Ökumene im Gesangbuch auch ihre Schwierigkeiten hat und nicht immer leicht zu erreichen ist, weil aber an diesen Ergebnissen auch deutlich wird, wie man sich bei gutem Willen einigen kann und dort, wo es nicht gelingt, die Unterschiede offen stehen lässt, ohne gleich das ganze Bemühen über Bord werfen zu müssen.

Aus der großen Zahl der ö-Lieder im Stammteil des EG (es sind 202 darunter 69 in Klammern) möchte ich auf einige wenige Beispiele eingehen. Ich nenne zunächst zwei Lieder, deren jetzige Textgestalt nach längerer Diskussion in der AÖL zustandegekommen und dann auch von den Konfessionen akzeptiert worden ist.

a) Bei *Großer Gott, wir loben dich* (GKL 56, GL 257, EG 331) gab es schon immer Textvarianten in den einzelnen Konfessionsgesangbüchern. Vor allem aber war die Strophenauswahl sehr unterschiedlich. Die sogenannten „74 Einheitslieder der deutschen Bistümer" – sie waren 1947 in der katholischen Kirche als Kernlieder für die Diözesangesangbücher erschienen – enthielten dieses Lied mit 12 Strophen. Im Stammteil des EKG hatte dieses Lied bezeichnenderweise keinen Platz gefunden, wohl aber in fast allen Regionalteilen. Die GKL brachten es mit sieben Strophen, die dann auf 11 erweitert wurden, wie sie heute im Gotteslob stehen. Diese Erweiterung hat dann auch das EG übernommen, so dass jetzt das Lied ein gemeinsames 11strophiges ö-Lied ist. Die-

---

gische Blätter für Kirchenmusik 49/1982, S. 147–157; englische Übersetzung: Criteria for the Usability of New Hymns in Hymnals. In: The Hymnology Annual. An International Forum of the Hymn and Worship, 1/1991, S. 115–128.

ses Ergebnis ist bei diesem einerseits längere Zeit verpönten andererseits beliebten und bis in Volksfeste hinein gebräuchlichen Tedeum eine besonders erfreuliche Lösung, die dem ökumenischen Singen zweifellos dient.

b) Das zweite Beispiel ist die erste Strophe des Abendmahlsliedes *Gott sei gelobet und gebenedeiet* (Liste II 50, GL 94, EG 214, EKG 163). Luther benutzt hier eine deutsche Vorlage aus dem 14. Jahrhundert, in deren zweitem Teil der ersten Strophe es heißt:

Herr durch deinen heiligen Leichnam,
der von deiner Mutter Maria kam
und das heilige Blut
hilf uns, Herr, aus aller Not.
Kyrieleison. (So im EKG 163,1)

Der neue ö-Text lautet:

Herr, du nahmest menschlichen Leib an,
der von deiner Mutter Maria kam.
Durch dein Fleisch und dein Blut
hilf uns, Herr, aus aller Not.
Kyrieleison. (So jetzt im Gotteslob und im EG)

Die katholisch anmutende Formulierung „das heilige Blut", tradiert von Luther bis ins EKG, klingt jetzt „evangelischer" und steht im „Gotteslob". Eine ausgesprochen glückliche Lösung.

c) Weniger erfreulich ist die Tatsache, dass das *Lied Lobe den Herren, den mächtigen König der Ehren* (EG 316) in der ökumenischen Fassung nur um den Preis aufgenommen werden konnte, dass daneben auch die in den bisherigen deutschen evangelischen Gesangbüchern tradierte Originalfassung ihren Platz fand (EG 317). Die Rückmeldungen aus den Landeskirchen damals und die heftigen Diskussionen um dieses Lied ließen keine andere Wahl zu.

d) Nicht anders erging es dem Lied *Sonne der Gerechtigkeit* (EG 262). Auch neben dieser ökumenischen Fassung steht die bisher im EKG verbreitete Version (EG 263). Vielleicht bedeutet es einen kleinen Lichtblick, dass in beiden Fällen die ökumenische Fassung mit der Melodie als Erstes abgedruckt ist und dann die zweite Fassung ohne Melodie folgt. Jedenfalls ist diese Lösung kein Ruhmesblatt für das EG.

e) Das Lied *Es ist ein Ros entsprungen* (EG 30) zeigt gegenüber der ö-Fassung und der veränderten Gotteslob-Version im EG eine dritte Variante. Es geht ja immer um die umstrittene zweite Strophe. Diese war 1609 durch Michael Praetorius uminterpretiert worden. Er hatte das Röslein nicht mehr auf Maria, sondern auf Jesus bezogen und formuliert:

Das Röslein, das ich meine,
davon Jesaja sagt,
hat uns gebracht alleine
Marie, die reine Magd;
aus Gottes ewgem Rat

hat sie ein Kind geboren
wohl zu der halben Nacht.

Die letzte Zeile hatte er gleichlautend aus dem Schluss der ersten Strophe übernommen. Im EG wurde nun aus dem „Röslein" das „Blümlein", was ja von der ersten Strophe her logisch erscheint, wenn nun von Jesus die Rede sein soll. Die letzte Zeile konnte dann bleiben wie in der ökumenischen Fassung: „welches uns selig macht." So ist die besungene Person – wie in den folgenden Strophen auch – jetzt nicht mehr Maria, sondern Jesus. Hier hatte man also eine eigene selbständige Lösung gewählt.

Soviel zu den Beispielen aus dem EG, die Gelungenes und weniger Gelungenes exemplarisch aufzeigen sollten. Anzufügen ist noch, dass in den acht Regionalteilen des EG 55 ö-Lieder (ohne Doppelzählungen) stehen, von denen nicht wenige aus dem Kinderliederbuch „Leuchte, bunter Regenbogen" stammen.

Im Zusammenhang mit der Fertigstellung des EG soll an dieser Stelle das 1995 erschienene neue Gemeinschaftsliederbuch des Evangelischen Gnadauer Gemeinschaftsverbandes „Jesus – unsere Freude" erwähnt werden.[23] Es ist das Gesangbuch der kirchlichen Gemeinschaften, die vom Pietismus und der Erweckungsbewegung des 19. Jahrhunderts geprägt sind, und hat eine eigene Tradition von diesen Frömmigkeitsbewegungen her. Unter den 741 Nummern dieses neuen Gesangbuchs finden sich 284 Lieder und Gesänge, die unverändert aus dem EG übernommen sind. Diese unveränderte Übernahme aus dem EG war eine bewusste Entscheidung des Vorbereitungskreises. Man wollte das gemeinsame Singen fördern und hat deshalb auch die EG-Nummer bei den entsprechenden Liedern jeweils dazugesetzt. Leider hat man aber die ö-Bezeichnungen weggelassen und damit nicht sichtbar gemacht, dass dieses Gesangbuch immerhin 122 ö-Lieder enthält, wenn auch die Gemeinsamkeit der Sache nach vorhanden ist.

6.

Im Zusammenhang mit der Übernahme von ö-Liedern aus dem EG war im vorausgehenden Abschnitt von Schwierigkeiten und Problemen die Rede, die die Verhandlungen der AÖL mit den Gesangbuchausschüssen mit sich gebracht haben. Innerhalb dieses Prozesses ist nun das eingeklammerte ö entstanden, über das hier noch berichtet werden soll. Die Erläuterungen dazu finden sich in den Richtlinien „Zur Verwendung des Buchstabens ö in den Gesangbüchern", wie sie sich aus den Protokollen der AÖL zwischen 1987 und 1991 ergeben. Die sieben Punkte seien hier im Wortlaut wiedergegeben:[24]

---

23 Jesus – unsere Freude. Gemeinschaftsliederbuch, hg. vom Evangelischen Gnadauer Gemeinschaftsverband e.V., Gießen, 1995.

24 Abgedruckt im Informationsheft: Das ökumenische Liedgut. 25 Jahre AÖL, Trier / Hannover 1995. Dort finden sich auch die einzelnen Quellenangaben aus den Protokollen der AÖL.

Zur Verwendung des Buchstabens „ö" in den Gesangbüchern

1. Die AÖL bietet die Lieder und Gesänge, die in „Gemeinsame Kirchenlieder", „Gesänge zur Bestattung" und im Kinderliederbuch „Leuchte, bunter Regenbogen" veröffentlicht sowie in der Liste II (bisher nicht veröffentlicht) enthalten sind, zum unveränderten Abdruck in den konfessionellen Gesangbüchern an. Dabei sind die Änderungen zu beachten, die die AÖL selbst vorgenommen hat.
   Beim Abdruck sollen die Lieder und Gesänge mit einem „ö" bei der Nummer bezeichnet werden.
2. Ein volles ö wird gesetzt, wenn ein Lied in Melodie, Text, Strophenauswahl und Strophenreihenfolge voll der Vorlage der AÖL entspricht, wenn also nichts weggelassen, nichts hinzugetan und nichts umgestellt worden ist.
   Ausgenommen sind dabei: Die Änderung der Schreibweise des Textes (z. B. Deklination des Namens Jesus Christus), die Notationsart und die Höhe der Melodie. Auch wenn ein Gesangbuch die Melodie, die aber unverändert bleiben muss, mit einem mehrstimmigen Satz versieht, hindert dies nicht das volle ö.
   Werden aber bei den Genfer Melodien u. ä. Weisen die Pausen an den Zeilenenden weggenommen, muss ein gekennzeichnetes ö (= ö in Klammern) gesetzt werden.
3. Die AÖL führt eine Toleranzliste, in der die Textfassungen stehen, die einem bestimmten Gesangbuch wegen Minimalabweichung von der beschlossenen ö-Fassung zugestanden werden. Das bedeutet nicht, dass diese geringfügigen Abweichungen eine zweite ö-Fassung darstellen, wohl aber, dass die Veränderungen als so unerheblich angesehen werden, dass die Lieder und Gesänge im Blick auf diese Abweichungen immer noch als ö-Lieder und Gesänge bezeichnet werden dürfen und deshalb ein volles ö gesetzt werden kann (s. Prot. S. 638, 644 und 648).
4. Ein gekennzeichnetes ö (ö in Klammern) wird gesetzt, wenn ein Lied in der Melodie und in Teilen des Textes, d. h. in mindestens einer Strophe, den Vorlagen der AÖL entspricht. Dazu zählen auch die Lieder, bei denen zu den ö-Strophen andere hinzugestellt worden sind, bei denen ö-Strophen weggelassen worden sind oder bei denen die Reihenfolge der Strophen von der ö-Fassung abweicht. Nach Möglichkeit sollten die Angaben zum gekennzeichneten ö unter dem Lied erfolgen.
5. Ein ö kann nicht gesetzt werden, wenn keine Strophe voll übereinstimmt und die Melodie eine andere bzw. keine ö-Melodie ist oder Veränderungen aufweist.
6. In den Inhaltsverzeichnissen der Gesangbücher sollten die ö-Lieder und ihre entsprechende Kennzeichnung deutlich gemacht und erläutert werden, so dass jede Strophe, die gemeinsam singbar ist – wo also Melodie und Text stimmen – als solche im Gesangbuch aufgefunden werden kann.
7. Wo es notwendig erscheint, kann in einem Gesangbuch neben der ö-Fassung eine Zweitfassung des Liedes angeboten werden. Darüber entscheiden die zuständigen Gesangbuchausschüsse.

7.

In der Zwischenzeit[25] sind in der deutschsprachigen Schweiz zwei Gesangbücher herausgekommen, die ebenfalls ö-Lieder und Gesänge übernommen

---

25 Dieser Abschnitt ist neu eingefügt, da die beiden hier angesprochenen Gesangbücher zur Zeit des Vortrags 1997 noch nicht erschienen waren.

haben: Das Evangelisch-reformierte Gesangbuch (RG) und das Katholische Gesangbuch (KG).[26] Im Blick auf unser Thema ist die ökumenische Ausrichtung und die Gemeinsamkeit in der Vorbereitung, bei der Einführung 1998 sowie in der Nacharbeit ein besonderes Merkmal dieser beiden Gesangbücher. 1978 war das Katholische Kirchengesangbuch der Schweiz erschienen, das zum Stammteil von 1966 einen Anhang mit 93 Nummern aus dem „Gotteslob" hatte, aber keine befriedigende Lösung darstellte. Es sollte ein neues Gesangbuch vorbereitet werden. Für die Evangelisch-reformierten Kirchen war das Gesangbuch von 1952 – ähnlich wie in Deutschland – dringend revisionsbedürftig geworden. Die Vorbereitungsarbeiten für ein neues Gesangbuch kamen ab 1977 in Gang. So war für beide Konfessionen (sie sind zahlenmäßig in der deutschsprachigen Schweiz etwa gleich stark) die Zeit reif für neue Bücher, und man ergriff die Chance einer zeitgleichen Vorbereitung, indem man nicht nebeneinander, sondern möglichst viel miteinander planen, arbeiten und praktizieren wollte. Im Vorfeld stellte die ökumenische Zeitschrift „Neues Singen in der Kirche" (1971–1998) ein Diskussionsforum dar, auf dem neue Lieder und Gesänge für die beiden künftigen Gesangbücher vorgestellt und erprobt werden konnten. Auch das ökumenische Jugendgesangbuch „Kumbaya" (1980 erschienen) unterstützte diese Ausrichtung. Selbstverständlich hatte auch die AÖL mit den ö-Liedern ihre zusammenführende Wirkung nicht verfehlt. Die beiden Gesangbuchkommissionen arbeiteten in engem Kontakt miteinander und hatten sogar ständige Vertreter der anderen Konfession in ihren Reihen.[27]

Das Ergebnis dieser intensiven Zusammenarbeit soll hier nur im Blick auf die gemeinsamen Lieder und Gesänge angesprochen werden.[28] Beide Kommissionen haben die Vorlagen der AÖL nach demselben Verfahren behandelt, wie sie oben in Bezug auf das EG dargestellt worden sind. Dabei stellte sich heraus, dass eine volle Übernahme der ö-Fassungen ähnlich wie beim EG nicht in allen Fällen möglich war, obwohl man größtmögliche Gemeinsamkeit mit der AÖL und untereinander anstrebte und auch weithin erreichte. So steht jetzt im RG das ö 165 mal und das ö in Klammern 56 mal. Das KG enthält das

---

26 Gesangbuch der Evangelisch-reformierten Kirchen der deutschsprachigen Schweiz, hg. vom Verein zur Herausgabe des Gesangbuchs der Evangelisch-reformierten Kirchen der deutschsprachigen Schweiz (Gesangbuchverein), Basel und Zürich 1998. – Katholisches Gesangbuch. Gesang- und Gebetbuch der deutschsprachigen Schweiz, hg. im Auftrag der Schweizer Bischofskonferenz vom Verein für die Herausgabe des Katholischen Kirchengesangbuches der Schweiz, Zug 1998.

27 Bei der Einführung der beiden Gesangbücher am 1. November 1998 (Allerheiligen / Reformationsfest) in der Jesuitenkirche in Luzern predigte der katholische Bischof über die Bedeutung der Reformation und der evangelisch-reformierte Synodalratspräsident über die Bedeutung der Heiligen.

28 Zu Aufbau und Inhalt des RG vgl. Andreas Marti: Das neue Gesangbuch. In: Musik und Gottesdienst 51/1997, S. 138–151; 52/1998, S. 2–13; 52/1998, S. 182–194; 53/1999, S. 50–63; 53/1999, S. 250–26; 54/2000, S. 206–211. (Die sechs Besprechungen sollen später auch gesammelt erscheinen.) – In: Gottesdienst. Information und Handreichung der Liturgischen Institute Deutschlands, Österreichs und der Schweiz, Freiburg /Basel /Wien haben Walter Wiesli in Nr. 23/98 über das KG und Heinrich Riehm in Nr. 22/99 über das RG geschrieben.

ö 173 mal und das ö in Klammern 31 mal. Die Gemeinsamkeit der beiden Gesangbücher wird zusätzlich noch betont durch ein kleines Kreuzchen, das sich bei denjenigen Liedern und Gesängen findet, die in RG und KG identisch sind. Dies ist immerhin bei 238 Liedern und Gesängen der Fall, so dass auf diese Weise eine innerschweizerische Ökumene und damit der Weg zu einem gemeinsamen christlichen Gesangbuch der deutschsprachigen Schweiz sichtbar wird.

Vergleicht man die Ergebnisse bei den oben in den anderen Gesangbüchern besprochenen ö-Liedern mit denen der beiden Schweizer Gesangbücher, so ergibt sich für das RG und das KG folgendes Bild:

- *Aus tiefer Not schrei ich zu dir* (M: Luther 1524) haben RG 83 und KG 384 unverändert in der ökumenischen Fassung übernommen (im Gegensatz zu GL 163 und EG 299).
- Bei *Es ist ein Ros entsprungen* hat das RG 399 die ö-Fassung unverändert übernommen. Dagegen zeigt das KG 334 in der letzten Verszeile der 2. Strophe die Version „und blieb ein reine Magd" (GL 132,2 „und blieb doch reine Magd"), bringt aber nicht auch noch die ökumenische Fassung wie GL Nr. 133.
- *Es kommt ein Schiff geladen* wird unverändert in der ö-Fassung übernommen (RG 360). Auch KG 305 verzichtet auf die Str. 7 („Maria, Gottes Mutter …" GL 114,7).
- *Großer Gott, wir loben dich* zeigt in beiden Gesangbüchern (KG 175, RG 247) in der letzten Strophe eine Textänderung, folgt aber sonst der ö-Fassung.
- Bei *Lobe den Herren, den mächtigen König der Ehren* ist zwar im Gegensatz zum EG 316/317 nur die ö-Fassung abgedruckt, aber beide Gesangbücher (KG 524, RG 242) enthalten in der 2. Strophe eine vom ö-Text abweichende Fassung.
- Bemerkenswert ist die Lösung, die bei *Nun bitten wir den Heiligen Geist* gefunden wurde. Beide Gesangbücher (KG 482, RG 502) zeigen im Blick auf den Text die ö-Fassung (Wittenberg 1524), die auch das frühere katholische Kirchengesangbuch schon hatte. So ergibt sich in diesem Fall eine Gemeinsamkeit innerhalb der Schweiz (auch mit EG 124) im Gegensatz zu GL 248, das nur die ö-Melodie aber nicht den ö-Text ab Strophe 2 bringt.
- Bei *Sonne der Gerechtigkeit* haben beide Gesangbücher (KG 509, RG 795) im Gegensatz zu EG 262/263 nur die ö-Fassung übernommen und verwenden dabei eine andere ö-Melodie (bei Michael Weiße 1531).

So zeigen sich angesichts der ö-Lieder interessante Differenzierungen, die hier nur beispielhaft genannt werden konnten.

8.

Im Blick auf die weitere Entwicklung sollen im Folgenden noch einige Bemerkungen zu Gesangbüchern, die in den nächsten Jahren mit ö-Liedern erscheinen, sowie zur Aufgabe und Weiterarbeit der AÖL gemacht werden.

a) Die Christkatholische Kirche in der Schweiz – sie entspricht der Altkatholischen Kirche in Deutschland und Österreich und hat ein eigenes Gesangbuch – wird voraussichtlich im Jahr 2001 ein neues Gesangbuch vorlegen, für das beabsichtigt ist, die ö-Lieder des RG und des KG zu übernehmen. Außerdem ist bereits beschlossen, die im RG und KG mit einem kleinen Kreuzchen bezeichneten 238 Lieder in das neue Christkatholische Gesangbuch zu übernehmen, so dass innerhalb der deutschsprachigen Schweiz dann ein großer gemeinsamer Liederstamm existiert. Auch in Format, Schrift, Notensatz, Layout und Aufmachung wird dieses neue Christkatholische Gebet- und Gesangbuch identisch sein mit dem RG und dem KG. Damit ist auch äußerlich die innerschweizerische Ökumene sichtbar. Konkrete Arbeiten liegen bereits im Blick auf die „Arbeitshilfen zum Katholischen, Reformierten und Christkatholischen Gesangbuch der Schweiz“ vor.[29]

b) Die Evangelisch-methodistische Kirche ist ebenfalls auf dem Weg zu einem neuen Gesangbuch, das im Jahre 2002 herauskommen und das bisherige Gesangbuch von 1969 (3. Aufl. 1977) ablösen wird. Ein Heft mit Liedern zur Erprobung ist intern bereits erschienen und liegt den entsprechenden Gremien zur Prüfung vor. Diese Kirche erstreckt sich ja auf das gesamte deutschsprachige Gebiet und wird mit ihrem neuen Gesangbuch das erste freikirchliche Gesangbuch vorlegen, in dem offiziell ökumenische Liedfassungen stehen. Wieweit dabei Änderungen bzw. Einschränkungen vorgenommen werden, bleibt abzuwarten.

c) Eine Revision des „Gotteslob“, bei der auch die ö-Bezeichnungen bei den Liedern nachgetragen bzw. vervollständigt werden, steht noch aus. Die ö-Buchstaben bei den Liedern zeigen bis jetzt nach wie vor den Stand von 1975, der sich aber inzwischen mehr als verdoppelt hat. Eine Revision würde auch eine differenzierte Auskunft über das ö in Klammern ermöglichen, wie sie etwa im EG am Schluss des Gesangbuchs im Verzeichnis „Ökumenische Lieder“ (Stammausgabe Nr. 958) zu finden ist. Die 3. Auflage des „Gotteslob“ von 1996 hat die Nachträge immerhin im alphabetischen Inhaltsverzeichnis am Schluss des Buchs vorgenommen, was aber nur als unbefriedigende Zwischenlösung verstanden werden kann. Nach dem neusten Stand korrigiert finden sich jetzt in der Stammausgabe 161 Lieder und Gesänge mit vollem ö und 49 mit einem ö in Klammern.

---

29 Werkheft 1. Vielfalt der Formen (1998). – Werkheft 2. Wege zum Lied (1999). – Werkheft 3. Psalmen (2000). – Werkstatt GottesDienst 4. Feier der Tagzeiten (2000). – Werkstatt GottesDienst 4. Mit Kindern singen (1998). – Werkstatt GottesDienst 5. Singend durch die Festzeiten (1998). Verlag Cavelti AG Gossau / Friedrich Reinhardt Verlag Basel / Theologischer Verlag Zürich.

d) Die AÖL selbst hat angesichts der beschriebenen Entwicklung die Aufgabe, die enstehenden und zu revidierenden Gesangbücher der einzelnen Konfessionen im Blick auf die ö-Lieder und Gesänge zu begleiten und die Verantwortlichen zu beraten, sowie für Rückfragen und Diskussionen zur Verfügung zu stehen. Sie ist außerdem als Herausgeberin ihrer drei Liederbücher zuständig für Lizenzen und verlagsrechtliche Fragen innerhalb der Verwaltung dieser Veröffentlichungen.[30]

Schließlich ist die AÖL ein Forum, das den ökumenischen Dialog führt, der gerade im Blick auf das Lied der Kirche von besonderer Bedeutung ist. „Sie ermuntert die Kirchen," wie es in einer offiziellen Aufgabenbeschreibung der AÖL heißt, „möglichst viele der in der AÖL erarbeiteten Text- und Melodiefassungen zu übernehmen und so die ökumenische Gemeinschaft zu stärken. Sie beobachtet neu rezipierte Lieder, vor allem solche, die sich bereits über Kirchen- und Religionsgrenzen hinweg verbreitet haben und eine Koordinierung im ökumenischen Sinne wünschenswert erscheinen lassen. Die Sichtung und Beurteilung solcher Lieder ist eine Hilfe für alle Kirchen. Die AÖL ist Ansprechpartnerin für alle, die sich mit dem ökumenischen Liedgut befassen."[31] So hat die AÖL eine zukunftsweisende Aufgabe.

9.

Der Rückblick zeigt ein differenziertes Bild. Ökumene im Gesangbuch ist einerseits - von der grundsätzlichen Bedeutung her, wie wir eingangs gesehen haben - weit mehr vorhanden, als wir gemeinhin annehmen. „Singet dem Herrn" (Ps 98,1) und - mit Paulus zu sprechen - „lehrt und ermahnt einander in aller Weisheit: mit Psalmen, Lobgesängen und geistlichen Liedern" (Kol 3,16), das gilt für alle Christen gleich welcher Konfession; und dabei sind die Liederdichter in unseren Gesangbüchern Helfer und „Sprachlehrer" des Glaubens in Gottesdienst und Frömmigkeit der Gemeinde. Auch haben wir bedacht, dass im bekennenden, lobenden Singen - auch in der Gemeinsamkeit mit den Christen anderer Länder und Sprachen[32] - mehr Ökumene sichtbar wird und Ausdruck findet als in dogmatischen Lehrsätzen.

Andererseits ist der konkrete Weg, mit *einer* Stimme - selbst bei gleicher Sprache - Gott zu loben, nicht leicht zu gehen. Vielfalt darf und soll sein. Dass es unterschiedliche Gesangbücher und Liedtraditionen gibt, ist ein Reichtum und nicht ein Unglück. Aber wo Christen zusammenkommen, hat auch das ge-

---

30 An der Sitzung vom März 2000 in Wien wurde beschlossen, den beteiligten Kirchen die Herausgabe einer Nachfolgepublikation für „Gesänge zur Bestattung" vorzuschlagen (Red.).

31 Zur Weiterarbeit der AÖL. Schreiben an die Kirchenleitungen der an der Arbeitsgemeinschaft für ökumenisches Liedgut beteiligten Kirchen. Würzburg /Heidelberg, 21. Oktober 1996.

32 Für das von der Internationalen Arbeitsgemeinschaft für Hymnologie IAH herausgegebene mehrsprachige ökumenische Gesangbuch „Unisono" (Graz 1997) haben die deutschen Textfassungen der AÖL eine wichtige Rolle gespielt (Red.).

meinsam formulierte Lied sein Recht, wenn es das Miteinander stützt und die Versammelten auferbaut. Dem dienen die ö-Lieder und Gesänge, deren Werden und Weg in die einzelnen Konfessionsgesangbücher hier vorgestellt wurden. Solange die einzelnen Gesangbücher phasenverschieden erscheinen, wird eine gewisse Ungleichheit in Kauf genommen werden müssen.

Vielleicht ist aber die genaue Übereinstimmung im Text der Lieder und Gesänge nicht einmal so entscheidend, wenn auch die Bemühungen um sie durchaus ihr Recht haben. Entscheidend ist vielmehr die Offenheit für die unterschiedlichen Äußerungen des Glaubens bei gemeinsamem Bekenntnis zu dem Herrn der Kirche. Das ö in unseren Gesangbüchern will nicht nur den Blick auf den Buchstaben lenken sondern auf die Weite und Vielfältigkeit, die die Kirche in ihrer großen Zahl von Liedern und Gesängen besitzt. Die Arbeit der letzten Jahrzehnte hat die Gemeinsamkeit im Lied unter den Kirchen gestärkt und sie ihr gemeinsames Gut deutlicher als bisher erkennen lassen. Auf diesem Weg sollte mutig weitergegangen werden.

Veröffentlichungen der AÖL

Gemeinsame Kirchenlieder. Gesänge der deutschsprachigen Christenheit, hg. im Auftrag der christlichen Kirchen des deutschen Sprachbereichs von der Arbeitsgemeinschaft für ökumenisches Liedgut. Berlin /Regensburg /Wien /Graz /Zürich /Solothurn 1973 (3. Aufl. 1987).

Gesänge zur Bestattung. Gemeinsame Kirchenlieder und Gebete der deutschsprachigen Christenheit, hg. im Auftrag der christlichen Kirchen des deutschen Sprachbereichs von der Arbeitsgemeinschaft für ökumenisches Liedgut. Berlin /Regensburg /Wien /Graz /Zürich /Luzern 1978 (5. Auflage 1987).

Leuchte, bunter Regenbogen. Gemeinsame geistliche Kinderlieder der deutschsprachigen Christenheit, hg. im Auftrag der christlichen Kirchen des deutschen Sprachbereichs von der Arbeitsgemeinschaft für ökumenisches Liedgut, Kassel /Regensburg /Wien /Graz /Zürich /Luzern 1983.

15 Jahre AÖL. Erster Zwischenbericht an die auftraggebenden Kirchenleitungen. Trier /Hannover 1984.*

Liste II: gemeinsam erarbeitete, von der AÖL bisher nicht veröffentlichte Lieder und Gesänge. Hannover 1994.*

Das ökumenische Liedgut. 25 Jahre AÖL im deutschen Sprachbereich. Informationsheft. Würzburg /Heidelberg 1994* (korrigierte Seiten dazu, neuster Stand 1.4.2000).*

*Auskunft bei den Sekretären der AÖL: Deutsches Liturgisches Institut, Weberbach 72a, D-54290 Trier und Kirchenamt der EKD, Herrenhäuserstr. 12, D-30419 Hannover.

Literaturauswahl

Christhard Mahrenholz: Die „Gemeinsamen Kirchenlieder“ als ökumenisches Gesangbuch. In: Traditionen und Reformen in der Kirchenmusik. FS für Konrad Ameln zum 75. Geburtstag am 6. Juli 1974, hg. von Gerhard Schumacher. Kassel 1974, S. 167–179.

Waltraud-Ingeborg Sauer-Geppert: „Gemeinsame Kirchenlieder“. In: JLH 18/1973/74, S. 201–204

Philipp Harnoncourt: Gesamtkirchliche und teilkirchliche Liturgie, Freiburg i.Br. 1974. (Kurze Darstellung der ersten Phase der AÖL, S. 428–432.)

Heinrich Riehm: 20 Jahre Arbeitsgemeinschaft für ökumenisches Liedgut. In: Gottesdienst 1990 Nr. 10, S. 76 (auch in: Deutsches Pfarrerblatt 1990 Nr. 6, S. 257).

Ernst Lippold: Ökumenisch singen. Bemerkungen zum kommenden Evangelischen Gesangbuch. In: Auf dem Weg zum neuen EG. Beiträge aus der Gesangbucharbeit. EKD-Texte 36, Hannover, Heft 3/1990.

Markus Jenny: Eine hochbedeutsame 20 jährige ökumenische Arbeit. In: Quatember 1990 Nr. 3.

Sigisbert Kraft: Zwei Anlässe zu feiern. 25 Jahre AÖL. In: Gottesdienst 1995 Nr. 6.

Heinrich Riehm: Einführung in das ökumenische Liedgut. Was bedeutet das „ö“ bei der Liednummer und wie kam es dazu? In: Das neue Lied im Evangelischen Gesangbuch. Lieddichter und Komponisten berichten. Archiv der Ev. Kirche im Rheinland, Düsseldorf 1996 (2. überarbeitete Auflage 1997), S. 29–34.

Heinrich Riehm: Die Anfänge der „Arbeitsgemeinschaft für ökumenisches Liedgut“ und die weitere Entwicklung im Überblick. In: Ein Tag in deinen Vorhöfen, FS zum 100. Geburtstag von Christhard Mahrenholz am 11. 8. 2000, hg. von Hans-Christian Drömann, Langenhagen 2000, S. 107–121.

Weg und Raum als Metaphern von Liturgie und Gemeindegesang[1]

ANDREAS MARTI

I. „Strukturpapier" und Zürcher Liturgie

Vor nunmehr etwa 30 Jahren hat im Verständnis des evangelischen Gottesdienstes so etwas wie ein Quantensprung stattgefunden, und zwar interessanterweise fast gleichzeitig im lutherischen bzw. unierten Bereich wie - zeitlich etwas früher - im schweizerischen reformierten. Im so genannten „Strukturpapier"[2] von 1974 erhielt die scheinbar zufällig im Lauf der Jahrhunderte zusammengewachsene Messordnung - die wegen dieser angeblichen oder wirklichen Zufälligkeit nach dem Erscheinen von Agende I (1954/55) auch scharf kritisiert worden war[3] - einen logischen Ablauf, der jedem Einzelelement eine Funktion in einer verlaufsorientierten Gesamtdynamik zuwies. Vom „Zauberwort Struktur"[4] war die Rede, wenn der Gottesdienst nun in den Schritten „Eröffnung - Anrufung - Verkündigung und Bekenntnis - Abendmahl - Sendung" beschrieben, geplant, gefeiert und erlebt werden sollte. Mehrere Schritte aber ergeben einen Weg: Die Weg-Metapher wurde für den Gottesdienst dominierend. Und auch die „Erneuerte Agende", das neue „Gottesdienstbuch" knüpft daran an, wenn es den Gottesdienst in nunmehr 4 „Schritte" gliedert: „Eröffnung und Anrufung - Verkündigung und Bekenntnis - Abendmahl - Sendung."

Fast noch deutlicher lässt sich dieser Vorgang für den reformierten Predigtgottesdienst in der deutschsprachigen Schweiz beobachten. Hier hatte der Philosoph, Publizist und Musiker Adolf Brunner bereits 1960 in seinem programmatischen Buch „Musik im Gottesdienst"[5] ein Konzept entwickelt, das dann 1967 im Zürcher Kirchenbuch offizielle Geltung bekam. Auf diesem Konzept

---

1 Vortrag, gehalten an der Festakademie zum 70. Geburtstag von Jürgen Henkys, 10. November 1999, Humboldt-Universität Berlin.

2 Denkschrift „Versammelte Gemeinde", hg. von der Lutherischen Liturgischen Konferenz, 1974.

3 Z.B. Martin Geck und Gert Hartmann: 38 Thesen gegen die Gottesdienstordnung der lutherischen und einiger unierter Kirchen in Deutschland. Theologische Existenz heute, Nr. 146, München 1968.

4 Z.B. Karl-Heinrich Bieritz: Im Blickpunkt: Gottesdienst, Berlin 1983, S. 69.

5 Adolf Brunner: Musik im Gottesdienst. Wesen, Funktion und Ort der Musik im Gottesdienst, Zürich (1960) ²1968.

bauen auch die „Gottesdienstgerüste" im neuen Reformierten Gesangbuch von 1998 auf, so dass es jetzt gesamtdeutschschweizerisch rezipiert ist.

Während der reformierte Predigtgottesdienst – ein Erbstück des formal offenen und variablen spätmittelalterlichen Prädikantengottesdienstes – meist nicht viel mehr gewesen war als eine durch Gebet und Gesang (vor allem Psalmengesang) gerahmte Predigt, wiesen Brunner und die Zürcher Ordnung diesen Elementen ebenfalls klare Funktionen zu, im Sinne von Schritten in einem Ablauf, auf einem Weg. In älteren reformierten Ordnungen werden Gebete schlicht mit „Gebet vor der Predigt" oder „Gebet nach der Predigt" bezeichnet, Gesänge häufig bloß nummeriert: „1. Psalm", „2. Psalm" etc. Dem entspricht übrigens auch die in Psalmtafeln des 16. und 17. Jahrhunderts vorgenommene Verteilung der Psalmen auf Sonntage oder Werktage und auf die Stellen im Gottesdienst: Inhaltliche und formale Gründe für diese Zuteilung sind gelegentlich zu erahnen, meist jedoch wirkt sie reichlich zufällig. Die liturgischen Stücke behalten so ihre Selbständigkeit, stehen mit relativ viel Eigengewicht nebeneinander und sind einander kaum zugeordnet. Semiotisch gesprochen: der syntagmatische Charakter des Gottesdienstes ist schwach entwickelt; die einzelnen Elemente verweisen wenig oder nur in einem sehr allgemeinen Sinn vorwärts oder rückwärts aufeinander. Das gilt übrigens auch noch für die 1972 erschienene Deutschschweizer Liturgie, die an Jahren jünger, im Konzept dagegen älter ist als die Zürcher Liturgie von 1967 – offensichtlich ein Grund für das damalige Abseitsstehen der Zürcher Kirche von der gemeinsamen Liturgiearbeit der Deutschschweizer Kirchen.

Adolf Brunner und die Zürcher Liturgie gliedern den Gottesdienst in die 5 Schritte „Sammlung – Anbetung – Verkündigung – Fürbitte – Sendung". Das ergibt eine klare Verlaufsdynamik und eine plausible Symmetrie. Der konvergierenden Bewegung der Sammlung entspricht die auseinanderstrebende der Sendung; das Gebet als Anbetung richtet die Konvergenz der Sammlung auf Gott hin, während die Fürbitte die Gedanken im Angesicht Gottes auf die Mitmenschen, auf die Welt richtet, in die wir uns anschließend senden lassen. Die zentrale Stelle ist die Verkündigung, welche beide Bewegungsrichtungen miteinander vermittelt: Wir richten unser Hören auf Gott und empfangen aus seinem Wort Zuspruch und Weisung.

Sowohl das deutsche Strukturpapier als auch die Zürcher Gottesdienstordnung haben zur Folge, dass die einzelnen Gottesdienstelemente nicht mehr nur für sich stehen, sondern in einen Verlauf eingebunden sind, den sie damit auch konstituieren und formen. Mit einem etwas gewagten Vergleich aus der Mathematik gesprochen: Es handelt sich jetzt um „gerichtete Größen", um „Vektoren", die von einem Punkt zum andern führen. Das führt im Gottesdienstverständnis zu einem Überwiegen der Verlaufsdimension, des Linearen, Prozesshaften. Eine noch deutlichere Ausprägung dieser Tendenz waren Versuche, den Gottesdienst als Lernprozess[6] zu beschreiben, etwa mit den aus der

6 Dieter Trautwein: Lernprozess Gottesdienst, Gelnhausen/Berlin/München 1972.

Lerntheorie übernommenen Schritten „Erfahrung einer Schwierigkeit - Eingrenzung und Präzisierung - spielerisches Suchen nach Lösungsansätzen - logisches Durchdenken einer möglichen Lösung - Anwendung."

Will man diese „Weg"-Konzepte in größere historische Zusammenhänge einordnen, so könnte man an die Aufklärung zu denken, die sich über ihr pädagogisches Gottesdienstkonzept eine heilsame, verbessernde Wirkung des Gottesdienstes auf den Einzelnen und auf die Welt versprach,[7] aber auch an die Vorstellung vom wandernden Gottesvolk, für das der Gottesdienst Etappe und Ausrüstung für das nächste Wegstück ist.

Verallgemeinernd kann man wohl sagen, dass der „Weg"-Gottesdienst sich in den Kontext der so genannten „Moderne" einordnet, etwa im Sinne wie sie Detlef Pollack in seinem Beitrag zur Leipziger Ringvorlesung des Wintersemesters 1995/96 beschreibt:[8] Ein solcher Gottesdienst „kommt dem modernen Bedürfnis nach Rationalität, nach Verständlichkeit und Durchschaubarkeit, nach einer Kontinuität der Wirklichkeitserfahrung"[9] entgegen - behält allerdings im Hintergrund die Spannung, die in der Begegnung mit dem Heiligen liegt.

Die beiden eingangs genannten Metaphern „Weg" und „Raum" lassen sich im Blick auf diese Begegnung zunächst einmal zwanglos verbinden. Ich zitiere nochmals aus dem Sammelband zur eben erwähnten Leipziger Ringvorlesung, diesmal aus Reinhold Moraths Beitrag zur „Erneuerten Agende": „Gottesdienst ist ein Begegnungsgeschehen, Eintreten in den Raum der Begegnung mit dem Heiligen, der im Ritual durchschritten werden kann als Weg, dessen Sinn im Gehen selbst liegt, welches die Gehenden ereignishaft verändert."[10] Diese Formulierung verrät allerdings immer noch eine Dominanz der Weg-Metapher, des Ereignisses, des Vorgangs.

II. Frauenliturgien

Neben dem als „Weg" beschriebenen und erfahrenen Gottesdienst ist seit einiger Zeit ein anderes Konzept wichtig geworden. Häufig begegnet es in Frauen-

7 „Der gemeinschaftliche und besondre Gottesdienst der Christen ist wegen seiner wohltätigen Einflüsse in eine immer hellere Aufklärung des Geistes, in eine beständige fortgehende Besserung ihres Herzens und ihres Lebens, und in ihre davon abhängige wahre Zufriedenheit und Glückseligkeit in der Zeit und nach dem Tode, so wichtig, dass die Erleichterung und Beförderung dieser heilsamen Wirkungen die gewissenhafteste Aufmerksamkeit und Sorgfalt derjenigen verdient, welche nach ihren besonderen Verhältnissen, Einsichten und Umständen etwas dazu beytragen vermögen. Sie sind die Erfüllung dieser Pflicht Gott; sie sind dieselbe ihren Mitchristen; und allem dem was wahr und gut ist, schuldig." Johann Andreas Cramer im Vorwort zum GB für Schleswig und Holstein 1780, zit. nach Heinz-Hermann Grube: Ideen einer aufklärerischen Gesangbuchkonzeption. In: JLH 32/1989, S. 170–176, Zitat S. 174.

8 Detlef Pollack: Gottesdienst in der modernen Gesellschaft. In: Reinhold Morath /Wolfgang Ratzmann (Hg.): Herausforderung: Gottesdienst, Leipzig 1997, S. 47–63.

9 a. a. O., S. 62.

10 Reinhold Morath: Struktur oder Ereignis. In: Reinhold Morath/Wolfgang Ratzmann (Hg.): Herausforderung: Gottesdienst, Leipzig 1997, S. 200–237, hier S. 234.

liturgien, aber durchaus nicht nur da. In Erinnerung zu rufen ist die Gottesdienststruktur, die bei Brigitte Enzner-Probst und Andrea Felsenstein-Rossberg vorgeschlagen wird: „1. Ankommen und Begegnen, 2. Reinigen und Aufrichten, 3. Wahrnehmen und Bekräftigen, 4. Teilen und Verbundensein, 5. Segnen und Senden."[11]

Unter „Ankommen und Begegnen" stehen als nähere Bestimmungen: „Den Raum wahrnehmen und gestalten", „Einziehen", „Den Raum begrüßen und meinen Platz finden" und „Den Gottesdienst eröffnen".

Die Hauptrubrik „Reinigen und Aufrichten" wird mit den folgenden Punkten präzisiert: „Mich vor Gott anschauen", „Gott mein Leid klagen" und „Mich von Gott aufrichten lassen". Unter den Liedvorschlägen begegnen an dieser Stelle *Stell unsere Füße, Gott, auf weiten Raum*, bei den Textvorschlägen finden sich „Eine Schale will ich sein" und „Ich bin ein kostbares Gefäß", bei weiteren Elementen spielen „Stille" und „Sitzen" eine wichtige Rolle.

„Wahrnehmen und bekräftigen" wird so ausgeführt: „Den biblischen Text vertiefen", „Elemente und Ursymbole meditieren", „Schweigen und Hören", „Der Botschaft antworten", „Die Not der Menschen im Herzen tragen". Ein Liedvorschlag ist *Gott, umhülle uns*, an Elementen werden Bildbetrachtung, „eine Spirale gehen" und wieder „Schweigen" genannt.

Das ganze Konzept ist natürlich durchaus nicht statisch gedacht; es fällt aber auf, wie viele Begriffe nicht mit einer linear fortschreitenden, sondern mit einer kreisenden, räumlichen, verweilenden Vorstellung und Erlebensweise zusammenhängen. Der Gottesdienst ist weniger ein linearer Weg als vielmehr ein Raum, in dem die Menschen ankommen, in dem sie sich einfinden, in dem sie sich und andern Raum geben und erschließen, und zwar einen Lebens-Raum, in dem „Heil" oder „Heilung" erfahren werden kann. Die Bewegung ist da, aber sie ist eher als Kreis oder Spirale vorzustellen. Der Raum wird nicht gezielt durchschritten, sondern er ist Aufenthalt, zugleich Zustand wie Ereignis.

In manchem erinnert dieses Konzept auch an ostkirchliches Verständnis von Gottesdienst. Dieses zeigt sich ja bereits in der Gestaltung des Kirchenraumes, dessen Kuppel sozusagen den Himmel auf Erden repräsentiert. Wer im Gottesdienst in der Kirche steht, stellt sich in den Abglanz des Paradieses, erlebt den Gottesdienst zunächst als einen besonderen Ort, einen Raum des Heiligen, des Heils. Dabei ist es gar nicht unbedingt vonnöten, den ganzen Gottesdienst mitzumachen und mitzuvollziehen (was ja ohnehin mehr durch die innere Anteilnahme als durch sichtbare und hörbare Aktionen geschieht); das Hineingestelltsein in diesen Raum des Heiligen ist bereits ein Wert für sich.

Naheliegend wäre es nun, an verschiedensten Beispielen sogenannt „meditativer" Feiern die „Raum"-Struktur aufzuzeigen. Ich verzichte darauf angesichts der bunten Vielfalt solcher Versuche im heutigen liturgischen Umfeld

---

11 Brigitte Enzner-Probst, Andrea Felsenstein-Rossberg (Hg): Wenn Himmel und Erde sich berühren. Texte, Lieder und Anregungen für Frauenliturgien, Gütersloh 1993.

und überlasse es der Erinnerung und der Phantasie des geneigten Hörers, der geneigten Hörerin, die einschlägigen Beispiele für sich beizubringen. Häufig ist es ja auch so, dass innerhalb eines konventionellen, als Schrittfolge gedachten Gottesdienstes bestimmte Phasen mehr der „Raum"-Vorstellung entsprechen, wo die Linearität gleichsam angehalten wird, ein Ruhepunkt sich zum Ruhe-Raum weitet, die Gedanken nicht mehr schrittweise, sondern kreisend geführt werden. Gerade an solchen Beispielen, wie ich sie in meiner Organistenpraxis dann und wann erleben kann, zeigt sich, dass die Konzepte „Weg" und „Raum" nicht unvermittelbar sind – sie bleiben aber zwei durchaus unterschiedliche Ansätze und Dimensionen, deren Überlagerung im konkreten Fall den Gottesdienstverantwortlichen nicht immer in ausreichendem Maße klar ist.

III. Weg- und Raum-Konzept – ein Beispiel

Im Folgenden geht es nun darum, zu zeigen, inwiefern unterschiedliche Arten von Musik und speziell des Singens sich dem einen oder dem anderen Konzept einordnen. Ich beginne mit einer Erinnerung an den Gottesdienst am Silvesterabend letzten Jahres in unserer Kirche. Um den zentralen Begriff der „Zeit" waren hier Texte, Besinnung, Gebete und Musik gruppiert, und den größten Teil der Musik bestritten zwei Musiker mit dem australischen Didgeridoo und der Fujara, einer slowakischen Hirtenflöte, welche mit einer speziellen Obertontechnik geblasen wird. Charakteristisch für das Didgeridoo ist der ununterbrochene Ton (durch Zirkuläratmung erzeugt), der immer etwa dieselbe Höhe – oder besser: Tiefe – hat und allmählich in Farbe und Dynamik verändert wird. Die Statik und Großflächigkeit dieser Musik, die immer wieder die Zeit gleichsam angehalten hat, gehörte eindeutig zum „Raum"-Konzept. Einen gedanklichen Aufbau des Gottesdienstes hatte der Pfarrer durchaus geleistet, doch blieb dieser Aufbau im Hintergrund und war kaum wahrzunehmen. Vielmehr hatte man den Eindruck einer freien Abfolge von in sich aussagefähigen Elementen und Phasen, die ebenso gut anders hätten angeordnet sein können, vergleichbar vielleicht mit Elementen eines Bildes, zwischen denen das Auge frei hin und her schweift (allenfalls durch einen gewissen Bildaufbau gelenkt). Jedenfalls empfand ich es als ausgesprochen schwierig, ein angemessenes Orgelstück für den Schluss zu finden. Ich rettete mich dann mehr schlecht als recht mit Mendelssohns G-Dur-Fuge.

Es kann kaum ein Zufall sei, dass der Pfarrer für diesen Gottesdienst ausschließlich Kanons und Taizé-Gesänge ausgewählt hatte, lauter Stücke also, die sich formal an Ort bewegen, im Kreis drehen, beliebig lange Zeit im Raum verweilen können – entsprechend eben einer Didgeridoo-Musik. Allerdings war der Pfarrer dann doch erstaunt, als ich ihn bei der Vorbereitung auf die Auswirkungen seiner einseitigen Auswahl ansprach – er hatte sie nicht bewusst wahrgenommen oder gar einkalkuliert. Ob ich gut daran getan habe, bei der

Planung noch zwei klassische strophische Kirchenlieder einzufügen, wage ich heute nicht mehr zu beurteilen. Ich habe damit das lineare, entwickelnde Konzept des reformierten Predigtgottesdienstes ein Stück weit gerettet (und unser Pfarrer hatte es in der inhaltlichen Planung ja auch nicht völlig verlassen), damit aber eine erhebliche Spannung zu der übrigen Musik erzeugt.

Beim Versuch, die sowohl bewegende wie befremdliche Erfahrung dieses Gottesdienstes rational zu verorten, hat sich mir die Unterscheidung von Weg-Musik und Raum-Musik aufgedrängt, eine Unterscheidung, die wie alle solchen Etikettierungen und wie vorhin schon die Unterscheidung von Weg- und Raum-Liturgie etwas allzu Schematisches hat. Im Einzelfall sind immer Zwischenwerte und Zwischentöne anzutreffen. Vielleicht würde man besser nicht von einer Unterscheidung sprechen, sondern von Extremwerten auf einer Skala, auf der dann eine gewisse Orientierung möglich wird.

IV. Weg-Musik

Ich will nun an Beispielen die Gattungen von Weg- und Raum-Musik noch etwas verdeutlichen. Dem Weg-Konzept sind viele, wenn nicht gar die meisten Strophenlieder unseres Kirchenlied-Repertoires zuzurechnen. Ein besonders deutliches Beispiel ist Luthers *Nun freut euch, lieben Christen gmein*. Es beschreibt den Heilsweg des Menschen aus Sünden- und Höllennot zur Erlösung durch Christi Werk und weiter zur Verkündigung dieses Werkes: *zur Hölle musst ich sinken – da jammert Gott in Ewigkeit mein Elend übermaßen – Er sprach zu seinem lieben Sohn: Die Zeit ist hie zu erbarmen – Der Sohn dem Vater ghorsam wird, er kam zu mir auf Erden – Er sprach zu mir: Halt dich an mich – da bist du selig worden – das sollst du tun und lehren*. Jede Strophe, ja jeder Satz dieses Gedichtes ist folgerichtig an seinen Platz gestellt, tut den nächsten Schritt auf dem Weg, der da in dramatisch zugespitzter und – durch den eigenartig verschränkten Tempusgebrauch – auch durchaus theatralisch verfremdeter Weise vergegenwärtigt ist. Hier kann nichts weggelassen, nichts wiederholt, nichts umgestellt werden; der Weg wird konsequent durchschritten. Darin entspricht das Lied der Gattung des Erzählliedes, der Ballade.

Ebenso konsequent, nun eher im Sinne eines Gedankenweges, sind viele barocke Lieder. Ich greife wieder ein besonders berühmtes Beispiel heraus, nämlich Paul Gerhardts *Die güldne Sonne*. Das Lied enthält eine komplette Predigt, in der wichtige Themen häufig assoziativ von einem situationsgebundenen Begriff aus durchschritten werden: Von der Beschreibung des Morgens geht es zur Betrachtung des Himmels – Anlass für einen kleinen vorgreifenden Exkurs auf die Eschatologie: *und wo die Frommen dann sollen hinkommen*. Es folgen klassische Topoi des Morgenlobes – Gottes Fürsorge und Bewahrung und das dankbare Lied des Menschen –, dann geht es über den metaphorischen Gebrauch des im Morgenlied nahe liegenden Begriffes der Finsternis zur ethischen Paränese: *Laster und Schande, der Finsternis Bande, Fallen und Tücke treib ferne zurücke; lass mich auf deinen Geboten bestehen.* Diese Paränese wird aber sogleich in ihre irdisch-vorläufige Dimension verwiesen durch die Erinnerung an die Vergänglichkeit alles Irdischen und Menschlichen und an Gottes Beständigkeit: *Alles vergehet, Gott aber stehet* – um mit dem Ausblick auf das ewige Leben zu schließen: *Freude die Fülle und selige Stille darf ich erwarten im himmlischen Garten.*

In diesen Zusammenhang gehören ferner auch die Texte barocker Kirchenkantaten. Sie sind nicht selten raffinierte Abfolgen von Auslegungsschritten in der Kombination von biblischen und anderen Texten, miteinander durch Textverweise verbunden und einen ausgesprochen rhetorischen Gedankenweg mit überraschenden Wendungen, Antithesen und Folgeschritten begehend. Dies auszuführen würde hier zu weit führen, aber der summarische Hinweis auf den Text von Bachs Kantate Nr. 76, *Die Himmel erzählen die Ehre Gottes,* sei dennoch gemacht: Das Psalmwort des Eingangschores wird schrittweise verknüpft mit dem Evangelium vom großen Abendmahl und der Epistelperikope über die Liebe aus dem 1. Johannesbrief, und dies auf einem Weg, der verschiedene Auslegungsebenen z. T. mehrfach durchschreitet: die Schöpfung, die Welt, die Kirche, die Einzelseele.

V. Raum-Musik

Kehren wir zurück zum Gemeindegesang. Schon im Zusammenhang mit dem beschriebenen Silvestergottesdienst habe ich Gesänge erwähnt, die offensichtlich zum anderen Typus gehören: einerseits Kanons, andererseits Taizé-Gesänge. Bezeichnend ist für beide das repetitive Element. Die üblichen Kanons, wie sie in stattlicher Zahl nun auch im Gesangbuch stehen, werden denn auch „Zirkelkanons" genannt: Wer solch einen Kanon zu Ende gesungen hat, fängt wieder vorne an und bewegt sich damit musikalisch im Kreis, in einem Zirkel. Wann diese Bewegung zum Stillstand kommt, ist nicht von vornherein gegeben, so wie es der Fall wäre, wenn ein Strophenlied zu seiner letzten Strophe kommt. Allerdings ist der Kreis als Bild für den musikalischen Verlauf nicht völlig zutreffend: Es ist durchaus möglich, dass mit jedem Umgang der Kanon besser klingt, weil er vertrauter wird, oder dass zusätzliche Ostinato-Stimmen den Klang erweitern. Die Kreisbewegung lässt durchaus eine Entwicklung zu und könnte damit eher als Spirale beschrieben werden. Diese wiederum lässt verschiedene Bewegungen zu: von außen nach innen, zu einem Mittelpunkt führend, von innen nach außen in den Raum ausgreifend oder wie eine runde Feder auf- oder absteigend. Und da die Musik sich im Zeitverlauf abspielt, hat sie ja zum Vornherein immer auch eine lineare Verlaufsdimension, die das statisch Kreisende durchbricht. Wenn unter diesem Aspekt der Raumcharakter auch relativiert ist, wird er andererseits durch die beim Kanonsingen entstehende Mehrstimmigkeit entscheidend gestützt: Aus der linearen Einzelstimme wird Schritt für Schritt ein Klangraum; die Singenden bauen gleichsam einen

Raum auf, in dem sie sich aufhalten und bewegen können. Die Nähe zum Gottesdienstkonzept nach der Raum-Metapher ist deutlich: „ankommen", „sich und anderen Raum eröffnen", „nach der gemeinsamen Mitte suchen" sind hier wichtige Stichworte.

Entsprechendes ist auch für die repetitiven Singsprüche aus Taizé zu sagen. In der oftmaligen Wiederholung einer kurzen Sequenz kann auch da zunächst der Kreis gesehen werden, dann in einer spontanen oder gesteuerten Klangentwicklung - etwa durch den Lerneffekt, durch zunehmend bessere Realisierung auch der Mittelstimmen, durch zusätzliche vokale oder instrumentale Stimmen - auch das Fortschreitende nach dem Bild der Spirale, und schließlich in der für diese Art von Gesängen unabdingbaren Mehrstimmigkeit auch das Raumgreifende, Raumschaffende.

Dabei ist die Eigenart der Taizé-Gottesdienste, besonders der nicht eucharistischen Gebetszeiten, in Rechnung zu stellen. Auffallend ist deren geringe semantische Definiertheit, das Zurücktreten verbal diskursiver und in logischer Folge aufeinander bezogener Sprachelemente. Es ist mir in den (allerdings nur wenigen) Gottesdiensten, die ich in Taizé mitgefeiert habe, nie gelungen, irgend eine Verbindung zwischen einem gelesenen Text und einem gesungenen Stück herzustellen. Letztere schienen eher zufällig ausgewählt zu sein, etwa nach dem Prinzip „Was ist denn heute wieder mal dran?". Dazu kommt, dass die meisten Texte eher generalisierende Aussagen enthalten (*Laudate omnes gentes*) oder hochgradig auf verschiedene Situationen anwendbar sind (*Dans nos obscurités*, wörtlich „In unseren Dunkelheiten": man muss schon den originalen Plural mithören, um die Unbestimmtheit des Satzes zu spüren).

So bietet der Gottesdienst laufend semantische Leerstellen oder zumindest Unbestimmtheitsstellen an. Das ist einerseits unvermeidlich, bedingt durch die hochgradige Vielsprachigkeit der jeweiligen Gemeinde. Andererseits ist dieses semantische Defizit im Kontext des gesamten Lebens in der Communauté von Taizé zu sehen und entsprechend zu relativieren. Wer am Gottesdienst teilnimmt, hat ja wahrscheinlich vorher im Gesprächsgruppen gearbeitet und sich dort differenziert mit Inhalten auseinandergesetzt. Er trägt dann diese Inhalte zusammen mit persönlichen Erfahrungen in den Gottesdienst mit ein und gibt den Unbestimmtheitsstellen aus seiner Sicht deutlichere Inhalte, füllt die Leerstellen semantisch auf. Diese helfen damit zur Verarbeitung von Erfahrung, zur Klärung, zur persönlichen „inneren Ordnung" (um nun nicht gleich mit „Selbstfindung" oder „Ganzheit" zu operieren). Der Gottesdienst als ganzer und besonders seine musikalischen Stücke sind so etwas wie bereitstehende Gefäße, die von den Teilnehmenden individuell gefüllt werden, sind Formungsangebote für noch nicht geformte Erfahrungsinhalte.

Dies führt zu einer hohen Stimmigkeit dieses Gottesdienstes zusammen mit seinem Kontext, lässt aber auch die Probleme erahnen, die entstehen, wenn solche Feiern oder Elemente aus ihnen in andere Kontexte verpflanzt werden.

Wir haben von „Leerstellen" gesprochen: Damit ist auch wieder die Assoziation zur Raum-Metapher hergestellt, denn „leer" ist zunächst einmal eine räumliche Qualität. Und tatsächlich spielt das Raum-Erlebnis in Taizé eine wichtige Rolle, zunächst ganz direkt in der Besonderheit des Gottesdienstraumes, dann eben auch metaphorisch: Der Gottesdienst ist der Raum, in den ich mich mit meinen Erfahrungen, Erlebnissen, Gedanken und Gefühlen einbringe. Er ist ein Raum, der nach gewissen Grundlinien und Mustern geordnet ist und mir dazu verhilft, selber wieder in Ordnung zu kommen. Einen wesentlichen Anteil an der Konstitution dieser heilsamen Raum-Ordnung hat die Musik, insofern sie selber eben auch einen strukturierten Raum darstellt und aufbaut und zugleich - als wesentlich zeitliche Kunst - die Verbindung zur Zeit als der anderen Grunddimension der Wahrnehmung schafft.

VI. Musik als Handlung und als Zustand

Die Metaphern „Weg“ und „Raum“ sind beide in der Dimension des Raumes angesiedelt - für die Musik eine gewisse Schwierigkeit, da sie eine zeitliche, nicht eine räumliche Kunst ist. Ich verlasse die Metapher deshalb vorübergehend und führe eine andere idealtypische Unterscheidung ein, die mir im Vergleich verschiedener Gottesdienstgestalten und Musikpraktiken dann und wann erhellend scheint: Für die Weg-Musik setzen wir „Musik als Handlung, als Aktion“, für die Raum-Musik „Musik als Zustand“.

Dass das Strophenlied, wie wir es oben beschrieben haben, zur „Handlungsmusik“ gehört, liegt auf der Hand. Die Handlung ist dann eben eine verkündigende Erzählung, eine Predigt, in einem anderen Fall vielleicht ein folgerichtig aufgebautes Gebet. Handlungsmusik sind aber auch kleinere musikalische Elemente im liturgischen Dialog - ein antwortendes Halleluja, ein zusammenfassendes Kyrie, ein bestätigendes Amen.

Ebenso klar sind über längere Zeit gesungene Kanons oder mehrmals wiederholte Singsprüche der „Zustands-Musik“ zuzurechnen: Man verweilt eine gewisse Zeit im Singen, ohne dass dieses in sich einen klaren Handlungsablauf konstruieren oder zu einem solchen gehören würde.

So gesehen, hätte es bis zur Einführung des EG oder des Schweizer Reformierten Gesangbuches im evangelischen Gottesdienst gar keine „Zustands-Musik“ gegeben, da in den Gesangbüchern fast ausschließlich Strophenlieder und (im EKG) wohldefinierte liturgische Stücke enthalten waren.

Ich möchte nun aber die Vermutung wagen, dass diese Einseitigkeit höchstens die Zeit seit der Singbewegung und der kirchenmusikalischen Reform des 20. Jahrhunderts betrifft, und zwar geht es um das Singtempo im Gottesdienst. Bekanntlich wurde spätestens im 18. Jahrhundert der Gemeindegesang sehr langsam, zur langsamsten denkbaren Musik, wie es im Vorwort zum Choralbuch von Christmann und Knecht, Stuttgart 1799,[12] heißt. Ein niederländischer Kollege hat mir von traditionalistischen reformierten Gemeinden erzählt, die bis in jüngste Vergangenheit noch immer extrem langsam und dabei

12 DKL 1799[14].

sehr laut, mit einer Art Überdruckstimme gesungen haben;[13] bekannt ist das sehr langsame Singen auch von traditionalistischen Denominationen in den USA, so etwa den „Amish". Und ich selbst habe vor einigen Jahren noch meine Verwandten auf dem Land bei einer Trauerfeier mit dieser nasalen Hochdruckstimme in sehr langsamem Tempo singen hören. Die musikalische Bewegung kommt praktisch zum Stillstand, die Singenden begeben sich gleichsam auf eine andere Ebene, in einen anderen Raum, in dem sie verharren wie in einer Art Trance. Möglich, dass hier geradezu archaische religionspsychologische Mechanismen zum Vorschein kommen, die natürlich für Singbewegung und kirchenmusikalische Reform nicht akzeptabel sein konnten und den Leuten daher durch eine – musikalisch ja unbestreitbar sinnvolle – Erhöhung des Tempos ausgetrieben wurde, ganz im Sinne der antiromantischen Tendenz, des (angesichts totalitärer Irrationalismen mehr als berechtigten) Misstrauens gegen zu viel Gefühl und der theologischen Erkenntnis, dass das Evangelium menschliche Religiosität nicht harmonisch abrundet, sondern durchbricht und überholt.

Diese Art von Religionskritik ist heute weitgehend verstummt – vielleicht zu schnell verstummt. Alles ist nun möglich, alles kann irgendwie eingebracht und eingebaut werden, alles findet Raum in einer postmodern-pluralistischen Buntheit oder gar Beliebigkeit. Und hier verrät das Raum-Konzept auch seine Schwäche: Während der „Weg" ein (vielleicht nur erahntes oder erhofftes) Ziel hat und von diesem her bestimmt, ausgerichtet und charakterisiert wird, sind im „Raum" Bewegungen unterschiedlichster Richtung möglich, die sich überlagern, überkreuzen oder auch gegenseitig aufheben. Die Korrelation mit der „Bricolage"-Religion,[14] zusammengebastelt aus christlichen und vor-, außer- und nachchristlichen Einzelstücken, liegt auf der Hand.

Wohlverstanden: Ich möchte nicht zurück zur Konsequenz und damit nicht selten auch Kälte und Härte der Reformepoche, zum EKG 1950 und zum Schweizer Kirchengesangbuch 1952. Es sind dort – aus achtbaren Gründen – Defizite entstanden, welche die neuen Gesangbücher und Gottesdienstkonzepte jetzt auszugleichen haben. Wir haben aber von der Generation unserer Eltern oder Großeltern Dinge zu bedenken bekommen, die wir jetzt nicht einfach beiseite legen sollten, so wie das mindestens bei uns in der Schweiz weithin geschieht.

Weder das Raum- noch das Weg-Konzept in Reinkultur vermögen den Gottesdienst heute zu tragen. Ebensowenig dienlich ist ein unreflektiertes Ineinander beider. Unverzichtbar ist die Vorstellung des Weges. Sie entspricht der geschichtlichen, linearen Prägung der jüdisch-christlichen Tradition. Unverzichtbar ist aber auch die Beachtung des Raumes, wenn der Glaube nicht raumlos, ortlos, körperlos werden und die irdische Realität verlieren will. Nö-

---

13 Klaas Hoek /Wim Kloppenburg: Church Music – Native Music. In: IAH-Bulletin 16, Groningen 1988, S. 123–136, bes. S. 127 und S. 131–135.

14 Alfred Dubach /Roland J. Campiche (Hg.): Jede(r) ein Sonderfall? Religion in der Schweiz. Ergebnisse einer Repräsentativbefragung, Zürich/Basel 1993, S. 304–307.

tig ist darum ein bewusster Umgang mit diesen Dimensionen. Das bedeutet, in einer „Weg-Liturgie" Räume zu öffnen, in denen die Menschen verweilen können, bedeutet, innezuhalten, ohne die Richtung des Weges aus den Augen zu verlieren.

Das bedeutet umgekehrt, eine „Raum-Liturgie" nicht der Beliebigkeit des Umherschweifens preiszugeben, bedeutet, Strukturen und Orientierungspunkte zu schaffen, die eine gemeinsam verantwortete Bewegung im Raum ermöglichen, ohne deswegen die Menschen gleich wieder einzuengen oder gar zu manipulieren.

Entsprechend sind dann Weg- und Raum-Musik einzusetzen, sind Handlungs- und Zustandsmusik in die Liturgie einzubringen: Wo soll diese vorwärtsgehen, wo sollen die Gedanken einen Weg geführt werden, wo soll sie innehalten, soll sie Raum geben für das freie Spiel der Gedanken? Und vorab muss klar sein, welcher Aspekt im konkreten Fall der primäre sein soll.

Dass die Zuordnung einzelner Elemente zur einen oder zur anderen Seite nicht immer eindeutig ist, wurde vorhin schon festgestellt. Ein interessantes Ineinander von Weg und Raum, von Linie und Kreis zeigt sich an einer besonderen, gerade in jüngerer Zeit häufig auftretenden Liedform. Wir kehren also zum Schluss nochmals kurz zu formalen hymnologischen Überlegungen zurück und werfen einen Blick auf die Strophenliedform als solche.

VII. Strophenlied und Reihenform

Die Form des Strophenliedes ist im Grunde ein poetologisches Fossil aus dem Mittelalter und der frühen Neuzeit. Seit nunmehr 200 Jahren sucht die Lyrik andere, seit 100 Jahren gar überwiegend andere Wege. Das Kirchenlied, das aus praktischen Gründen auf sie angewiesen ist – freie Rhythmen lassen sich nun einmal schlecht so vertonen, dass eine Gottesdienstgemeinde sie dann auch singen kann –, pflegt sie in den letzten Jahrzehnten nicht selten in einer gewissermaßen gesteigerten Weise, nämlich der Form der Reihung, bei der nicht nur die abstrakte Form, d. h. Silbenzahl, Akzente und Reimstellung, von Strophe zu Strophe übernommen werden, sondern Satzstrukturen und immer wiederkehrende sprachliche Elemente. Ein einfaches Beispiel ist *Hilf, Herr meines Lebens* (EG 419). Seine Strophen beginnen *Hilf, Herr meines Lebens – … meiner Tage – … meiner Stunden* und fahren alle fort mit der Wendung *dass ich nicht …* usw. Die jeweils wechselnden Begriffe in der gleichbleibenden Struktur sind konsequent in eine Linie gebracht – Leben, Stunden, Tage – und nehmen auf ihre Weise so das Weg-Konzept auf, während die gleichbleibenden Teile die Gedanken um eine immer gleiche Frage kreisen, an einem Ort verweilen lassen.

Etwas ausführlicher ist dieses Prinzip angewandt in *Gott liebt diese Welt* (EG 409). Jede Strophe beginnt mit diesem mottoartigen Satz und endet auf das Wort *Welt*. Dazwischen gehen die Strophen den Weg durch die Bibel: Schöpfung, Exodus, Weihnachten, Karfreitag, Ostern, Vollendung.

Die Beispiele ließen sich fast beliebig vermehren und zeigen eine Überlagerung von Linie und Kreis, von Fortschreiten und Verweilen. In denselben Zusammenhang gehören auch Refrain- und Kehrversformen, wie sie beispielsweise im Spiritual anzutreffen sind. Solche Überlagerungen stellen aber Sonderfälle dar: In der Regel wird man nicht unbedingt die Vereinigung beider Konzepte in einem einzigen Stück suchen können. Vielmehr geht es um eine sinnvolle Einordnung von Feierkonzepten im Gesamten und liturgischen Elementen im Einzelnen, eine bewusste Positionierung auf der Skala zwischen den Extremwerten in theologisch-pastoraler Verantwortung für das, was Feiernden angeboten oder zugemutet wird, und es geht um eine gesteigerte Sensibilität für die prägende Kraft unterschiedlicher musikalischer Formen, Gattungen und Konzepte, damit innere Stimmigkeit und innere Spannung gottesdienstlicher Feiern etwas weniger dem Zufall überlassen bleiben.

Das Gesangbuch und sein Einband

Roland Bialek

Der Einband hat den praktischen Zweck, das Buch zusammenzuhalten und zu schützen. Das ist beim Kirchengesangbuch nicht anders, und wer am Inhalt interessiert ist und eines der Bücher in die Hand nimmt, nutzt diese technische Notwendigkeit meist ohne speziell darauf zu achten. Dennoch fallen auch immer wieder besonders gestaltete Exemplare auf. Selbstverständlich gehört zum Kirchengesangbuch ein entsprechend würdevolles äußeres Aussehen. Beschäftigt man sich etwas näher mit den braunen und schwarzen Buchdeckeln, merkt man schnell, dass sich dahinter mehr versteckt, als man auf den ersten Blick vermuten mag.

I. Einleitung

Wer sich aus Interesse am Kirchengesangbuch in die Literatur der Einbandwissenschaft einliest, hat mit ein paar Tücken zu kämpfen. Viele Bucheinbandforschende betrachten die Gestaltung der Buchdeckel aus kunsthandwerklicher Sicht und beenden deshalb ihre geschichtlichen Ausführungen kurz nach Beginn des 19. Jahrhunderts mit dem Hinweis, dass um diese Zeit die gute alte Handarbeit verloren gegangen sei und dass man danach von wenigen Ausnahmen abgesehen nichts Entsprechendes mehr fände. Die meisten Gesangbücher, die man da und dort antrifft, stammen jedoch aus dieser und der darauf folgenden Zeit. Das ist aber nicht alles. So schreibt etwa die Bucheinbandforscherin Ilse Schunke: „Der Schmuck des alten Einbandes hat mit dem Buchinhalt nichts zu tun. Es ist nicht der Sinn des Einbandschmuckes, den Buchtext illustrativ nach außen zum Ausdruck zu bringen, wie es etwa bei dem programmatisch werbenden Schutzumschlag der Verlagseinbände vorausgesetzt wird.“[1] Damit wäre die Beschäftigung mit diesen speziellen Buchdeckeln sogar grundsätzlich in Frage gestellt. Selbstverständlich gibt es Einbände älterer Gesangbücher, die geradesogut ein anderes Buch enthalten könnten. Dennoch erkennt man das Kirchengesangbuch sogar im bunten Treiben eines Flohmarktes meist auf den ersten Blick. Auch wenn die Autorin an einer späteren Stelle doch noch kurz die „reliures parlantes“ – die sprechenden Einbände – der

1 Ilse Schunke: Einführung in die Einbandbestimmung, Dresden 1978, S. 6.

neueren Zeit beschreibt, bevor sie diese „entfremdete Bezogenheit auf den Inhalt“ schnell wieder verlässt,[2] ist in diesem Zusammenhang eine andere Stelle von größerem Interesse. Dort schreibt Ilse Schunke: „Von dem gedruckten Buch kann dasselbe Exemplar in den Händen vieler sein; der Einband dagegen trägt sein Gesicht für sich allein. Aus der literarischen Unpersönlichkeit des Buches ist er in die Nähe und individuelle Wärme des Menschen gerückt. Er spiegelt den Charakter seines Besitzers und der geistigen Umwelt wider, in der er entstand.“[3]

Diese besondere Beziehung zwischen Buch und Mensch spielt beim Kirchengesangbuch eine wesentliche Rolle, denn das Zusammentreffen von Unpersönlichkeit und Individuellem zeigt sich hier besonders stark. Der Buchinhalt muss in allen Exemplaren einer Zeit einheitlich sein. Nur wenn darin die gleichen Lieder mit den gleichen Texten und den gleichen Melodien zu finden sind, ist der gemeinsame Gesang möglich. Dieser Unpersönlichkeit steht der Wunsch nach Individuellem gegenüber. Er zeigt sich im Einband und all den persönlichen, ja fast intimen Verzierungen, Widmungen und kleinen Besonderheiten, vom hineingelegten Bildchen bis zur eingeklebten Blume. Das Gesangbuch spiegelt ein Stück der Lebens- und Glaubensgeschichte eines einzelnen Menschen wider. Wie oft wurde es in die Hand genommen, zum sonntäglichen Kirchgang, zu fröhlichen Gottesdiensten an Festtagen und zum gemeinsamen Ertragen von Leid. Welches Lied auch immer angestimmt wurde, war es doch der Einband, auf den zuerst das Auge fiel und der danach in die Hand genommen wurde. Deshalb sollte man die Buchdeckel nicht nur mit dem Auge betrachten, sondern auch mit der Hand begreifen, was leider im Rahmen eines Artikels nicht möglich ist. Die Einbände sind eine Schnittstelle zwischen den Liedern, die personen- und zeitübergreifend zum Lobe Gottes erklingen, und den einzelnen Menschen mit ihrem persönlichen Geschmack und den durch die Zeit geprägten Vorlieben.

II. Arbeitsweise

Die Idee zu diesem Artikel entstand anlässlich der Sonderausstellung „Reformierte Kirchengesangbücher aus 2 Jahrhunderten“, die der Autor Ende 1998 für das Dorfmuseum Buchs (Aargau) gestalten durfte. Dabei konnte aus aktuellem Anlass, der Einführung des neuen Gesangbuchs, ein geschichtlicher Überblick von den alten Psalmbüchern über das kantonalaargauische bis zum neuen Gesangbuch vermittelt werden. Ein Schwerpunkt war die Einbandkunst der letzten zwei Jahrhunderte mit Exponaten aus der Sammlung des Autors. Bedingt durch die Vorgeschichte behandelt der Artikel den gleichen Bereich,

2 Ebd. S. 28.
3 Ebd. S. 7.

die reformierten Gesangbücher des Kantons Aargau unter teilweisem Einbezug von Zürich und Bern.[4]

Selbst wenn das geografische Gebiet für die vorliegenden Betrachtungen eng gewählt wurde, ist die Vielfalt so groß, dass niemals auch nur ein Ansatz von Vollständigkeit in Anspruch genommen werden kann. Sogar bei den seriell hergestellten Bucheinbänden konnten nur in Ausnahmefällen gleiche Exemplare gefunden werden, was doch recht erstaunlich ist. Trotzdem sind die wichtigsten Stilrichtungen mit repräsentativen Exemplaren vertreten. Grundsätzlich ist aber zu berücksichtigen, dass nur das gesammelt werden kann, was erhalten geblieben ist. So sind die einfachen Gesangbücher eher die Ausnahme, obwohl sie in ihrer Zeit wahrscheinlich die Mehrzahl bildeten.

Im Folgenden wird zuerst auf ein paar Charakteristiken des Gesangbucheinbandes eingegangen, danach werden die wichtigsten Stilepochen beschrieben. Selbstverständlich findet man auch kantonale Unterschiede bei der Gestaltung der Buchdeckel, vor allem im 19. Jahrhundert. Es wäre durchaus interessant auf diesen Aspekt einzugehen. Das würde jedoch den Rahmen des Artikels sprengen. Er beschränkt sich deshalb auf die einzelnen Zeitepochen, da diese die Bucheinbände stärker geprägt haben als die regionalen Einflüsse.

Die Datierung der Einbände birgt ein eigenes Problem. Während heute Buchinhalt und Einband zusammen hergestellt und verkauft werden, musste oder konnte man früher den Buchblock ohne Einband kaufen und binden lassen. So ist es durchaus möglich, dass Buchblock und Einband nicht aus der gleichen Zeit stammen. Da auf den Einbänden keine Jahreszahlen zu finden sind, wird das Alter des Drucks übernommen. Anhand von handschriftlich eingefügten und datierten Widmungen kann gezeigt werden, dass der zeitliche Unterschied nicht groß ist. Die Differenz zwischen Druckjahr und Widmungsjahr beträgt selten mehr als zwei Jahre. Dies gilt selbstverständlich nur unter der Annahme, dass der Einband nach dem Buchblock entstand, was meistens zutrifft. Die Jahre des Wechsels von einem Gesangbuch zum andern bilden jedoch eine Ausnahme. In diesen Übergangszeiten wurden Einbände der alten

4 Im Gebiet des heutigen Kantons Aargau (1803 aus ehemals bernischen und weiteren Gebieten gebildet) waren die folgenden reformierten Gesangbücher in Geltung (jeweils mit dem Jahr der 1. Auflage):

- Die Psalmen und Festlieder für den öffentlichen Gottesdienst der Stadt und Landschaft Bern, 1775.
- Auserlesene Psalmen und geistliche Lieder für die evangelisch reformirte Kirche des Kantons Aargau, 1844.
- Gesangbuch für die Evangelisch-reformirte Kirche der deutschen Schweiz, (1890) 1891 (in Geltung in den Kantonen Zürich, Bern, Aargau, Schaffhausen, Appenzell A.Rh., Basel-Stadt, Basel-Land und Freiburg, deshalb meist das „achtörige Gesangbuch" genannt, im Unterschied zum „vierörtigen" oder „Ostschweizer Gesangbuch" für Glarus, Graubünden, St. Gallen und Thurgau von 1868).
- Gesangbuch der evangelisch-reformierten Kirchen der deutschen Schweiz. Probeband, o.J. (1941).
- Gesangbuch der evangelisch-reformierten Kirchen der deutschsprachigen Schweiz, 1952.
- Gesangbuch der Evangelisch-reformierten Kirchen der deutschsprachigen Schweiz, 1998.

Ausgaben für die neue wieder benutzt. Viele Einbände, die wir heute bei der ersten gemeinsamen Ausgabe von 1890 finden, sind älter als der Druck. Auf einem Exemplar ist sogar der alte Titel „Berner Gesangbuch“ zu finden, obwohl der Inhalt durch das neue achtörtige Gesangbuch ersetzt wurde. Eine zweite Unsicherheit besteht bei den undatierten Drucken der neuen Stereotypausgabe von 1907. Der Stil vieler Einbände zeigt, dass diese Ausgabe entweder später gebunden oder ohne weitere Jahresangabe nachgedruckt wurde.

III. Der Einband des Kirchengesangbuchs

Die Buchkunst des Gesangbuchs konzentriert sich neben den einleitenden Seiten mit Bild und Widmung im Wesentlichen auf den Einband. Erst in späterer Zeit entstand ein spezieller Druck, die zweifarbige Kunstdruckausgabe von Rudolf Münger.[5] Der Bedarf nach einem persönlich gestalteten Exemplar war über viele Jahre sehr groß, so dass mit der Zeit dem gleichen Buchinhalt eine große Menge unterschiedlicher Einbandgestaltungen gegenübergestellt wurde. Diese Vielfalt ermöglicht das Herausarbeiten von einigen Charakteristiken der Gesangbucheinbände.

1. Die Wurzeln der Gestaltung des Gesangbucheinbands

Nach einer langen Tradition werden alle im Gottesdienst verwendeten Gegenstände in besonderer Art verziert. So wie den Kelch und den Altar, ja den ganzen Raum, so wollte man ebenfalls die Einbände liturgischer Bücher kunstvoll gestalten. Besonders im Mittelalter, aber auch in späteren Zeiten, verwendete man dazu wertvolle Materialien wie Gold, Silber, Elfenbein oder edle Steine. Auch wenn der Schmuck in der Kirche immer wieder in Frage gestellt wurde, folgten viele reformierte Gesangbücher dieser Tradition. Besonders in der Romantik mit ihrem großen Interesse an der mittelalterlichen Kunst spielten die gotischen Prachteinbände für die Gestaltung der Außendeckel eine wichtige Rolle. Dies sieht man sowohl an den verwendeten Materialien als auch an der Machart. So wurden nicht nur Samt, Silber oder Perlmutter aktuell, auch das Gestaltungselement des Reliefs kam zu einer neuen Blüte. Der Bezug zum Gottesdienst wirkte sich zudem auf die Farbwahl aus. Neben dem Braun des Leders wurden eher dunkle und festliche Farben gewählt. Über lange Zeit war schwarz vorherrschend. Für die Verzierungen dagegen wurde mit Vorliebe Gold verwendet.

Eine weitere Wurzel für die Gestaltung liegt in der Musik. So werden Musikinstrumente nicht nur für das Ohr geschaffen, auch das Auge soll daran sei-

5 Gesangbuch für die Evangelisch-reformirte Kirche der deutschen Schweiz (Kunstdruckausgabe), Basel 1914 mit Buchschmuck von Rudolf Münger, Bern (1862–1929).

ne Freude haben. Das Instrument des Sängers, die Stimme, ist für eine Verzierung nicht zugänglich. So konnte man auf das Gesangbuch ausweichen. Damit gab man auch dem Chor oder der Gemeinde ein schönes musikalisches „Instrument“ in die Hände.

Aus diesen Hintergründen ist leicht zu verstehen, dass sich das Kirchengesangbuch der oft angewandten Aufteilung in Gebrauchsbücher und bibliophile Luxusausgaben verwehrt. Es ist für den intensiven Gebrauch geschaffen, will aber dennoch ein Schmuckstück sein. Dies stellt hohe Anforderungen an den Einband, sowohl in der Machart wie auch in der Auswahl der Materialien.

2. Die dekorativen Teile des Einbandes

Beim Gesangbuch bilden der Vorder- und Hinterdeckel den ersten Eindruck. Der Rücken tritt in den Hintergrund. Das Gesangbuch muss nicht den Regeln eines bibliotheksgerechten Buches folgen. Während normalerweise die Beschriftung des Rückens so zu geschehen hat, dass das Werk auf den ersten Blick in einer langen Reihe gefunden werden kann, darf der Titel des Gesangbuchs sogar wegfallen, wie dies bei älteren Exemplaren der Fall ist. Man weiß ja, wo man sein Kirchengesangbuch hat. Auch die äußere Schönheit muss sich nicht im Büchergestell präsentieren, da das Gesangbuch meist liegend aufbewahrt wird. So kann sich die Dekoration auf die beiden Deckel konzentrieren.

Als Einbandmaterial wurden vor allem Leder und Kaliko, ein mit Latex behandeltes Leinen, verwendet. Eher selten ist das bei anderen Büchern in späteren Zeiten viel verwendete Leinen zu finden. Wahrscheinlich sah es für das Gesangbuch zu billig aus. Für einfachere Ausgaben gab es dagegen Halbledereinbände. Indem das Leder nur über die stärker beanspruchten Stellen, den Rücken und die Ecken, gezogen wurde, konnte Material gespart werden. Bei wertvollen Exemplaren kam neben besonderen Lederarten wie Maroquin auch Samt zum Zug. Seltener findet man Wildleder.

Die Außendeckel bieten den größten Gestaltungsfreiraum für die Dekoration. Deshalb bilden sie in diesem Artikel den Schwerpunkt. Dennoch muss darauf hingewiesen werden, dass die Außendeckel nur ein Bereich der Einbandgestaltung sind. Es gibt Gesangbücher mit bewusst einfachem Äußeren, die ihre Zierde erst beim Öffnen preisgeben. So findet man reich mit Gold verzierte Innenkanten, die selbst beim Lesen, Beten und Singen neben den Seiten sichtbar bleiben. Nicht das geschlossene Buch, nein das offene und somit benutzte Buch zeigt seine schönste Seite. Wie eine Mandorla in mittelalterlichen Darstellungen Christus umgibt, umfassen diese Vergoldungen die Lieder, die zum Lobe Gottes gesungen werden. Die ausgewählten Materialien zeigen, dass dieser Verzicht auf äußere Dekoration gewollt war.

Oft sind die Innenseiten der Deckel und der Vorsatz mit schönen Buntpapieren geschmückt. Neben bedruckten Papieren findet man blumenüberfüllte Brokatpapiere sowie bunte Marmor- und Kleisterpapiere. Vielleicht spielt hier etwas von der sakralen Wurzel dieser Papiere mit. So schreibt Ernst Wolfgang Mick, der Leiter des Deutschen Tapetenmuseums Kassel: „Was geädertem Stein oder blumigen Teppichen ähnlich sah, war allemal als mehr denn bloßer Dekor zu verstehen, nämlich als Urgrund aus ewigen Gärten Eden."[6]

Ein weiteres Gestaltungselement ist der Schnitt, der ebenfalls zum Einband gezählt wird. Meist wurde der Goldschnitt verwendet, der bei älteren Exemplaren noch zusätzlich mit Punzen verziert wurde. Der Goldschnitt hat neben der Zierde auch einen praktischen Zweck. Er schützt die Seiten vor Verschmutzung, was bei einem Buch, das man viel in den Händen hat, wichtig ist. Seltener gibt es marmorierte Schnitte. Raritäten dagegen sind mit Goldornamenten verzierte Farbschnitte im Stil der Renaissance-Einbände.[7]

Ein besonderes Gestaltungselement beim Gesangbuch sind die Buchschließen. Sie waren im Mittelalter an den schweren Einbänden von Pergamenthandschriften notwendig, um das Wölben und Welligwerden der Seiten zu verhindern. Später wurden sie nur noch für Bibeln, Messbücher sowie Gesang- und Gebetsbücher verwendet. Aus den technischen Notbehelfen entwickelten sich Zierstücke, die in den Schmuck des Buches einbezogen wurden. Auch die Buchschließen haben beim Gesangbuch einen praktischen Zweck. Sie verhindern das Auseinanderklappen der Deckel beim Tragen und schützen damit die Seiten vor Verletzungen. So ist es nicht überraschend, dass Buchschließen in verschiedenen Zeitepochen zu finden sind. Im 19. Jahrhundert waren es meist zwei, später nur noch eine. Zum Schutz der Bezugsstoffe wurden zum Teil Beschläge verwendet, entweder als Schienen oder Bänder an den Kanten und Ecken oder in Form von Nägeln mit runden Köpfen. Auch diese Technik stammt aus dem Mittelalter, der Zeit als die Bücher liegend aufbewahrt wurden.

3. Buchschachteln und Gesangbuchtäschchen

Nicht zum Einband, aber doch in seine Nähe gehören die Buchschachteln und Schuber. Viele Gesangbucheinbände bestehen aus besonderen Materialien. Samt und Wildleder sind eher empfindlich, auch die Stickereien oder Metall- und Perlmutterarbeiten müssen gut geschützt werden. Dazu dienen Buchschachteln und Schuber. Dass diese bei vielen Büchern bis heute erhalten geblieben sind, bestätigt deren breite Verwendung weit über den Verkauf hinaus.

Fast alle Buchschachteln und Schuber sind schwarz. Zum Teil sind sie an den Innenseiten mit Buntpapieren ausgekleidet. Außer einer feinen Struktur auf dem Bezugsmaterial haben sie keine weitere Verzierung. Um die Jahrhundertwende wurden Schuber zum Teil mit zusätzlichen Henkeln versehen. So konnte das Gesangbuch auf dem Weg zur Kirche wie in einer Handtasche ge-

---

6 Ernst Wolfgang Mick: Altes Buntpapier, Dortmund 1979, S. 13.
7 Otto Mazal: Einbandkunde. Die Geschichte des Bucheinbandes, Wiesbaden 1997, S. 22.

tragen werden. Es gab auch spezielle Gesangbuch-Ledertäschchen, in denen gerade das Buch Platz hatte. Immer wurde ein Münzfach aufgenäht. Mit dem Gesangbuch und einem Batzen für die Kollekte war man für den Gottesdienst gut ausgerüstet.

Abb. 1: Gesangbuch von 1893 mit fein gestalteten Buchschließen und einem Gesangbuchtäschchen mit eigenem Münzfach.

Mit der Zeit kamen für den Verkauf der Bücher die Umschläge auf. Sie boten einen weiteren Schutz und vor allem auch eine gute Werbefläche. Das Gesangbuch folgte dieser Entwicklung nicht. Die zusätzliche Werbung war wohl nicht notwendig und der Schutz nicht ausreichend. Das Fehlen des Umschlags hatte jedoch einen Einfluss auf die Machart des Einbands. So musste dieser, wenn auch in abgewandelter Form, ebenfalls die Funktion des Umschlags übernehmen.

4. Die Gestaltung des Einbandes

Bis Anfang des 19. Jahrhunderts wurde der Einband unabhängig vom Inhalt gestaltet. Das einheitliche Bild der Buchrücken in einer Bibliothek war wichtiger. Mit der Zeit kam der Wunsch und die technische Möglichkeit, bei der Gestaltung der Außendeckel stärker auf den Inhalt des Buches einzugehen.

Will man auf die Kirchenlieder werbend hinweisen, so hat man grundsätzlich zwei Möglichkeiten. Man stellt entweder die Tätigkeit des Singens in den Vordergrund oder die Verwendung im Gottesdienst. Das erste ist nicht einfach, da das Singen bekanntlich eine akustische Tätigkeit ist. So wich man auf Musikinstrumente aus. Beliebt war die Harfe, die aber wiederum einen starken inhaltlichen Bezug zu den Psalmen und deren Verfasser hat. Verständlicherweise wurde deshalb eine Gestaltung mit Bezug auf den Gottesdienst bevorzugt. Hier stand eine größere Auswahl religiöser Symbole zur Verfügung. Das Kreuz und der Kelch spielten eine wichtige Rolle. Auf Zürcher Ausgaben findet man aber auch ganze Szenen aus der Bibel. Beliebt war die Abendmahlsdarstellung.

Eine Besonderheit der Gesangbücher ist die Verwendung der Schrift. Diese ist normalerweise der Angabe von Autor und Titel vorbehalten. Nun gibt es aber nicht einen Autor, und der Titel „Gesangbuch“ steht eher etwas verloren da. Damit wird die Schrift für andere Funktionen frei. Sie kann den Namen des Besitzers oder der Besitzerin nennen oder aber zusammen mit den Liedern in das Gotteslob einstimmen. So stand in der Zeit von Mitte des 19. Jahrhunderts bis Mitte des 20. Jahrhunderts auf fast allen Einbänden ein Spruch. Diese Sprüche wurden zu einem wichtigen Dekorationselement.

IV. Die Stilrichtungen

Beim Kirchengesangbuch folgt die Gestaltung der Buchdeckel gut den jeweils aktuellen Stilrichtungen. Ein historisierender Einband war im Gegensatz zu literarischen Werken nicht möglich, denn als Sammlung von Liedern und Texten verschiedener Zeiten kann der Inhalt nicht einer bestimmten Epoche zugeordnet werden.

1. Der Empire-Einband

Anfang des 19. Jahrhunderts waren die Einbände der Gesangbücher nicht viel anders gestaltet als die der anderen Bücher. Dies lag zum Teil an der Herstellungstechnik. Die Vergoldung der Einbände geschah mit Rollen und Einzelstempeln, deren Anwendung viel Kraft erforderte. Für die Dekoration eines Einbandes mussten wiederholte Stempelvorgänge vorgenommen werden. Dazu waren ein gutes Augenmaß und eine sichere Hand notwendig. Die menschliche Kraft bestimmte die Größe der Fläche. Da die Stempel zu den teuersten Werkzeugen des Buchbinders gehörten, kehren sie unabhängig vom Inhalt des Buchs als ornamentaler Schmuck auf Deckel und Rücken wieder. Die künstlerische Leistung lag in der Kombination der Einzelstempel. Aber nicht nur die

Herstellungstechnik war für das gleiche Aussehen verantwortlich. Man hätte durchaus mit entsprechender Anordnung von Einzelstempeln dem Gesangbuch ein anderes Aussehen geben können, doch das einheitliche Aussehen der Bücher in der Bibliothek war wichtiger als der Bezug auf den Inhalt. Dies hatte ebenfalls auf den Einband des Kirchengesangbuchs Auswirkungen, obwohl dieses nicht unbedingt in ein Bücherregal gestellt wurde.

Der Empirestil, der Anfang des 19. Jahrhunderts bis etwa 1830 die Einbandgestaltung prägte, verwendete eine breite Palette antiker Motive.[8] Die Buchdeckel wurden sparsam verziert. Oft beschränkte sich der Schmuck auf handvergoldete Ornamente entlang der Deckelränder, die mit Hilfe von Rollen auf das Leder angebracht wurden. Das große Mittelfeld, das in der Zeit des Barocks ein Wappen schmückte, wurde bewusst leer gelassen. Gelegentlich wurden mit Einzelstempeln kleine Ziermotive in die vier inneren Ecken eingesetzt. Für vornehme Ausgaben wurde langnarbiges Maroquin, ein gefärbtes Ziegenleder, verwendet. Eine beliebte Farbe war das gedunkelte Grün. Der Goldschnitt wurde mit Punzen ebenfalls leicht verziert.

Abb. 2: Empire-Einband von 1803 des Berner Gesangbuchs in langnarbigem dunkelgrünem Maroquin mit einer antikisierenden Randvergoldung. Akanthus-Ranken umgeben ein leeres Mittelfeld.

---

8 Otto Mazal: Das Erbe der Antike im Schmuck des europäischen Einbandes. In: Bibliothek und Wissenschaft 29/1996/Inkunabel- und Einbandkunde, S. 172–199.

2. Der Kathedral-Einband der frühen Romantik

Der zunehmende Bedarf an Büchern verlangte mit der Zeit nach einer einfacheren Einbandherstellung. Dies wurde durch die Wiederbelebung des Blinddrucks ermöglicht, einer Technik des mittelalterlichen Einbands. Man verwendete nun aber ganze Platten. In der Zeit um 1820 bis 1835 breitete sich der Druck über die ganze Außenfläche der Bücher aus, so dass der Buchdeckel mit einem einzigen Abdruck durch eine Blindprägung verziert werden konnte.[9] Dies erlaubte die Handvergoldung ganz oder teilweise abzulösen. Meist wurde eine Kombination der beiden Verfahren angewendet, um etwas mehr Abwechslung und Farbe auf den Buchdeckel zu bringen. Diese neue Technik erleichterte gleichzeitig die Gestaltung komplizierterer Ornamente bis hin zu ganzen Darstellungen. Man konnte nun Einbände mit einem stärkeren Bezug zum Inhalt herstellen.

Abb. 3: Kathedral-Einband von 1833 für das „Christliche Gesangbuch", Zürich, in braunem Leder mit Blindprägung und handvergoldetem Rahmen. Gotische Bauelemente in der Form von Fensterrosen umgeben eine Abendmahlsdarstellung.

9 Emil Hannover: Von Bozérian bis Trautz. In: Max Joseph Husung (Hg.): Buch und Bucheinband, Leipzig 1923, S. 200.

In der Zeit nach 1830 kam in der Einbandkunst die Romantik auf. Diese stellte dem rational ausgerichteten Klassizismus eine oft schwärmerische Natur- und Gefühlsbetonung entgegen. Das neue Nationalgefühl führte zu einer Begeisterung für das christliche Mittelalter. In den Jahren 1830 bis 1840 wurde der gotische Stil wiederentdeckt.[10] Charakteristische Architekturformen dieser Zeit, wie Fensterrosen oder auch ganze Kirchenfassaden, wurden auf Bucheinbände übertragen, eine Art der Dekoration von Buchdeckeln, die in der Gotik nicht üblich war. Der neue Stil wurde „à la cathédrale" genannt und war vor allem in Frankreich und den angrenzenden Ländern beliebt. Zuerst nur für Bücher mit Bezug auf das Mittelalter verwendet, breitete er sich auf Bücher beliebigen Inhalts aus. Auch wenn der Kathedralstil eher wegen der neuen Geschmacksrichtung verwendet wurde, war er für ein kirchliches Buch nicht ungeeignet und stellte doch zumindest gefühlsmäßig einen Bezug zum Inhalt dar. Die Romantik entdeckte zudem die innige Beziehung zwischen Religion und Kunst, so dass die Trennung zwischen reiner Dekoration und inhaltlichem Bezug nicht so einfach zu ziehen ist.

3. Der Einband des Restaurationsstils

Nach dem Sturz Napoleons gab es in der Zeit um 1840 bis 1860 zum Teil eine Rückkehr zu dem Geschmack, der vor der Revolution geherrscht hatte. Dieser Restaurationsstil, auch „Zweites Rokoko" genannt, bevorzugte wieder Rocaille-Ornamente. Obwohl zum Teil alte Stempel wieder verwendet wurden, erreichte man niemals die Grazie des alten Stils. Eine beliebte Neuheit der Romantik ist die Verbindung von Eckstempeln mit Linien. Dieses charakteristische Merkmal kommt beim Restaurationsstil besonders gut zur Geltung. Dem Gefühl der Romantik folgend wurde Aubergine zu einer der beliebtesten Farben.[11]

Für die Gestaltung des Gesangbucheinbands war dieser Stil, so schön und sorgfältig die Arbeit der Buchbinder war, gleichzeitig auch eine Rückkehr zur alten Vorstellung, wonach die Dekoration der Buchdeckel nichts mit dem Buchinhalt zu tun hat. Aus diesem Grund sehen die Gesangbücher fast gleich aus wie andere Bücher dieser Zeit.

4. Der Historismus-Einband

Der Historismus suchte seine Vorbilder in den Stilen der Vergangenheit, wobei er diese zum Teil auch kombinierte, was ihm viel Kritik einbrachte. Heute wird der Historismus als eigene Stilrichtung anerkannt. Bei der Verzierung der

10 Ernst Ammering: Bucheinbände, Dortmund 1985, S. 90.

11 Otto Mazal: Einbandkunde. Die Geschichte des Bucheinbandes, Wiesbaden 1997, S. 302.

Abb. 4: Romantiker-Einband von 1844 im Stil des „Zweiten Rokokos" für die „Fest-Lieder für den öffentlichen Gottesdienst der Stadt und Landschaft Bern" in auberginefarbigem Leder mit Handvergoldung. Eckstempel im Stil des Rokokos sind über Linien verbunden.

Einbände wurden aber nicht nur alte Stile, sondern auch verschiedene ältere Techniken wieder aufgenommen. Bei der Farbgebung fand von wenigen Ausnahmen abgesehen nur noch schwarz Anwendung. Nach Hohl ist dieser Epoche „jene Entwicklung als positiv anzuerkennen, welche nach der Übereinstimmung des Äußeren der Bücher mit dem Inneren strebte".[12]

Grundsätzlich können im Historismus zwei Richtungen unterschieden werden, die Nachahmung historischer Bucheinbände und die Herstellung von Bucheinbänden in historischen Stilen.[13] In der sakralen Kunst hatte die Neugotik großes Gewicht. Beliebt waren schwarze Samteinbände mit goldenen oder silbernen Schließen, zum Teil auch mit Beschlägen. Ihre Machart greift auf das späte Mittelalter zurück, als kostbare Handschriften mit Samt überzogen wurden.[14] Die Buchschließen und -beschläge - schon damals meist der einzige Schmuck - kommen darauf besonders wirkungsvoll zur Geltung.

12 Werner Hohl: Bucheinbände des Historismus, Graz 1982, S. 9.
13 Ebda. S. 11.
14 Mazal, Einbandkunde, S. 22 und S. 24.

Abb. 5: Historismus-Einband im gotischen Stil für das achtörtige Gesangbuch von 1890 in schwarzem Samt mit Silberschließen und Silberbeschlägen.

Bis ins 19. Jahrhundert lieferten die Buchdrucker ihre Bücher in losen Bogen und Lagen. Der Käufer ließ beim Buchbinder das Buch in den gewünschten Einband binden. In der zweiten Hälfte des 19. Jahrhunderts breitete sich der Verlegereinband mehr und mehr aus. Die Einführung industrieller Produktionsmethoden veränderte das Buchgewerbe stark. Bereits um 1860 wurden reich ornamentierte Einbandprägungen maschinell hergestellt. Einbanddecken konnten mit großflächigen Prägeplatten mit Gold- oder Farbfolien heiß gepresst werden. Gleichzeitig waren die Verleger gezwungen, die Bücher kostengünstig herzustellen. Statt Leder benutzte man das billigere Kaliko. Der Einsatz der Prägeplatten kam dem Historismus sehr entgegen, konnten doch damit die verschiedenen Stilrichtungen aus vergangenen Zeiten schnell kopiert werden. Zuerst wurden Motive aus dem Klassizismus und der Renaissance verwendet. Mit der Zeit wurden Motive verschiedener Epochen miteinander vermischt. Die neuen Möglichkeiten wurden für die Gesangbücher rege genutzt. So füllte man das Mittelfeld mit christlichen Symbolen, wie dem Kreuz, einem Kelch oder einer Harfe mit einem Palmenzweig.

Abb. 6: Historismus-Einband von 1887 für das aargauische Gesangbuch in schwarzem Kaliko mit Goldprägung. Eine Harfe mit Palmenzweig ziert das Mittelfeld.

5. Prachteinbände des späten Historismus

Die technischen Erneuerungen verbilligten nicht nur die Bücher, sie hatten auch einen negativen Einfluss auf deren Qualität. Der Kaliko als Bezugsmaterial für die Einbände und das Holzschliffpapier erreichten niemals die Qualität der traditionellen Materialien. Als bewusste Abgrenzung zu den billigen, industriell gefertigten Gebrauchsbüchern kamen in den 70er Jahren des 19. Jahrhunderts die „Prachtwerke" auf, großformatige, illustrierte Bücher mit besonders aufwändiger Ausstattung, auch hinsichtlich des Einbandes.[15] Man wollte die Achtung vor dem Buch heben. Die Prachtwerke zielten auf Repräsentation und wurden etwa zwischen 1875 und 1895 in jedem „distinguierten" Salon „aufgelegt".[16] Der Schauwert des Buches entschied über seine Verkaufschancen. Beliebte Inhalte waren klassische Literatur, geografische und ethnogra-

---

15 Kurt Winkler: Prachtwerke. Die illustrierten Prunkbücher des Historismus. In Regine Timm (Bearb.): Die Kunst der Illustration. Deutsche Buchillustration des 19. Jahrhunderts, Weinheim 1986, S. 177–186.

16 Otto Grautoff: Die Entwicklung der modernen Buchkunst in Deutschland, Leipzig 1901, S. 6.

fische Beschreibungen sowie patriotische Texte. Auch religiöse Schriften hatten in dieser Zeit ein besonderes ideologisches Gewicht. Obwohl ihr Format aus verständlichen Gründen wesentlich kleiner ist, lassen sich viele Gesangbucheinbände gut in die Tradition der Prachtwerke einordnen, wollte man doch gerade das Kirchengesangbuch als bedeutungsvolles Buch hervorheben.

Um einen besonderen Effekt zu erzielen, wurden Reliefgestaltungen immer wichtiger. Einerseits konnte der aufkommende Kaliko zu wahren Reliefs ver-

Abb. 7: Historismus-Einband für das achtörtige Gesangbuch von 1890 in Relief- und Goldprägung. Rosen umrahmen den Spruch „Dienet dem Herrn mit Freuden".

arbeitet werden, andererseits wurden verschiedene Kunstwerke auf den Einbänden angebracht. So findet man Gesangbücher mit Stickereien auf Samt im Stil der Klosterarbeiten oder mit Kunstwerken aus Metall und Perlmutter.

Ab Mitte des 19. Jahrhunderts treten Sprüche auf den Einbänden auf und begleiten das Gesangbuch fast ein Jahrhundert. Sie verdrängen immer mehr die religiösen Symbole. Meist sind es Sprüche des Zuspruchs, wie „Vertrau auf Gott, so wird Dir's wohl ergehen" oder „Dienet dem Herrn mit Freuden", und des Gotteslobes „Alles, was Odem hat, lobe den Herrn".

6. Der Jugendstil-Einband

Der Jugendstil der Zeit um 1900 bis 1914 setzte ganz neue Geschmacksnormen, indem er kompromisslos mit den alten Vorbildern brach. Am Anfang der neuen Bewegung stand die Forderung „Zurück zur Natur" und damit die Abkehr von der Natur aus zweiter Hand, den Vorlagen aus der Antike oder der Renaissance. Typisch am Jugendstil sind die bewegten, fast schwingenden Linien mit wechselnden, extrem unterschiedlichen Krümmungsradien. Man betrachtete das Buch mehr als Gesamtwerk, eine Einheit aus Buchinhalt und Einband. Gerne wurden sie zusammen gestaltet, was beim Gesangbuch jedoch nicht möglich war. Der Inhalt bestand bereits. Erst spät entstand eine Ausgabe des achtörtigen Gesangbuchs mit reicher Innengestaltung, die bereits genannte Kunstdruckausgabe mit dem Buchschmuck von Rudolf Münger. Dennoch wirken die Einbände in ihrem allgemeinen Aussehen viel einheitlicher. Sie wurden einfacher, aber umso eleganter gestaltet. Meist wird nur noch die Vorderseite verziert, während die Rückseite leer bleibt.

Man unterscheidet im Jugendstil zwischen einer floralen und einer geometrischen Richtung. Bei den Gesangbüchern herrscht der florale Stil vor. Beliebt

Abb. 8: Jugendstil-Einband von 1907 im floralen Stil für das achtörtige Gesangbuch mit Zürcher Anhang in schwarzem Leder mit Goldprägung. Fein gestaltete Pflanzen umgeben die Aufforderung „Freuet Euch in dem Herrn".

waren zwei Kompositionsprinzipien. Beim ersten wird eine Pflanze mit einem Spruch kombiniert, wobei die Pflanze meist die ganze Höhe des Einbands einnimmt und den Spruch wie eine Hand von der Seite umgibt. Das zweite Prinzip folgt einer symmetrischen Anordnung. Hier bildet der Spruch den Mittelpunkt und wird durch ein Ornament mit Pflanzen oder auch Notenschlüsseln umgeben. Neben diesen beiden Prinzipien gibt es Gestaltungen ohne Spruch. Die religiösen Symbole verschwinden auf den Jugendstileinbänden ganz. An ihre Stelle treten wunderbar geschwungene Pflanzen, die dennoch eine Beziehung zu Gott, dem Schöpfer, aufzeigen können. Die würdevolle Gestaltung der Bücher zeugt von einer großen Achtung vor dem Gesangbuch. Die feinen Goldlinien auf dem durchweg schwarzen Leder oder Kaliko wirken feierlich. Es wurde praktisch nur noch das kleine Format verwendet, was dem Buch eine ganz bestimmte einfache Eleganz gab. Buchschließen wurden gelegentlich verwendet, jedoch nur noch eine einzelne statt zwei.

7. Der Art-Déco-Einband

In den 20er und 30er Jahren kam das neue Ornament im Stil des Art Déco auf, einem reinen Dekorationsstil, den man häufig auf planen, neutralen Projektionsflächen findet. Man suchte in dieser Zeit nach einer Grammatik der Ornamentik. Eine systematische Grundlage sollte das alte Vorlagenwesen, die Kopiermethode ablösen. Dazu wurde eine Lehre gefordert, die zu Basiselementen die Gesetze der Kombination oder der Teilung liefert.[17] Bei der Kombination wurden gerne gegensätzliche Elemente bewusst zueinander so in Kontrast gesetzt, dass eine stimmungsvolle Harmonie entstand. Beliebt war die Kombination von Winkeln und Kreissegmenten. Auch Einzelmotive aus anderen Zeiten und Kulturen wurden verwendet. Dabei tauchten interessanterweise wiederum Motive aus dem Rokoko auf. Bei der Teilung ging man von einfachen Grundformen wie Kreisen oder Quadraten aus, die man nach bestimmten Regeln zerschnitt und zu Ornamenten verarbeitete.

Diesen eher etwas abstrakten Stil findet man ebenfalls auf Gesangbüchern. Meist wurden reine Ornamente oder einfache geometrische Formen verwendet. Selten findet man gegenständliche Darstellungen, am ehesten noch Blumen. Eine zentrale Rolle spielt weiterhin der Spruch.

8. Schriftkunst-Einbände aus dem zweiten Viertel des 20. Jahrhunderts

Gegen die Mitte des 20. Jahrhunderts bekam die Schriftkunst große Bedeutung für die Gestaltung der Einbände. Die Arbeit an der Schriftform war das Zentrum der Grafik-Ausbildung.[18] In den 20er und 30er Jahren wurden indivi-

---

17 Catharina Berents: Art Déco in Deutschland, Frankfurt a. M. 1997, S. 44 ff.

18 Hans Peter Willberg: Buchkunst im Wandel. Die Entwicklung der Buchgestaltung in der Bundesrepublik Deutschland, Frankfurt a. M., S. 194–195.

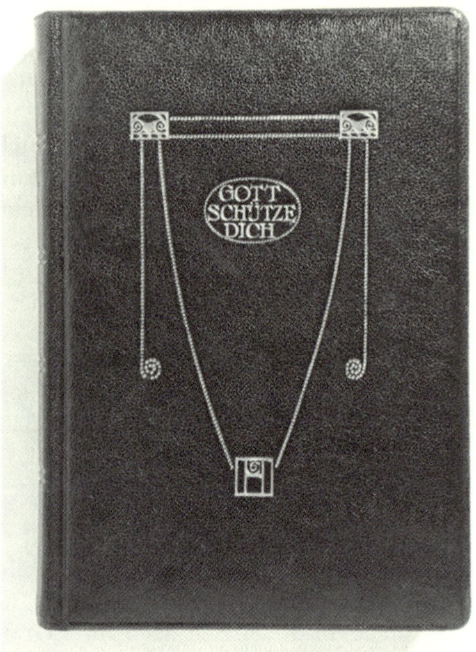

Abb 9: Art-Déco-Einband von 1920 für das achtörtige Gesangbuch in schwarzem Leder mit Goldprägung. Die Teilung des quadratischen Feldes folgt den Regeln des neuen Ornaments.

duell wirkende Handschriften verwendet, die in Form einer geschlossenen Textgruppe zurückhaltend werbend auf den Inhalt des Buches verweisen. Sie geben dem Buch einen persönlichen Charakter. Später wurde mit der Schrift stärker experimentiert, wobei der Ausdruck wichtig war. Nicht Schönheit, sondern Kraft war das Ziel.

Die Schriftkunst wurde bei vielen Büchern für die Umschlaggestaltung eingesetzt. Beim Gesangbuch hatte die Schrift in Form von Sprüchen bereits zuvor eine starke Verbreitung. Dies bildete eine ideale Ausgangslage für die Verwendung der Schriftkunst auf den Buchdeckeln. Man findet von den 20er Jahren bis in die Mitte des 20. Jahrhunderts viele Einbände dieser Art, so dass hier eine eigene Gruppe von Schriftkunst-Einbänden gebildet wird.

9. Moderne Einbände des Funktionalismus

Beim Gesangbuch ist die Einbandgestaltung der Moderne durch den Funktionalismus geprägt, der ab 1930 in der Buchkunst aufkommt. Die Gestaltung von Gegenständen richtet sich immer mehr rein auf das Praktische, die eigent-

Abb. 10: Schriftkunst-Einband von 1940 für das achtörtige Gesangbuch in schwarzem Kaliko mit grauem Foliendruck. Die Schrift des Spruchs „Der Herr segne Dich" wirkt selbst als Dekoration, wobei das Wort „Herr" bewusst hervorgehoben wird.

liche Funktion, aus. Diese liegt beim Gesangbuch in der guten Lesbarkeit und der guten Tragbarkeit, soll doch das Gesangbuch in die Kirche mitgenommen werden. Diese neue Ausrichtung der Gestaltung bewirkt, dass die Einbände der 40er und 50er Jahre des 20. Jahrhunderts immer einfacher wurden. Daneben zeigt sich in der Art der Gestaltung eine neue Grundhaltung. Die Flächen von Deckel und Rücken werden bewusst als Ganzes gestaltet und in Spannung gebracht, indem der Hintergrund als gleichberechtigter Partner aktiv eingesetzt wird.[19]

Bei den Gesangbüchern wird bei der Gestaltung meist vom Buchrücken ausgegangen. Später wird nur noch dieser verziert. Zuletzt werden die Bücher schmucklos. Auch die Sprüche sind verschwunden. Dafür werden neue Materialien und neue Farben eingesetzt. Der Einband muss nicht mehr schwarz sein. Auch grün oder blau sind möglich. Vom Reformierten Kirchengesangbuch von 1952 konnte nur ein Einband mit einer bildlichen Darstellung gefun-

19 Willberg, S. 196.

den werden. Wiederum ist der Kelch dargestellt. Obwohl dieser Einband schon fast einen Fremdkörper in dieser Zeit darstellt, zeigt er den Stil dieser Epoche beispielshaft. Bewusst das Einfache suchend wird alles Unnötige weggelassen. Jede Linie des Kelchs ist notwendig. Auf dem Rücken findet man in Grossbuchstaben den exakt in die Fläche eingepassten Titel „Kirchengesangbuch".

Abb. 11: Moderner Einband von 1969 für das deutschschweizerische reformierte Gesangbuch in schwarzem Leder mit Goldprägung. Die Darstellung zeigt einen einfachen Kelch.

10. Der Einband des neuen Gesangbuchs

Das Auffallendste am Einband des neuen Deutschschweizer Reformierten Gesangbuchs ist sicherlich die Farbe. Dem Schwarz, das über ein Jahrhundert die äußere Erscheinung des Gesangbuchs geprägt hat, wird der Rücken zugekehrt. An seine Stelle tritt das Weinrot, das stärker auf die natürliche Erscheinung des Leders hinweist. Interessanterweise tritt mit diesem Farbton auch das Thema des Abendmahls wieder auf; nachdem es in den letzten zwei Jahrhunderten die bildliche Gestaltung des Einbands stark geprägt hat, zeigt es sich nun zumindest antönungsweise in der Farbe. Die grafische Gestaltung der

Buchdeckel ist einfach gehalten. Fünf leicht vertiefte Linien geben dem Vorderdeckel eine feine Struktur. Am Rücken deuten sie Bünde an, auch dies in der Tendenz zu mehr Natürlichkeit. Zum ersten Mal erscheint auf dem Vorderdeckel die Bezeichnung „Gesangbuch“, als Hinweis auf den Inhalt. Ist dies nun notwendig geworden oder zeugt sie von einem neuen Bewusstsein?

Abb. 12: Der Einband des neuen Gesangbuchs von 1998 in weinrotem Leder mit Goldschrift und feiner Lederprägung.

Anmerkungen zu den Melodien des Gesangbuchs der Böhmischen Brüder von 1566

Friedhelm Zwickler

Auf das umfangreichste Gesangbuch der Böhmischen Brüder mit insgesamt über 450 Liedern, das 1566 in Eibenschütz erschienene „Kirchengeseng ...", hat jüngst Irmgard Scheitler aufmerksam gemacht.[1] Der Vorläufer dieses Buchs, das erste deutschsprachige Gesangbuch Michael Weißes von 1531, war mit seinen 157 Melodien indes schon häufiger Gegenstand der Forschung, insbesondere durch die Faksimileneudrucke von 1931 und 1957.[2] Mit den 26 Liedern aus der erweiterten Ausgabe von 1544 zeigen die „Kirchengeseng ..." von 1566 jedoch noch ungefähr 180 neue Lieder, wenn man den aus dem evangelischen Bereich stammenden Anhang und seine über 100 Lieder unberücksichtigt lässt. Bei Zahn sind diese letzteren nahezu vollständig, die der beiden Hauptteile zu einem großen Teil aufgeführt. Die dort nicht verzeichneten Lieder erscheinen teilweise im Handbuch der deutschen evangelischen Kirchenmusik, darüber hinaus konnten aus anderen Quellen noch ungefähr dreißig Melodien nachgewiesen werden.

Die folgende Liste der nicht bei Zahn[3] verzeichneten 74 Lieder stellt keine erschöpfenden quellenkundlichen Resultate vor, mag aber anregen zu diesbezüglichen weiteren Arbeiten, wobei eine Ergänzung durch die wenigen noch nicht ermittelten Lieder erfreulich wäre.

Quellenverzeichnis

A

Konrad Ameln u. a. (Hg.): Handbuch der deutschen evangelischen Kirchenmusik. I: Der Altargesang, Göttingen 1941.

---

1 Kirchengeseng / darinnen die Heubtartickel / des Christlichen glaubens kurtz gefasset und ausgeleget sind ... (von Michael Tham, Johannes Geletzky und Petrus Herbert). 3 Teile in l Band, o. O. (Eibenschütz) 1566.
Irmgard Scheitler: Der Beitrag der böhmischen Länder zur Entwicklung des Gesangbuchs und des deutschen geistlichen Liedgesangs (1500–1620). In: JLH 38/1999, S. 168 ff.

2 Besonders Schoenbaum, Stäblein und Moeseritz (siehe Quellenverzeichnis)

3 Johannes Zahn: Die Melodien der deutschen evangelischen Kirchenlieder I–VI, Gütersloh 1889–1893, Nachdruck Hildesheim 1963.

B
Wilhelm Bäumker: Das katholische deutsche Kirchenlied in seinen Singweisen, Freiburg i.Br. 1883–1911.

D
Guido Maria Dreves: Analecta Hymnica Medii Aevi. Cantiones Bohemicae, Leiche, Lieder und Rufe des 13., 14. und 15. Jahrhunderts, Leipzig 1886, Nachdruck New York/London 1961.

E
Hans Bruno Ernst: Das einstimmige deutsche geistliche Kinderlied im 16. -Jahrhundert, Regensburg 1985.

H
Die Hohenfurter Liederhandschrift (H 42) von 1420, hg. von Ernst Rothe, Köln 1994.

LU
Liber Usualis missae et officii pro dominicis et festis cum cantu gregoriano …, Ausgabe Paris, Tornaci, Roma 1924.

M
Carl Allan Moberg: Über die schwedischen Sequenzen, Uppsala und Stockholm 1927 (Veröffentl. der greg. Akademie zu Freiburg/Schweiz H. 13).

MM
Monumenta Monodica Medii Aevi. I: Die mittelalterlichen Hymnenmelodien des Abendlandes, hg. von Bruno Stäblein, Kassel 1956, unveränderte Neuaufl. Kassel 1995.

Moe
Annekathrin Moeseritz: Die Weisen der Böhmischen Brüder von 1531, Diss. Bonn 1990.

S
Bruno Stäblein: Die mittelalterlichen liturgischen Weisen im Gesangbuch der Böhmischen Brüder von 1531. In: Mf 5/1952, S. 138 ff.

Sch
Camillo Schoenbaum: Die Weisen des Gesangbuchs der Böhmischen Brüder von 1531. In: JLH 3/1957, S. 44 ff.

Schm
Arnold Schmitz: Das Neumarkter Cantional, ein schlesisches Cantional aus dem 15. Jahrhundert. In: AfM 1/1936, S. 385 ff.

Liste der Lieder

Incipit	*Blatt*	*Quellenhinweis*
Als bald Christus geboren war	f 46^{v}	A 112, 592
Als Christus hie auf Erden war	f 54	MM 226 f.
Auf dass wir recht erkennen die Last	f 69^{v}	5. Psalmton; vgl. A 41 Vorw.; LU 126
Barmherziger Herre Zebaoth	f 2^{v}	H 22, 205 ff.; A 17, 566
Barmherziger Vater, allmächtiger Schöpfer	f 165^{v}	A 241, 613
Christo deinem Heiland sag heut Lob	f 174	M Nr. 57 (13. Jh., 10 Handschr.)
Christus der Heiland, der den Tod am Kreuz	f 92^{v}	S 143; Sch 54; A 484, 607, 646
Christus der wahre Gottessohn	f 53^{v}	B I 274 f.; LU 434
Christus schickt aus in alle Welt	f 187	MM 421
Das ewig Wort, der wahre Gott	f 30	A 163, 601
Das Leben Christi unsers Herrn	f 49^{v}	H 354 f., *Adest dies iubileus*
Der allmächtig einig Gott Vater	f 118	A 455, 585
Der ewig gütig Gott	f 242	M Nr. 37 (10. Jh., 9 Handschr.)
Der gekreuzigte Jesus Christ	f 77^{v}	A 84, 584
Der Herr unser Schöpfer und Gott	f 236^{v}	D 194 f.; vgl. H 183 f.; A 68, 582 f.
Der Herzog unser Seligkeit	f 96^{v}	A 86, 342, 585
Der höchste Gott hat in seim Rat	f 4	B II 106 f.
Der König der Ehren, Christus der Herr	f 75^{v}	A 222, 609; vgl. H 97 f., *Cum rex gloriae*
Dies ist der Tag, den Gott	f 6	H 298 ff., *Hec est dies*
Dir allergütigster Herr sei Preis und Ehr	f 148	MM 300, *O sancta mundi Domina*
Ehre sei Gott in der Höhe	f 26^{v}	H 196 ff.; A 34, 559 f.
Ein wunderbar schön Licht	f 24	A 77, 584
Es sind selig zu loben	f 178	B II 118 ff.
Freuet euch alle gleich	f 88	B I 298 f.
Freuet euch heut o ihr Christen	f 84	Moe 299 ff.; Sch 53
Frohlock heut christgläubige Seel	f 79	H 78 ff., *Exultet*; vgl. MM 345
Gebenedeit und gelobt sei heut und alle Zeit	f 119	B I 468 f.; S 143; Sch 56
Gelobet sei der Herr der Gott Israel	f 9^{v}	A 384, 635 f.; LU 538, *Cant. Zach.*
Gelobet seist du heiliger Geist	f 115	4. Psalmton; A 49 Vorw.
Gelobt sei Gott von Ewigkeit	f 184	B I 501 ff.; A 129, 595; S 143; Sch 60
Gnad und Wahrheit ist vorhanden	f 88^{v}	Moe 303; Sch 54
Gott dem Vater der Barmherzigkeit	f 208	S 143; Sch 55
Gott der heilig Geist vom Himmel	f 104	A 88, 344, 585
Gott unserm Herrn sei ewig Lob und Dank	f 130	B I 474 ff.; LU 811 f.
Haleluja, freu dich, Christenschar	f 95^{v}	A 157, 360, 600
Haleluja singt all mit großer Freud	f 73^{v}	A 156, 363, 600
Haleluja singt und seid froh	f 25	A 99, 587
Herr Gott schick uns zu deinen Geist	f 200^{v}	Schm 106
Herr Gott send deinen Geist	f 114^{v}	3. Psalmton; A 49 Vorw.
Ich glaub an Gott, Vater allmächtigen	f 196	A 52, 577

Jesu Christ du König aller Ehren	f 79^{v}	H 30, 380, *Stupefactus inferni dux*
Jesu Gottes Lämmlein	f 45	MM 486, *Qui sine peccato*
Jesus ward bald nach seiner Tauf	f 53	B I 276 f.
Komm Schöpfer heiliger Geist	f 110^{v}	B I 439 f.
Lasst uns ansehn die Sterblichkeit	f 274^{v}	A 230, 611
Lasst uns heut loben unsern König und Gott	f 128	A 131, 595
Lasst uns hören die Stimm	f 1^{v}	A 72, 583
Lasst uns loben Gott den Herrn	f 244	M Nr. 43 (10 Jh., 8 Handschr.)
Lasst uns mit herzlicher Begier	f 167^{v}	H 240 f., O *dulcedo caritatis*
Lobet den Herrn alle Heiden	f 75	A 366, 634
Lobsingt allsamt Christo	f 19^{v}	A 154, 599
Lobsingt heut zu ehren Christo Jesu	f 74^{v}	A 478, 645
Nehmt wahr das Licht welches erleuchtet	f 44^{v}	A 184, 604
Nehmt wahr er kommt der Herr	f 2	A 74, 583
Nun lasst uns heut all einträchtiglich	f 1	Schm 127; A 169 f., 601 f.; EdM III 45
O du allmächtiger König und Herr	f 216	A 491, 615, 647
O Gott Vater der Barmherzigkeit	f 49	A 15, 566
O heiliger Geist sei heut und allezeit mit uns	f 105^{v}	A 122, 594
O Jesu zu aller Zeit und in Ewigkeit	f 141	B II 121 ff.; A 475, 576; S 143; Sch 56
O Mensch tu heut hören die Klag	f 72	A 516, 649
O welch ein wunderbare und unerhörte Heimsuchung	f 9	A 478, 644
Preis, Lob und Ehr sei dir	f 59^{v}	B I 283 ff.
Preis und Ehr sei Gott in der Höhe	f 238	A 36, 570
Sei gelobet Herr Jesu Christ	f 55^{v}	A 187, 605
Selig sind die da geistlich arm sind	f 256	A 518
Singt fröhlich und seid	f 31^{v}	B I 183 f.
Uns ist heut allen ein seligs Kind geboren	f 24^{v}	A 76, 342, 583
Vater unser der du bist im Himmel	f 212^{v}	A 259, 622
Weil wir vom Herren mancherlei Guts und viele Gaben	f 275^{v}	A 228, 610
Wohlan ihr lieben Kinder	f 265	E 101 ff., 129, 335
Wohlauf Jerusalem, sei getrost Gottes Gemein	f 56^{v}	A 81, 584
Zu Lob dem Herren Jesu Christ	f 48	vgl. B I 200 f.
Anhang: Nun lässest du Herr deinen Diener	f LXIX	A 394, 637

Orthodoxe Liturgie und Westlicher Kirchengesang – 2000 Jahre christliches Singen

20. Studientagung der Internationalen Arbeitsgemeinschaft für Hymnologie in der Orthodoxen Akademie Kolymbari, Kreta

---

Andreas Marti

Die letzte IAH-Tagung des zu Ende gehenden Jahrtausends zeichnete sich durch eine Reihe von Besonderheiten aus. Nicht nur war sie die südlichste, heißeste und vielleicht auch fröhlichste der bisherigen, sondern wohl auch die lehrreichste in dem Sinne, dass fast alle Teilnehmenden zunächst einmal eine Menge über ihren Gegenstand zu lernen hatten. Entsprechend war das Programm aufgebaut. Ein erster Schritt brachte Informationen über das Selbstverständnis der Orthodoxie und ihrer Liturgie, ein zweiter führte in die orthodoxe liturgische Musik ein, und ein dritter stellte die Frage nach dem Transfer in die westliche Liturgie.

Grigorios Larentzakis hielt zwei grundsätzliche Referate über die Orthodoxie, ihre Liturgie und ihre Spiritualität. Über die Eucharistiefeier informierte Konstantinos Nikolakopoulos und über das Stundengebet Franz Karl Praßl. Eine wichtige Ergänzung zu diesem Informationsblock war der Bericht des Direktors der Orthodoxen Akademie, Alexandros Papaderos, über das langjährige Wirken der Akademie auf dem Feld der Spiritualität, aber auch der sozialen und wirtschaftlichen Entwicklung bis hin zur Züchtung eines Olivenbusches, der günstigere Erntemethoden erlaubt als der traditionelle Baum. So blieb zwar vielen Teilnehmenden in den vor allem im benachbarten Kloster Gonia mitgefeierten Gottesdiensten manches fremd, wenn nicht befremdlich, anderes aber gewann in der Wechselwirkung mit der Information an Plausibilität und konnte in einen größeren Kontext eingeordnet werden.

Die Einführung in die orthodoxe Kirchenmusik geschah sowohl in Referaten wie im eigenen Singen, das sich allerdings beim byzantinischen Gesang angesichts dessen Komplexität und Fremdheit mit demütig-bescheidenen Anfangsgründen begnügen musste. Konstantinos Nikolakopoulos war der kleinen „Byzantinergruppe" ein geduldiger und zielstrebiger Lehrer. Er hielt auch das Referat über den byzantinischen Gesang seit seiner Reform im frühen 19. Jahrhundert, während Gerda Wolfram über die Grundlagen des älteren byzantinischen Gesangs referierte. Katharina Sponsel, selber als Kantorin in einer deutschsprachigen russisch-orthodoxen Gemeinde tätig, gab einen Überblick über die Entwicklung der russischen liturgischen Musik in ihrer unterschiedlich starken Beeinflussung durch die westliche Musik. Ein „Kammerchor" aus Tagungsteilnehmerinnen und -teilnehmern sang unter ihrer Leitung eine Anzahl mehrstimmiger Gesänge aus russischer Tradition in deutscher Sprache.

Stand beim ersten und zweiten Schritt die persönliche Information der Teilnehmenden im Vordergrund, gingen die dem Transfer gewidmeten Referate die prinzipiellen Fragen des „und" im Tagungsthema an. Franz Karl Praßl zeigte, wie Stücke der ostkirchlichen Tradition durchaus auch im Westen Fuß gefasst haben, häufiger textlich (so das Gloria der Messe oder Teile des Te Deum aus der „Großen Doxologie" am Ende des Orthros, des Morgengebetes), weniger deutlich fassbar auch musikalisch (dies vor allem im Prinzip der Kantillation oder in der „Ison"-, d.h. Liegetontechnik im beneventanischen Gesang).

Ausschließlich um Textübernahmen ging es in Alan Luffs Darstellung orthodoxer Elemente im englischen Kirchengesang; eine große Rolle spielen in diesem Rahmen die Hymnendichtungen von John Mason Neale. Eine entsprechende Übernahme hat – wie in der Diskussion ausdrücklich festgestellt wurde – im deutschen Sprachgebiet nie stattgefunden. Hingegen sind in den letzten Jahrzehnten eine Reihe von liturgischen Stücken aus der russischen Liturgie in mehr oder weniger authentischen oder sinnvollen Fassungen vor allem im deutschsprachigen Bereich populär geworden und auch (teilweise gegen den Willen der Fachleute) in die neuen Gesangbücher gelangt. Hans-Jürg Stefan stellte dies anhand der Stücke im Reformierten Gesangbuch und im Evangelischen Gesangbuch dar und erhob auch die Frage nach Sinn und Unsinn solcher Transfers. Diese konnte angesichts der knappen Zeit nur andiskutiert werden, doch zeigte sich, dass die Spannung zwischen fachlich-qualitativen Ansprüchen und einem unmittelbaren „volkstümlichen" Bedürfnis einmal mehr unauflösbar erscheint, dass aber in jedem Falle mehr hymnologische Sorgfalt als bisher aufgewendet werden muss, was Fassungen und Herkunftsangaben sowie liturgische Ortszuweisungen betrifft. Gefragt wurde auch, ob nicht ein völlig schiefes Bild von der östlichen Spiritualität entsteht, wenn einfach einige Fragmente aus ihrem Kontext herausgebrochen und transferiert werden. („Kennen wir die Wiese, wenn wir einige Blumen daraus pflücken – und sie womöglich auch noch trocknen?"). Im Grunde wäre es angemessener, wenn wir uns (nach dem Vorbild von J. M. Neale) auf die Texte statt auf Musikfragmente bezögen. In den Texten ist ja auch, anders als in der Musik mit ihrem unüberbrückbaren Gegensatz zwischen griechischer und slawischer Tradition, die Orthodoxie als ganze verbunden.

Wie es an IAH-Tagungen Brauch ist, wurde in kleinen Präsentationen und auf einem reich bestückten Büchertisch über neue Gesangbücher, Begleitliteratur zu Gesangbüchern und hymnologische Neuerscheinungen informiert. Gottesdienste nach lutherischer, römisch-katholischer und orthodoxer Ordnung legten das geistliche Fundament. Bemerkenswert war die orthodoxe Liturgie am letzten Arbeitstag, an der die nicht Orthodoxen zwar nicht zur Kommunion zugelassen waren; dem schmerzlichen Skandalon des zerbrochenen Tisches des Herrn wirkte aber immerhin entgegen, dass die ganze Gottesdienstgemeinde an einigen Gesängen der Liturgie beteiligt war – für die Orthodoxen schon ein sehr großer ökumenischer Schritt der Öffnung –, und ebenso, dass wir alle mit gesegnetem Brot aus dem Gottesdienst zum Frühstück gingen. Die Gemeinschaft im Brechen des Brotes war auf diese Weise real zu erleben.

Für das leibliche Wohl sorgte die Orthodoxe Akademie, mit Rücksicht auf die Fastenwoche vor dem Fest von Mariae Entschlafung ohne Fleisch, dafür aber mit dem ganzen mediterranen Reichtum an Wohlgeschmack in vielerlei Gemüsen, Meeresfrüchten, Fisch und Kräutern. Zwei Exkursionen führten in zwei Klöster in der Umgebung der Stadt Chania und an die Südküste Kretas.

Die Mitgliederversammlung der IAH hatte einen großen Teil des Vorstandes neu zu bestellen. Neuer Präsident ist Franz Karl Praßl (Graz), die übrigen Vorstandsmitglieder sind:

Alan Luff (Vizepräsident, Cardiff GB), Christian Finke (Sekretär, Berlin), Marijke Bleij-Pel (Amsterdam NL), Stefan A. Ferencak (Celje SLO), Hermann Kurzke (Mainz), Ilsabe Seibt (Schönwalde), Toomas Siitan (Tallinn EE), Sigvald Tveit (Oslo N). Für das Jahr 2001 wurde die Einladung zu einer Tagung nach Ljubljana (Slowenien) ausgesprochen.

Die ökumenische Bedeutung des gregorianischen Singens

Eine Rezension[1]

Joachim Conrad

Es war höchste Zeit, dass sich jemand der Person von Friedrich Buchholz, der von 1946 bis 1967 der Kirchlichen Arbeit Alpirsbach vorstand, und seiner Arbeit annimmt. Bisher lagen nur eine Aufsatzsammlung von Joachim Mehlhausen und das kleine Gedenkheft „Hören wir, so leben wir" aus dem Alpirsbacher Kreis vor. Wensing schließt die Lücke – und schließt sie wiederum nicht.

Nach einer kurzen Einführung in die Gregorianik bzw. in ihre Rezeptionsgeschichte von der Frühneuzeit bis ins 20. Jahrhundert beschreibt der Verf. die Kirchliche Arbeit Alpirsbach, würdigt die Biographie Buchholz', seinen Forschungsansatz und seine Arbeit. Er wendet kurz den Blick auf den Umgang mit der Gregorianik jenseits der Alpirsbacher Arbeit, um am Ende noch einige Briefe von Richard Gölz bzw. von Buchholz abzudrucken und die Bibliographie Buchholz vorzulegen. Der Aufbau der Arbeit ist nicht immer logisch, wenn beispielsweise die Darstellung der Alpirsbacher Geschichte auf zwei Kapitel (Kap. 4.2 „Anfänge", Kap. 5 „Nach Buchholz' Tod") aufgeteilt wird. Dabei ist Kap. 5 besonders lückenhaft, weil nur die geplante Satzung der Kirchlichen Arbeit Alpirsbach (S. 285 f.) und eine Aufstellung der Wochen in der ehemaligen DDR (S. 283 f.) präsentiert werden. Die Krise der Alpirsbacher Arbeit nach dem Bebenhausener Debakel, die Führungskrise vor (!) dem Tod Buchholz' etc. werden überhaupt nicht erkannt.

Das ist freilich nicht die einzige Schwierigkeit dieser Dissertation. Fragen wir zuerst nach der Person Friedrich Buchholz: Die Alpirsbacher wissen ihn zu schildern als einen manierierten Herrn im taubengrauen Gehrock, mit Handschuhen, Gamaschen und Ebenholzstöckchen. Wesentlich mehr wird man bei Wensing auch nicht erfahren – und das ist sehr bedauerlich. Die Fragen gehen etwa beim Geburtsdatum los: Wensing zitiert einen Neffen Buchholz', nach dessen Erinnerung Friedrich Buchholz am „16.12.1902" geboren

1 Hans-Joachim Wensing: Die ökumenische Bedeutung des gregorianischen Singens. Untersuchungen zum Schaffen von Friedrich Buchholz (Studien zur Pastoralliturgie Bd. 14), Regensburg 1999, 372 S.

sei (S. 54). In RGG[3] liest man, er sei im Jahre 1900 geboren. Eine einfache Überprüfung löst das Problem: Der Rezensent hat sich in Dessau einen Taufbuchauszug (St. Johannis zu Dessau Nr. 497/1902) besorgt, was innerhalb von zwei Tagen möglich war. Da steht zu lesen: „Friedrich Andreas Heinz Buchholz, Sohn des Buchhändlers Heinrich Buchholz und der Clara geb. Schoof, geboren am 14. (!) Dezember 1902 (!) vormittags um 10.00 Uhr in Dessau, getauft am 10. Mai 1903 in St. Johannis in Dessau. Paten: Friedrich Schoof, Rentier in Magdeburg; Andreas Buchholz, Stellenmachermeister aus Dessau; Frau Prokurist Else Buchholz aus Dessau und Fräulein Elise Schoof." Damit wäre das Geburtsdatum von Friedrich Buchholz hinlänglich gesichert. So wundert es auch nicht, wenn der Verf. resümiert „Die wenigen gesicherten Lebensdaten [...] reichen kaum aus, um eines genaues Bild [...] zu zeichnen" (S. 56). Buchholz ist aber keine Gestalt des 10., sondern des 20. Jahrhunderts; mit mehr Engagement wäre mehr zu erreichen. Schade. Und wenn der Verf. auf S. 60 nun auch noch Buchholz' Handschrift vorstellt, indem er ein Faksimile aus dem Alpirsbacher Heftchen erneut abdruckt, dabei aber das dort in Originalgröße wiedergegebene Schriftstück kommentarlos verkleinert, ist nicht nur nichts mehr zu lesen, sondern auch der Sinn des Unterfangens in Frage gestellt (S. 57).

Die Defizite in der biographischen Darstellung bzw. der Darstellung der Alpirsbacher Geschichte begründen sich durch einen Blick in die Anmerkungen: Zu häufig sind die Kronzeugen aus demselben Personenkreis, werden auch selten hinterfragt. Zu sehr wird referiert, ohne zu bedenken, dass *oral history* ihre Grenzen hat. Zeitzeugen haben – bei allem Respekt – wechselnde Erinnerungen, und das ist für ein biographisches Kapitel absolut zu wenig! Schließlich wird auch die Rolle von Richard Gölz als dem Gründer der Arbeit und als dem, der die Richtung – gerade im Blick auf die Wiederentdeckung der Messe – vorgegeben hatte, nicht angemessen gewürdigt. Das lässt sich schwerlich verstehen: Die Dissertation von Wensing wurde 1997 vorgelegt und 1999 gedruckt, aber dennoch heißt es in Anm. 120, die Arbeit über Richard Gölz erscheine voraussichtlich bei Vandenhoeck & Ruprecht – und liegt doch seit 1995 vor! Mancher Irrtum und manche Fehlinterpretation wären vermeidbar gewesen.

Was für die Biographie gilt, setzt sich so bei der Darstellung des Buchholzschen Werkes allerdings nicht fort. Dennoch kommen auch hier Fragen auf: In Kapitel 4.8.2 etwa sind die Buchholzschen Handschriften aufgeführt. Dabei gehen leider sämtliche Kategorien durcheinander, weil der Verf. zwei Gliederungsprinzipien ineinander geschoben hat und diese durch das Textverarbeitungsprogramm völlig sinnlos alphabetisch sortieren ließ (S. 110ff.). Beispiel: Es stehen hintereinander und unvermittelt „Benedicamus" (mit dem Untersatz „Verschiedene Melodien zu unterschiedlichen Anlässen des Kirchenjahres") und „Complet" (mit den Untertiteln „Antiphonen" bzw. „Responsorien zu diversen Anlässen des Kirchenjahres"). Oder: „Ingressus" (darunter „diverse Ingressus für unterschiedliche Horen"), „Messe an Aller Heiligen" und „Orationen". Welchen praktischen Sinn hat diese Aufstellung? Es wäre doch sinnvoller, entweder die Horen nach dem *de tempore* und die liturgischen Stücke nach ihren Kategorien zu teilen. Einige Druckfehler sind auch aufgefallen (etwa Anm. 121, die sich auf Anm. 121 (!) beruft).

Wirklich interessant wird die Arbeit, wenn Wensing die Buchholzsche Gregorianik mit den lateinischen Vorlagen vergleicht. Die Frage aber bleibt offen, wie weit Buchholz eine Wort-Ton-Verbindung voraussetzt oder nicht (S. 129 u. ö.). Ebenso offen ist die Frage nach den Texten der Hymnen; schön arbeitet der Verf. die unterschiedlichen Textfassungen zwischen Buchholzschen und Schröderschen Übertragungen heraus. Vielleicht wird die von Th. Bergholz vorbereitete Darstellung der Hymnenarbeit Schröders das Kapitel etwas mehr erhellen. Die Stärke der vorliegenden Arbeit sind und bleiben die musikwissenschaftlichen Ausführungen.

Das Buch von Hans-Joachim Wensing ist wichtig – bei aller vorgetragener Kritik. Zwar wird allen künftigen Abschreibern geraten, die Äußerungen über Friedrich Buchholz mit Vorsicht zu behandeln, aber die musikwissenschaftlichen Ergebnisse lohnen die Anschaffung. Das Werk über Friedrich Buchholz muss freilich noch geschrieben werden.

Schleiermacher als Lied- und Gesangbuchbearbeiter

Zu einer wichtigen Untersuchung[1]

Andreas Marti

Dass der Name Schleiermacher jetzt auch in der Hymnologie ein Begriff wird, ist das Verdienst dieser gründlichen Untersuchung, die sich im wesentlichen auf die Liedblätter stützt, welche Schleiermacher jeweils für seine Predigten in Berlin hat drucken lassen. Sie stammen aus der Zeit, in welcher er maßgeblich am neuen Gesangbuch mitgearbeitet hat. Wenn auch nicht strikt zu belegen ist, dass alle Textänderungen gegenüber älteren Textfassungen von Schleiermacher selbst stammen, so kann doch davon ausgegangen werden, dass sie seinen Absichten in jedem Fall entsprochen haben; er hätte sie ja sonst für seine Liedblätter ohne weiteres abändern können. Diese Überlegung erlaubt eine ausführliche Diskussion, wie weit der theologische Einfluss Schleiermachers auf das Berliner Gesangbuch von 1829 wirksam gewesen ist – das inhaltliche Kernstück des vorliegenden Buches. Als theologische Tendenzen zeigen sich die Zurückdrängung von Schöpfungsaussagen zu Gunsten von Aussagen über Gottes Weltregierung und über sein Wirken als Erhalter der Schöpfung, die Betonung des irdischen Lebens und Sterbens Jesu im Erlösungswerk und die verminderte Relevanz von Auferstehung, Himmelfahrt und Wiederkunft oder das Wesen der Erlösung als Kräftigung des Gottesbewusstseins zu Lasten der eschatologischen Perspektive. Einmal mehr erweist sich ein Gesangbuch (oder hier seine Vorstufen) als «dogmengeschichtliches Lesebuch» ersten Ranges.

Dieses theologische Kernkapitel wird von akribisch zusammengetragenen und in schöner Systematik dargestellten hymnologischen Kapiteln gerahmt, eröffnet von einer historischen Übersicht zur Berliner Gesangbuchentwicklung. Schleiermachers Liedblätter werden sodann nach ihrer Quellenlage und ihren Eigenheiten in den verschiedenen Zeitabschnitten vorgestellt, und weitere Kapitel befassen sich mit der Entstehung des Berliner Gesangbuchs von 1829, seinen Melodien, seinen Anhängen und seiner Rezeption. Liturgisch interessant sind die Feststellungen zur Aufgabe des Gesangs nach Schleiermacher, d.h. seiner Herauslösung aus direkten liturgischen Funktionalität als

1 Ilsabe Seibt: Friedrich Schleiermacher und das Berliner Gesangbuch von 1829. Vandenhoeck & Ruprecht, Göttingen 1998. 352 S.

Vollzugsform unterschiedlicher liturgischer Elemente und seiner Eigenfunktion im Sinne einer Erhöhung des religiösen Gefühls. Als besonderer Punkt wird der „Kanzelgesang“ diskutiert, die Unterbrechung der Predigt durch eine oder zwei Strophen aus einem Lied, deren Identifizierung heute große Schwierigkeiten macht, da es sich meist gerade nicht um die 1. Strophe handelt. Am Rande anzumerken wäre hier, dass darin eventuell ein Nachklang der herrnhutischen „Singestunde“ mit ihren thematisch verknüpften Einzelstrophen vorliegen könnte.

Ausführliche Register erschließen das Berliner Gesangbuch nach Liedern, nach Dichtern, nach Melodien und in seinem Bezug zu Schleiermachers Liedblättern. Wenn man bedenkt, dass Berliner Gesangbücher über Jahrhunderte hinweg – von Johann Crüger über Johann Porst bis zu dem umstrittenen «Mylius» aus der Aufklärungszeit – eine weit über die Region hinausgreifende Vorreiterrolle gespielt haben, darf auch diese Dokumentation, Darstellung und Diskussion eines Stückes Berliner Gesangbuchgeschichte dieselbe erweiterte Gültigkeit für sich in Anspruch nehmen, nicht zuletzt auch wegen ihrer mustergültigen Sorgfalt und Vollständigkeit der Darstellung, die alle für ein Gesangbuch wesentlichen Aspekte – theologisch, sprachlich, historisch, kirchenpolitisch, musikalisch, liturgisch – angemessen einbezieht und zueinander in Beziehung setzt.

Literaturbericht zur Hymnologie

Deutschsprachige Länder (1998) 1999

Andreas Marti

Unter dankenswerter Mitarbeit des Deutschen Volksliedarchivs Freiburg i.Br., Dr. Nils Grosch.

Zeitschriften-Sigel:
FKM Forum Kirchenmusik, München (früher: Der Kirchenmusiker)
KMJ Kirchenmusikalisches Jahrbuch, Regensburg/Köln
MGD Musik und Gottesdienst, Basel
MuK Musik und Kirche, Kassel
MS(D) Musica Sacra, Regensburg
WBK Württembergische Blätter für Kirchenmusik, Stuttgart
SiK Singende Kirche, Wien
SMG Singen und Musizieren im Gottesdienst (früher Katholische Kirchenmusik), St. Gallen

I. Theologie und Kirchenmusik

A

Grundsätzliche Besinnung

Peter Ebenbauer: Die Macht der Musik in Religion und Glauben. In: SiK 46/1999, S. 3–6, und in: SMG 124/1999, S. 103–106.
Peter Ebenbauer: Im Spannungsfeld zwischen Kunst und Liturgie. In: SiK 46/1999, S. 196–199, und in: SMG 124/1999, S. 249–252.
Thomas Erne: Die Poesie der Volkskirche. Vom Umgang der Protestanten mit Bildern, Musik und Texten. In: Praktische Theologie 33/1998, S. 276–280.
Gotthard Fermor: Ekstasis. Das religiöse Erbe in der Popmusik als Herausforderung an die Kirche. Praktische Theologie heute, Bd. 46, Kohlhammer, Stuttgart 1999, 301 Sn.
Július Filo: Die Bedeutung des Gesangbuches für den Aufbau der lebendigen Gemeinde. In: MGD 53/1999, S. 94–99.

Hans-Detlef Hoffmann: Dei Donum Non Hominum - Musik als Schöpfungsgabe. Vom Auftrag der evangelischen Kirchenmusik. In: FKM 50/1999, S. 235–245.

Gunter Kennel: Autonomie und Funktionalität von Musik aus Praktisch-theologischer Perspektive. In: Praktische Theologie 33/1998, S. 282–295.

Gabriele Klein: electronic vibration. Pop Kultur Theorie. Rogner & Bernhard, Hamburg 1999, 351 S., zahlr. Abb., ISBN 3-8077-0190-7 (höchst aufschlussreich).

Andreas Marti: Die geistliche Musik existiert nicht. Musik im Raum von Kirche und Liturgie. In: Neue Musik in der Kirche. IV. Internationaler Kongress für Kirchenmusik 1997 in der Kartause Ittingen, Kongressband, Reinhardt, Basel 1999, S. 45–49.

Andreas Marti: Wie die Kirche mit Singen und Musik umgehen kann. Ein Versuch, Lehren aus der Geschichte der reformierten Kirche zu ziehen. In: Praxis der Kirchenmusik, Wien, Nr. 1/2000, S. 4–17.

Michael Graf Münster: Freiheit mit Wirkung. In: FKM 50/1999, S. 233 f.

Fulbert Steffensky: Die Kirche und die Schönheit. In: Arbeitsstelle Gottesdienst. Informations- und Korrespondenzblatt der Gemeinsamen Arbeitsstelle für gottesdienstliche Fragen der Evangelischen Kirche in Deutschland 36/1999, S. 98–110.

Meinrad Walter: Dass das neue Lied nicht alt erklingt. Klärungsbedarf zur Rolle der Kirchenmusik und ihrer Akteure. In: SiK 46/1999, S. 215–218.

B

Kirchenlied und Musik in der Ordnung des Gottesdienstes

Heiner Aldebert: „Nun lasst uns den Leib begraben“. Dramatische Trauerlied-Inszenierungen im Zeitalter des Barock - Vorformen des modernen Bibliodramas. In: Friedhelm Brusniak /Renate Steiger: Hof und Kirchenmusik in der Barockzeit. Arolser Beiträge zur Musikforschung, Bd. 7, Studio, Sinzig 1999, S. 103–126.

Alsfelder Passionsspiel. Die Hessische Passionsspielgruppe, hg. von Johannes Janota, Bd. 2, Lang, Frankfurt a. M. 1999, ca. 740 Sn.

P. Winfried Bachler OSB: „Alle Jahre wieder ...“? Die musikalische Gestaltung des Kirchenjahres. In: SiK 46/1999, S. 200–205.

Martin Bartsch: Musik im Werden. Anmerkungen und Thesen zur Musik bei Beerdigungen. In: MuK 69/1999, S. 313–315.

Annemarie Brückner: Die heiligen Drei Könige und ihr Stern. Biblische Novelle, Legendarische Ausdeutung, Verehrungsformen. In: Jahrbuch für Volkskunde N.F. 22/1999, S. 165–202.

Peter Ebenbauer: Kein Gottesdienst ohne Musik! In: SiK 46/1999, S. 76–79, und in: SMG 124/1999, S. 152–155.

Peter Ebenbauer: Zum Verhältnis zwischen liturgischem Ritus und dessen musikalischer Gestalt. In: SiK 46/1999, S. 143–147, und in: SMG 124/1999, S. 197–201.

Eberhard Hauschildt: Der Streit am Sarg um die Musik. Zur Ursache und Bewältigung von Konflikten zwischen den Beteiligten. In: MuK 69/1999, S. 305–312.

Jürgen Heidrich: „deütsch oder lateinisch nach bequemigkeit“? Zur Bedeutung der Volkssprache für die protestantische Vesperpraxis im 16. Jahrhundert. In: KMJ 82/1998, S. 7–20

Michael Heymel: Magnificat: Das Lied einer Prophetin als Lied der Kirche. In: Arbeitsstelle Gottesdienst. Informations- und Korrespondenzblatt der Gemeinsamen Arbeitsstelle für gottesdienstliche Fragen der Evangelischen Kirche in Deutschland 36/1999, S. 64–82.

Konstantin Nikolakopoulos: Orthodoxe Hymnographie. Lexikon der orthodoxen hymnologisch-musikalischen Terminologie, Klimmeck, Schliern b. Köniz 1999, 91 Sn.

Anton Pomella: Der Lobgesang der christlichen Gemeinde. In: SMG 124/1999, S. 51–54.
Betr. Tagzeitengebet und Psalmengesang.

Anton Pomella: Das Evangeliums-Canticum der Vesper. In: SMG 124/1999, S. 55–57.
Betr. das Magnificat.

Anton Pomella: Die Komplet – das Nachtgebet der Kirche. In: SMG 124/1999, S. 107–109.

Anton Pomella: Das „Nunc dimittis“. In: SMG 124/1999, S. 147 f.

Anton Pomella: Der Logbesang des Zacharias. In: SMG 124/1999, S. 202 f.

Manfred Schuler: Orgelspiel und Organist in Mitteldeutschland nach der Reformation. In: Jürgen Heidrich /Ulrich Konrad (Hg.): Traditionen in der mitteldeutschen Musik des 16. Jahrhunderts. Symposiumsbericht Göttingen 1997, Vandenhoeck & Ruprecht, Göttingen 1999, S. 89–103.

Klaus J. Seidel: Musik zu Trauerfeiern. In: MuK 69/1999, S. 297–305.

Paul Thissen: Liturgie und Musik in der Karolingerzeit. In: MS(D) 119/1999, S. 439–443.

Herbert Ulrich: Die Pflege des Gregorianischen Gesangs in den Gemeinden der deutschsprachigen Schweiz. In: Therese Bruggisser-Lanker / Bernhard Hangartner (Hg.): Congaudent angelorum chori. FS für P. Roman Bannwart OSB zum 80. Geburtstag, Raeber, Luzern 1999, S. 191–212.

Dorothea Wiehmann Giezendanner: Maria gibt den Ton an – aber „die Frauen sollen in der Versammlung schweigen“. In: Arbeitsstelle Gottesdienst. Informations- und Korrespondenzblatt der Gemeinsamen Arbeitsstelle für gottesdienstliche Fragen der Evangelischen Kirche in Deutschland 36/1999, S. 83–97.
Betrifft das Magnificat, seine Fassungen im Deutschschweizer Reformierten Gesangbuch und seine Stellung in Liturgie und Kirche.

II. Hymnologie

A

Hymnologische Forschung, Geschichte und Quellen des Kirchenliedes

Philip V. Bohlmann: (Ab)Stimmen der Völker in Liedern – Musik bei der Neubelebung der Frömmigkeit in Südosteuropa. In: Musik im Umbruch. Kulturelle Identität und gesellschaftlicher Wandel in Südosteuropa. Südostdeutsches Kulturwerk, München 1999, S. 25–44.

Das deutsche Kirchenlied. Kritische Gesamtausgabe der Melodien. Abt. III: Die Melodien aus gedruckten Quellen bis 1680, hg. von der Gesellschaft zur wissenschaftlichen Edition des deutschen Kirchenlieds. Bd 1: Die Melodien bis 1570, Teil 3: Melodien aus Gesangbüchern II, vorgelegt von Joachim Stalmann, bearbeitet von Hans-

Otto Korth und Daniela Wissemann-Garbe unter Mitarbeit von Silke Berdux, Bärenreiter, Kassel 1996/1997, Notenband 156 Sn., Textband 198 Sn.
(Zu den Teilbänden 1 und 2 vgl. JLH 35/1994/95, S. 238, und JLH 37/1998, S. 219). Den weitaus größten Raum nehmen in Teilband 3 die Melodien aus den Gesangbüchern der Böhmischen Brüder ein. Dazu kommen die Gesangbücher aus der Schweiz (Konstanz und Zürich), aus Leipzig (V. Schumann, V. Babst), Bonn, Frankfurt am Main, Augsburg und der Kurpfalz.

Anton von Euw: Karl der Große als Förderer des Kirchengesangs: das Gregorianische Antiphonar, seine Überlieferung in Wort und Bild· In: Therese Bruggisser-Lanker / Bernhard Hangartner (Hg.): Congaudent angelorum chori. FS für P. Roman Bannwart OSB zum 80. Geburtstag, Raeber, Luzern 1999, S. 15–40.

Stefan Fischer: Gedanken zum Choraltempo des späten 18. Jahrhunderts. In: FKM 50/1999, S. 12–14.
Vom mecklenburgischen Hof sind Notizen zur Aufführungsdauer kirchenmusikalischer Werke erhalten. Daraus errechnet sich ein Choraltempo von MM 48 bis MM 70 für den Einzelton der Choralmelodie.

Ulrike Harnisch: „Ob man solches … öffentlich introduciren / und jederman ohne besonderes Aergernis in die Hände geben könne?“ Die Grafschaft Waldeck, die Theologische Fakultät Wittenberg und das ‚Geistreiche Gesangbuch‘ von Johann Anastasius Freylinghausen. In: Friedhelm Brusniak / Renate Steiger: Hof und Kirchenmusik in der Barockzeit. Arolser Beiträge zur Musikforschung, Bd. 7, Studio, Sinzig 1999, S. 127–166.

Jürgen Henkys: Singender und gesungener Glaube. Hymnologische Beiträge in neuer Folge, Vandenhoeck & Ruprecht, Göttingen 1999, 300 Sn.
Der Sammelband vereinigt Aufsätze des Berliner Theologen, Hymnologen und Liederdichters aus den Jahren 1967–2000. Der Inhalt: Lieder im Gottesdienst (1983, S. 10–24; u. a. Besprechung des Liedes *Sonne der Gerechtigkeit*). – Die Lieder in Schleiermachers Gottesdiensten 1830–1834. Hinweis auf eine fällige Aufgabe (1985, S. 25–29; vgl. dazu die Bessprechung der Dissertation von Ilsabe Seibt in diesem Bd. S. 222 f.). – Singender und gesungener Glaube. Das Kirchenlied im christlichen Leben (1990, S. 30–41). – Kirchenlieder im Werk von Johannes Bobrowski (1996, S. 42–60). – Der Reimpsalter von Matthias Jorissen 1798–1998. Anmerkungen zu seiner jüngsten Revision (1999, S. 61–73). – Fred Kaan und Charles Wesley in deutscher Übertragung. Zu zwei Liedern aus „Cantate Domino“ (1981, S. 76–82; betr. die Lieder *As we break the bread / Brechen wir das Brot / Alle nehmt vom Brot* und *Forth in thy name, O Lord, I go / In deinem Namen, o mein Herr / Herr, da die Arbeit neu beginnt*). – Gesangbuch-Kirchengemeinschaft-Europa (1997, S. 83–95; zum neuen Evangelischen Gesangbuch). – Gott loben mit einem Mund? Zur Nachdichtung fremdsprachlicher Kirchenlieder (1997, S. 96–113). – Evangelium per musicam. Zur interdisziplinären und ökumenischen Dimension von Hymnologie (1997, S. 114–118). – „Die güldne Sonne“. Hymnologische Auskünfte und Überlegungen im Vorfeld einer Liedkatechese (1976, S. 120–133). – „Wer so stirbt, der stirbt wohl“. Paul Gerhardt, Martin Luther und die Ars moriendi (1983, S. 134–139; betr. eine Hauspredigt Luthers und Gerhardts Lied *O Haupt voll Blut und Wunden*). – Nach Schweden und zurück. Die Verwandlung, Verdoppelung, Verflüchtigung eines Liedes von der christlichen Freiheit (1991/99, S. 140–146; betr. die Lieder *Die ganze Welt hast du uns überlassen* von Christa Weiß, *Guds kärlek är som stranden och som gräset* von Anders Frostenson und *Herr, deine Liebe ist wie Gras und Ufer* von Ernst Hansen bzw. *Wie sichres Ufer ist die Liebe Gottes / Weit wie das Meer ist Gottes große*

Liebe von Markus Jenny). – Stunde des Wunders. Über ein Abendmahlslied von Svein Ellingsen (1993, S. 147–152; betr. das Lied *Vår lovsang skal møte deg, Kristus! Her las du deg finne / Die Stunde ist da, Jesus Christus, jetzt lässt du dich finden*). – „EY! Bittet GOTT, den heiligen Geist". Die Neufassung von „Nun bitten wir den heiligen Geist" durch Zinzendorf und ihre traditionsbildende Rolle in der Hymnodie der Herrnhuter Brüdergemeine (1995, S. 153–162). – Psalmliedtradition und Gegenwartserfahrung bei Huub Oosterhuis. „Ich steh vor dir mit leeren Händen, Herr" (1998, S. 163–173). – Christushymnus und Menschenlied. Zum Thema Menschsein im Kirchengesang (1984, S. 174–196). – Die Stadt im geistlichen Lied. Vision-Symbol-Milieu (1997, S. 197–218). – „Da pacem, Domine, in diebus nostris". Friede als Thema des Kirchenliedes (1998, S. 219–231; ausführlicher besprochen sind die Lieder *Es wird sein in den letzten Tagen* von Walter Schulz und *Gib Frieden, Herr, gib Frieden* von Jan Nooter /Jürgen Henkys). – Zum Liedschaffen Jochen Kleppers (1967, S. 234–243). – Jochen Klepper im Spiegel seiner persönlichen, politischen und geistlichen Gedichte (1986, S. 244–257). – Das Berlin Jochen Kleppers. Ein Gemeindevortrag (1988, S. 258–271). – Jochen Klepper – Schreiben und Verstummen vor Gott. Ein evangelischer Dichter im Deutschland der Judenvernichtung (1992, S. 272–287). – „Du Kind, zu dieser heilgen Zeit". Über fünf Zugänge zu einem Lied Jochen Kleppers (1993, S. 288–292). – Lob ohne Klage? Zu einer Problemspur im Werk Jochen Kleppers (1996, S. 293–298).

Wolfgang Herbst: Der Westfälische Frieden 1648 und die theologische und kirchengeschichtliche Situation in Mitteldeutschland. In: Schütz-Jb 21/1999, S. 7–21.
Zitiert und interpretiert Liedstrophen von Paul Gerhardt, Andreas Gryphius, Johann Olearius, Martin Rinckart.

Rainer Kößling: Die Pflege lyrischer Dichtung in Mitteldeutschland um die Mitte des 17. Jahrhunderts. In: Schütz-Jb 21/1999, S. 24–37.
Betr. Christian Brehme (1613–1667), Gottfried Finckelthaus (1614–1648) und David Schirmer (1623–1686).

Hermann Kurzke /Hermann Ühlein (Hg.): Kirchenlied interdisziplinär. Hymnologische Beiträge aus Germanistik, Theologie und Musikwissenschaft, Lang, Frankfurt a.M. 1999.
Die Aufsätze dieses Bandes sind im Kontext des „Interdisziplinären Arbeitskreises Gesangbuchforschung" an der Universität Mainz entstanden. Wegweisend für die künftige Arbeit sind in erster Linie die methodischen Neuansätze im Bereich der Sprach- und Literaturwissenschaft, während eigentliche musikwissenschaftliche Beiträge fehlen – eine Folge der Tatsache, dass die Hymnologie zur Zeit in der Musikwissenschaft kaum eine Rolle spielt.
Folgende Beiträge sind in dem Band enthalten: Hermann Kurzke: Poetik und Metaphorik in der Geschichte des Kirchenliedes (S. 9–26). – Alex Stock: Und die alten Lieder singen. Umgangsweisen mit der Liedtradition bei der Entstehung des Einheitsgesangbuches „Gotteslob" (S. 27–45). – Albrecht Greule: So sie's nicht verstehen, so sollten sie's nicht singen? Über den Beitrag der Sprachwissenschaft zur Kirchenliedforschung (S. 47–64). – Hermann Ühlein: Das neue geistliche Lied. Versuch einer Bestandsaufnahme; Aspekte einer Kriteriologie (S. 65–81). – Albrecht Greule: Die Sprache im neuen geistlichen Lied (S. 83–98). – Christa Reich: Der „Ton" macht die Musik. Überlegungen zu Gestimmtheit und Stimmigkeit von Kirchenliedern (S. 99–112). – Christa Reich: „... davon ich singen und sagen will." Überlegungen zum Verhältnis von Musik und Evangelium (S. 113–129). – Joachim Pritzkat: O Heiland, reiß die Himmel auf. Zur 347jährigen Geschichte eines Liedes von Friedrich

von Spee (S. 131–172). – Hermann Ühlein: Ihr Christen hoch erfreuet euch. Die Bearbeitung eines Himmelfahrtsliedes für das „Gotteslob" (S. 173–194). – Jürgen Henkys: EY! bittet GOTT, den heiligen Geist. Die Neufassung von „Nun bitten wir den Heiligen Geist" durch Zinzendorf und ihre traditionsbildende Rolle in der Hymnodie der Herrnhuter Brüdergemeine (S. 195–207). – Martina Haag: Dem Herzen Jesu singe. Eine Untersuchung zur Geschichte des Herz-Jesu-Liedes im 19. und 20. Jahrhundert (S. 209–252).

Martina Haag /Beatrix Türmer: Vom „Te Deum" zum Kirchenlied. Drei Lieder der katholischen Aufklärung im Vergleich. In: MuK 69/1999, S. 10–19.
Betr. *Großer Gott, wir loben dich* (Wien 1774, Ignaz Franz); *Herr, großer Gott, dich loben wir* (Landshut 1777, Franz Seraph Kohlbrenner)*; Gott, wir preisen deine Güte* (Fulda 1778, Augustin Erthel).

Jürgen Henkys: „Mit Jesus und mit Maria". Evangelische Marienlieder. In: Arbeitsstelle Gottesdienst. Informations- und Korrespondenzblatt der Gemeinsamen Arbeitsstelle für gottesdienstliche Fragen der Evangelischen Kirche in Deutschland 36/1999, S. 47–63.

Peter Ochsenbein: Die Ursprünge der Sequenz und des Tropus im Blick auf St. Gallen. In: Therese Bruggisser-Lanker / Bernhard Hangartner (Hg.): Congaudent angelorum chori. FS für P. Roman Bannwart OSB zum 80. Geburtstag, Raeber, Luzern 1999, S. 41–51.

K. Eberhard Oehler: Die Nachtigall im geistlichen Lied. In: WBK 66/1999, H. 4., S. 3–11.

Martina Probst: Nu wache ûf, sünder traege. Geistliche Tagelieder des 13. bis 16. Jahrhunderts. Analysen und Begriffsbestimmungen, Lang, Frankfurt a. M. 1999, 186 Sn.

Nicole Schatull: „Der einige Gott der Gemein hat gern Ehr von sein'n Kindelein" – „Te Deum"-Bearbeitungen in der Liturgie der Brüdergemeine Zinzendorfs. In: MuK 69/1999, S. 5–10.
Betr. das *Te Abba*, die brüderische Neufassung von Luthers *Te Deum.*

Wilhelm Schepping: Lieder des „Politischen Katholizismus" im Dritten Reich. In: Lieder in Politik und Alltag des Nationalsozialismus, Lang, Frankfurt a.M. 1999, S. 231–278.

Natalie Soulier: Gesetzt – gestochen – geschrieben. Druck und Druckformherstellung von „Herr Gott, dich loben wir" in ausgewählten Gesang- und Choralbüchern des frühen 19. Jahrhunderts. In: MuK 69/1999, S. 20–25.

Sytze de Vries: „Was ist der Mensch, dass du seiner gedenkst?" In: Gemeinsame Arbeitsstelle für gottesdienstliche Fragen 32/1998, S. 11–30.
Betr. niederländische Psalmlieder von Huub Oosterhuis.

B

Leben und Werk der Dichter und Melodieschöpfer (nach deren Namen alphab. geordnet)

Wolfgang Herbst (Hg.): Komponisten und Liederdichter des Evangelischen Gesangbuchs. Handbuch zum Evangelischen Gesangbuch, Bd. 2, Vandenhoeck & Ruprecht, Göttingen 1999. 364 S.
Enthält 460 Artikel über Autoren und Autorinnen des Stammteils des EG, z. T. auch

über Entstehungsbereiche oder -orte von Liedern (z. B. Abtei Hohenfurt oder Taizé). Die Angaben sind gegenüber dem Stand des EG teilweise überarbeitet und aktualisiert (vgl. den Beitrag von Wolfgang Herbst in JLH 38/1999, S. 253–262.

Holger Finze-Michaelsen: Gian Battista Frizzoni (1727–1800). Ein Engadiner Pfarrer und Liederdichter im Zeitalter des Pietismus, Verlag Bündner Monatsblatt, Chur 1999. 240 S.
Frizzoni stand in enger Verbindung zu den Herrnhutern und schuf 1765 das rätoromanische Gesangbuch «Canzuns Spirituaelas» mit 165 meist dreistimmigen Liedsätzen. 1789 gab er das Gesangbuch «Testimoniaunza» mit 163 Sätzen heraus. Das heutige Engadiner Gesangbuch «Il Coral» (1977) enthält 20 Lieder Frizzonis.

Winfried Offele: In memoriam Peter Janssens. In: MS(D) 119/1999, S. 12 f.

Ada Kadelbach: Die geistlichen Lieder Philipp Nicolais und die höfische Akrostichtradition. In: Friedhelm Brusniak /Renate Steiger (Hg.): Hof und Kirchenmusik in der Barockzeit. Arolser Beiträge zur Musikforschung, Bd. 7, Studio, Sinzig 1999, S. 221–246.

Konrad Klek: 400 Jahre Erfolgsgeschichte. Philipp Nicolais Lieder. In: WBK 66/1999, H. 5, S. 3–12.
Betr. die Rezeption von *Wachet auf, ruft uns die Stimme* und *Wie schön leuchtet der Morgenstern*.

Matthias Richter: Philipp Nicolai und sein Freudenspiegel des ewigen Lebens. In: Friedhelm Brusniak /Renate Steiger (Hg.): Hof und Kirchenmusik in der Barockzeit. Arolser Beiträge zur Musikforschung, Bd. 7, Studio, Sinzig 1999, S. 207–220.

Wolfgang Hanke: Johann Hermann Schein in neuer Sicht. Wiedergefundene Festmusiken aus seinem letzten Lebensjahrzehnt. In: FKM 50/1999, S. 246 f.

Christian Bunners: Mystik und geistliches Singen bei Gerhard Tersteegen. In: Bernhard Oestreich (Hg.): Glaube und Zukunftsgestaltung. FS zum hundertjährigen Bestehen der Theologischen Hochschule Friedensau, Lang, Frankfurt a. M. 1999, S. 401–415.

Laurenz Lütteken: Patronage und Reformation. Johann Walter und die Folgen. In: Jürgen Heidrich /Ulrich Konrad (Hg.): Traditionen in der mitteldeutschen Musik des 16. Jahrhunderts. Symposiumsbericht Göttingen 1997, Vandenhoeck & Ruprecht, Göttingen 1999, S. 63–74.

Martin E. Brose: Charles Wesley. Der methodistische Liederdichter. Christl. Verlagshaus, Stuttgart 1999, 192 S., zahlr Abb.

C

Untersuchung und Auslegung einzelner Lieder (nach Liedanfängen alphab. geordnet)

Martin Grahl: Christe, du Schöpfer aller Welt. In: Gemeinsame Arbeitsstelle für gottesdienstliche Fragen 34/1999, S. 81–87.

Hansjakob Becker: Es ist ein Ros entsprungen. In: Arbeitsstelle Gottesdienst. Informations- und Korrespondenzblatt der Gemeinsamen Arbeitsstelle für gottesdienstliche Fragen der Evangelischen Kirche in Deutschland 36/1999, S. 27–38.

Christa Reich: Auf der Suche nach dem Ort der Menschwerdung: „... da ist das Schiff an Land“. In: Gemeinsame Arbeitsstelle für gottesdienstliche Fragen 32/1998,

S. 42–51.
Betr. *Es kommt ein Schiff geladen.*

Alex Stock: Gelobet seist du, Jesu Christ. In: Gemeinsame Arbeitsstelle für gottesdienstliche Fragen 32/1998, S. 31–41.

Almuth von Lukas: „Vor uns neigt die Erde sich ...“ Das „Te Deum“ in der Bearbeitung eines DDR-Kabaretts. In: MuK 69/1999, S. 25–30.
Betr. eine Kontrafaktur von *Großer Gott, wir loben dich.*

Hans-Jürg Stefan: „Komm in unsre stolze Welt“. In: MGD 53/1999, S. 15–18.

Hans-Jürg Stefan /Erwin Mattmann: „Komm in unsre stolze Welt“. In: SMG 124/1999, S. 11–13.

Raniero Cantalamessa: Komm, Schöpfer Geist. Betrachtungen zum Hymnus *Veni creator spiritus.* Aus dem Italienischen von Ingrid Stampa, Herder, Freiburg i.Br. 1999, 445 Sn.

Hermann Arnold: Musikalische Klosterschätze. Aus dem Franziskanerkloster Neukirchen beim Hl. Blut. In: Sänger- und Musikantenzeitung 42/1999, S. 333–337.
Betr. *Maria, nit auf dich das Gsaz erstrecket sich.*

Elke Axmacher: Der Mensch vor dem Gekreuzigten nach Passionsliedern des 17. Jahrhunderts. In: Gemeinsame Arbeitsstelle für gottesdienstliche Fragen 32/1998, S. 58–82.
Betr. *O Haupt voll Blut und Wunden.*

Rhabanus Erbacher OSB: Martin Luther und das Salve Regina. In: Arbeitsstelle Gottesdienst. Informations- und Korrespondenzblatt der Gemeinsamen Arbeitsstelle für gottesdienstliche Fragen der Evangelischen Kirche in Deutschland 36/1999, S. 15–26.

Herbert Tomaschek: Eine unbekannte Fassung des Weihnachtsliedes „Stille Nacht“. In: SiK 46/1999, S. 218 f.
Betr. zwei neu aufgefundene Handschriften von der Hand des Lehrers und Organisten Franz Stanzky (1780–1856) in Aflenz aus der Zeit zwischen 1825 und 1845. Die eine Handschrift bietet zu vier Singstimmen zwei Violinstimmen ad libitum, die andere lediglich zwei Singstimmen, jedoch mit insgesamt 7 Strophen.

Meinrad Walter: „Wachet auf, ruft uns die Stimme!“ Philipp Nicolai und Johann Sebastian Bach als Ausleger des Gleichnisses von den klugen und törichten Jungfrauen. In: Friedhelm Brusniak /Renate Steiger (Hg.): Hof und Kirchenmusik in der Barockzeit. Arolser Beiträge zur Musikforschung, Bd. 7, Studio, Sinzig 1999, S. 247–268.

Lothar Steiger: Schön und herrlich. In: Friedhelm Brusniak /Renate Steiger(Hg.): Hof und Kirchenmusik in der Barockzeit. Arolser Beiträge zur Musikforschung, Bd. 7, Studio, Sinzig 1999, S. 269–276.
Betr. *Wie schön leuchtet der Morgenstern.*

Hermann Kurzke /Christiane Schäfer: „Wunderschön prächtige“ Geschichte eines Marienlieds. In: Arbeitsstelle Gottesdienst. Informations- und Korrespondenzblatt der Gemeinsamen Arbeitsstelle für gottesdienstliche Fragen der Evangelischen Kirche in Deutschland 36/1999, S. 39–46.

D

Gesangbücher und Liedersammlungen

Heinrich Albert: Arien. Erster Theil / Darinnen die jenigen Geistliche Lieder …, Leipzig 1657. Reprint: Olms, Hildesheim 1999 (Dokumentation zur Geschichte des deutschen Liedes Bd. 6).

Andreas Marti: Das neue Gesangbuch. Kapitel 4: Gottesdienst im Tageskreis. In: MGD 53/1999, S. 50–63.
Betr. das reformierte Gesangbuch der Deutschschweiz (1998).

Andreas Marti: Das neue Gesangbuch. Kapitel 5: Gottesdienst im Lebenskreis. In: MGD 53/1999, S. 250–262.
Betr. das reformierte Gesangbuch der Deutschschweiz (1998).

Andreas Marti: Eine gute Zeit für ein Gesangbuch. In: ZeitSchrift für Kultur, Politik, Kirche (Reformatio) 48/1999, S. 296–302.
Betr. das reformierte Gesangbuch der Deutschschweiz (1998). Stichworte: Kirchenasyl für das Singen, Steuern und Spiegeln, Dialektlieder und Hits.

Andreas Marti: Gregorianik im neuen Reformierten Gesangbuch. In: Therese Bruggisser-Lanker / Bernhard Hangartner (Hg.): Congaudent angelorum chori. FS für P. Roman Bannwart OSB zum 80. Geburtstag, Raeber, Luzern 1999, S. 179–189.

Heinz Dietrich Metzger: Württembergische Gesangbücher. „… Christliche Gesäng. Auß gnädigem Befelch …“. In: Otto Borst (Hg.): Geschichte als Musik. Stuttgarter Symposion, Schriftenreihe Bd. 7, Silberburg, Tübingen 1999, S. 88–104.
Behandelt die Gesangbücher von 1591, 1631, 1732, 1741, 1791 und 1842.

Anton Pomella: Gemeinsam Gott loben. In: SiK 46/1999, S. 26–28.
Betr. das röm.-katholische und das reformierte Gesangbuch der Deutschschweiz (1998).

Hans-Jürg Stefan /Walter Wiesli: Zwei neue Kirchengesangbücher in der Schweiz. Modell eines ökumenischen Aufbruchs? In: Heiliger Dienst 53/1999, S. 168–181.

Französischsprachige Länder 1999

Édith Weber

I. Liturgie und Musik

Robert Amiet: Études sur la liturgie lyonnaise. In: Études grégoriennes (Hg. P. Daniel Saulnier), Éditions de Solesmes, Solesmes 1999.

Philippe Bernard: La schola cantorum romaine et les échanges liturgiques avec la Gaule au VIe siècle. In: Études grégoriennes (Hg. P. Daniel Saulnier), Éditions de Solesmes, Solesmes 1999.

Colette: Des modes archaïques dans les musiques de tradition orale. In: Études grégoriennes (Hg. P. Daniel Saulnier), Éditions de Solesmes, Solesmes 1999.

J. Conrady u. François Vouga: L'expression de l'art comme connaissance de la vérité. In: Études théologiques et religieuses, Montpellier 1999, n° 4.

Arnold van Gennep: Le Folklore français. 3. Cycle des douze jours, de Noël aux Rois, Robert Laffont, Paris 1999 (1/1937), 3099 Sn.

André Gouzès: Vigile du grand Passage. In: Louange et beauté, Le lien des amis de la liturgie chorale du peuple de Dieu, n° 11, Décembre 1999, S. 9–16.

Louis Hage: La modalité du chant syro-maronite. In: Études grégoriennes (Hg. P. Daniel Saulnier), Éditions de Solesmes, Solesmes 1999.

D. Raymond Le Roux: Les Répons de Noël et de son octave (3). In: Études grégoriennes (Hg. P. Daniel Saulnier), Éditions de Solesmes, Solesmes 1999.

Stuart Ludbrook: La liturgie de Bersier et le culte réformé en France : „ritualisme" et renouveau liturgique, Dissertation, Paris-Sorbonne, 1999, masch.

Philippe Rouillard: Histoire des liturgies chrétiennes de la mort et des funérailles, Cerf, Paris 1999, 216 Sn.

Louis-Marc Suter: Indice d'acuité moyenne et fréquence des trois cordes principales dans les graduels en la. In: Études grégoriennes (Hg. P. Daniel Saulnier), Éditions de Solesmes, Solesmes 1999.

Édith Weber (Hg): Itinéraires du cantus firmus III. De la théorie à la pratique (études réunies et présentées par Édith Weber). Mitarbeiter: Frédéric Billiet, Olga Bluteau, Micheline Cumant-Chaoul, Annie Dennery, Marie-Bernadette Dufourcet-Hakim, Louis Jambou, Maria-Inês Junqueira-Guimaraes, Philippe Lescat, Charles Whitfield, Paris, Presses de l'Université de Paris-Sorbonne, 1999, 133 Sn.

Édith Weber: Les multiples facettes de l'orgue liturgique. In: Évangile et Liberté, n° 120.

Nigel Wilkins: La musique du diable, Pierre Mardaga, Liège 1999, 224 Sn.

II. Hymnologie

A

Zur Geschichte und Bibliographie des Kirchenliedes

Bernard Chédozeau: Chœur clos, chœur ouvert. De l'Église médiévale à l'Église tridentine (France XVIIe-XVIIIe siècles), éd. du Cerf, coll. Histoire, Paris 1998, 124 Sn.

James Lyon: Dictionnaire d'Hymnologie, Bd. I, A, Les Moriers, 1998/1999, 172 Sn. masch.

Ders.: Dictionnaire d'Hymnologie, Bd. I, B, Les Moriers, 1998/1999, S. 173–305, masch.

Anne-Frédérique Müller: „Je vous voyrai dimanche" La vie quotidienne des enfants de chœur de Notre-Dame de Paris à la fin du XVIIe siècle. In: XVIIe siècle, revue publiée par la Société d'Étude du XVIIe siècle, n° 204, Juillet-Septembre 1999, Paris 1999, S. 507–522.

B

Lutherchoral

James Lyon: Georg Grünwald (ca 1490–1530). In: Cahiers d'hymnologie, n° 1, Les Moriers 1998–1999, 17 Sn. masch.

Ders.: Les poésies et les mélodies pour les psaumes chez Hans Sachs et Burkhard Waldis, chez l'auteur, Les Moriers, ohne Datum, 30 Sn.

Ders.: Paul Gerhardt (1607–1676) et les Psaumes, ebd. n° 11, 12 Sn. masch.

Ders: Valerius Herberger (1562–1627), Melchior Teschner (1584–1635), ebd. n° 19, 8 Sn. masch.

Ders.: Ludwig Christian Erk (1807–1883), Franz Magnus Böhme (1827–1898): Ach Elslein, liebes Elselein, ebd. A, 9 Sn. masch.

Ders.: Le roi Renaud de guerre revint, ebd. B, 19 Sn. masch.

Ders.: Guirautz de Bornelh: Alba Reis gloriós, verais lums e clartatz, ebd. C, 10 Sn. masch.

Ders.: Martin Luther (1483–1546): Jesus Christus, unser Heiland, der den Tod überwand, ebd. n° 20, 10 Sn. masch.

Ders.: Adam Reissner (ca 1500–1582?): In dich hab ich gehoffet, Herr, ebd. n° 21, 18 Sn. masch.

Ders.: Ambrosius Blarer (1492–1564): Freu dich mit Wonn, fromme Christenheit, ebd. n° 22, 9 Sn. masch.

Ders.: Nikolaus Herman (1500–1561): Alle die Augen warten, Herr, auf dich, ebd. n° 23, 5 Sn. masch.

Ders.: Martin Luther (1483–1546): Ein neues Lied wir heben an, ebd. n° 24, 16 Sn. masch.

Ders.: Michael Schirmer (12606–1673): Nun jauchzet, all ihr Frommen, ebd. n° 25, 6 Sn. masch.

Ders.: Samuel Rodigast (1649–1708), Severus Gastorius (1646–1682): Was Gott tut, das ist wohlgetan, ebd. n° 26, 16 Sn. masch.

Ders.: Tableaux: époques-chronologie-géographie-mélodies-typologie-modes, tonalités, ebd. n° 27, 29 Sn. masch.

Ders.: Cornelius Freundt: Das Weihnachtsliederbuch des Zwickauer Kantors Cornelius Freundt. In: Cahiers d'hymnologie, 1999/2000, n° 1, Les Moriers, 8 Sn. masch.

Ders.: Johannes Flittner: Schrecklich bezinnen die Pauken, Trompeten, ebd. n° 2, 13 Sn. masch.

Ders.: Erasmus Alber: Steht auf, ihr lieben Kinderlein!, ebd. n° 3, 13 Sn. masch.

Ders.: Johann Walter: Wach auf, wach auf, du deutsches Land!, ebd. n° 4, 15 Sn. masch.

Ders.: Bartholomäus Helder: Ich freu mich in dem Herren, ebd. n° 5, 10 Sn. masch.

Ders.: Thomas Müntzer: O Herr erlöser alles Volcks, ebd. n° 6, 12 Sn. masch.

Ders.: Nikolaus Selnecker: Ein Knab von einer Jungfrau zart, ebd. n° 7, 12 Sn.

Ders.: Martin Agricola: Da sie Jerusalem kamen nahe, ebd. n° 8, 10 Sn. masch.

Ders.: Martin Luther: Wir glauben all an einem Gott, ebd. n° 9, 8 Sn. masch.

Ders.: Jakob Ebert/Bartholomäus Gesius: Du Friede(n)fürst, Herr Jesu Christ, ebd. n° 10, 15 Sn. masch.

Ders.: Martin Luther: Vater unser im Himmelreich, ebd. n° 11, 13 Sn. masch.

Ders.: Martin Luther: Christ, unser Herr, zum Jordan kam, ebd. n° 12, 14 Sn. masch.

Ders.: Martin Luther: Gelobet seist du, Jesu Christ, ebd. n° 13,12 Sn. masch.

Ders.: Martin Luther: Vom Himmel kam der Engel Schar, ebd. n° 14,19 Sn. masch.

Ders.: Martin Luther: Jesaja, dem Propheten, das geschah, ebd. n° 15,10 Sn. masch.

Ders.: Martin Luther: Sie ist mir lieb, die werte Magd, ebd. n° 16, 10 Sn. masch.

Ders.: Martin Luther: Was fürchtst du, Feind Herodes, sehr, ebd. n° 17, 7 Sn. masch.

Ders.: Martin Luther: Mit Fried und Freud ich fahr dahin, ebd. n° 18, 8 Sn. masch.

C

Psalm und Hugenotten-Psalter

Olga Bluteau: Pierre Certon et le chant des psaumes. In: Le chant, acteur de l'histoire, Kongressbericht, Presses Universitaires de Rennes, Coll. Histoire, Jean Quéniart (Hg.) 1999, S. 23–38.

Jean-Marc Debard: Psaumes et Psautiers imprimés à Montbéliard du XVIe au XIXe siècle. In: Psaume, Bulletin de la recherche sur le psautier huguenot, n° 15, 2000/1, Publication de l'Institut Claude Longeon, Renaissance-âge classique, Bibliographie du Psautier (Université de Saint-Étienne), Saint-Étienne, S. 5–24.

Marc Desmet: Des Psautiers en Saxe et en Thuringe. Quelques notes de mission, ebd., S. 2–4.

Isabelle His: „Sous lesquels ont esté mises des paroles morales“: un cas de contrafactum de psaumes entre 1598 et 1618. In: Revue de Musicologie, Société française de musicologie, Paris 1999/2, Bd. 85, S. 189–225.

D

Gregorianik

Emmanuel Bellanger: Ouverture. Cent ans après Dom Mocquereau, l'art grégorien aujourd'hui. In: Transversalité, Revue de l'Institut Catholique de Paris, n° 63, Jul.-Sept. 1997, S. 183–185.

Annie Dennery: Le cantus firmus Kyrie Cunctipotens des origines à la fin du XVIIIe siècle. In: Édith Weber (Hg): Itinéraires du cantus firmus III. De la théorie à la pratique, Paris, Presses de l'Université de Paris-Sorbonne, 1999, 133 Sn. S. 7–20.

Jean-Yves Hameline: Le plain-chant à la recherche de sa musicalité. In: Transversalité, Revue de l'Institut Catholique de Paris, n° 63, Jul.-Sept. 1997, S. 189–194.

Louis Jambou: Le cantus firmus Pange lingua more hispano: affirmation et oubli d'une identité. In: Édith Weber (Hg): Itinéraires du cantus firmus III. De la théorie à la pratique, Paris, Presses de l'Université de Paris-Sorbonne, 1999, 133 Sn. S. 21–32.

III. Kirchenmusik

A

Zur Geschichte und Bibliographie der Kirchenmusik

Alois Balint: Ioannes Caioni et son Organo missale: contributions à l'étude de l'histoire de la musique liturgique en Transylvanie au XVIIe siècle, DEA Musique, Université de Paris-Sorbonne, Paris 4, 1999, 2 Bde, 106 Sn. 102 Sn. masch.

B

Zur Theorie und Praxis der Kirchenmusik

Jean-Pierre Blivet: La voie du chant, Fayard, Paris 1999, 188 Sn.
Betrifft Praxis des Gesangs, Auswertung der Stimmen (gesungen, gesprochen...), Typologie der lyrischen Stimmen.

Olga Bluteau: Le cantus firmus dans les œuvres [religieuses] de Pierre Certon (ca. 1510–1572). In: Édith Weber (Hg): Itinéraires du cantus firmus III. De la théorie à la pratique, Paris, Presses de l'Université de Paris-Sorbonne, 1999, 133 Sn. S. 53–68.

Micheline Cumant-Chaoul: Le cantus firmus dans quelques traités théoriques (du XIVe siècle à Jean-Jacques Rousseau), ebd., S. 33–52.

Bernadette Dufourcet-Hakim: Le cantus firmus dans la musique d'orgue vénitienne au XVIe siècle, ebd., S. 87–100.

Georges Guillard, Christian Villeneuve, Claude Ballif, Jean-Yves Hameline: Musique, culte et culture. In: Études: revue mensuelle, tome 390, n° 4 (3904), S. 437–575, April 1999, S. 503–518.

Philippe Lescat: Le cantus firmus dans la musique française pour orgue de 1756 à 1841.

In: Édith Weber (Hg): Itinéraires du cantus firmus III. De la théorie à la pratique, Paris, Presses de l'Université de Paris-Sorbonne, 1999, 133 Sn., S. 113–124.
Marie-Claude Naouri (Groupe Pascal Thomas): Quand vous chantez à l'Église, Desclée de Brouwer, Paris Coll. Pratiques chrétiennes, n° 18.
Robert Springer: Fonctions sociales du blues, Parenthèses, Marseille 1999, 240 Sn.
Charles Whitfield: Le cantus firmus L'Homme armé (XVe siècle) et l'office religieux. In: Édith Weber (Hg): Itinéraires du cantus firmus III. De la théorie à la pratique, Paris, Presses de l'Université de Paris-Sorbonne, 1999, 133 Sn. S. 125–128.

IV. Zur Geschichte

Émile Michel Braekman: Le protestantisme belge au XVIe siècle, Belgique-Nord de la France-Refuge, La Cause, Paris 1999.
Betrifft Reformation in Belgien und Nordfrankreich, Psalmen Davids von Ph. de Marnix (Het Boeck der Psalmen Davids, Antwerpen 1580).
Frédéric Billiet: Le cantus firmus dans le répertoire polyphonique dit franco-flamand. In: Édith Weber (Hg): Itinéraires du cantus firmus III. De la théorie à la pratique, Paris, Presses de l'Université de Paris-Sorbonne, 1999, 133 Sn. S. 69–86.
Giuseppe Clericetti: Gargouilles et Chimères: aspects du monde de l'orgue en France entre le XIXe et le XXe siècle. In: Annales Suisses de Musicologie, n° 17, Peter Lang, Berne 1997.
Annie Dennery: La synergie verbo-musicale dans les compositions vocales du Moyen âge. Des origines à la fin du XIIIe siècle. In: Les Universaux en musique, Actes du quatrième congrès international sur la signification musicale, tenu à Paris, en Sorbonne du 9 au 13 octobre 1994, sous la direction de Costin Miereanu et Xavier Hascher, Publications de la Sorbonne, Paris 1998, S. 353–365.
Jérôme Dorival: La cantate française au XVIIIe siècle, PUF, Que sais-je, 3476, Paris 1999, 127 Sn.
Marie-Bernadette Dufourcet: L'orgue d'après deux théoriciens du XVIIe siècle : le français Marin Mersenne (1588–1648) et l'espagnol Pablo Nassarre (ca 1664–1730). In: Ostinato Rigore, n° 11–12, Jean Michel Place, Paris 1998, S. 349–380.
Michel Huglo: Division de la tradition monodique en deux groupes „est" et „ouest". In: Revue de Musicologie, Société française de musicologie, Paris, Bd 85, n° 1, 1999, S. 5–24.
Philippe Vendrix: La musique à la Renaissance, PUF, Que Sais-je ? 3448, Paris 1999, 127 Sn.
Édith Weber (Hg): Itinéraires du cantus firmus III. De la théorie à la pratique (études réunies et présentées par Édith Weber), Paris, Presses de l'Université de Paris-Sorbonne, 1999, 133 Sn.

V. Nachschlagewerke

Françoise Ferrand (Hg. u. Olivier Cullin, Elizabeth Aubrey, David Fallows, Bernard Gagnepain, Catherine Homo-Lechner, Guy Lobrichon, François Reynaud, Luca Ricossa, Édith Weber, Nigel Wilkins), Guide de la musique du moyen âge, Fayard, Paris 1999, 853 Sn.

Guy Lobrichon: La mémoire de Rome (IVe-IXe siècle), S. 15–22, Chronologie, S. 23–36. In: Françoise Ferrand (Hg.), Guide de la musique du moyen âge, Fayard, Paris 1999.

Ders.: Un âge féodal (Xe-XIIe siècle), Choronologie, ebd., S. 107–136.

Olivier Cullin: Des origines à l'ère carolingienne, ebd., 37–56.

Ders.: Monodie et polyphonie, ebd., S. 137–148.

Olivier Cullin, Françoise Ferrand, Luca Ricossa, Édith Weber: Musique religieuse, ebd., S. 149–258.

Édith Weber: Minnesänger: Notizen: Danses (Tänze); Dietmar von Aist (Eist); Frauenlob-Heinrich von Meissen; Friedrich I. (Frédéric 1er), Barbarossa (Barberousse, Rotbart); Friedrich von Hausen (Hûsen); Gottfried von Strassburg; Hartmann von Aue; Heinrich von Ofterdingen; Heinrich von Veldecke; Herrad von Landsberg; Heinrich von Morungen; Hroswitha von Gandersheim; Jenaer Liederhandschrift; Konrad von Würzburg; Neidhart von Reuenthal; Petit Chansonnier de Heidelberg; Reinmar der Alte-Reinmar von Hagenau-Reinmar le Vieux; Reinmar von Zweter; Rudolf von Fenis; Tannhäuser; Walther von der Vogelweide; Frauenlob Codex-Manuscrit de Vienne; Wislâv, Wizlaw III von Rügen; Wolfram von Eschenbach, ebd., S. 338–364.

Dies.: andere Notizen: Berno von Reichenau, S. 157–158; Bruno von Egisheim, S. 158; Théâtre à participation musicale en Allemagne, S. 247–249; Fahrende Musiker-Musiciens itinérants-Goliards-Vagantes, S. 456–457; Burg Mangold, der Unverzagte (l'Indompté), S. 433; Geißler-Lieder / Flagellants (Chants des), S. 462–463; Hugo von Montfort, S. 469; Hugo von Reutlingen, Hugo Spechtsart, S. 469–470; Manessische Liederhandschrift-Grosse Heidelberger Liederhandschrift, S. 511–512; Marienclage-Marienklage, S. 514–515; Mondsee-Wiener Liederhandschrift, S. 531; Oswald von Wolkenstein, S. 536–538; Conrad von Zabern, S. 641–642; Manuscrit de Colmar-Kolmarer Liederhandschrift, S. 693, ebd.

Nigel Wilkins: La musique au temps du gothique international, ebd., S. 394–410.

Verzeichnis der zitierten Strophen und Lieder

Verzeichnis der Personennamen

Ständige Berater

Anschriften der Autorinnen und Autoren

Dr. Roland Bialek
Jakob-Bächli-Str. 13
CH-5033 Buchs

Pfarrer Dr. Joachim Conrad
Dasbachstraße 8
D-66346 Püttlingen

PD Dr. Jan Hermelink
Sieglindestraße 3
D-12159 Berlin

Vikarin Marianne Kramer Abebe
Schützenweg 21
CH-8014 Bern

Dr. Friedrich Lurz
Ölbergstraße 79
D-50939 Köln

Prof. Dr. Andreas Marti
Könizstraße 252
CH 3097 Liebefeld

Prof. Dr. Hermann Michael Niemann
Schröderplatz 3/ 4
D-18051 Rostock

Pfarrer i. R. Heinrich Riehm
Beethovenstraße 2
D-69121 Heidelberg

Pfarrer i.R. Alexander Völker
Wilhelmstraße 6
D-32427 Minden

Prof. em. Dr. Édith Weber
10-16 rue Thibaud
F-75014 Paris

Dr. Friedhelm Zwickler
Schillerstraße 34
D-65232 Taunusstein

Zur Arbeit mit dem Evangelischen Gesangbuch

Werkbuch zum Evangelischen Gesangbuch

Herausgegeben im Auftrag der Evangelischen Kirche in Deutschland von **Wolfgang Fischer, Dorothea Monninger** und **Rolf Schweizer.**

Das Werkbuch macht Kirchenmusiker und Pfarrer mit dem Gesangbuch vertraut. Es berücksichtigt unterschiedliche Arbeitsbereiche und vielfältige Einsatzmöglichkeiten. Zahlreiche Notenbeispiele ergänzen das Text-Material.

Lieferung I-VI im Ringbuchordner

2000. 742 Seiten, DIN A4, Loseblatt, gelocht
bisher DM 182,–;
Sonderausgabe jetzt DM 118,–
ISBN 3-525-50320-2

Einzellieferungen, ohne Ringbuchordner:
Lfg. I-V: je DM 31,80; Lfg. VI: DM 33,80

Lieferung I: **Advent und Weihnachten**
1993. 112 Seiten. ISBN 3-525-50309-1

Lieferung II: **Erhaltung der Schöpfung – Frieden und Gerechtigkeit**
1994. 129 Seiten. ISBN 3-525-50311-3

Lieferung III: **Passion – Ostern**
1995. 106 Seiten. ISBN 3-525-50312-1

Lieferung IV: **Psalmen**
1997. 131 Seiten. ISBN 3-525-50313-X

Lieferung V: **Gottesdienst**
1998. 116 Seiten. ISBN 3-525-50314-8

Lieferung VI: **Lieder aus anderen Ländern und Sprachen**
2000. 138 Seiten. ISBN 3-525-50315-6

Handbuch zum Evangelischen Gesangbuch

Band I: **Konkordanz zum Evangelischen Gesangbuch**

Erarbeitet und herausgegeben im Auftrag der Evangelischen Kirche in Deutschland von **Ernst Lippold** und **Günter Vogelsang.**
2. Auflage 1997. 572 Seiten, Leinen DM 132,–
ISBN 3-525-50316-4

Kartonierte Sonderausgabe:
572 Seiten, DM 84,–. ISBN 3-525-50317-2

Band II: **Komponisten und Liederdichter des Evangelischen Gesangbuchs**

Herausgegeben von Wolfgang Herbst.
1999. 364 Seiten, Leinen DM 118,–
ISBN 3-525-50318-0

Band III: **Liederkunde zum Evangelischen Gesangbuch**

in Einzelheften. Im Auftrag der EKD in Gemeinschaft mit Hans-Christian Drömann, Christian Finke, Johannes Heinrich, Helmut Kornemann, Martin Rößler und Joachim Stalmann herausgegeben von **Gerhard Hahn** und **Jürgen Henkys.**
Die Liederkunde erscheint in etwa 10-15 Heften (jährlich 2-3 Hefte) mit jeweils etwa 20-25 Liedinterpretationen.

2 Hefte liegen vor (Stand 2000)

Bei Subskription des Handbuchs zum Evangelischen Gesangbuch: Je Heft ca. DM 19,80; bei Einzelbezug: Je Heft ca. DM 24,–

Preisstand 2001. Änderungen vorbehalten

Gottesdienste und Andachten vorbereiten

Hans-Helmar Auel /
Bernhard Giesecke

Bibel im Kirchenlied

Eine Konkordanz zum Evangelischen Gesangbuch

Dienst am Wort, Band 91. 2001. Ca. 160 Seiten, kart. ca. DM 28,-
ISBN 3-525-59355-4

Diese Praxishilfe für Andachten und Gottesdienste verweist auf eine Vielzahl geeigneter Lieder zu den verwendeten Bibeltexten.

Wolfgang Herbst (Hg.)

Wer ist wer im Gesangbuch?

1. Auflage dieser Sonderausgabe.
2001. Ca. 364 Seiten, kartoniert ca. DM 59,80
ISBN 3-525-50323-7

In 460 Artikeln des Handbuchs werden Leben und Werk der Personen, die an den Liedern des Evangelischen Gesangbuchs beteiligt waren (als Komponisten oder Bearbeiter, als Dichter oder Übersetzer), vorgestellt, außerdem die Entstehung wichtiger Gesangbücher in der Geschichte. Die Beiträge beruhen auf den neuesten Erkenntnissen der hymnologischen Forschung. Die biographischen Portraits – aus zwei Jahrtausenden und allen Kontinenten – sind von mehr als 90 Autorinnen und Autoren aus den Bereichen Theologie, Kirchenmusik, Hymnologie und Musikwissenschaft geschrieben worden. Die allgemeinverständlich geschriebenen Artikel sind v.a. für die gesamte kirchenmusikalische Praxis ein unentbehrliches Hilfsmittel.

Heinz Fischer

Gottesdienst praktisch

Arbeitshilfen für Lektoren und Gottesdienstmitarbeiter

3., völlig neu bearbeitete Auflage 2000.
112 Seiten, kartoniert DM 15,80;
Mengenpreis ab 10 Ex. je DM 15,-
ISBN 3-525-58153-X

Diese Neubearbeitung gibt Hinweise zum kreativen Umgang mit dem neuen „Evangelischen Gottesdienstbuch" und zur verantwortlichen Gestaltung der Liturgie für alle, die in Gottesdiensten mitwirken.

Werner Milstein

Zum Wort kommen

Hinführungen zu den gottesdienstlichen Lesungen

Dienst am Wort, Band 90. 2000. 159 Seiten, kartoniert DM 29,80
ISBN 3-525-59354-6

Die Hinführungen zu den alt- und neutestamentlichen Lesungen für alle Sonn- und Feiertage des Kirchenjahres wollen ein „verständnisvolles" Hören der – im Gottesdienst oft unvermittelt erscheinenden – Lesungen ermöglichen. Eine wichtige Arbeitshilfe für Lektoren, Pfarrerinnen und Pfarrer und alle, die Gottesdienste vorbereiten.

Preisstand 2001. Änderungen vorbehalten